ASSiMiL
La méthode in[…]

Le russe

Collection Sans Peine

par Victoria Melnikova-Suchet

Illustrations de J.L. Goussé

B.P. 25
94431 Chennevières-sur-Marne Cedex
FRANCE

ISBN 978-2-7005-0710-2

Sommaire

Introduction

Vous avez choisi d'apprendre le russe avec notre méthode et nous vous en félicitons. Les textes qui serviront de base à votre apprentissage présentent la langue telle qu'elle est parlée aujourd'hui. Ils vous feront découvrir, avec souvent un brin d'humour, la vie quotidienne, la littérature, l'histoire et les particularités du caractère russe.

Au fil des leçons, vous acquerrez les connaissances nécessaires pour communiquer au quotidien : correspondre et téléphoner, vous exprimer sur différents sujets, poser des questions, expliquer...

Ainsi, à la fin de votre étude, vous saurez vous débrouiller avec aisance dans les situations les plus diverses de la vie en Russie.

Notre méthode est basée sur un apprentissage intuitif qui vous permettra d'acquérir de bonnes bases en quelques mois seulement. Suivez les conseils que nous vous donnons au fil des leçons et laissez-vous guider dans cette belle aventure. Étudiez une demi-heure par jour, tous les jours – la régularité est le facteur essentiel de votre réussite. Si les leçons vous paraissent difficiles ou si vous manquez de temps, trouvez votre façon de travailler à la vitesse qui vous convient, mais n'interrompez pas le rythme quotidien.

Les dialogues sont construits à partir de situations tirées de la vie courante. Ils vous plongeront dans un univers qui vous est sans doute encore peu familier. N'essayez pas d'apprendre par cœur ; absorbez les phrases, répétez-les à plusieurs reprises et elles "rentreront" tout naturellement.

La transcription phonétique et les remarques de prononciation vous aident à acquérir de bons réflexes de lecture et à bien prononcer. Les notes vous apportent de manière très progressive les explications dont vous avez besoin. Prenez le temps de bien les lire – elles faciliteront votre apprentissage. Les notes culturelles, en fin de leçon, donnent des informations sur la vie en Russie, et sur la culture russe au sens large.

Le russe utilise l'alphabet cyrillique, ce qui est aussi le cas de nombreuses autres langues slaves comme l'ukrainien, le biélorusse, le serbe et le bulgare ou d'autres langues non slaves comme le kirghiz, le kazakh, le mongol, le tadjik, etc. Cet alphabet a été introduit au moment de l'évangélisation de la Russie par les moines Méthode et Cyrille (d'où son nom), deux frères nés en Macédoine et qui seront plus tard canonisés.

Il n'est pas évident de passer à un mode d'écriture inconnu, mais rassurez-vous, le cyrillique est beaucoup moins difficile qu'il n'y paraît. L'alphabet russe comporte 33 lettres, dont certaines sont semblables aux lettres grecques – *gamma* Ϛ, *lambda* L, *pi* P, *ro* R –, et d'autres aux caractères latins – A, C, K, M.
L'orthographe russe a été simplifiée après la révolution d'octobre 1917. Le cyrillique comporte des minuscules et des majuscules. Pour vous donner la possibilité de vous habituer rapidement à cette écriture, vous trouverez à la fin des premières leçons un exercice de lecture et d'écriture. De plus, comme les caractères manuscrits sont parfois assez différents de l'écriture d'imprimerie, nous vous proposerons également un petit entraînement.

Comment apprendre avec Assimil

Dans l'idéal, votre apprentissage sera quotidien. Essayez d'intégrer dans votre emploi du temps une demi-heure chaque jour pour votre apprentissage du russe. Si certains jours le temps vous manque, réécoutez ou relisez au moins le dialogue de la veille. L'assimilation d'une langue ne peut se faire qu'avec un lien continu.
Nos méthodes sont conçues par séries de sept leçons : six leçons d'apprentissage suivies d'une leçon de révision qui vous aidera à faire régulièrement le point sur les connaissances acquises.

Pour les six leçons d'apprentissage

1.1 Imprégnez-vous du dialogue et répétez

Si vous possédez les enregistrements, écoutez les dialogues attentivement, livre fermé. Imprégnez-vous des sonorités de la langue en essayant de comprendre, et répétez les phrases à haute voix, à plusieurs reprises. Les dialogues des deux premières séries sont enregistrés deux fois : dans le premier enregistrement, les phrases sont dites de manière lente et très articulée, pour vous permettre de vous familiariser avec les sonorités de la langue ; dans le second, le rythme est plus enchaîné, proche de celui d'une conversation naturelle. Si vous ne disposez pas des enregistrements, appuyez-vous sur la transcription phonétique (rubrique **Prononciation**) : les premiers dialogues y sont repris intégralement. Cette aide à la prononciation disparaîtra peu à peu, quand vous serez capable de vous débrouiller tout seul.

1.2 Vérifiez votre compréhension

Reportez-vous ensuite à la traduction française qui se trouve sur la page de droite. Si la structure de la phrase française est différente de celle de la phrase russe, une traduction entre parenthèses vous donne le mot à mot. À mesure que vous avancerez, vous vous sentirez de plus en plus à l'aise et pourrez commencer à jongler avec les mots appris.

1.3 Complétez votre apprentissage au moyen des notes

Lisez attentivement les notes. Elles complètent de manière simple et progressive votre apprentissage et vous renseignent sur le fonctionnement de la langue.

1.4 Répétez le dialogue et faites les exercices

Répétez encore une fois le dialogue à voix haute puis passez aux exercices. Complément indispensable de votre apprentissage quotidien, ils conforteront vos connaissances.

Pour la leçon de révision

2.1 Lisez pour réviser

Les différents paragraphes de la leçon de révision reviennent sur les points importants abordés dans les six leçons qui précèdent. Ils apportent si nécessaire des explications complémentaires.
Lisez avec une attention particulière les aspects qui vous paraissent moins faciles.

2.2 Confirmez vos acquis grâce au dialogue de révision

Le dialogue de révision reprend des mots, tournures et éléments grammaticaux rencontrés dans les leçons précédentes. Lisez et/ou écoutez l'ensemble d'un trait puis traduisez chaque phrase.
Enfin, vous êtes prêt à passer à la série suivante !
Si à la fin de la leçon, certains points ne vous semblent pas encore tout à fait clairs, ne vous en inquiétez pas trop : dans la plupart des cas, des explications complémentaires viendront dans les nouvelles leçons, et la difficulté s'effacera au fil du temps.

Phase passive et phase active

Durant les 49 premières leçons, nous vous demandons essentiellement d'écouter, de répéter et de comprendre. C'est la première phase de votre apprentissage, que nous appelons phase passive. Durant cette phase, vous accumulez un certain nombre de connaissances qu'il vous faut maîtriser pour pouvoir ensuite parler (c'est-à-dire, entre autres, former vos propres phrases).
À la 50e leçon, vos connaissances sont suffisantes pour passer à la phase active et commencer à former vos propres phrases. Comment procéderez-vous ? Après avoir étudié, comme à l'accoutumée, votre leçon quotidienne, vous reviendrez chaque jour sur une leçon déjà étudiée (nous vous dirons chaque jour laquelle).
Cette fois, au lieu de vous contenter de répéter, de lire et de comprendre, nous vous demanderons de traduire le dialogue français en russe et de procéder de même pour l'exercice 1. Vous constaterez alors tous les progrès que vous avez faits et serez à même de vous lancer dans une petite conversation, de vous exprimer de manière simple et correcte.
Mais avant de passer à la première leçon, lisez le préambule sur la phonétique russe.

Prononciation et transcription phonétique

Voici quelques remarques de prononciation et règles à connaître pour la lecture du russe.
Ne cherchez pas à tout retenir d'emblée, mais lisez ce chapitre attentivement avant d'aborder les leçons.
• Toutes les lettres (sauf ь et ъ) se prononcent, y compris en fin de mot.
• Les sons nasaux (comme *an* de *dans*, *in* de *lin*, *on* de *bon*, etc.) n'existent pas en russe. Pour vous aider à vous en souvenir, dans notre transcription phonétique, nous séparerons les voyelles des consonnes qui ont tendance à se nasaliser par un trait d'union. Faites attention à bien prononcer séparément chaque lettre dans les combinaisons des lettres suivantes : *a* + *n* : Алекс**а**ндр, *Alexandre* (se prononce *[aliks**a**-ndR]*) ; *o* + *n* : он, *lui* (se prononce *[o-n]*), etc.

• Une voyelle seule peut former une syllabe, tandis qu'une consonne doit toujours se rattacher à une voyelle pour former une syllabe.
• Les diphtongues n'existent pas en russe ; chaque voyelle forme une syllabe à part. Pour compter les syllabes dans un mot, il suffit de compter les voyelles : амплу**а** *[a-mpLou**a**], emploi* (trois syllabes) ; Берл**и**н *[biRl**i**-n], Berlin* (deux syllabes).

1 Les consonnes

La première colonne vous donne la lettre russe en majuscule et en minuscule, puis en écriture scripte.
La deuxième colonne vous donne la transcription phonétique que nous avons choisie. Pour une même lettre russe vous pouvez avoir deux transcriptions différentes selon la position de la lettre dans le mot.

Lettre russe	Transcription Assimil	Se prononce comme	Exemple Prononciation Traduction
Б б *Б б*	*b* *p*[1]	**b**arre **p**apa	бак *[bak], bac* **ю**бка *[**iou**pka], jupe*
В в *В в*	*v* *f*[1]	**v**élo **f**roid	вот *[vot], voilà* **о**стров *[**o**stRaf], île*
Г г *Г г*	*g* ou *gu* *k*[1]	**g**orge/**gu**êpe **k**angourou	гр**у**ша *[gR**ou**cha], poire* круг *[kR**ou**k], rond, bouée*
Д д *Д д*	*d* *t*[1]	**d**omino **t**ort	дом *[do-m], maison* мёд *[miot], miel*
Ж ж *Ж ж*	*j* *ch*[1]	**j**eton/**g**erme **ch**at	жив**о**т *[jyv**o**t], ventre* эт**а**ж *[it**a**ch], étage*
З з *З з*	*z* *ss*[1]	**z**oo bo**ss**e	зал *[zaL], salle* газ *[gass], gaz*

[1] en fin de mot ou devant une consonne sourde.

К к К к	*k*	**k**épi	кот *[kot], chat*
Л л Л л	*l* *L*[2]	**l**ié	лес *[liéss], forêt* л**о**гика *[L**o**guika], logique*
М м М м	*m*	**m**ère	мост *[most], pont*
Н н Н н	*n*	**n**ote	нос *[noss], nez*
П п П п	*p*	**p**a**p**e	парк *[paRk], parc*
Р р Р р	*R*	**r** roulé[3]	р**о**за *[R**o**za], rose*
С с С с	*s* *ss* *z*[4]	**s**alut ma**ss**e zoo	с**у**мка *[s**ou**-mka], sac* крас**и**вый *[kRass**i**vyï], beau* сд**е**лать *[zd**ié**Lat^s], faire*
Т т Т т	*t*	**t**orride	тар**и**ф *[taR**i**f], tarif*
Ф ф Ф ф	*f*	**f**racas	фрукт *[fRoukt], fruit*
Х х Х х	*H*	son raclé[5]	х**и**мия *[H**i**mïia], chimie*
Ц ц Ц ц	*ts*	mouche **ts**é-**ts**é	цвет *[tsviét], couleur*
Ч ч Ч ч	*tch*	**tch**èque	час *[tchass], heure*

[2] pas d'équivalent en français. Vous en saurez plus à la leçon 1.
[3] comme en italien : ***buongiorno***, ***pronto***.
[4] la lettre sourde с devient sonore au contact de д sonore.
[5] comme le ***doch*** allemand ou le ***Juan espagnol***.

Ш ш *Ш ш*	*ch*	**ch**ar	шак**а**л *[chak**a**L], chacal*
Щ щ *Щ щ*	*chtch*	pas d'équivalent en français	борщ *[boRchtch], borchtch* **я**щик *[**ia**chtchik], tiroir*

En lisant ce tableau, vous avez rencontré les termes “sourde” et “sonore”. Il s'agit de deux notions importantes en russe, car la nature d'une consonne influe sur sa prononciation. Certaines consonnes peuvent être sourdes ou sonores, d'autres sont toujours sourdes, et d'autres encore toujours sonores. Nous en reparlerons au fil des leçons.

2 Les voyelles

Lettre russe	Transcription Assimil	Se prononce comme	Exemple Prononciation Traduction
А а *А а*	*a* *i*[1]	h**a**cher	**а**вгуст *[**a**vgoust], août* час**ы** *[tchiss**y**], montre*
Е е *Е е*	*ié* ou [ié] *i* *y*[2,3] *ê*[3]	**Ié**na r**i**z pas d'équivalent[4] m**ê**me	апт**е**ка *[apt**ié**ka], pharmacie* анекд**о**т *[anikd**o**t], blague* жен**и**х *[jyn**i**H], fiancé* ж**е**нщина *[j**ê**nschina], femme*
Ё ё *Ё ё*	*io*	id**io**t	д**ё**шево *[d**io**chêv[a]], bon marché*
И и *И и*	*i* *y*[3]	**i**vre pas d'équivalent[4]	ик**о**на *[ik**o**na], icône* жить *[jyt[s]], vivre* маш**и**на *[mach**y**na], voiture*
О о *О о*	*o* *a*[1] *a*[5]	p**o**rt	хорош**о** *[HaRach**o**], bien* хорош**о** *[HaRach**o**], bien* в**е**село *[v**ié**ssiL[a]], gai*

[1] si non accentué dans la syllabe avant celle accentuée
[2] si non accentué
[3] après ж et ш
[4] pas d'équivalent en français, pour plus d'explications, voir les remarques pour la lettre ы à la leçon 4.
[5] très atténué en fin de mot

У у *У у*	*ou*	b**ou**le	ур**о**к *[ouR**o**k], leçon*
ы *ы*	*y*	son entre **ou** et **i**[6]	час**ы** *[tchiss**y**], montre*
Э э *Э э*	*ê* *i*[2]	**ê**tre p**i**que	**э**то *[**ê**t^{a}], ce, c'est* экз**а**мен *[igz**a**min], examen*
Ю ю *Ю ю*	*iou*	pi**ou**pi**ou**	**ю**мор *[**iou**maR], humour*
Я я *Я я*	*ia* *i*[7] *ïi*[8]	pédi**a**tre p**i**quer fa**illi**	**я**сно *[**ia**sn^{a}], clair* пятн**а**дцать *[pitn**a**tsat^{s}], quinze* яз**ы**к *[ïiz**y**k], langue*

[6] pour bien prononcer ce son, essayez de dire **ou** en étirant la bouche comme pour faire un **i**

[7] si non accentué et devant accent tonique

[8] non accentué en début de mot, le son se prononce un peu comme dans fa**illi**

3 Les autres lettres

La semi-consonne й (aussi appelée "i bref") apparaît seulement derrière les voyelles et ressemble au son des mots bonsa**ï** ou a**il**, fi**ll**e.

Й й *Й й*	*ï*	bonsa**ï**, a**il**	зим**ой** *[zim**oï**], en hiver* май *[maï], mai*

Les signes ь et ъ n'ont pas de prononciation propre. Le signe mou (ь) modifie la consonne qui le précède en la rendant molle, et le signe dur (ъ) sépare la consonne de la voyelle qui suit en les rendant autonomes dans la prononciation. Autrement dit, le signe mou indique que la consonne qui le précède est molle alors que le signe dur indique qu'elle est dure.
Dans notre transcription phonétique, nous marquerons le signe dur par *[°]* pour accentuer la pause : съесть *[s°iést^{s}]*.

Le signe mou sera transcrit différemment selon la consonne qu'il suivra. Retenez simplement qu'il ramollira toujours cette consonne : *[n^{gne}]* ; *[s^{i}]* ; *[t^{s}]*, etc., sauf avec les lettres qui sont toujours dures ou bien s'il joue un rôle purement orthographique.

ъ ъ	°	pas de prononciation propre	объясн**я**ть *[ab°ïisn**ia**t^{s}]*, *expliquer*
ь ь	*i* *gne* ' *s*	pas de prononciation propre [1]	**о**бувь *[**o**bouf^{f}]*, *chaussures* **о**сень *[**o**ssi^{gne}]*, *automne* лишь *[lich']*, *seulement* л**о**шадь *[L**o**chat^{s}]*, *cheval*

[1] pas de prononciation propre, ou prononciation atténuée dépendant du contexte.

4 L'accent tonique

L'accent tonique est la partie du mot que l'on prononce de manière plus appuyée. Tout au long de cet ouvrage, pour vous aider à donner la bonne intonation aux mots, nous vous indiquerons l'accent tonique par des caractères **gras** :
Хор**о**шая ид**е**я! *(Bonne idée !)*
*[HaR**o**cha^{ia} idi**é**ia]*
Retenez qu'un mot ne peut avoir qu'une seule voyelle accentuée (sauf les mots composés, où les deux mots liés gardent leur accentuation propre). Mais comme vous l'avez constaté en lisant le tableau des voyelles, l'accentuation d'une syllabe ne revient pas uniquement à prononcer celle-ci plus fort que le reste du mot ; elle peut également avoir une incidence sur la prononciation.
Nous reverrons bien sûr tout ce qu'il faut savoir sur la prononciation au fil des leçons. Il n'est pas question de tout retenir d'emblée. Plus tard, si vous en ressentez le besoin, vous pourrez trouver des compléments d'information dans l'appendice grammatical en fin d'ouvrage.
Vous avez à présent tous les éléments en main pour aborder votre première leçon de russe. Et nous vous souhaitons Уд**а**чи! *[oud**a**tchi], Bonne chance !*

Avant de commencer, lisez attentivement l'introduction qui précède, même si vous êtes faux débutant. Nous vous y présentons des éléments importants pour la prononciation et vous y expliquons comment procéder pour un apprentissage optimal.
Notre première série de leçons a pour but principal de vous familiariser avec les règles de prononciation du russe et les sonorités de la langue. Une fois que vous les aurez assimilées, vous saurez comment prononcer

1

Первый урок *[pièRv^{yï} ouRok]*

Как дела?

1 – Добрый день [1], Надя!
2 – Привет, Саша [2]!
3 Как дела? [3]

Prononciation
kak diLa **1** *dobR^{yï} dié^{gne} nadia* **2** *pRiviét sacha* **3** *kak diLa*

Notes

1 On salue par **добрый день** *[dobR^{yï} dié^{gne}]* dans la journée, approximativement jusqu'à six heures du soir.

2 **Саша** *[sacha]* est le diminutif de **Александр** *[aliksa-ndR]*, où le son *[an]* n'est pas nasal et se prononce comme dans *âne* ou *banane*), tout comme **Надя** *[nadia]* est celui de **Надежда** *[nadiéjda]*. Et même si les deux versions d'un même prénom ne se ressemblent pas beaucoup, il faudra que vous vous y habituiez, car les Russes adorent les diminutifs et les utilisent beaucoup !

tous les mots que vous lirez. Nous vous recommandons d'attacher une importance toute particulière aux "remarques de prononciation".
Dans les dialogues et les notes, l'accent tonique est indiqué en gras.
Dans la traduction française des dialogues, les mots entre parenthèses ( ) correspondent à une traduction littérale, mot à mot, du russe. Les mots entre crochets [ ] sont des mots qui n'apparaissent pas dans la phrase russe mais qui sont nécessaires en français.

1

Première leçon

Comment ça va ?

1 – Bonjour *(Bon jour)*, Nadia !
2 – Salut, Sacha !
3 Comment ça va *(Comment affaires)* ?

Remarques de prononciation

Les numéros en marge vous indiquent la phrase du dialogue dans laquelle se trouve le mot concerné par ces remarques.
№ de leçon N'oubliez pas que le *[R]* est roulé.
(1) Le нь (день *[diégne]*) se prononce comme le gn dans *besogne*. Le signe mou ь (tout comme le signe dur ъ que nous verrons plus tard) ne se prononce pas mais il modifie la prononciation de la consonne qui le précède. Ainsi, la consonne devient-elle "mouillée".
(3) • Devant une voyelle dure, comme а, л devient dur lui aussi : faites en sorte que la pointe de votre langue touche l'arrière de vos incisives (du haut) et prononcez "l". Dans notre transcription phonétique, ce "l dur" sera transcrit *[L]* : дел**а** *[di**La**]* (*les affaires*).
• е non accentué se prononce *[i]* bref : дел**а** *[di**La**]*.

3 Как дел**а**? *[kak diLa]*, littéralement "Comment [vont les] affaires ?", s'utilise très souvent dans la langue parlée. C'est l'équivalent du *Ça va ?* français. Mais ne vous étonnez pas si au lieu d'une réponse de politesse courte un Russe commence à vous raconter sa vie…

4 – Хорош**о**, спас**и**бо.
5 А у вас? [4]
6 – Спас**и**бо, всё хорош**о**. □

*4 HaRach**o** spassib^a **5** a ou vass **6** spassib^a fsio HaRach**o***

Note

4 En russe, l'ordre des mots dans la phrase est très souple. Au lieu de dire tout simplement Как дел**а**? *[kak diLa]* vous pouvez ajouter у вас? *[ou vass]* et intercaler cette expression de la façon suivante : Как у вас дел**а**? *[kak ou vass diLa]*, *Comment allez-vous ?*

***

Упражнение 1 – Читайте и переводите
*[oupRajni**é**ni^ié adi-n – tchita**ï**t^ié i piRivad**i**t^ié]*
Exercice 1 – Traduisez

❶ – Саша, добрый день! – Привет! ❷ Как дела? ❸ Спасибо, Надя! ❹ Всё хорошо. ❺ Как у вас дела?

Упражнение 2 – Восстановите текст
*[oupRajni**é**ni^ié dva – vasstanav**i**t^ié tiékst]*
Exercice 2 – Complétez (*Chaque point représente une lettre.*)

❶ Comment ça va ?
. . . дела?

❷ Bien, merci.
Хорошо, ...

❸ Salut !
. . . . . . !

❹ Bonjour !
Добрый . . . . .

❺ Tout va bien.
. . . хорошо.

4 – Bien, merci.
5 Et vous *(Et chez vous)* ?
6 – Merci, tout [va] bien.

Remarques de prononciation

(4), **(6)** • Rappelez-vous que le **х** est aspiré : **хорошо** *[HaRacho]*.
• **о** non accentué se prononce *[a]* bref : **хорошо** *[HaRacho]*.
• Quand il se trouve en syllabe accentuée, **о** se prononce comme dans *boulot* : **хорошо** *[HaRacho]* ; **добрый** *[dobRyi]*.
• À la fin des mots, quand la syllabe n'est pas accentuée, **о** se prononce comme un *[a]* atténué. Nous le transcrirons *[a]* : **Спасибо** *[spassiba]*.
(6) La consonne sonore (voir dans l'introduction, la prononciation des consonnes) **в** (habituellement prononcée *[v]*) s'assourdit devant la consonne sourde **с** *[s]* et se prononce *[f]* : **всё** *[fsio]*.

***

Corrigé de l'exercice 1

❶ – Bonjour Sacha ! – Salut ! ❷ Comment ça va ? ❸ Merci Nadia ! ❹ Tout va bien. ❺ Comment allez-vous ?

Corrigé de l'exercice 2

❶ Как – ❷ – спасибо ❸ Привет ❹ – день ❺ Всё –

À la fin des leçons, nous vous proposons deux exercices complémentaires – un exercice de lecture et un d'écriture. Vous y trouverez aussi bien des mots rencontrés dans les leçons précédentes que des mots inconnus, et constaterez avec plaisir que ces caractères incompréhensibles au premier regard trouvent leur sens dès que vous avez réussi à les déchiffrer.
Dans l'exercice de lecture, la première ligne est en caractère d'imprimerie. La deuxième ligne, en écriture scripte, reproduit les lettres telles

Lisez :
С**а**ша, да, газ, спас**и**бо, вы, жир**а**ф, **о**пера.
Саша, да, газ, спасибо, вы, жираф, опера.

Écrivez et déchiffrez :
как, это, Надя, театр, стоп.

2

Второй урок *[ftaR**o**ï ouR**o**k]*

Кт**о** [1] это?

1 – Здр**а**вствуйте! [2]

Prononciation
*ktoêt^{a} **1** zdR**a**stvouïtié*

Notes
1 кто *[kto]*, *qui*, s'emploie pour désigner tout être animé (personnes et animaux).
2 здр**а**вствуйте! est un mot très utile, car il peut être utilisé à tout moment de la journée pour saluer quelqu'un que l'on vouvoie. Il se traduit littéralement par "portez-vous bien". Et puis... Félicitations ! Vous avez appris un des mots parmi les plus difficiles à prononcer de la langue russe...

qu'on les écrit à la main. Vous verrez qu'il y a parfois des différences assez marquées entre les deux types d'écriture. Lisez chaque mot à haute voix et savourez les sonorités russes !
Le deuxième exercice est destiné à vous entraîner à l'écriture manuscrite. Nous vous conseillons de prendre un cahier d'écolier et d'écrire chaque mot plusieurs fois. À vous de jouer !

Corrigé (prononciation et traduction) :

*[s**a**cha] Sacha, [da] oui, [gass] gaz, [spassi**b**a] merci, [vy] vous, [jyR**a**f] girafe, [**o**piRa] opéra.*

Corrigé :

*как [kak] comment, это [êt[a]] ça, Надя [n**a**dia] Nadia, театр [ti**a**tR] théâtre, стоп [stop] stop.*

2

Deuxième leçon

Qui est-ce ?

1 – Bonjour !

Remarques de prononciation

№ de leçon : втор**о**й *[ftaRoï]* : devant la consonne sourde т *[t]*, la consonne sonore в *[v]* s'assourdit et se prononce *[f]*.
Titre : Кт**о** это? *[ktoêt[a]]* se prononce comme un seul mot, c'est la raison pour laquelle l'accent tonique est sur le **о**. On peut observer ce type de "liaison" avec des mots auxiliaires courts assez souvent. Du coup, on entendra les deux mots comme un seul, avec l'accent tonique du mot dont le sens est le plus important.
(1) Le premier в de la suite de consonnes -вств ne se prononce pas (comme dans здр**а**вствуйте). Cette suite de consonnes se rencontre dans plusieurs mots russes. Pour faciliter la prononciation, décomposez le mot : *[zdRast-vouï-tié].*

2 – Кт**о** это? [3]
3 – **Э**то [4] Над**е**жда и В**и**ктор.
4 Н**а**дя – журнал**и**стка [5].
5 – А В**и**ктор т**о**же журнал**и**ст? [6]
6 – Нет, он – студ**е**нт. □

***2** kt**o**êt[a] **3** **ê**t[a] nadi**é**jda i v**i**ktaR **4** n**a**dia jouRnal**i**stka **5** a v**i**ktaR t**o**j[ê] jouRnal**i**st **6** niét o-n stoudi**é**nt*

Notes

3 Comme vous pouvez le constater (phrases 3-6), au présent de l'indicatif, à la forme affirmative ou interrogative, le verbe *être*, **быть** *[byt[s]]*, n'est pas exprimé. À l'écrit, on le remplace souvent par un tiret. À l'oral, il est marqué par une pause.

4 Le pronom démonstratif **это** *[êt[a]]* se traduit comme *c'est* ou *ce sont*. Tout dépend du sujet. L'omission du verbe être au présent aide beaucoup : vous n'avez même pas à vous demander quelle forme utiliser (singulier ou pluriel), ou quel genre (masculin ou féminin). Facile !

5 **журналист** *[jouRnal**i**st]* / **журналистка** *[jouRnal**i**stka]* se traduit par *un/une journaliste* ; mais faites attention : l'article n'existe pas en russe, et le genre des mots est indiqué par leur terminaison. En règle générale, les mots se terminant par une consonne : **журналист** *[jouRnal**i**st]*, **студент** *[stoudi**é**nt]*, etc. sont du masculin, et ceux qui se terminent par **-а**, comme **журналистка** *[jouRnal**i**stka]* sont du féminin.

***

Упражнение 1 – Читайте и переводите
Exercice 1 – Traduisez

❶ – Здравствуйте, Надя! – Добрый день, Виктор! ❷ Это Надя. ❸ – Кто Виктор? – Он журналист. ❹ Нет, Надя журналистка. ❺ Это он.

2 – Qui [est-]ce ?
3 – Ce [sont] Nadiejda et Victor.
4 Nadia [est] journaliste.
5 – Et Victor [est-il] aussi journaliste ?
6 – Non, il [est] étudiant.

Remarques de prononciation

(4) La lettre **л** devant une voyelle mouillée (журнал**и**стка *[jouRnalistka]*) devient molle et ressemble au "l" français.
(5) Dans le mot т**о**же *[toj^{e}]*, le **е** final est très court.
N'oubliez pas qu'en russe toutes les consonnes finales se prononcent.

6. L'ordre des mots dans une phrase interrogative peut rester le même que dans une phrase affirmative. Dans ce cas, seule l'intonation change.

***

Corrigé de l'exercice 1

❶ – Bonjour Nadia ! – Bonjour, Victor ! ❷ C'est Nadia. ❸ – Qui est Victor ? – Il est journaliste. ❹ Non, Nadia est journaliste. ❺ C'est lui.

Упражнение 2 – Восстановите текст
Exercice 2 – Complétez

❶ Bonjour !
. . . . (. .)!

❷ Qui est-ce ?
. . . это?

❸ Est-il journaliste ?
Он . . . .

Lisez :
Н**а**дя, м**а**ма, я, шок, р**о**за, бан**а**н, он**о**.
Надя, мама, я, шок, роза, банан, оно.

Écrivez et déchiffrez :
Виктор, кто, здравствуйте, газ, я.

3

Третий урок *[tRiét^{ii} ouRok]*

Dans cette leçon, vous pourrez constater pour la première fois l'existence des déclinaisons. Cela vous semble peut-être compliqué mais rassurez-vous, il y a une logique bien définie. Bientôt ces déclinaisons vous deviendront familières et ne vous feront plus peur !

Дав**а**йте знак**о**миться!

1 – Как [1] вас зов**у**т?

Prononciation
*dava**ï**tié znak**o**mitsa* ***1*** *kak vass zav**ou**t*

Note
1 Remarquez que как *[kak]* peut se traduire par *comment* : Как дел**а**? *[kak diLa]*, *Comment ça va ?*, mais aussi par *comme* :

❹ Et Victor aussi est étudiant ?
. Виктор . . . . студент?

❺ Non, c'est lui.
. . . это . . .

Corrigé de l'exercice 2

❶ Здравствуй(те) – ❷ Кто – ❸ – журналист ❹ А – тоже – ❺ Нет – он

Corrigé (prononciation et traduction) :

*[n**a**dia] Nadia, [m**a**ma] maman, [ia] moi, [chok] choc, [R**o**za] rose, [ban**a**-n] banane, [an**o**] il* (neutre).

Corrigé :

Виктор *[v**i**ktaR] Victor*, *кто* *[kto] qui*, *здравствуйте* *[zdR**a**stvouïtié] bonjour*, *газ* *[gass] gaz*, *я* *[ia] moi.*

3 Troisième leçon

Faisons connaissance
(Donnez faire-connaissance) **!**

1 – Comment vous appelez-vous *(Comment vous appellent)* **?**

Remarque de prononciation

Titre : знак**о**миться *[znak**o**mitsa]* : la terminaison -ться se prononce *[tsa]*.

как он *[kak o-n]*, *comme lui*, et par *que* dans les phrases exclamatives : Как хорош**о**! *[kak HaRach**o**]*, *Que c'est bien !* ; Как при**я**тно! *[kak pRï-**ia**tn^{a}]*, *Que c'est agréable !*

2 – Мен**я** зов**у**т Нат**а**ша. А вас? [2]
3 – Я [3] – Серг**е**й.
4 – **О**чень [4] при**я**тно.
5 – Мне [5] т**о**же.

*2 mini**a** zav**ou**t nat**a**cha. a vass **3** ia – siRgui**é**ï **4** **o**tchi[gne] pRï-**ia**tn[a]*
*5 mnié t**o**j[ê]*

Notes

2 звать *[zvat[s]]*, *appeler*. Dans l'expression *je m'appelle... tu t'appelles*, etc., le verbe est à la 3e personne du pluriel (зовут : *ils appellent*) et les pronoms personnels compléments, toujours à l'accusatif (complément d'objet direct), changent de personne et de nombre : littéralement "ils m'appellent, ils t'appellent". Dans le dialogue vous avez rencontré : мен**я** зов**у**т *[mini**a** zav**ou**t]*, *je m'appelle*, et вас зов**у**т *[vass zav**ou**t]*, *vous vous appelez*. Vous connaîtrez les autres formes plus tard.

***

Упражнение 1 – Читайте и переводите

❶ – Как вас зовут? – А вас? ❷ Я – студент. ❸ Очень приятно! ❹ Меня зовут! ❺ Вас зовут Сергей.

Упражнение 2 – Восстановите текст

❶ Comment vous appelez-vous ?
. . . вас . . . . . ?

❷ Cela m'est très agréable !
Мне очень . . . . !

❸ Comme moi.
. . . я.

❹ Je suis journaliste.
. журналист.

❺ Très bien.
. . . . . хорошо.

2 – Je m'appelle Natacha *(Me appellent Natacha)*. **Et vous ?**
3 – Je [suis] Sergueï.
4 – Enchantée *(Très agréable)*.
5 – Moi de même *(À-moi aussi)*.

Remarques de prononciation

(3), **(4)** Il est temps de dire quelques mots sur le fameux **р** roulé russe. Vous l'avez déjà rencontré dans les leçons précédentes. Pour bien le prononcer, touchez le palais avec la pointe de la langue et faites-la vibrer.
(5) Le **ж** se prononce comme j de jardin.

3 Les pronoms personnels français *je* et *moi* se traduisent tous les deux par **я**.

4 L'adverbe **очень** ***[otchi***gne***]***, *très, beaucoup, bien*, se place directement devant le mot qu'il qualifie.

5 **мне** ***[mnié]*** est le datif de **я**, *moi*. Nous en reparlerons plus tard.

***

Corrigé de l'exercice 1

❶ – Comment vous appelez-vous ? – Et vous ? ❷ Je suis étudiant. ❸ Enchanté ! ❹ Ils m'appellent ! ❺ Vous vous appelez Sergueï.

Corrigé de l'exercice 2

❶ Как – зовут ❷ – приятно ❸ Как – ❹ Я – ❺ Очень –

Lisez :

Пар**и**ж, он, стоп, бас, тип, нет, анан**а**с.

Париж, он, стоп, бас, тип, нет, ананас.

Écrivez et déchiffrez :

Россия, студент, да, хорошо, очень.

4

Четвёртый урок *[tchitv**io**Rt^yï ouR**o**k]*

З**а**втрак

1 – Хот**и**те к**о**фе [1]?
2 – Нет, од**и**н чай, пож**а**луйста [2].
3 – С**а**хар? [3]
4 – Да, пож**а**луйста.
5 – Пирожк**и**? Блин**ы**?
6 – Нет, спас**и**бо, я на ди**е**те…

Prononciation

zaftRak **1** *Hat**i**tié k**o**f^é* **2** *niét ad**i**-n tchaï paj**a**Loust^a* **3** *s**a**HaR* **4** *da paj**a**Loust^a* **5** *piRachk**i** blin**y*** **6** *niét spass**i**ba ia na dï-**ié**tié*

Notes

1 Le mot **кофе** *[k**o**f^é]*, *café*, comme tout mot d'origine étrangère et se terminant par une voyelle, est invariable. Pas de terminaisons à apprendre pour celui-ci ! Normalement, les mots qui se terminent par un **е** sont du neutre, mais **кофе** représente une exception : il est du masculin.

2 Il n'y a pas de distinction entre le vouvoiement et le tutoiement pour le mot **пожалуйста** *[paj**a**Loust^a]*. Ainsi peut-il se traduire par *s'il vous plaît* ou *s'il te plaît*.

Corrigé (prononciation et traduction) :
*[paR**i**ch] Paris, [o-n] lui, [stop] stop, [bass] basse, [tip] type, [niét] non, [anan**a**ss] ananas.*

Corrigé :
Россия *[Rass**ï**-ia]* Russie, *студент* *[stoud**ié**nt]* étudiant, *да* *[da]* oui, *хорошо* *[HaRach**o**]* bien, *очень* *[**o**tchi^{gne}]* très.

4

Quatrième leçon

Petit-déjeuner

1 – [Vous] voulez [du] café ?
2 – Non, un thé, s'il vous plaît.
3 – [Du] sucre ?
4 – Oui, s'il vous plaît.
5 – [Des] pirojkis ? [Des] crêpes ?
6 – Non, merci, je suis au *(sur)* régime…

Remarques de prononciation

(1), **(3)** Pour réussir le son *[H]*, difficile seulement au premier abord, dites *[r]* en laissant l'air sortir entre la langue et le palais.
(2) Le у ici est très court et le й ne se prononce pas : *[paj**a**Loust^{a}]*
(5) Le ы (Блин**ы** *[bliny]*, *crêpes*) : encore un son qu'il faudra apprivoiser. Le son **ы** ressemble à *[i]* mais est beaucoup plus fermé. Pour bien le prononcer placez la langue comme si vous alliez prononcer un *[i]* (il faut la bomber et la reculer) et faites le son *[u]* avec le fond de la gorge (mais toujours en tendant bien les lèvres pour le son *[y]*).
(6) La combinaison des voyelles avec -**е** donne la prononciation suivante : на ди**е**те *[nadï-**ié**-tié]*.

3 Vous avez peut-être remarqué l'absence de l'article partitif (équivalent à notre *du*) dans la construction russe. Rappelons-nous que l'article n'existe pas en russe ; toute l'information sur le mot est donnée dans la terminaison.

Упражнение 1 – Читайте и переводите

❶ Вы на диете? ❷ Сахар, пожалуйста! ❸ Один кофе и один чай, пожалуйста. ❹ Мне тоже кофе. ❺ – Блины? – Нет, спасибо.

Упражнение 2 – Восстановите текст

❶ Un café, s'il te plaît !
Один кофе, ... !

❷ Non, merci.
Нет, ...

❸ Ce sont des crêpes et des pirojkis.
Это . . . . . и . . . .

❹ Oui, je suis au régime.
Да, . на . . . . . .

❺ Comment [sont] les crêpes ?
. . . блины?

Lisez :

Алекс**а**ндр, спорт, он**и**, м**а**сса, по**э**ма, ты, краб.

Александр, спорт, они, масса, поэма, ты, краб.

Écrivez et déchiffrez :

Саша, блины, мама, он, сахар.

***

Bien sûr, vous connaissez les blinis, mais attention : si vous demandez un blini en Russie, non seulement on vous en apportera plusieurs (car c'est un pluriel), mais de plus ce seront des crêpes ! Блин**ы** *[bliny] est le pluriel du* блин *[blin]... Ce qu'on appelle des blinis en France*

Corrigé de l'exercice 1

❶ Vous êtes au régime ? ❷ Du sucre, s'il vous/te plaît ! ❸ Un café et un thé, s'il vous plaît. ❹ Un café pour moi aussi. ❺ – Des crêpes ? – Non, merci.

Corrigé de l'exercice 2

❶ – пожалуйста ❷ – спасибо ❸ – блины – пирожки ❹ – я – диете ❺ Как –

Corrigé (prononciation et traduction) :

*[aliks**a**-ndR] Alexandre, [spoRt] sport, [an**i**] eux, [m**a**ssa] masse, [pa**ê**ma] poème, [ty] tu, [cRap] crabe.*

Corrigé :

*Саша [s**a**cha] Sacha, блины [blin**y**] blinis, мама [m**a**ma] maman, он [o-n] lui, сахар [s**a**HaR] sucre.*

***

porte un autre nom en Russie. Vous connaissez peut-être également les pirojkis, ces petits pâtés russes. Souvent, ils sont fourrés de viande, de riz et de légumes (choux, pommes de terre ou carotte, souvent mélangés).

5

Пятый урок *[piat^yï ouRok]*

Пойд**ё**м гул**я**ть!

1 – Сег**о**дня плох**а**я пог**о**да.
2 Там в**е**тер и дождь… [1]
3 – Ты ш**у**тишь! Там тепл**о** [2]!
4 – Тогд**а** пойд**ё**м гул**я**ть [3].
5 – Хор**о**шая ид**е**я!

Prononciation

*païd**io**m gouli**a**t^s **1** siv**o**dnia pLaH**a**^ïa pag**o**da **2** tam vi**é**tiR i docht^s **3** ty ch**ou**tich'! tam tipL**o** **4** tagd**a** païd**io**m gouli**a**t^s **5** HaR**o**cha^ia idi**é**ia*

Notes

1 Les expressions **там дождь** *[tam docht^s]*, *il pleut* ; **там тепл**о** *[tam tipL**o**]*, *il fait bon* ; **там в**е**тер** *[tam vi**é**tiR]*, *il y a du vent*, sont propres à la langue parlée. En disant **там** *[tam]*, *là-bas*, les Russes sous-entendent en réalité “dehors”. On pourrait également dire, par exemple : **сег**о**дня тепл**о** *[sivodnia tipL**o**]*, *il fait bon aujourd'hui*, en omettant **там**.

2 **тепл**о** *[tipL**o**]* est un adverbe. En russe les adverbes sont, comme en français, toujours invariables et se terminent souvent par **-о**, mais pas toujours : par exemple, **о**чень** *[**o**tchi^gne]*, *très*, *beaucoup*.

3 Attention, le verbe **гул**я**ть** *[gouli**a**t^s]*, *se promener*, n'est pas pronominal en russe.

Cinquième leçon

Allons nous promener !

1 – Aujourd'hui, [il fait] mauvais *(mauvais temps)*.
2 Il y a du vent et il pleut *(Là-bas vent et pluie)*...
3 – Tu plaisantes ! Il fait bon *(Là-bas bon)* !
4 – Alors, allons [nous] promener.
5 – Bonne idée !

Remarques de prononciation

Titre, 4 Rappelez-vous que le **ё** est toujours accentué.
(1) Le г se prononce habituellement *[g]* comme dans *goût,* sauf dans la combinaison **-его** où il se prononce *[v]*. Ainsi, **сег**о**дня**, *aujourd'hui*, se prononce *[sivodnia]*.
(1), **(3)**, **(4)**, **(5)** N'oubliez pas que les voyelles ne se prononcent pas de la même manière selon qu'elles sont accentuées ou pas. Observez la lettre **о** dans différentes positions : пог**о**да *[pagoda]*, тепл**о** *[tipLo]*, тогд**а** *[tagda]*, хор**о**шая *[HaRocha[ia]]*.
(2) Rappelez-vous que les consonnes s'assourdissent en position finale ou devant une autre consonne sourde. Dans le mot **дождь**, on considère la sonore **д** finale, car le signe mou (qui ne se prononce pas), a seulement pour mission de ramollir le **д**. Ainsi, ce dernier s'assourdit et transmet cette qualité à la lettre voisine **ж** qui s'assourdit à son tour (comme toute consonne sonore devant une sourde). Prononcez bien : *[docht[s]]*.
(4) N'oubliez pas que le signe mou, même s'il est "muet" est très important et qu'il influe sur la consonne qui le précède. Dans l'infinitif **гул**я**ть** *[gouliat[s]]*, *se promener*, le **т** sera mouillé et se prononcera comme s'il était suivi d'un petit *[s]* très atténué.

Упражнение 1 – Читайте и переводите

❶ Там хорошая погода, пойдём гулять! ❷ Там сегодня тепло? ❸ Это очень плохая идея. ❹ – Ты шутишь? – Нет. ❺ Сегодня дождь.

Упражнение 2 – Восстановите текст

❶ Aujourd'hui, tu plaisantes.
Сегодня ты . . . .

❷ Non, aujourd'hui, il y a du vent.
Нет, сегодня . . . . . .

❸ C'est une mauvaise idée.
Это . . . . . . идея.

❹ Allons nous promener, il fait bon.
Пойдём . . . . . . , там . . . . . .

❺ Aujourd'hui, il fait mauvais *(mauvais temps)*.
. . . . плохая погода.

Lisez :

Москв**а**, код, борщ, футб**о**л, диск**е**та, конц**е**рт, он**а**.

Москва, код, борщ, футбол, дискета, концерт, она.

Écrivez et déchiffrez :

тепло, Толстой, ты, идея, сегодня.

Corrigé de l'exercice 1

❶ Il fait beau, allons nous promener ! ❷ Fait-il bon aujourd'hui ? ❸ C'est une très mauvaise idée. ❹ – Tu plaisantes ? – Non. ❺ Aujourd'hui, il pleut.

Corrigé de l'exercice 2

❶ – шутишь ❷ – ветер ❸ – плохая – ❹ – гулять – тепло ❺ Сегодня –

Corrigé :

*[maskv**a**] Moscou, [kot] code, [boRchtch] borchtch, [foutb**o**L] football, [disk**ié**ta] disquette, [ka-nts**ê**Rt] concert, [an**a**] elle.*

Corrigé :

*тепло [tipL**o**] bon, Толстой [taLst**o**ï] Tolstoï, ты [ty] tu, идея [idi**é**ia] idée, сегодня [siv**o**dnia] aujourd'hui.*

6

Шестой урок *[chystoï ouRok]*

Спокойной ночи!

1 – Что [1] ты делаешь?
2 – Читаю. [2]
3 – А мы идём [3] в [4] театр.
4 Не [5] хочешь с нами?
5 – Нет, я устал и хочу спать...
6 – Ну [6], тогда – спокойной ночи!

Prononciation

*spakoïn[aï] notchi **1** chto ty diéLaïéch' **2** tchitaïou **3** a moui idiom ftiatR **4** ni Hotchich' s nami **5** niét ia oustaL i Hatchou spat[s] **6** nou tagda spakoïn[aï] notchi*

Notes

1 Nous connaissons déjà le pronom interrogatif **кто** *[kto]*, qui désigne tous les êtres animés. Le pronom interrogatif **что** *[chto]* se traduit par *que*, *quoi*, et s'emploie pour tous les objets.

2 En russe, le pronom personnel sujet peut être omis. Dans ce cas, le contexte et la terminaison du verbe nous donnent toute l'information nécessaire sur le sujet de la phrase.

3 Le verbe **идём** (de **идти** *[itti]*, *aller à pied*) peut être omis au présent de l'indicatif. Donc, vous pourriez dire également : **а мы – в театр** *[a moui ftiatR]*, littéralement "Et nous au théâtre".

4 La préposition **в** a plusieurs sens, mais ils sont toujours similaires : *à*, *dans*, *en*.

5 La négation, en russe, ne pose pas de problème. Le mot **не** se place directement devant le mot sur lequel porte la négation : **Это не я**, *Ce n'est pas moi* ; **Виктор не студент**, *Victor n'est pas étudiant* ; **Ты не шутишь**, *Tu ne plaisantes pas*.

6 Le mot **ну** *[nou]* appartient à la langue parlée et peut se traduire différemment selon la situation : *eh bien*, *allons*, *mais voyons*, etc.

Sixième leçon

Bonne nuit !

1 – Que fais-tu *(Que tu fais)* ?
2 – [Je] lis.
3 – Et [nous], nous allons au théâtre.
4 Tu veux venir avec nous *(ne veux avec nous)* ?
5 – Non, je suis fatigué et je veux dormir…
6 – Eh bien, alors bonne *(calme)* nuit !

Remarques de prononciation

(1), **(2)**, **(4)**, **(5)**, **(6)** ч se prononce *[ch]* devant т (что *[chto]*) alors qu'il se prononce comme *[tch]* dans d'autres combinaisons de lettres. Observez : что *[chto]* ; чит**а**ю *[tchitaiou]* ; х**о**чешь *[Hotchich']* ; хоч**у** *[Hatchou]* et н**о**чи *[notchi]*.

(1), **(3)** En phonétique, nous transcrivons habituellement le ы (ты *[ty]*) par *[y]*. Mais dans la combinaison de lettres мы, il ressemble plutôt à *[moui]*. Souvenez-vous que ces trois lettres (*[oui]*) ne font qu'un seul son. Cette phonétique est approximative, et bien sûr il s'agit du même son ы, mais la prononciation, dans ce cas précis, est plus claire avec cette transcription pour un francophone.

(1), **(4)**, **(5)** Comme nous l'avons vu dans la leçon précédente, le т de -ть (par exemple, du mot спать *[spat^s]*, *dormir*, sera mouillé et se prononcera comme s'il était suivi d'un petit *[s]* très atténué. En revanche, derrière ш et ж, ь n'a qu'une valeur orthographique et ne modifie pas la prononciation de la consonne qui le précède : д**е**лаешь *[diéLaïéch']*, х**о**чешь *[Hotchich']*. Dans ce cas, nous marquerons sa transcription par une simple apostrophe *[']* .

(2) Dans le mot чит**а**ю *[tchitaiou]*, le *[iou]* ne fait qu'un son (ressemble à l'anglais *you*).

(3) La règle d'assourdissement fonctionne également pour l'enchaînement de deux mots. Dans в те**а**тр, le в sonore s'assourdit au contact avec le т sourd : *[ftiatR]*. Remarquez également que les deux mots se prononcent comme un seul (voir Remarques de prononciation de la leçon 2).

(6) Remarquez que le troisième о dans спок**о**йной *[spakoïn^aï]* est un *[a]* affaibli.

Упражнение 1 – Читайте и переводите

❶ – Что это? – Это чай. ❷ – Что ты хочешь? – Я очень хочу спать. ❸ – Я читаю, а ты делаешь кофе. ❹ – Мы в театр. – А я нет. ❺ Я не хочу в театр, я читаю.

Упражнение 2 – Восстановите текст

❶ – Bonne nuit, Sergueï ! – Merci !
– . . . . , Сергей! – . . . . !

❷ Tu veux [aller] avec nous au théâtre.
. . хочешь с . . . . в театр.

❸ Nous allons au théâtre. Tu ne [viens pas] avec nous ?
. . . . в театр. Ты . . с нами?

❹ As-tu sommeil *(Tu veux dormir)* ?
Ты хочешь . . . . . ?

❺ Eh bien alors, bonne nuit !
. . , ... - спокойной ночи!

Lisez :

Росс**и**я, чай, лун**а**, мы, шанс, в**и**за, кост**ю**м.

Россия, чай, луна, мы, шанс, виза, костюм.

Écrivez :

спать, Сергей, опера, вы, спорт.

Corrigé de l'exercice 1

❶ – Qu'est-ce que c'est ? – C'est le/du thé. ❷ – Que veux-tu ? – J'ai très envie de dormir *(Je très veux dormir)*. ❸ – Je lis et toi, tu fais du café. ❹ – Nous allons au théâtre. – Et moi, non. ❺ Je ne veux pas [aller] au théâtre, je lis.

Corrigé de l'exercice 2

❶ Спокойной ночи – спасибо ❷ Ты – нами – ❸ Мы идём – не – ❹ – спать ❺ Ну, тогда –

Corrigé :

[Rassï-ia] Russie, [tchaï] thé, [Louna] lune, [moui] nous, [cha-ns] chance, [viza] visa, [kastioum] costume.

Corrigé :

спать [spat^s] dormir, Сергей [siRguiéï] Sergueï, опера [opiRa] opéra, вы [vy] vous, спорт [spoRt] sport.

7

Седьмой урок

Повторение – **Révision**

Toutes les sept leçons, nous reverrons, en les complétant si nécessaire, les points importants abordés dans les leçons précédentes. Ne vous inquiétez pas si tout ne vous paraît pas encore clair. Faites une révision rapide des leçons déjà étudiées et attendez la suite : tout sera approfondi dans les leçons suivantes.

1 Prononciation

Nous avons vu dans les six premières leçons les principales règles de la phonétique russe. Vous avez appris à déchiffrer les caractères cyrilliques, et maintenant leur complexité n'est plus qu'apparente. Rappelez-vous que l'accent tonique dans les mots russes n'est pas fixe et que les Russes ne l'indiquent jamais à l'écrit, il faut donc l'apprendre.
Il y a deux caractéristiques de l'accent russe. Premièrement, le changement d'accent peut être important pour différencier deux mots qui s'écrivent de la même façon. Deuxièmement, l'accent varie selon les formes grammaticales d'un même mot (хорош**о** – adverbe ; хор**о**шая – adjectif ; д**е**ло – *une affaire* ; дел**а** – *des affaires*).
La syllabe accentuée se prononce nettement, avec plus d'intensité que les autres syllabes.

2 Consonnes

Les consonnes, à la fin des mots, se prononcent toujours, mais certaines d'entre elles subissent une modification à la fin du mot ainsi que devant une consonne sourde (privée de voix).
Les consonnes se subdivisent en sourdes et sonores. Elles constituent des "paires" :

sonore	б *[b]*	в *[v]*	г *[gu]*	д *[d]*	ж *[g]*	з *[z]*
↓	↓	↓	↓	↓	↓	↓
sourde	п *[p]*	ф *[f]*	к *[k]*	т *[t]*	ш *[ch]*	с *[s]*

Septième leçon

Les consonnes л, м, н, р et й n'ont pas de paire et sont toujours sonores. Les consonnes х, ц, ч et щ n'ont pas de paire non plus et sont toujours sourdes.

3 Voyelles

Les voyelles se prononcent très nettement quand elles sont accentuées et changent de prononciation en position non accentuée : о → а, е → и, par exemple, хорош**о** *[HaRacho], bien* ; дел**а** *[diLa], affaires*.
Elles se subdivisent en dures et molles et marchent également par paires :

dure	а *[a]*	о *[o]*	э *[ê]*	ы *[y]*	у *[ou]*
↓	↓	↓	↓	↓	↓
molle	я *[ia]*	ё *[io]*	е *[ié]*	и *[i]*	ю *[iou]*

4 Signe mou et signe dur

Le signe mou ь et le signe dur ъ n'ont pas de prononciation spécifique. Le signe dur ъ modifie la prononciation de la lettre qui le suit, tandis que le signe mou ь modifie la prononciation de celle qui le précède : спать *[spat^{s}], dormir.*

5 Noms neutres empruntés

Les noms d'origine étrangère se terminant par une voyelle sont invariables : к**о**фе *[kof^{ié}], café*. Souvent, ces mots sont neutres. Remarquez pourtant que le mot к**о**фе est du masculin.

6 Le genre des noms

En russe, il existe trois genres : le masculin, le féminin et le neutre. L'absence d'article rend la terminaison du mot très importante. C'est la terminaison qui donnera toute l'information sur le genre du mot, la forme, le cas et sa fonction dans la phrase.

Les noms féminins se terminent souvent par -a, le masculin généralement par une consonne et le neutre par -o.
Certains masculins se terminent par une voyelle : Саша qui est le diminutif d'Александр.

7 Les adjectifs

Les adjectifs s'accordent avec les noms qu'ils qualifient. Ils se placent généralement devant le nom. Ils se divisent en adjectifs durs (si l'avant-dernière lettre de la terminaison est dure) et en mous (si l'avant-dernière lettre est molle). Ainsi, les terminaisons fonctionnent également par paires :

	dures	→	molles
Masculin	-ый	→	-ий
Féminin	-ая	→	-яя
Neutre	-ое	→	-ее

Par exemple, Спокойный студент *[spakoïn^yï stoudiént], un étudiant calme* (masculin) – Хороший журналист *[HaRoch^yï jouRnalist], un bon journaliste*. Спокойная ночь *[spakoïna^ia notch'], une nuit tranquille* ; Хорошая идея *[HaRocha^ia idiéia], une bonne idée*. Un peu de patience pour les adjectifs féminins en -яя : nous les étudierons plus tard, tout comme l'accord des adjectifs avec les mots neutres, que nous n'avons pas encore rencontrés.

8 Le verbe

Le verbe *être* peut ne pas être exprimé au présent de l'indicatif : Я – студент *[ia stoudiént], Je [suis] étudiant*. Le verbe *aller* peut également être omis au présent : Мы в театр *[moui ftiatR], Nous [allons] au théâtre*.

9 La négation

La négation, en russe, est assez simple : la particule négative не se place directement devant le mot sur lequel porte la négation : Он не студент, *Il n'est pas étudiant* ; Ты не шутишь, *Tu ne plaisantes pas* ; Мы не в театр, *Nous n'allons pas au théâtre (mais au cinéma...)*.

Remarquez que la langue russe utilise souvent une forme interro-négative en faisant une proposition simple comme Не х**о**чешь с н**а**ми?, littéralement "Ne veux pas avec nous ?", alors que le français dira *Veux-tu venir avec nous ?* (inversion, présence du verbe).

10 Les pronoms personnels

Au cours des premières leçons, vous avez rencontré et sûrement retenu certains pronoms personnels. Complétons-les :

я	*je, moi*	мы	*nous*
ты	*tu, toi*	вы	*vous*
он	*il, lui*	они́	*ils, elles, eux*
он**а**	*elle*		
он**о**	*"il"* neutre		

Remarquez qu'à la 3e personne, les terminaisons reproduisent le principe des noms : le masculin se termine par une consonne, le féminin par un a et le neutre par un o. Il n'y a pas de distinction selon les genres au pluriel.

***

Заключительный диалог – Dialogue de révision (Traduisez)

1 – Надя, привет!
2 – Виктор! Как дела?
3 – Спасибо, всё хорошо.
4 Это Сергей; он журналист.
5 – Очень приятно.
6 – Мне тоже.
7 – Мы идём в театр.
8 Не хочешь с нами?
9 – Шутишь! Очень хочу!
10 – Это хорошая идея: сегодня плохая погода и дождь...

8

Восьмой урок *[vassʲmoï ouRok]*

Vous savez maintenant qu'il n'y a pas d'article en russe, il n'est donc plus utile de vous les signaler entre crochets dans la traduction française.

На Кавказе

1 – Дети, что вам [1] здесь нравится?
2 – Ему и мне нравится море [2].
3 – А ей нравится лес.
4 – Им всё нравится!

Prononciation

*na kafkazⁱᵉ **1** diéti chto vam zdiéssʲ nRavitsa **2** ⁱᵉmou i mnié nRavitsa moRⁱᵉ **3** a iéï nRavitsa liéss **4** im fsio nRavitsa*

Notes

1 En russe, il y a six cas. Ils correspondent aux différentes fonctions des mots dans la phrase. Observez les phrases suivantes tirées de la leçon 3 : **Я** – **Сергей** (fonction de sujet) ; **Меня зовут Наташа** (complément d'objet direct – COD) ; et ici, – **Что вам здесь нравится** (complément d'objet indirect – COI). Ces exemples permettent de voir quelle forme les pronoms personnels **я**, *je* et **вы**, *vous*, prennent selon leur fonction dans la phrase. **вам** et **мне** sont donc les datifs. Les COI de

Traduction

1 Nadia, salut ! **2** Victor ! Comment ça va ? **3** Merci, tout [va] bien. **4** Voici Sergueï, il est journaliste. **5** Enchantée. **6** Moi aussi. **7** Nous allons au théâtre. **8** *(Ne)* Veux-tu [venir] avec nous ? **9** Tu veux rire *(Tu plaisantes)* ! Bien sûr que je veux *(Très veux)* ! **10** C'est une bonne idée : aujourd'hui [il fait] mauvais *(mauvais temps)* et il pleut *(pluie)*...

8

Huitième leçon

Dans le Caucase

1 – Les enfants, qu'est-ce qui vous plaît ici *(que vous ici plaît)* ?

2 – À lui et à moi, c'est la mer *(À-lui et à-moi plaît mer)*.

3 – Quant à elle, c'est la forêt *(Et à-elle plaît forêt)*.

4 – Tout leur plaît *(À-eux tout plaît)* !

Remarques de prononciation

(1), (5), (6) Dans зд**е**сь *[zdiess^{i}]*, *ici*, le signe mou ramollit le с qui va alors se prononcer avec un *[i]* très léger, comme dans le mot *acier*.

(2) • Quand il ne porte pas l'accent tonique et qu'il est en début de mot, е se prononce *[^{ié}]* : ем**у** *[^{ié}**mou**]*, *lui*.

• Le е à la fin du mot, dans la syllabe non accentuée, est affaibli : м**о**ре *[moR^{ié}]*, *mer*.

(3) En début de mot, lorsque la syllabe est accentuée, le е se prononce comme dans le mot *yen* : **ей** *[iéï]*, *lui* (dans le sens de "à elle"), et comme dans **есть** *[iést^{s}]*, *il y a*.

(4) Nous avons déjà vu dans les remarques de prononciation de la première leçon, que le в du mot всё s'assourdit au contact avec le с : *[fsio]*.

вы et я peuvent se traduire respectivement par *à vous, pour vous* et *à moi, pour moi*.

2 La terminaison du mot м**о**ре (*[moR^{ié}]*) indique son appartenance aux mots neutres qui se terminent souvent par un -**е** ou un -**о**.

5 – Да, здесь **о**чень хорош**о**. [3]

6 – Здесь есть [4] всё! □

***5** da, zdiéss^{i} **o**tchi^{gne} HaRach**o** **6** zdiéss^{i} iést^{s} fsio*

Notes

3 Remarquez encore une fois que le verbe *être* (**быть**) est omis dans cette phrase.

***

Упражнение 1 – Читайте и переводите

❶ Кто им нравится? ❷ С нами очень хорошо. ❸ Мне нравится, что он журналист. ❹ Давайте пойдём в лес! ❺ На Кавказе есть море.

Упражнение 2 – Восстановите текст

❶ – Elle aime bien lire. – Moi aussi.
– Ей . . . . читать. – . . . тоже.

❷ Dans le Caucase, il y a des enfants.
На Кавказе . . . . дети.

❸ On est bien, chez vous.
У вас . . . .

❹ – Nous allons au théâtre. – Et nous, dans *(à)* la forêt.
– Мы идём в театр. – А мы – . . . . .

❺ Cela ne lui plaît pas.
. . . это . . нравится.

Lisez

лес, нам, здесь, ур**о**к, нр**а**вится, вс**ё**.

лес, нам, здесь, урок, нравится, всё.

5 – Oui, ici on se sent bien *(ici très bien)*.
6 – Ici, il y a tout !

Remarque de prononciation

(5) N'oubliez pas de bien prononcer le **х** : *[H]*.

4 **есть**, la 3e personne du singulier du verbe **быть**, *être*, n'est jamais utilisée au présent. Par ailleurs, **есть** s'utilise dans le sens de *il y a*.

***

Corrigé de l'exercice 1

❶ Qui leur plaît ? ❷ Avec nous, on se sent bien. ❸ Cela me plaît qu'il soit journaliste. ❹ Allons dans *(à)* la forêt ! ❺ Dans le Caucase, il y a la mer.

Corrigé de l'exercice 2

❶ – нравится – мне – ❷ – есть – ❸ – хорошо ❹ – в лес ❺ ему – не –

Corrigé

*[liéss] forêt, [nam] à nous, [zdiéss'] ici, [ouR**o**k] leçon, [nR**a**vitsa] plaît, [fsio] tout.*

Écrivez et déchiffrez

Dorénavant, dans le corrigé de l'exercice d'écriture, nous ne donnerons plus ni la prononciation, ni la traduction des mots, car vous les connaissez bien.

Кавказ, роза, какао, шок, ей.

***

Le Caucase, chaîne de montagnes du système alpin, s'étend sur 1 200 km, depuis le détroit de Kertch (mer Noire) jusqu'à la presqu'île d'Apchéron (mer Caspienne). Le Caucase est partagé entre la Géorgie, l'Arménie, l'Azerbaïdjan et la Russie (c'est-à-dire les républiques d'Adyguée, de Daghestan, d'Ingouchie, de Kabardino-Balkarie, d'Ossétie du Nord, de Karatchaïévo-Tcherkessie et de Tchétchénie). Il est souvent considéré comme marquant la séparation entre l'Europe et l'Asie. Si on le considère européen, c'est le massif montagneux le plus élevé d'Europe. C'est aussi la région où le plus grand nombre de Russes partent en vacances. Situées sur le territoire de Stavropol, les cinq plus grandes villes d'eau sont Miniéralnyé Vody, Yessentouki,

9

Девятый урок *[diviat^{yï} ouRok]*

Экзамены

1 – Ты куд**а** [1]?
2 – У мен**я** [2] сейч**а**с экз**а**мен.
3 – Как**о**й [3] экз**а**мен?

Prononciation

*igz**a**miny **1** ty kouda **2** ouminia sitchass igzami-n **3** kakoï igzami-n*

Notes

1 L'adverbe **куда** *[kouda]*, *où*, contient une notion de déplacement. On dit que c'est "le *où* avec mouvement". Cet adverbe exprime le lieu vers lequel on se dirige.

2 Petite gymnastique de l'esprit – vous allez voir, c'est très simple : **у меня**, littéralement "chez moi", peut former la construction **у меня**

Corrigé

Кавказ, роза, какао, шок, ей.

***

Pyatigorsk, Zheleznovodsk et Kislovodsk. Cette dernière a bien conservé la tradition des cures thermales : on y boit l'eau de Narzan (l'eau minérale la plus connue en Russie), sur les traces de Lermontov, de Pouchkine et de Tolstoï. Le ski alpin s'y développe à grande vitesse. La station la plus connue est Krasnaya Poliana, située dans l'ouest du Caucase (à 600 m d'altitude), à une distance de 50 km de la ville de Sotchi et de ses plages. Sotchi et sa banlieue ont vu fleurir, depuis la fin des années 1990, des dizaines de complexes hôteliers et autres infrastructures touristiques, sans toutefois toucher à son cachet de ville-parc, avec ses squares, ses parcs tropicaux et autres plantations exotiques.

9

Neuvième leçon

Examens

1 – Tu [vas] où ?
2 – J'ai *(Chez moi maintenant)* un examen, là.
3 – Quel examen ?

Remarques de prononciation

(2) Dans **сейчас** ***[sitchass]***, *maintenant*, le **й** ne se prononce pas.
(2), **(3)** N'oubliez pas que le son nasal n'existe pas en russe, prononcez bien le н d'**экзамен** ***[igzami-n]***, *examen*.

есть ... *chez moi, il y a...* ce qui va se traduire par *j'ai...* Et comme le verbe *être* peut être omis, on a : **У меня... экзамен**, *J'ai un examen* ; il suffit de le savoir !

3 L'adjectif interrogatif **какой** (**-ая**, **-ое**) ***[kakoï]*** signifie *quel, de quel genre, comment*, et s'accorde avec le nom auquel il se rapporte.

4 – Снач**а**ла по ф**и**зике [4], а пот**о**м сда**ю** [5] матем**а**тику.
5 – Ну, ни п**у**ха, ни [6] пер**а**!
6 – К ч**ё**рту!

*4 snatcha**a**La pa f**i**zik[ié] a pat**o**m zda**ïou** matim**a**tikou **5** nou ni p**ou**Ha ni piR**a** **6** ktch**io**Rtou*

Notes

4 La préposition **по** a plusieurs traductions : *sur, par, selon, suivant, d'après, pour cause de* et *jusqu'au* ; dans les expressions exprimant le temps, elle ne se traduit pas. Nous n'avons pas marqué sa traduction littérale dans l'expression **по физ*и*ке** *[pa fizik[ié]]*, car ici la préposition n'a pas de sens propre.

5 Remarquez que le pronom personnel peut être omis : **сдаю** au lieu de **я сдаю**, *je passe*. Il est toujours omis dans la réponse à une

***

Упражнение 1 – Читайте и переводите

❶ – Они куда? – В театр. ❷ Мне тоже сначала чай. ❸ Я сдаю экзамен по физике. ❹ Ей не нравится ни лес, ни море. ❺ Пойдём потом гулять?

Упражнение 2 – Восстановите текст

❶ J'ai une bonne idée.
. . . . . хорошая идея.

❷ Quel type de forêt *(Quelle forêt)* lui *(à elle)* plaît ?
. . . . . лес . . нравится?

❸ Ici, il y a le thé et le café.
. . . . чай и кофе.

❹ – Bonne chance ! – Merci !
– Ни . . . . , ни . . . . ! – . чёрту!

❺ Maintenant, j'ai sommeil.
. . . . . . я хочу спать.

4 – D'abord, celui de physique, et après, je passe les maths.
5 – Alors, bonne chance *(ni duvet ni plume)* **!**
6 – Merci *(Au diable)* **!**

Remarques de prononciation

(4) • по ф**и**зике ***[pa fizikié]***, *de physique*.
• Le **с** de **сда<u>ю</u>** devient sonore au contact du **д** sonore : ***[zdaïou]***.

question dans laquelle le pronom sujet est annoncé, sauf si l'interlocuteur veut accentuer le sujet ou l'opposer à un autre. Comparez : **– Ты чит<u>а</u>ешь? – Чит<u>а</u>ю,** – *Tu lis ? – [Oui, je] lis.* – et **– Ты чит<u>а</u>ешь? – Я чит<u>а</u>ю, а ты?** – *[Oui, moi] je lis et toi ?* **сда<u>ю</u>** ***[zdaïou]*** est la 1re personne du singulier du verbe **сдав<u>а</u>ть** ***[zdavat^s]***.

6 **ни... ни...** ressemble beaucoup à *ni... ni...* français : **Он ни студ<u>е</u>нт, ни журнал<u>и</u>ст,** *Il n'est ni étudiant ni journaliste.*

***

Corrigé de l'exercice 1

❶ – Où vont-ils ? – Au théâtre. ❷ Moi aussi [je voudrais] d'abord un thé. ❸ Je passe l'examen de physique. ❹ Ni la forêt ni la mer ne lui plaisent. ❺ On va se promener après ?

Corrigé de l'exercice 2

❶ У меня – ❷ Какой – ей – ❸ Здесь есть – ❹ – пуха – пера – к – ❺ Сейчас –

Экзамены.

Lisez

царь, экз**а**мен, к**о**фе, ф**и**зика, мим**о**за, текст.

царь, экзамен, кофе, физика, мимоза, текст.

Écrivez et déchiffrez

куда, математика, сейчас, ни пуха!

***

Eh oui, souvent, en allant à un examen, on entend Ни п**у**ха, ни пер**а**! *Cette expression exprime un souhait de réussite et de succès dans une entreprise quelconque (examen, entretien d'embauche, etc.) comme on dirait "M… !" en français, ou encore "Bonne chance !".*

10 Десятый урок *[dissiat^{yï} ouRok]*

Как**а**я [1] интер**е**сная кн**и**га!

1 – Что ты чит**а**ешь?
2 – Я чит**а**ю кн**и**гу [2] «Войн**а** и мир [3]».

Prononciation

*Kaka^{ia} i-ntiR**ié**sna^{ia} kn**i**ga* **1** *chto ty tchit**a**^{ié}ch'* **2** *ia tchit**a**ïou kn**i**gou vaïn**a** i miR*

Notes

1 Nous avons vu dans la leçon précédente l'adjectif **как**о**й**, **-**а**я**, **-**о**е** *[kakoï]* s'accordant avec le nom auquel il se rapporte. Ici il est au féminin, puisque **кн**и**га**, *livre*, est féminin en russe. Cet adjectif peut être interrogatif ou exclamatif.

2 Le cas du COD (complément d'objet direct) est l'accusatif. Pour former l'accusatif des mots féminins se terminant par un **-а**, il faut remplacer le **-а** par un **-у** : **кн**и**г -а** (nominatif) → **кн**и**г -у** (accusatif). Et comparez : dans **Мне нр**а**вится кн**и**га**, *Le livre me plaît, "livre"* est le sujet

Corrigé

[tsaR] tsar, [igzami-n] examen, [kof[é]] café, [fizika] physique, [mimoza] mimosa, [tiékst] texte.

Corrigé

куда, математика, сейчас, ни пуха!

***

Parfois, on réduit l'expression à Ни пуха! *et on répond habituellement par :* К чёрту!, Va au diable ! *Rassurez-vous, dans ce cas on vous envoie au diable avec reconnaissance…*

10

Dixième leçon

Quel livre intéressant !

1 – Que lis-tu ?
2 – Je lis le livre *Guerre et paix*.

(donc au nominatif) ; en revanche, dans **Я читаю книгу**, *Je lis un livre, "livre"* est le complément d'objet direct (donc à l'accusatif).

3 La première signification du substantif masculin **мир** *[miR]* est *la paix* mais il peut également signifier *le monde* (dans le sens de "planète").

3 – Как [4] интер**е**сно!
4 Ты всё поним**а**ешь? [5]
5 – Нет, но я поним**а**ю гл**а**вное [6].
6 К том**у** же, здесь есть фр**а**зы на франц**у**зском язык**е** [7].

3 kak i-ntiRiésn^a 4 ty fsio panima^ié ch' 5 niètno ia panimaïou gLavna^ié 6 ktamouj^ê zdiéss^i iést^s fRazy na fRa-ntsouskam yizykié

Notes

4 Vous connaissez déjà le mot interrogatif **Как ?** de **Как дел**а**?**, *Comment ça va ?* Dans des phrases exclamatives, **как** peut s'utiliser suivi d'un adverbe. On le traduira alors par *comme* : **Как интер**е**сно!**, *Comme c'est intéressant !* **Как тепл**о**!**, *Comme il fait bon !*

5 Observez l'ordre des mots : la phrase est interrogative mais il n'y a pas d'inversion dans les questions.

6 **гл**а**вное** *[gLavna^ié]* se traduit par *l'essentiel, le principal, le plus important*.

***

Упражнение 1 – Читайте и переводите

❶ У меня есть интересная книга. ❷ Ты понимаешь фразы на французском языке? ❸ Это книга по физике. ❹ К тому же, это интересно! ❺ Им нравится книга на французском языке.

Упражнение 2 – Восстановите текст

❶ Je lis et comprends tout.
. . . . . и всё . . . .

❷ De plus, tu plaisantes !
. . . . , ты шутишь!

❸ Ici, il y a des phrases intéressantes.
. . . . . есть интересные . . . . . .

3 – Comme c'est intéressant !
4 Tu comprends tout *(Tu tout comprends)* **?**
5 – Non, mais je comprends l'essentiel.
6 De plus, *(ici)* **il y a des phrases en français** *(sur française langue)*.

Remarques de prononciation

(3) Le **ин**, dans le mot **интересно** *[i-ntiRiésn^{a}]*, ne donne pas de son nasal !
(6) • Le **з**, dans le mot **французском**, ne se prononce pas : *[fRa-ntsouskam]*.
• Pour faciliter la prononciation de la lettre **я** dans le mot **языке** nous la transcrivons d'une manière inhabituelle : *[yizykié]*.

7 **французский язык**, *la langue française* (est masculin en russe) ; **французский**, *le français*. On aurait aussi pu dire, tout simplement, **фразы на французском**, *des phrases en français*.

***

Corrigé de l'exercice 1

❶ J'ai un livre intéressant. ❷ Comprends-tu des phrases en français ? ❸ C'est un livre de physique. ❹ De plus, c'est intéressant ! ❺ Le livre en français leur plaît.

❹ Mais ce n'est pas le plus important !
. . это не . . . . !

❺ D'abord, je lis les phrases en français *(sur la langue française)*.
. . . . я читаю фразы на французском . . . . . .

Corrigé de l'exercice 2

❶ Читаю – понимаю ❷ К тому же – ❸ Здесь – фразы ❹ Но – главное ❺ Сначала – языке

Lisez

компь**ю**тер, фр**а**за, мин**у**та, Нат**а**ша, пож**а**луйста, гл**а**вное.

компьютер, фраза, минута, Наташа, пожалуйста, главное.

Écrivez et déchiffrez

масса, шанс, ритм, чай, тип.

***

"Guerre et paix", épopée littéraire de Léon Tolstoï (comte Liév Nikolaïévitch Tolstoï, 1828-1910), un des plus célèbres classiques russes, écrit sur une période de six ans (1863-1869), est généralement considéré comme l'un des plus grands romans jamais écrits. Dans cette fresque immense, Tolstoï met en scène cinq cent cinquante-neuf personnages, mais c'est essentiellement sur la vie de trois familles aristocratiques (les Bolkonski, les Rostov et les Bézoukhov), à l'époque de l'invasion napoléonienne, que porte le récit. Le mot мир, *paix, qui s'utilisait à l'époque également pour tout ce qui avait rapport à la vie quotidienne, est opposé par l'auteur au mot* войн**а**, *guerre, pour mieux démontrer l'absurdité et l'inutilité de cette dernière. Ce chef-d'œuvre du réalisme tire sa force de la véracité des événements*

11

Одиннадцатый урок *[adinatsat^yï ouRok]*

Упр**я**мство

1 – Я д**у**маю [1], что [2] **э**то **о**чень хор**о**ший фильм.

Prononciation

*oupR**ia**mstv^a **1** ia d**ou**maïou, chto **ê**t^a **o**tchi^gne HaR**o**ch^yï film*

Notes

1 д**у**маю *[d**ou**maïou]* est la 1re personne du singulier du verbe д**у**мать *[d**ou**mat^s], penser, réfléchir, croire* : Я д**у**маю, что **э**то хор**о**ший к**о**фе. *[ia d**ou**maïou, chto **ê**t^a HaR**o**ch^yï k**o**f^é], Je pense que c'est un bon café.* – Что ты д**е**лаешь? *[chto ty di**é**Laïéch']* – *Que fais-tu ?* – Я д**у**маю. *[ia d**ou**maïou]* – *Je réfléchis.*

Corrigé

*[kampi**ou**teR]* ordinateur, *[fR**a**za]* phrase, *[min**ou**ta]* minute, *[nat**a**cha]* Natacha, *[paj**a**Loust^{a}]* s'il vous plaît, *[gL**a**vna^{ié}]* l'essentiel.

Corrigé

масса, шанс, ритм, чай, тип.

***

historiques, des portraits physiques et psychologiques des protagonistes qui traversent d'importantes batailles militaires et côtoient de célèbres figures de l'histoire. C'est la description de toute une époque. Et comme à cette époque, l'aristocratie russe parlait français, on trouve dans le texte du roman une quantité considérable de phrases en français. Le roman est écrit en quatre tomes, ce qui peut faire peur, mais on est rapidement captivé par l'histoire, qui se lit facilement.

Si vous possédez les enregistrements, écoutez-les bien et répétez à haute voix. Souvenez-vous qu'en russe, l'ordre des mots n'est pas strict. L'intonation, en revanche, joue un rôle important et modifie parfois le sens de la phrase.

11

Onzième leçon

Entêtement

1 – Je pense que c'est un très bon film.

Remarques de prononciation

№ de leçon : Dans le mot од**и**ннадцатый le deuxième д ne se prononce pas : *[ad**i**natsat^{yï}]*.

(1) Retenez une règle importante : la consonne ш est toujours dure (voir l'introduction) et ne peut pas être suivie d'une autre voyelle dure. Dans хор**о**ший en revanche, la prononciation reste dure : *[HaR**o**ch^{yï}]*.

2 Quand что, *que*, sert à introduire une proposition subordonnée, il est séparé par une virgule de la proposition dont il dépend.

2 – А мне он не нр**а**вится.
3 – Почем**у** [3]?
4 – Не нр**а**вится и всё!
5 – А [4] ты ег**о** [5] в**и**дел?
6 – Нет… А зач**е**м смотр**е**ть неинтер**е**сные [6] ф**и**льмы?

__2__ a mnié on ni-nR__a__vitsa __3__ patchim__ou__ __4__ ni-nR__a__vitsa i fsio __5__ a ty [ié]__vo__ v__i__diL __6__ nièt a zatch__ié__m smatR__ié__t[s] nii-ntiR__ié__sn[yïé] f__i__lmy

Notes

3 почем**у** *[patchim__ou__]* et зач**е**м *[zatch__ié__m]* (phrase 6) peuvent se traduire tous deux par *pourquoi ?* Cependant, il existe une différence fondamentale entre les deux : **почему** met l'accent sur la cause de l'action tandis que **зачем** accentue le but. Comparez : **Почему он ей нравится?** *[patchim__ou__ o-n iéï nR__a__vitsa]*, *Pourquoi lui plaît-il ?* (pour quelle raison, quelle cause), et **Зачем мы идём в театр?** *[zatch__ié__m moui id__io__m ftiatR]*, *Pourquoi* (dans quel but) *allons-nous au théâtre ?* (Nous savons que ce n'est pas pour le spectacle !)

4 Vous connaissez déjà le **а** qui se traduit par *et* ; le **а** d'opposition peut également se traduire par *mais*.

5 ег**о** est l'accusatif (cas du complément d'objet direct) de **он** : **Он студент**, *Il est étudiant* (sujet au nominatif) ; **Ты понимаешь его**, *Tu le comprends* (COD à l'accusatif).

***

Упражнение 1 – Читайте и переводите

❶ Зачем здесь книга по физике? ❷ Мне не нравится смотреть неинтересные фильмы. ❸ Ты видел, они тоже здесь… ❹ Я думаю, им здесь хорошо. ❺ Почему ты не хочешь в театр?

2 – **Moi, il ne me plaît pas** *(Et à-moi, il ne plaît)*.
3 – **Pourquoi ?**
4 – **[Il] ne [me] plaît [pas] et [c'est] tout !**
5 – **Mais tu l'as vu ?**
6 – **Non... À quoi bon aller voir** *(Et pourquoi regarder)* **des films inintéressants ?**

Remarques de prononciation

(2) **Не нр**а**вится** se prononce en un seul mot : ***[ni-nRavitsa]*** (voir remarques de prononciation leçon 2).
(5) Le **г** se prononce habituellement *[g]* comme dans *goût*, sauf dans la combinaison **его** où il se prononce *[v]* (voir remarque 1 de la leçon 5) : *[ié**vo**]*.

Почему ты не хочешь в театр?

6 Dans la plupart des cas, vous pouvez construire une forme négative en rajoutant tout simplement la particule de négation **не-** à l'adjectif : **не + интересные → неинтересные** (*in + intéressants → inintéressants*) ; **хороший → нехороший** (*bon → pas bon*).

***

Corrigé de l'exercice 1

❶ Pourquoi y a-t-il un livre de physique ici ? ❷ Regarder des films inintéressants ne me plaît pas. ❸ Tu as vu, ils sont là aussi... ❹ Ici ils sont bien, je pense. ❺ Pourquoi ne veux-tu pas [aller] au théâtre ?

Упражнение 2 – Восстановите текст

❶ Pourquoi se plaisent-ils *(ils sont bien)* dans le Caucase ?
. . . . . . им хорошо на Кавказе?

❷ Je ne veux pas, c'est tout !
Не . . . . и . . . !

❸ Les enfants, pourquoi *(dans quel but)* êtes-vous ici ?
Дети, ... вы здесь?

Lisez

библиот**е**ка, р**а**дио, кн**и**га, здесь, на, телев**и**зор.

библиотека, радио, книга, здесь, на, телевизор.

Écrivez et déchiffrez

дети, почему, фильм, ананас, дискета.

12

Двенадцатый урок *[dvinatsat^{yï} ouRok]*

Р**у**сский яз**ы**к

1 – Ты говор**и**шь по-р**у**сски?
2 – Да, немн**о**го [1] говор**ю** и почт**и** всё поним**а**ю.
3 – А он**и** говор**я**т по-р**у**сски?
4 – Да. Он**и** все иностр**а**нцы, но хорош**о** говор**я**т по-р**у**сски.

Prononciation

*R**ou**ssk^{ïï}‿ïiz**y**k **1** ty gavaR**i**ch' paR**ou**sski **2** da nimn**o**g^{a} gavaR**iou** i patcht**i** fsio panim**a**ïou **3** a an**i** gavaR**ia**t paR**ou**sski **4** da. an**i** fsié inastR**a**-ntsy no HaRach**o** gavaR**ia**t paR**ou**sski*

Note

1 немн**о**го *[nimn**o**ga], peu, un peu, quelque peu.*

❹ N'as-tu pas vu le livre en français ?
Ты не ..... книгу .. французском?

❺ Et moi, je pense que c'est l'essentiel !
А я ....., что это главное!

Corrigé de l'exercice 2
❶ Почему – ❷ – хочу – всё ❸ – зачем – ❹ – видел – на – ❺ – думаю –

Corrigé
[bibliatiéka] bibliothèque, [radïo] radio, [kniga] livre, [zdiéss'] ici, [na] sur, [tilivizaR] télé.

Corrigé
дети, почему, фильм, ананас, дискета.

12

Douxième leçon

La langue russe

1 – Tu parles russe *(en-russe)* ?
2 – Oui, je parle un peu et je comprends presque tout *(oui, peu parle et presque tout comprends)*.
3 – Et eux, ils parlent russe ?
4 – Oui. Ils sont tous étrangers mais parlent bien russe.

5 – Тогд**а** дав**а**йте говор**и**ть [2] по-р**у**сски!
6 – С удов**о**льствием! □

*5 tagd**a** dav**a**ïtié gavaR**i**t^s^ paR**ou**sski **6** soudav**o**lstvï-iém*

Remarque de prononciation

(6) Pour bien prononcer **с удов****о****льствием**, il faut le décomposer de façon suivante : *[souda-v**o**lst-vï-ié-m]*. Il est très important de ne pas sonoriser le *[st]*. Vous retrouverez le même son dans le mot que vous connaissez déjà : **Здр****а****вствуйте** (leçon 2).

***

Упражнение 1 – Читайте и переводите

❶ Иностранцы говорят по-русски. ❷ Ты говоришь, что им хорошо. ❸ Вам нравится говорить по-русски? ❹ Я думаю, что они все здесь. ❺ У меня хороший русский язык.

Упражнение 2 – Восстановите текст

❶ Comprends-tu ce que je dis ?
Ты понимаешь, . . . я . . . . . . ?

❷ – Du thé ? – Avec plaisir !
– Чай? – С . . . . !

❸ J'aime presque tout.
Мне нравится . . . . . всё.

Lisez

Гюг**о**, дискот**е**ка, зач**е**м, шоф**ё**р, ф**а**ра, фотогр**а**фия.

Гюго, дискотека, зачем, шофёр, фара, фотография.

Écrivez et déchiffrez

всё, все, почти, борщ, Париж.

5 – Alors, parlons russe *(alors, donnez parler en-russe)* **!**
6 – Avec plaisir !

Note

2 Vous connaissez déjà la construction **давайте** (qui se traduit par *donnez* au sens premier) + verbe à l'infinitif : **Давайте знакомиться!** *Faisons connaissance !* (leçon 3). Cette construction va toujours se traduire comme une invitation à une action : **Давайте говорить!** *Parlons !* **Давайте спать!** *Dormons !*

***

Corrigé de l'exercice 1

❶ Les étrangers parlent russe. ❷ Tu dis qu'ils se sentent bien. ❸ Aimez-vous parler russe ? ❹ Je pense qu'ils sont tous ici. ❺ J'ai un bon [niveau de] russe.

❹ – Sont-ils tous étrangers ? – Non, pas tous.
– Они все . . . . ? – Нет, не . . . .

❺ Je parle bien et comprends un peu.
Я хорошо . . . . . . и . . . . понимаю.

Corrigé de l'exercice 2

❶ – что – говорю ❷ – удовольствием ❸ – почти – ❹ – иностранцы – все ❺ – говорю – немного –

Corrigé

[guiougo] Hugo, [diskatiéka] discothèque, [zatchiém] dans quel but, [chafioR] chauffeur, [faRa] phare, [fatagRafi-ia] photographie.

Corrigé

всё, все, почти, борщ, Париж.

13

Тринадцатый урок *[tRinatsat^{yï} ouRok]*

Гд**е** [1] я?

1 – Прост**и**те [2], как пройт**и** на [3] **у**лицу Арб**а**т?
2 – О! Это **о**чень пр**о**сто:
3 ид**и**те пр**я**мо [4], пот**о**м – нал**е**во, п**о**сле [5] светоф**о**ра – напр**а**во,
4 ещ**ё** нал**е**во, а там спр**о**сите [6]...
5 – Спас**и**бо...
6 Я л**у**чше возьм**у** такс**и** [7]! □

Prononciation

*gd**ié** ia **1** pRastit^{ié} kak pRaïti na **ou**litsou aRb**a**t **2** o ! êta**o**tchi^{gne} pR**o**st^{a} **3** idit^{ié} pR**ia**m^{a} pat**o**m nal**ié**v^{a} p**o**sl^{ié} svitaf**o**Ra napR**a**v^{a} **4** ich'**io** nal**ié**v^{a} atam spR**o**ssit^{ié} **5** spass**i**b^{a} **6** ia L**ou**tch^{ê} vaz^{i}m**ou** taks**i***

Notes

1 L'adverbe **где** *[gdié]*, *où*, est appelé "où sans mouvement". Il exprime le lieu où l'on est par opposition à **куд**а *[kouda]*, *où*, qui exprime l'endroit vers lequel on se dirige.

2 Et voilà encore un mot bien utile ! **Простите** *[pRastitié]*, *Excusez-moi*. Vous cherchez une rue ou bousculez par inadvertance quelqu'un dans le métro, vous voulez demander l'heure ou un renseignement dans la rue… Ce mot vous sera utile dans toutes ces situations !

3 La préposition **на** peut se traduire différemment selon le contexte : *pendant* ; *à* (quand) ; *pour* (période, somme) ; *à*, *en*, *dans*, *pour* (direction) ; *contre* (échange) ; *sur* (surface). Ne cherchez pas à apprendre tout ça par cœur. Vous rencontrerez cette préposition de nombreuses fois au fil des leçons et l'assimilation viendra petit à petit.

Treizième leçon

Où suis-je ?

1 – Excusez-moi, comment puis-je aller rue Arbat *(Excusez, comment passer sur rue Arbat)* **?**

2 – Oh ! C'est très simple :

3 allez tout droit, ensuite à gauche ; après le feu, à droite,

4 encore à gauche, et là-bas vous demanderez…

5 – Merci…

6 Je ferais mieux de prendre un taxi *(Je mieux prendrai taxi)* **!**

Remarques de prononciation

(1) Le т final se prononce toujours : Арб**а**т ***[aRbat]***.

(2), **(4)** Observez ces mots qui se lisent comme un seul (voir remarques de prononciation leçon 2).

(4) Faites attention à l'accent tonique. Il permet, par exemple, de faire la différence entre спр**о**сите ***[spRossit^{ié}]***, *vous demanderez*, et спрос**и**те ***[spRossitié]***, *demandez !*

(6) • Après le з, prononcez un ***[i]*** très bref car з est mouillé par le signe mou : возьм**у** ***[vaz^{i}mou]***.

• N'oubliez pas que le ш est toujours dur. De plus, dans л**у**чше, le е qui suit la syllabe accentuée se prononce comme ***[^{ê}]*** atténué : ***[Loutch^{ê}]***.

4 пр**я**мо ***[pRiam^{a}]*** *tout droit, directement, carrément* : Ид**и**те пр**я**мо ***[iditié pRiam^{a}]***, *Allez tout droit* ; Пр**я**мо здесь ***[pRiam^{a} zdiéss^{i}]***, *Carrément ici.*

5 п**о**сле, selon le contexte, peut se traduire par *après* ou *plus tard*.

6 Souvent, les Russes sont vagues dans la manière dont ils indiquent le chemin. Vous entendrez donc plus d'une fois А там спр**о**сите ***[atam spRossit^{ié}]***, *Et là-bas, vous demanderez…*

7 N'oubliez pas que les mots neutres d'origine étrangère se terminant par une voyelle sont invariables : такс**и** ***[taksi]***, *taxi*.

Упражнение 1 – Читайте и переводите

❶ Я думаю, после светофора – налево. ❷ Всё очень просто! ❸ Я лучше возьму книгу на французском. ❹ – Пойдём на Арбат! – А где это? ❺ Идите в лес!

Упражнение 2 – Восстановите текст

❶ Et après, je prendrai un taxi.
А . . . . . я . . . . . . такси.

❷ À gauche, c'est le théâtre, et à droite, c'est la forêt.
. . . . . . – театр, а . . . . – лес.

❸ Oh ! Ça, c'est encore simple !
О! Это ещё . . . . . . !

❹ Et là-bas, vous demanderez la rue Arbat.
А там . . . . улицу . . . . . .

❺ Excusez-moi, où suis-je ?
. . . . , . . . я?

Lisez

р**у**сский, ик**о**на, рубль, презид**е**нт, им, Ватик**а**н.

русский, икона, рубль, президент, им, Ватикан.

Écrivez et déchiffrez

такси, по-русски, лучше, потом, блины.

***

Il n'y a pas longtemps, la rue Arbat, vrai symbole du vieux Moscou, fêtait ses 500 ans. Au xve siècle, on y croisait des caravanes de marchands venus de l'Est et, au fil des siècles, plusieurs petits bourgs s'y succédèrent. C'est vers le milieu du xviiie siècle que l'Arbat devint une des parties les plus aristocratiques, les plus chics, de Moscou et l'endroit où se donnaient rendez-vous les intellectuels et l'intelligentsia russe.

Corrigé de l'exercice 1

❶ Je pense qu'après le feu c'est à gauche. ❷ Tout est très simple ! ❸ Je ferais mieux de prendre un livre en français. ❹ – Allons à l'Arbat ! – Mais où est-ce ? ❺ Allez dans la forêt !

Corrigé de l'exercice 2

❶ – потом – возьму – ❷ Налево – направо – ❸ – просто ❹ – спросите – Арбат ❺ Простите, где –

Corrigé

*[R**ou**sskiï] russe, [ik**o**na] icône, [Roubl] rouble, [pRiézidi**é**nt] président, [i-m] leur, [vatik**a**-n] le Vatican.*

Corrigé

такси, по-русски, лучше, потом, блины.

***

En 1986, l'Arbat fut entièrement rénové et devint alors la seule rue piétonne de Moscou, avec de nombreux magasins, cafés et restaurants. Aujourd'hui, chaque immeuble et chaque recoin respirent le vieux Moscou, témoignant d'une histoire inoubliable et incomparable. Cette artère est aujourd'hui un des lieux de promenade favoris des touristes. Des artistes y produisent des spectacles improvisés, les peintres des vernissages…

14 Четырнадцатый урок

Повторение – **Révision**

1 La déclinaison

À part les quelques noms neutres d'origine étrangère qui se terminent par une voyelle, les mots russes changent en fonction de leur rôle dans la phrase. Le changement de la terminaison nous indique le changement de <u>cas</u>. Il existe six cas, en russe. Nous les apprendrons au fur et à mesure que nous les rencontrerons. Vous les assimilerez tout à fait naturellement, mais il faudra tout de même apprendre les terminaisons. Ne vous inquiétez pas, nous vous les présenterons peu à peu !

Vous avez déjà rencontré :

• **Le nominatif**, c'est-à-dire les mots dans leur fonction sujet, la forme que vous trouverez dans le dictionnaire : м**о**ре (n) *mer*, войн**а** (f) *guerre*, лес (m) *forêt*.

• **Le datif** (le cas du COI) **des pronoms personnels**. Complétons la liste :

Nominatif	Datif		
я	мне	нр**а**вится	*(il) me plaît*
ты	теб**е**	нр**а**вится	*(il) te plaît*
он	ем**у**	нр**а**вится	*(il) lui plaît* (COI masculin)
он**а**	ей	нр**а**вится	*(il) lui plaît* (COI féminin)
он**о**	ем**у**	нр**а**вится	*(il) lui plaît* (COI neutre)
мы	нам	нр**а**вится	*(il) nous plaît*
вы	вам	нр**а**вится	*(il) vous plaît*
он**и**	им	нр**а**вится	*(il) leur plaît*

• Avant de parler de l'accusatif, que vous avez déjà rencontré, nous devons dire quelques mots sur **la notion d'objet animé / inanimé**. Cette notion est très importante, car elle détermine le choix de la désinence des mots masculins à l'accusatif. Il est assez facile de distinguer les animés et les inanimés : tout ce qui est vivant et a une âme est animé et inversement. Par exemple : экз**а**мен, *examen* ; бан**а**н, *banane* ; тип, *type* (un certain type de chose) sont des inanimés ; студ**е**нт, *étudiant* ; тип, *type* (une personne) et иностр**а**нец, *étranger*, sont des êtres vivants et donc animés.

• **L'accusatif**, le cas du complément d'objet direct. S'il s'agit d'un objet inanimé, sauf pour les mots au féminin singulier qui se terminent par une voyelle, le mot ne change pas de forme :
лес (m) *forêt*, м**о**ре (n) → Я в**и**дел лес, м**о**ре, *J'ai vu la forêt, la mer.*
экз**а**мен (m) → Я сда**ю** экз**а**мен, *Je passe un examen.*
ф**и**льмы (pluriel de фильм) → смотр**е**ть ф**и**льмы, *regarder des films.*
Dans le cas du féminin singulier, le -а se remplace par un -у :
кн**и**га (f) → Я чит**а**ю кн**и**гу, *Je lis un livre.*
En ce qui concerne le masculin animé, nous y reviendrons plus tard. Vous voyez d'ores et déjà que ce n'est pas très difficile !

2 Le verbe

• **Les phrases sans verbe** ne sont pas rares en russe. Souvent, ce sont des phrases dans lesquelles le verbe au présent est seulement sous-entendu, ou bien ce sont des phrases exclamatives :
Как интер**е**сно!, *Comme [c'est] intéressant !*
Le verbe est également sous-entendu quand l'interlocuteur peut le deviner sans ambiguïté :
Я – в лес, *Je [vais] dans la forêt.*
Remarquons que le verbe быть, *être*, au présent de l'indicatif, est toujours omis :
Это интер**е**сно, *C'[est] intéressant.*
Mais il peut être utilisé pour mettre l'accent sur l'existence du sujet. N'oubliez pas qu'à l'écrit on met un tiret à la place du verbe ; à l'oral, on marque le verbe sous-entendu par une pause :
Он – студ**е**нт, *Il est étudiant.*

• есть, la 3e personne du singulier du verbe быть, *être*, est utilisée dans la tournure impersonnelle *il y a*. Pour exprimer la possession on utilisera la tournure, у мен**я** есть ... (littéralement, "chez moi, il y a...") qui se traduira par *j'ai* ... Il est possible de sous-entendre есть : У мен**я** экз**а**мен, *J'ai un examen*. Remarquez que pour exprimer la possession d'un objet réel et matériel on n'omettra pas есть : У мен**я** есть к**о**фе и чай, *J'ai du café et du thé*.

• La construction дав**а**йте + verbe à l'infinitif se traduit comme une invitation à une action : дав**а**йте говор**и**ть!, *Parlons* *("Donnez parler")* *!* ; Дав**а**йте спать!, *Dormons* *("Donnez dormir")* *!* ; Дав**а**йте знак**о**миться!, *Faisons connaissance* *("Donnez faire-connaissance")* *!*
Rappelez-vous que le verbe давать se traduit par *donnez* au sens premier, дав**а**йте est donc l'impératif de дав**а**ть.
Cette construction diffère selon le vouvoiement ou le tutoiement :
1) дав**а**йте говор**и**ть!, *Parlons !* s'emploie aussi bien quand on vouvoie une personne que quand on s'adresse à plusieurs personnes.
2) Pour tutoyer, il suffit d'enlever le -те à la fin du verbe дав**а**йте et on a l'impératif de la 2e personne du singulier : дав**а**й говор**и**ть!, *Parlons* *("Donne parler")* *!* (mais en s'adressant à une seule personne qu'on tutoie).

3 L'adverbe

Il existe deux adverbes *où* : куд**а** *[kouda]*, "*où* avec mouvement" qui exprime le lieu vers lequel on se dirige, et где *[gdié]*, "*où* sans mouvement" exprimant le lieu où l'on est :
– Ты куд**а**? – На **у**лицу Арб**а**т, – *Où vas-tu ? – Rue Arbat* (il y a l'idée du déplacement) – Ты где? – Я здесь. – *Où es-tu ? – Je suis ici* (je ne bouge pas, je communique mon emplacement actuel).

4 Interrogatif et exclamatif

• как**о**й, -**а**я, -**о**е *[kakoï]* signifie *quel, de quel genre, comment* et s'accorde avec le nom auquel il se rapporte. Il peut être interrogatif ou exclamatif : Как**о**й экз**а**мен?, *Quel examen ?* ; Как**о**й лес!, *Quelle forêt !* ; Как**а**я кн**и**га?, *Quel livre ?* ; Как**о**е м**о**ре!, *Quelle mer !*

• как peut être également interrogatif ou exclamatif : Как ты?, *Comment vas-tu ?* ; Как интер**е**сно!, *Comme c'est intéressant !* ; Как дел**а**?, *Comment ça va ?* ; Как тепл**о**!, *Comme il fait bon !*
Remarquez que как**ой**, -**а**я, -**о**е est un adjectif ; il va donc être suivi par un nom ou un autre adjectif tandis que как exclamatif va être suivi par un adverbe.

5 La phrase

• Le pronom personnel sujet peut être omis : Сда**ю** экз**а**мен au lieu de Я сда**ю** экз**а**мен, *Je passe un examen.* C'est surtout le cas quand il s'agit d'une réponse à une question dans laquelle l'identité du sujet a été donnée ; il ne peut donc pas y avoir d'ambiguïté. La terminaison du verbe suffit à rappeler le sujet :
- Что ты д**е**лаешь? - Чит**а**ю. - А мы ид**ё**м в те**а**тр.
– Qu'est-ce que tu fais ? – Je lis. – Et nous, nous allons au théâtre.

• что sert à introduire une proposition subordonnée. Dans ce cas, il est toujours séparé par une virgule de la proposition dont il dépend.

6 *но* et *а*

Tous les deux peuvent se traduire par *mais*. Cependant, le degré d'opposition exprimé par ces deux mots est différent. Ainsi, le а peut également prendre le sens de *quant à, et* :
1) Он, но не я, *Lui, mais pas moi.*
2) Он - в те**а**тр, а я - в лес, *Il va au théâtre et moi ("et quant à moi"), je vais dans la forêt.*
Dans la première phrase, on oppose les deux personnes tandis que dans la deuxième, on spécifie l'activité de l'un par rapport à l'autre. Notez que но et а sont toujours précédés par une virgule.

Заключительный диалог

1 – Что ты читаешь?
2 – Книгу по физике на французском языке.
3 – Зачем?
4 – У меня экзамен.
5 – И ты всё понимаешь?
6 – Почти... Я понимаю главное.
7 – Очень интересно.
8 – А ты куда?
9 – Сначала – в лес, мне очень нравится лес.
10 – А мне нравится море... Но у меня экзамен...
11 – Ну, а потом я в театр!

15

Пятнадцатый урок *[pitnatsat^yi ouRok]*

За стол**о**м

1 – Все за ст**о**л [1]!
2 – Немн**о**го сал**а**та [2] «Оливь**е**»?

Prononciation

zastaLom 1 fsié zastoL 2 nimnog^a saLata alivié

Notes

1 Et voilà qu'on retrouve une notion déjà vue : la distinction entre "avec ou sans mouvement". Comparez : **За ст**о**л!** *[zastoL]*, *À table !* (avec mouvement, cette préposition exige l'emploi de l'accusatif) et **за стол**о**м** *[zastaLom]*, *à table* (sans mouvement, l'emploi d'un nouveau cas, l'instrumental). Nous en reparlerons.

2 **немн**о**го**, *[nimnog^a]*, *un peu*, exige l'emploi du génitif. Il se traduira en français par la particule *de*. La formation du génitif est assez simple. Pour les noms singuliers masculins et neutres, on rajoute **-а/-я**, et on remplace la voyelle de la terminaison d'un nom féminin par **-ы/-и** : **сал**а**т**, *la salade* → **сал**а**т-а**, *de la salade* ; **окр**о**шка**, *l'okrochka*

Traduction

1 Que lis-tu ? **2** Un livre de physique en français. **3** Pour quoi faire ? **4** J'ai un examen. **5** Et tu comprends tout ? **6** Presque… Je comprends l'essentiel. **7** Très intéressant. **8** Et toi, où vas-tu ? **9** D'abord, je vais dans la forêt, j'aime beaucoup la forêt. **10** Et moi, j'aime bien la mer… Mais j'ai un examen… **11** Et puis ensuite, je vais au théâtre !

Очень интересно.

15

Quinzième leçon

À table

1 – Tout le monde à table *(Tous derrière table)* !
2 – Un peu de salade "Olivier"* ?

** La salade russe "Olivier" est peut-être une des plus connues en Russie. Les Russes pensent qu'elle a été "importée" de France, alors que les Français n'en ont jamais entendu parler !*

Remarques de prononciation

(1), **(2)**, **(3)** Veillez à bien prononcer le *[L]* dur : **стол** *[stoL]*, *table* ; **салата** *[saLata]*, *salade* ; **лучше** *[Loutchê]*, *mieux*.

(1), **(6)** **за стол** *[zastoL]*, **не хочу** *[niHatchou]* se prononcent en un seul mot. La plupart des prépositions et des particules monosyllabiques se prononcent d'un trait avec les mots qui les suivent.

(2) • Faites attention à la terminaison **-ого** dans **немного** : *[nimnog[a]]*.
• Pratiquement tous les mots empruntés à la langue française portent l'accent tonique sur la dernière syllabe : **Оливье** *[alivié]* ; **шофёр** *[chafioR]*.

(soupe froide) → **окрошки**, *de l'okrochka*. (Vous trouverez une explication plus détaillée dans la leçon de révision 21.)

3 – Нет, спас**и**бо. Л**у**чше окр**о**шки…
4 – Окр**о**шки – сам**о** соб**о**й [3]!
5 – И чуть-ч**у**ть икр**ы** **и**ли в**о**дки? [4]
6 – Нет, пр**а**вда, я не хоч**у**… [5]
7 – **Э**то вк**у**сное м**я**со.
8 – Ням-н**я**м! Я так хоч**у** есть [6]!

3 niét spassiba. Loutch^{ê} akRochki 4 akRochki samo saboï 5 i tchout^{s}tchout^{s} ikRy ili votki 6 niét pRavda ia niHatchou 7 êt^{a} fkousna^{ié} miass^{a} 8 niamniam ! ia tak Hatchou iést^{s}

Notes

3 L'expression complète est **Само собой разумеется** *[samo saboï razoumié^{ié}tsa]*, *Cela va de soi, bien entendu*. Mais dans la langue parlée, on entend souvent seulement **само собой**.

4 Après **чуть-чуть**, *un tout petit peu*, tout comme après **немного**, c'est le génitif qui est employé : **икра или водка**, *le caviar ou la vodka* → **икры или водки**, *du caviar ou de la vodka*.

5 Apprenez à dire **Нет, правда, я не хочу!** ou **Нет, спасибо, я правда не хочу!** *Non, merci, vraiment, je n'en veux pas !* Les Russes ont pour habitude de tout proposer plusieurs fois, car ils considèrent souvent comme poli le fait de refuser une première fois avant d'accepter. De ce fait, ils insisteront doucement : "Tu es sûr ? Peut-être un tout petit peu ?" Donc, ne vous étonnez pas si l'on vous propose à nouveau la même chose, même après votre **Нет, спасибо!**, *Non merci !* Notez que le sens premier de **правда** est *vérité*.

***

Упражнение 1 – Читайте и переводите

❶ – Давайте есть мясо! – Нет, я на диете. ❷ Почему они все за столом? ❸ Мне тоже сначала чуть-чуть водки. ❹ – А салат «Оливье есть»? – Само собой! ❺ Ты так хочешь икры?

3 – Non, merci. Je préfère plutôt prendre de l'*okrochka* *(mieux okrochka)*.
4 – De l'*okrochka*, ça va de soi !
5 – Et un tout petit peu de caviar ou de vodka ?
6 – Non, vraiment, je ne veux pas...
7 – Cette viande est délicieuse *(bonne)*.
8 – Miam-miam ! J'ai très faim *(Je tant veux manger)* !

Remarques de prononciation

(5) • чуть-ч**у**ть, *un tout petit peu*, est un mot très utilisé. N'oubliez pas de prononcer le signe mou que nous transcrivons par le ***[s]*** en exposant : ***[tchout^{s}tchout^{s}]***.

• Le д de в**о**дки, *de la vodka*, s'assourdit au contact du к sourd : ***[votki]***.

6 Voilà une expression indispensable : **хочу** est la 1re personne du singulier du présent de l'indicatif du verbe **хотеть** ***[Hatiét^{s}]***, *vouloir*. **хотеть** + infinitif se traduit par *j'ai envie de faire qqch.* : **я хочу есть**, *j'ai faim* (littéralement "je veux manger") ; **я хочу читать**, *j'ai envie de lire* ; **я хочу спать**, *j'ai sommeil* (littéralement "je veux dormir").

***

Corrigé de l'exercice 1

❶ – Mangeons [de] la viande ! – Non, je suis au régime. ❷ Pourquoi sont-ils tous à table ? ❸ Moi aussi, d'abord un petit peu de vodka. ❹ – Et y a-t-il de la salade "Olivier" ? – Bien entendu ! ❺ Tu as tellement envie de caviar ?

Упражнение 2 – Восстановите текст

❶ Quelle bonne viande !
Какое вкусное . . . . !

❷ – Encore un petit peu ? – Non, merci.
– Ещё . . . . - . . . . ? – Нет, спасибо.

❸ C'est la table russe.
Это русский . . . . .

Lisez

матч, соль, Л**о**ндон, ритм, шимпанз**е**.

матч, соль, Лондон, ритм, шимпанзе.

Écrivez et déchiffrez

Оливье, окрошка, вкусный, есть, мясо.

16

Шестнадцатый урок

[chysnatsat^{yi} ouRok]

Мо**я** семь**я**

1 – **Э**то мо**я** м**а**ма и мой п**а**па [1].
2 Их зов**у**т Н**а**дя и В**и**тя.
3 **Э**то мой брат, ег**о** зов**у**т Сер**ё**жа,
4 и мо**я** сестр**а**, **её** зов**у**т **И**ра. [2]

Prononciation

*ma**ïa** sim**ia*** **1** ***ê**t^{e} ma**ïa** m**a**ma i moï p**a**pa* **2** *iH zav**ou**t n**a**dia i v**i**tia*
3 ***ê**t^{e} moï bRat ^{ié}**vo** zav**ou**t siR**io**ja* **4** *i ma**ïa** sistR**a** ^{ié}**io** zav**ou**t **i**Ra*

Notes

1 **папа** *[papa]*, *papa* se termine par une voyelle, et, d'après la règle générale, devrait être un mot féminin ; mais en réalité, il est masculin, comme certains mots se terminant par une voyelle et désignant une personne de sexe masculin. Souvent, cette règle concerne les

❹ – Un peu d'okrochka ? – Non, plutôt de la salade.
– Немного .... ? – Нет, лучше ....

❺ Vraiment, je n'ai pas faim.
Правда, я не ....

Corrigé de l'exercice 2
❶ – мясо ❷ – чуть-чуть – ❸ – стол ❹ – окрошки – салата
❺ – хочу есть

Corrigé
*[match] match, [sol] sel, [L**o**-nda-n] Londres, [Ritm] rythme, [chy-mpa-nz**ê**] chimpanzé.*

Corrigé
Оливье, окрошка, вкусный, есть, мясо.

16

Seizième leçon

Ma famille

1 – Voici *(C'est)* ma maman et mon papa.
2 Ils s'appellent Nadia et Victor.
3 Voici *(C'est)* mon frère, il s'appelle Sirioja,
4 et ma sœur, elle s'appelle Ira.

Remarque de prononciation
(3) Le г se prononce *[v]* dans la combinaison **-его**.

diminutifs masculins : **Серёжа** *[si**R**i**o**ja]* est le diminutif de Sergueï ; c'est par conséquent un masculin.

2 **Надя** et **Витя** sont les diminutifs de **Надежда** *[nadi**é**jda]* et **Виктор** *[vikt[ə]R]* et **Ира** – celui de **Ирина** *[i**R**ina]*.

5 А **э**то мой люб**и**мый [3] р**о**дственник Ш**а**рик [4]...

6 – Но ведь **э**то соб**а**ка [5]!

7 – Да, но он – с**а**мый д**о**брый и с**а**мый при**я**тный из всех! □

5 a êt^a moï lioubim^yï Rotstv^iénik chaRik 6 novit^sêt^a sabaka 7 da no o-n – sam^yï dobR^yï i sam^yï pRï-iatn^yï isfsiéH

Notes

3 Люб**и**мый (-ая, -ое) *[lioubim^yï]*: Люб**и**мый мой! *[lioubim^yï moï]*, *Mon [bien] aimé !* **Это моя** люб**и**мая кн**и**га. *[êt^a maïa lioubima^ia kniga]*, *C'est mon livre préféré* ("favori").

4 **Шарик** est le nom type d'un chien en Russie. Littéralement, il signifie "petite boule".

5 **соб**а**ка** se termine par une voyelle et par conséquent, c'est un nom féminin. Bien que ce nom puisse indifféremment désigner un chien ou

***

Упражнение 1 – Читайте и переводите

❶ – Кто здесь? – Это я, брат. ❷ Я думаю, что семья – это самое главное. ❸ Ей очень нравится моя собака. ❹ Это мой самый любимый родственник. ❺ Мой папа очень добрый.

***

Упражнение 2 – Восстановите текст

❶ C'est intéressant, le chien me comprend ?
Интересно, ... меня понимает?

❷ Quelle journée agréable aujourd'hui !
Какой сегодня . . . . день!

❸ De plus, il est le plus intéressant de tous.
К тому же, он . . . . . интересный . . . .

❹ Ma sœur vous plaît ?
Вам нравится моя . . . . . . ?

❺ Ma maman ne parle pas russe.
. . . . не говорит по-русски.

5 **Et voilà** *(c'est)* **mon parent préféré, Charik…**
6 – **Mais** *(pourtant)* **c'est un chien !**
7 – **Oui, mais il est le plus sympa** *(généreux)* **et le plus agréable de tous !**

Remarques de prononciation

(5) • Dans le mot **родственник**, le **д** s'assourdit au contact du **с** sourd : *[Rotstv[ié]nik]*.
• Prononcez bien le **к** dur à la fin des mots : **родственник**, **Шарик**.
(6) Dans le mot **ведь**, le **д** est considéré comme la dernière lettre du mot, même s'il est suivi d'un signe mou. C'est pour cela qu'il s'assourdit comme toute consonne sonore à la fin des mots : *[vit[s]]*.
(7) **из всех** se prononce d'un trait, comme s'il s'agissait d'un seul mot. On peut observer toute une succession d'assourdissements : le **в** s'assourdit au contact du **с** sourd et influe à son tour sur le **з** sonore, *[isfsiéH]*.

une chienne (c'est un nom générique désignant un type d'animaux), il s'accorde toujours au féminin.

***

Corrigé de l'exercice 1

❶ – Qui est là ? – C'est moi, vieux *(frère)*. ❷ Je pense que la famille, c'est le plus important. ❸ Mon chien lui plaît beaucoup. ❹ C'est mon parent préféré. ❺ Mon papa est très bon.

Corrigé de l'exercice 2

❶ – собака – ❷ – приятный – ❸ – самый – из всех ❹ – сестра ❺ Моя мама –

Lisez

пальт**о**, Г**ё**те, р**о**дственник, кенгур**у**, элекс**и**р.

пальто, Гёте, родственник, кенгуру, эликсир.

Écrivez et déchiffrez

семья, приятный, день, собака, сестра.

17

Семнадцатый урок *[simnatsat^yï ouRok]*

П**о**езд

1 – Од**и**н бил**е**т до Москв**ы**, пож**а**луйста.
2 – Плацк**а**рта, куп**е** или СВ? [1]
3 – Куп**е**, н**и**жнюю п**о**лку [2], **е**сли м**о**жно.
4 – Да, кон**е**чно.
5 Бил**е**т туда-обр**а**тно [3]?

Prononciation

po^iést 1 adi-n biliét da maskvy pajaLoust^a 2 platskaRt^a koupê ili èsvê 3 koupê nijniouiou poLkou iésli mojn^a 4 da kaniéchn^a 5 biliét touda-abRatn^a

Notes

1 плацк**а**рта, куп**е** и СВ sont les noms des différents types de billets. плацк**а**рта *[platskaRt^a]*, mot emprunté à la langue allemande, littéralement "place-carte", représente un billet de réservation pour un voyage en 3e classe ; куп**е** *[koupê]* est un compartiment à quatre couchettes qui peut être équivalent à la 2e classe ; СВ est le sigle qui désigne un compartiment à deux places, ce qui est considéré comme la 1re classe en Russie.

2 н**и**жнюю п**о**лку *[nijniouiou poLkou]* est l'accusatif (cas du COD) de н**и**жняя п**о**лка *[nijnï^ia poLka]*. п**о**лка *[poLka]*, nom féminin, peut se traduire par *tablette*, *rayon* ou *planche*. Dans un train, il s'agit tout simplement d'une *couchette*.

Corrigé

*[palt**o**] manteau, [gu**eu**t[ê]] Goethe, [R**o**tstviénik] parent, [ki-ngouR**ou**] kangourou, [êliks**i**R] élixir.*

Corrigé

семья, приятный, день, собака, сестра.

17

Dix-septième leçon

Le train

1 – Un billet pour *(jusqu'à)* Moscou, s'il vous plaît.
2 – [Un] billet de troisième classe *(place-carte)*, seconde *(compartiment)* ou première classe *(SV)* ?
3 – Seconde *(Compartiment)*, la place du bas *(inférieure planche)*, si possible.
4 – Oui, bien sûr.
5 Un aller-retour *(Billet là-bas-retour)* ?

Remarques de prononciation

Titre : п**о**езд *[po[ié]st]* : le д final s'assourdit comme toute consonne sonore à la fin des mots et ensuite, assourdit la consonne з voisine.

(2) • куп**е** est un mot emprunté au français et le **е** final se prononce *[**ê**]* : *[koup**ê**]*.

• CB prend la prononciation des deux lettres séparées telles qu'on les épelle : *[èsv**ê**]*.

(4) La suite de consonnes чн se prononce généralement comme elle s'écrit, mais dans certains cas, on prononce *[chn]* : кон**е**чно *[kani**é**chn[a]]*.

3 туда-обр**а**тно est une locution. туд**а** signifie *là-bas* (avec mouvement) tandis que обр**а**тно signifie *retour* ; *contrairement*, *inversement*. туда-обр**а**тно se traduira par *aller-retour*.

6 – Нет, в од**и**н кон**е**ц [4].
7 – Ваш п**а**спорт, пож**а**луйста.

***6** niét vad**i**-n kan**iéts** **7** vach p**a**spaRt paj**a**Loust[a]*

Note

4 Le mot **конец** a plusieurs sens : *fin*, *extrémité*, *bout*. Comparez : **кон<u>е</u>ц ф<u>и</u>льма** *[kaniéts filma]*, *la fin d'un film* ; **кон<u>е</u>ц т<u>е</u>кста** *[kaniéts tiéksta]*, *le bout final d'un texte* ; **в конц<u>е</u> <u>у</u>лицы** *[fka-ntsê oulitsy]*, *au bout de la rue*.

***

Упражнение 1 – Читайте и переводите

❶ Если можно, я лучше до Москвы. ❷ Я хочу нижнюю полку. ❸ Правда, что это ваш костюм? ❹ Мне один билет туда-обратно, пожалуйста. ❺ Конечно, им всё это очень интересно.

***

Упражнение 2 – Восстановите текст

❶ Si vous êtes étranger, alors où est votre passeport ?
. . . . вы иностранец, то где ваш . . . . ?

❷ Et après, on peut aller au cinéma.
А потом . . . . . пойти в кино.

❸ Votre frère est journaliste ?
. . . брат журналист?

Lisez

амплу**а**, шасс**и**, Т**о**кио, антагон**и**зм, кл**и**ника.

амплуа, шасси, Токио, антагонизм, клиника.

Écrivez et déchiffrez

туда-обратно, плацкарта, паспорт, билет, конец.

6 – **Non, un aller simple** *(dans un sens)*.
7 – **Votre passeport, s'il vous plaît.**

Мне один билет туда-обратно, пожалуйста.

Corrigé de l'exercice 1
❶ Si c'est possible, j'irai plutôt jusqu'à Moscou. ❷ Je veux la place *(planche)* du bas. ❸ C'est vrai que c'est votre costume ? ❹ Pour moi, un billet aller-retour, s'il vous plaît. ❺ Bien sûr, tout cela les intéresse beaucoup.

***

❹ Quel billet voulez-vous : troisième, deuxième, ou première classe ?
Какой . . . . . вы хотите: плацкарта, ... или СВ?

❺ Pour vous, seulement un aller *(billet)* simple ?
Вам билет в один . . . . . ?

Corrigé de l'exercice 2
❶ Если – паспорт ❷ – можно – ❸ Ваш – ❹ – билет – купе – ❺ – конец

Corrigé
*[a-mpLou**a**] emploi, [chass**i**] châssis, [t**o**kïo] Tokyo, [a-ntagan**i**zm] antagonisme, [kl**i**nika] clinique.*

Corrigé
туда-обратно, плацкарта, паспорт, билет, конец.

Acheter un billet de train, en Russie, relève souvent de l'exploit. Les queues interminables dans les gares, les guichetières qui ne parlent presque toujours que le russe et ne font pas l'effort de comprendre les étrangers perdus… Mais une fois dans le train, vous plongez dans un autre univers. Souvent, les trains russes roulent de nuit. En effet, il est plus agréable de parcourir des kilomètres en dormant que de perdre beaucoup de temps avec des trajets de jour : les distances sont grandes et les trains sont lents.
Il existe trois classes de wagons : la première classe *ou* SV – CB –, *la* seconde – куп**е** –, *qui se présente comme un compartiment fermé à quatre couchettes ; et puis la troisième classe, avec des couchettes dans des compartiments sans portes. Dans chaque wagon il y a une*

18

Восемнадцатый урок

[vassimnatsatyï ouRok]

В ресторане [1]

1 – Что ты х**о**чешь?
2 – Стак**а**н вод**ы** [2].
3 – И всё?

Prononciation

vRistaRanié 1 chtoty Hotchiéch' 2 staka-n vady 3 ifsio

Notes

1 **в ресторане** : indication de l'endroit dans lequel on se trouve, sans mouvement. Vous avez déjà rencontré cette distinction avec **где** (sans mouvement) et **куда** (avec mouvement). Pour les noms, on utilise l'accusatif (COD) quand il y a un déplacement et le prépositionnel (cas du complément circonstanciel de lieu), qui n'apparaît qu'après une préposition, le plus souvent, **в** et **на**, quand il n'y a pas de mouvement. Nous avons abordé la formation de l'accusatif à la leçon 14 et nous l'approfondirons plus tard. Nous verrons également le prépositionnel au cours des prochaines leçons.

hôtesse qui ne s'occupe que des passagers de son wagon. Dans certains trains, il existe encore une distinction entre les wagons avec ou sans services. Les wagons "avec services" sont plus chers, car un petit-déjeuner ou un dîner vous est servi et, avec un peu de chance, l'hôtesse sera même souriante...
Les trains russes, même neufs, ont l'aspect d'une ancienne locomotive (sauf le magnifique train à grande vitesse Strela, qui fait le trajet de Moscou à Saint-Pétersbourg) et s'arrêtent à d'innombrables stations... Dans les trains, les amitiés se créent assez facilement, c'est un univers à part, sans doute une chose à faire en Russie. Bon voyage, et surtout n'oubliez pas votre pièce d'identité. Il vous la faudra pour acheter le billet !

18

Dix-huitième leçon

Au restaurant

1 – Que veux-tu ?
2 – Un verre d'eau.
3 – Et [c'est] tout ?

Remarque de prononciation

(3), **(4)**, **(6)** N'oubliez pas que les mots courts tels que les particules (**не**) et les prépositions se lient au mot fort et se prononcent comme un seul mot avec ce dernier : **И всё** ***[ifsio]***; **Не хочу** ***[niHatchou]***; **А мне** ***[amnié]***.

2 **стакан воды**, *un verre d'eau* : le génitif employé sans préposition est un complément du nom. S'il y a une indication de quantité, le nom qui désigne l'objet quantifié se met au génitif. Dans notre exemple, **стакан** délimite une certaine quantité d'eau. Le génitif féminin se forme de la façon suivante : pour les durs la terminaison est **-ы** et pour les mous (et dans le cas d'incompatibilité orthographique, par exemple, après le **к**), **-и**. Par exemple, **вода** → **воды** ; **водка** → **водки** ; **окрошка** → **окрошки**. Les noms masculins durs prennent la terminaison **-а** : **салат** → **салата**.

4 – Я б**о**льше [3] ничег**о** не хоч**у**.
5 – Как х**о**чешь.
6 А мне, пож**а**луйста, п**и**во и ч**и**псы!
7 Ты т**о**чно [4] ничег**о** не х**о**чешь?
8 Я угощ**а**ю [5]...
9 – Тогд**а** мне т**о**же п**и**во, ч**и**псы и борщ...
10 раз [6] ты так наст**а**иваешь [7]! □

*4 ia **bo**lch^ê nitchiv**o** niHatch**ou** 5 kak H**o**tch^iê ch' 6 amni**é** paj**a**Loust^a pi**v**^a i tch**i**psy 7 ty t**o**tchn^a nitchiv**o** niH**o**tch^iê ch' 8 ia ougachtch**a**iou 9 tagd**a** mnié t**o**j^ê piv^a tch**i**psy i boRchtch' 10 Rass ty tak nast**a**ïva^iê ch'*

Notes

3 б**о**льше a le sens de *plus*, *davantage* : Ты б**о**льше не х**о**чешь вод**ы**? *[ty b**o**lch^ê niH**o**tch^iê ch' vad**y**]*, *Tu ne veux plus d'eau ?* ; Мне стак**а**н вод**ы** *[mnié stak**a**-n vad**y**]* – А мне б**о**льше *[amni**é** b**o**lch^ê]*, – *Pour moi un verre d'eau. – Et pour moi, davantage (plus)*. Мне чуть-ч**у**ть сал**а**та, а в**о**дки – б**о**льше *[mnié tchout^s tch**ou**t^s saL**a**ta, av**o**tki - b**o**lch^ê]*, *Pour moi, un peu de salade mais davantage de vodka.*

4 т**о**чно *[t**o**tchn^a]* est un adverbe qui a plusieurs sens très proches : *exactement*, *précisément*, *fidèlement*.

5 угощ**а**ть se traduit par *offrir*, *inviter quelqu'un* (payer à sa place).

6 раз *[Rass]* peut avoir plusieurs traductions : *alors*, *puisque*, mais aussi *fois* : од**и**н раз, *une fois*.

***

Упражнение 1 – Читайте и переводите

❶ Почему ты так настаиваешь? ❷ У меня ничего нет. ❸ Я тоже больше не хочу есть. ❹ Я всех угощаю! ❺ Салата больше нет, но есть чипсы.

4 – Je ne veux rien de plus.
5 – Comme tu veux.
6 Et pour moi, s'il vous plaît, une bière et des chips.
7 Tu es sûr de ne rien vouloir *(Tu sûrement rien ne veux)* ?
8 Je t'invite *(J'offre)*...
9 – Alors, pour moi aussi une bière, des chips et un borchtch...
10 puisque tu insistes tant !

Remarques de prononciation

(4) Après le **ш** (toujours dur), la lettre **е** se prononce *[ê]*: **б<u>о</u>льше** *[bolch^{ê}]*.
(9) Le **щ** est toujours mouillé, c'est pourquoi nous marquons la mouillure à la fin du mot : **борщ** *[boRchtch']*.

7 **наст<u>а</u>иваешь** *[nastaïva^{ié}ch']* est la 2e personne du singulier du verbe **наст<u>а</u>ивать** *[nastaïvat^{s}]*, *insister*, *appuyer*, *persister*.

***

Corrigé de l'exercice 1

❶ Pourquoi insistes-tu tellement ? ❷ Je n'ai rien. ❸ Moi non plus *(aussi)* je n'ai plus faim. ❹ J'invite tout le monde *(tous)* ! ❺ Il n'y a plus de salade, mais il y a des chips.

Упражнение 2 – Восстановите текст

❶ – Pour toi, un verre de vodka ? – Non, de l'eau.
– Тебе . . . . . . водки? – Нет, ...

❷ Bien sûr, la bière est meilleure.
Конечно, ... лучше.

❸ – Où est ta sœur ? – Elle est au restaurant.
– . . . твоя сестра? – Она в . . . .

Lisez

ант**е**нна, боб**и**на, л**и**ра, сарк**а**зм, мегав**а**тт.

антенна, бобина, лира, сарказм, мегаватт.

Écrivez et déchiffrez

точно, больше, чипсы, борщ, угощать.

***

Il existe une multitude de potages russes, en général très riches et bien consistants. On ne les passe jamais à la moulinette, et ils sont très bons réchauffés. Le borchtch est préparé de façon un peu différente dans chaque région et chaque famille, mais on le reconnaît toujours à sa belle couleur rouge agrémentée d'un nuage de crème fraîche. Apprenez vous aussi à préparer le borchtch !
Nous vous proposons de tester la recette suivante :
Faire bouillir 1 kg de poitrine de bœuf dans deux litres et demi d'eau froide, porter lentement à ébullition, écumer. Pendant ce temps faire revenir à la poêle, dans du beurre, un oignon, quelques carottes et un poivron émincés, de l'ail et du persil. Couvrir à feu doux 10 minutes.

❹ Alors, si tu ne veux plus rien !
. . . ты больше . . . . . . не хочешь!

❺ – Ah ! C'est votre frère... – Exact !
– А! это ваш брат... – . . . . . !

Corrigé de l'exercice 2
❶ - стакан - воды ❷ - пиво - ❸ Где - ресторане ❹ Раз - ничего - ❺ - Точно

Corrigé
*[a-ntê**n**a] antenne, [ba**bi**na] bobine, [**li**Ra] lyre, [saRk**a**zm] sarcasme, [migava**t**] mégawatt.*

Corrigé
точно, больше, чипсы, борщ, угощать.

***

Ajouter une betterave crue coupée en fines lamelles, ajouter du concentré de tomate et faire mijoter pendant 5 minutes. Couper 500 g de chou blanc en lamelles. Au bout d'une heure, ajouter à la viande des pommes de terre coupées en petits morceaux et le chou. Retirer les pommes de terre cuites pour les écraser à la fourchette. Une demi-heure après, y ajouter tous les légumes qui étaient dans la poêle et laisser cuire encore une demi-heure (donc en tout, deux heures). 1/4 d'heure avant d'enlever le potage du feu, ajouter de l'aneth à volonté et une gousse d'ail râpée.
Servir le borchtch avec de la crème fraîche, et si possible accompagné de pirojkis.

19

Девятнадцатый урок
[divitnatsat^yï ouRok]

Sans le remarquer vous avez déjà acquis un vocabulaire assez riche. À présent, nous allons commencer à voir les verbes russes. Malgré leur complexité apparente, vous constaterez qu'ils sont assez faciles à maîtriser : tous les temps se forment sur la base du présent ou de l'infinitif, et certaines terminaisons sont communes pour tous les groupes verbaux.

Телеф**о**нный разгов**о**р

1 – Т**а**ня, теб**я** к телеф**о**ну, сл**ы**шишь?
2 – Алл**о**?
3 – Д**о**брый в**е**чер, это С**а**ша говор**и**т.
4 – Как**о**й С**а**ша?
5 – Как как**о**й ? К**о**мов!
6 – Прост**и**те, но я вас не зн**а**ю [1]!
7 – Это Т**а**ня Иван**о**ва?
8 – Нет, вы ош**и**блись н**о**мером.
9 – Ой! Извин**и**те, пож**а**луйста.
10 – Ничег**о** стр**а**шного. [2]

Prononciation
tilifonn^yï RazgavoR ***1*** *tania tibia ktilifonou sLychych'* ***2*** *aLo* ***3*** *dobR^yï viétch^iéR êt^asacha gavaRit* ***4*** *kakoï sacha* ***5*** *kak kakoï ? komaf* ***6*** *pRastit^ié no ia vass niznaïou* ***7*** *êt^atania ivanova* ***8*** *niét vy achybliss' nomiRam* ***9*** *oï ! izvinit^ié pajaLoust^a* ***10*** *nitchivo stRachnav^a*

Notes
1 La particule **не** s'écrit toujours séparément des verbes. Par exemple, **не** зн**а**ю *[niznaïou]*, *je ne sais pas*.

2 Ничег**о** стр**а**шного est une forme polie pour dire *Ce n'est rien*, *Ce n'est pas grave*. стр**а**шного *[stRachnav^a]* est le génitif de l'adjectif стр**а**шный *[stRachn^yï]* (-ая, -ое), *effrayant*, *épouvantable*, *horrible*.

Dix-neuvième leçon

Conversation téléphonique

1 – Tania, [on] te [demande] au téléphone, [tu] entends ?
2 – Allô ?
3 – Bonsoir *(Bon soir)*, c'est Sacha *([qui] parle)*.
4 – Quel Sacha ?
5 – Comment [ça] quel [Sacha] ? Komov !
6 – Excusez[-moi], mais je ne vous connais pas !
7 – Vous êtes *(C'est)* Tania Ivanova ?
8 – Non, vous vous êtes trompé de numéro.
9 – Oh ! Excusez-moi *(s'il vous plaît)*.
10 – Ce n'est rien *(Rien d'épouvantable)*.

Remarques de prononciation

(1), **(8)** Comme le ш est toujours dur, сл**ы**шишь se prononce *[sLychych']* et ош**и**блись – *[achybliss']*.

(3) Nous n'avons pas marqué l'accentuation du mot **это**, car dans cette phrase il ne remplace pas un verbe mais joue un rôle secondaire. Comparez : **Э**то С**а**ша, *C'est Sacha*, et Это С**а**ша говор**и**т, *C'est Sacha qui parle*.

(6) Se liant à зн**а**ю, не perd toute autonomie, le е devient inaccentué et se prononce *[i]* : *[niznaïou]*.

(9) Vous connaissez bien le mot пож**а**луйста *[pajaLoust[a]]*. Sachez que dans la langue parlée, il peut se contracter en *[pajaLst[a]]*.

(10) N'oubliez pas que dans les terminaisons -его/-ого le г se prononce v : ничег**о** *[nitchivo]* ; стр**а**шного *[stRachnav[a]]*.

Упражнение 1 – Читайте и переводите

❶ Я точно знаю, что это он. ❷ – Добрый вечер! – Здравствуйте! ❸ Ой! А я вас знаю! ❹ Извините, но больше ничего нет. ❺ – Вас к телефону. – Спасибо.

***

Упражнение 2 – Восстановите текст

❶ *(Aujourd'hui)* c'est une bonne soirée.
Сегодня хороший ......

❷ – Vous êtes Tania ? – Non, vous vous êtes trompé.
– Вы Таня? – Нет, вы ....

❸ Quelle conversation agréable !
Какой приятный ....!

Lisez

л**о**бби, жюр**и**, сард**и**на, габар**и**т, мобилиз**а**ция.

лобби, жюри, сардина, габарит, мобилизация.

Écrivez et déchiffrez

вечер, страшный, разговор, ничего, простите.

***

Les noms de famille russes se terminent souvent en -в pour les hommes et en -ва pour les femmes, par exemple : Петр**о**в – Петр**о**ва, Иван**о**в – Иван**о**ва, Ушан**ё**в – Ушан**ё**ва. *Mais il existe d'autres terminaisons, comme par exemple* -о *(d'origine ukrainienne) :* В**и**ктор Фом**е**нко, Нат**а**ша Ковал**е**нко.
Vous savez déjà que la plupart des prénoms russes ont un diminutif. Voici une liste des prénoms suivis de leurs diminutifs les plus répandus : Алекс**а**ндр – С**а**ша ; Анастас**и**я – Н**а**стя ; **А**нна – **А**ня ; Бор**и**с – Б**о**ря ; В**и**ктор – В**и**тя ; Викт**о**рия – В**и**ка ; Ел**е**на – Л**е**на ; Ив**а**н – В**а**ня ; Мар**и**я – М**а**ша ; Над**е**жда – Н**а**дя ; Нат**а**лия (Нат**а**лья) – Нат**а**ша ; **О**льга – **О**ля ; П**ё**тр – П**е**тя ; Ром**а**н – Р**о**ма ; Серг**е**й – Сер**ё**жа ; Тать**я**на – Т**а**ня ; **Ю**лия – **Ю**ля.

Corrigé de l'exercice 1

❶ Je suis sûr *(Je sais sûrement)* que c'est lui. ❷ – Bonsoir ! – Bonsoir (générique) ! ❸ Oh ! mais je vous connais ! ❹ Excusez-moi, mais il n'y a plus rien. ❺ – Téléphone pour vous ! – Merci.

***

❹ – Je ne sais pas où il est. – Cela ne fait rien.
– Я . . . . . . , где он. – Ничего страшного.

❺ – Allô ! C'est toi ? – Bien sûr [que c'est] moi !
– Алло! Это ты? – . . . . я!

Corrigé de l'exercice 2

❶ – вечер ❷ – ошиблись ❸ – разговор ❹ – не знаю – ❺ – Конечно –

Corrigé

*[L**o**bi] lobby, [jouR**i**] jury, [saRd**i**na] sardine, [gabaR**i**t] gabarit, [mabiliz**a**tsy-ia] mobilisation.*

Corrigé

вечер, страшный, разговор, ничего, простите.

***

Comme vous pouvez le constater, les diminutifs se terminent toujours par une voyelle. Par conséquent, ils ne nous donnent pas d'information sur le genre de la personne. Bien sûr, cette liste n'est pas exhaustive. Vous trouverez d'autres prénoms au cours de notre étude du russe. Notez qu'il existe deux sortes de diminutifs : les vrais diminutifs (le prénom raccourci, moins officiel), et des diminutifs affectifs qui ne sont pas plus courts que les prénoms. Certains prénoms n'ont que ce type de diminutif : Ол**е**г – Ол**е**жка, Ол**е**жек ; **И**горь – Игор**ю**ша, Игор**ё**к ; Ант**о**н – Ант**о**ша, *etc.*

Двадцатый урок *[dvatsatyï ouRok]*

В Сибири [1]

1 – Алл**о**, **И**горь?
2 – Да, прив**е**т!
3 – Я смотр**ю** прогн**о**з пог**о**ды.
4 Говор**я**т [2], у вас стр**а**шный х**о**лод.
5 – Да н**е**т, м**и**нус дв**а**дцать-дв**а**дцать п**я**ть…
6 – Да? А по телев**и**зору говор**я**т – м**и**нус [3] сорок п**я**ть…
7 – А-а-а… Ну, так [4] **э**то, м**о**жет быть [5], на **у**лице!

Prononciation

fsibiRi **1** *aLo igaRi* **2** *da pRiviét* **3** *ia smatRiou pRagnoss pagody* **4** *gavaRiat ou vass stRachnyï Holat* **5** *daniét minouss dvatsats - dvatsatspiats* **6** *da? a patiliévizaRou gavaRiat minouss soRakpiats* **7** *aaa nou takêta mojêtbyts na oulitsê*

Notes

1 в Сибири *[fsibiRi]* : sans mouvement, on utilise donc le prépositionnel. La formation du prépositionnel n'est pas difficile : pour tous les genres au singulier on remplace la terminaison par **-е** : **ресторан** → **в ресторане** ; **театр** → **в театре**; **диета** → **на диете**. Pour le féminin se terminant par le signe mou ou **-ия** au nominatif, la terminaison est **-и** : **Сибирь** → **в Сибири**, *en Sibérie* ; **Россия** → **в России**, *en Russie*.

2 **говорят** est la 3e personne du pluriel du verbe **говорить** que vous connaissez déjà. **говорят** sans sujet est l'équivalent de la construction impersonnelle française *on dit* .

Vingtième leçon

En Sibérie

1 – Allô, Igor ?
2 – Oui, salut !
3 – Je suis en train de regarder la météo *(Je regarde pronostic du-temps)*.
4 On dit qu'il fait un froid de canard *(épouvantable)* **chez vous.**
5 – Ben... non. Moins 20, [moins] 25...
6 – Ah bon ? Et à la télé on dit [qu'il fait] moins 45...
7 – Ah oui... Eh bien, ça, c'est peut-être dehors *(dans la rue)* **!**

Remarques de prononciation

(1) Nous avons marqué le signe mou par un *[ⁱ]* bref. Le **р** est toujours sonore et donc ne s'assourdit pas, même à la fin des mots. En revanche, il se ramollit au contact du signe mou : **И**горь *[igaRⁱ]*.
(3) прогн**о**з le з final s'assourdit : *[pRagnoss]*.
(5), **(6)** двадцать п**я**ть, сорок п**я**ть : les chiffres composés se prononcent comme un seul mot : *[dvatsatspiatˢ]*, *[soRakpiatˢ]*.
(7) Le ж ainsi que le ш restent durs quelle que soit leur place dans le mot. Le **е** se prononce donc *[ê]* : м**о**жет *[mojᵉt]*.

---

3 Le mot **м**и**нус** a plusieurs sens : *moins* (arithmétique, température), *défaut*, *inconvénient*.

4 **ну так...** est une expression de la langue parlée qu'on entend assez souvent. C'est une variation de **ну** de la leçon 6. Elle se traduit par *eh bien*, *alors*.

5 Dans la langue parlée **м**о**жет быть** peut être réduit à **м**о**жет** : **М**о**жет, это** о**н?** *Peut-être que c'est lui ?*

Упражнение 1 – Читайте и переводите

❶ На улице страшный холод. ❷ А что ты делаешь в Сибири? ❸ Я смотрю интересный фильм. ❹ Говорят, что ты иностранец. Это правда? ❺ Так ты с нами или нет?

***

Упражнение 2 – Восстановите текст

❶ Quelle terrible prévision !
Какой страшный . . . . !

❷ Peut-être, [allez]-vous jusqu'à Moscou ?
. . . . , вам до Москвы?

❸ Veux-tu regarder la météo à la télé ?
Хочешь смотреть . . . . прогноз . . . . . . ?

❹ Peut-être qu'il vaut mieux que je prenne un taxi ?
. . . . . , я лучше возьму такси?

❺ C'est un film absolument *(très)* épouvantable !
Это очень . . . . фильм!

Lisez

сат**и**р, м**е**бель, ком**е**та, шак**а**л, корид**о**р.

сатир, мебель, комета, шакал, коридор.

Écrivez et déchiffrez

иностранец, двадцать, может быть, прогноз, телевизор.

***

Quand un Occidental entend le nom "Sibérie", il s'imagine des ours se promenant sur d'immenses étendues blanches, un froid insupportable et peut-être également le pétrole qui coule à flots… Quelques précisions. Effectivement, la Sibérie est une immense région de la Fédération de Russie (12 765 000 km^2), qui s'étend de l'Oural à l'océan Pacifique et qui compte environ 30 millions d'habitants. Il est vrai que certaines régions de Sibérie possèdent de grandes richesses (pétrole, or, fer, gaz naturel, etc.) et que la Yakoutie représente 25 % de la production mondiale de diamants. La Sibérie abonde en forêts

Corrigé de l'exercice 1

❶ Dehors il fait un froid de canard. ❷ Et qu'est-ce que tu fais en Sibérie ? ❸ Je regarde un film intéressant. ❹ On dit que tu es étranger. C'est vrai ? ❺ Alors, tu es avec nous ou pas ?

***

Corrigé de l'exercice 2

❶ – прогноз ❷ Может быть – ❸ – по телевизору – погоды ❹ Может – ❺ – страшный –

Corrigé

[satiR] satyre, [miébil] meubles, [kamiéta] comète, [chakaL] chacal, [kaRidoR] corridor.

Corrigé

иностранец, двадцать, может быть, прогноз, телевизор.

***

*(тайг**а**, la taïga), ce qui représente une réserve considérable de bois de qualité. Les hivers sibériens sont longs et froids (entre -15° et -40 °C en moyenne) et les étés sont très courts (avec des températures entre 10° et 20 °C).*
Les Russes ont commencé la conquête de ces terres au climat rude au XVIe siècle et c'est à la fin du XIXe siècle que le Transsibérien (train qui parcourt 9 000 km entre Moscou et Vladivostok) a été mis en service. Et puis, durant l'époque stalinienne, la Sibérie est devenue la terre des goulags.

Двадцать первый урок

Повторение – **Révision**

1 Prononciation

1.1 L'assourdissement des consonnes sonores

Vous savez déjà qu'en russe toutes les consonnes se subdivisent en consonnes sonores et en consonnes sourdes. Retenez une règle importante : une consonne sonore (б, в, г, д, ж, з) devient sourde (п, ф, к, т, ш, с) à la fin des mots, ou devant une consonne sourde → прогн**о**з *[pRagn**o**ss]* ; в**о**дка *[v**o**tka]*. Cette règle est valable également pour les prépositions se terminant par une sonore au contact de mots qui commencent par une sourde : из вс**е**х *[isfs**ié**H]*. Remarquez que si le mot se termine par un signe mou, c'est la consonne précédant ce signe mou qui est considérée comme finale : дождь *[docht[s]], pluie*.

1.2 L'accent tonique des emprunts

Généralement, le russe suit fidèlement l'accentuation d'origine des mots empruntés. Ainsi, dans les mots d'origine française, l'accent tonique reste sur la dernière syllabe comme en français : куп**е** *[koup**ê**]* ; Оливь**е** *[alivi**é**]* ; шоф**ё**р *[chaf**io**R]*.

1.3 Les prépositions et les particules monosyllabiques

Elles se prononcent d'un trait avec les mots qui les suivent comme s'il s'agissait d'un seul mot. Dans ce cas, elles ne sont jamais accentuées. Par exemple, в те**а**тр *[fti**a**tR], au théâtre* ; из вс**е**х *[isfs**ié**H], de tous*.

2 La distinction "avec ou sans mouvement"

Cette distinction est plus importante qu'elle n'y paraît au premier abord. Elle est présente partout, en commençant par les mots interrogatifs (где, *où ?* sans mouvement ; куд**а**, *où ?* avec mouvement) et valable également pour beaucoup d'actions prévoyant ou non un déplacement. Cette distinction est essentielle pour le choix du cas utilisé après la préposition. Nous avons vu les trois prépositions за, в et на.

• Avec в et на on utilise l'accusatif (le cas du COD) quand il y a l'idée du déplacement et le prépositionnel (cas du complément de lieu ; il n'est employé qu'après une préposition) quand il n'y a pas de déplacement : в те**а**тр *[ftiatR], au théâtre* (avec mouvement) – в те**а**тре *[ftiatR[ié]], au théâtre* (sans mouvement) ; в Сиб**и**рь *[fsibiR[i]], en Sibérie* (avec mouvement) – в Сиб**и**ри *[fsibiRi], en Sibérie* (sans mouvement).

• Avec la préposition за on utilise toujours l'accusatif s'il y a l'idée du déplacement (за ст**о**л *[zastoL], à table*) et l'instrumental s'il n'y en a pas (за стол**о**м *[zastaLom], à table*). Nous parlerons de l'instrumental plus tard quand nous aurons rencontré d'autres exemples.

3 Les déclinaisons

3.1 Le prépositionnel

La formation du prépositionnel ne pose pas de problème particulier : pour tous les genres, au singulier, on remplace la terminaison par -е : ресторан → в ресторане ; театр → в театре ; диета → на диете. Pour le féminin se terminant par le signe mou ь et -ия au nominatif, la terminaison est -и : Сибирь → в Сибири, *en Sibérie* ; Россия → в России, *en Russie*.

3.2 Le génitif

Le génitif est le cas du complément du nom. Le partitif français qui signifie une partie d'un tout (de l'eau, du pain, etc.) va se traduire en russe par le génitif. Il peut également contenir l'idée de quantité. Ainsi, après les mots indiquant la quantité (чуть-ч**у**ть, *un petit peu* ; немн**о**го, *un peu* ; два, *deux* ; три, *trois* ; чет**ы**ре, *quatre* ; стак**а**н, *un verre*, etc.) on utilise le génitif. Le génitif se traduit donc en français par la particule *de*, prise dans le sens partitif ou dans celui de l'appartenance : Я хоч**у** вод**ы**, *Je veux de*

l'eau ; **Э**то п**а**па **И**ры, *C'est le père d'Ira*. Dans день рожд**е**ния, *le jour de naissance, l'anniversaire*, le mot рожд**е**ния définit le mot день. Dans ce cas, on utilise également le génitif.
La formation du génitif n'est pas difficile :
– Les mots masculins et les neutres durs ont la terminaison -а, tandis que les mous prennent la terminaison -я : сал**а**т, *la salade* – сал**а**та, *de la salade* ; м**я**со, *la viande* – м**я**са, *de la viande* ; дождь, *la pluie* (signe mou à la fin du masculin, par conséquent, le masculin est mou) – немн**о**го дожд**я**, *un peu de pluie*.
– Les féminins durs prennent la terminaison -ы et les mous -и : вод**а**, *l'eau* – вод**ы**, *de l'eau* ; ид**е**я, *une idée* – (две) ид**е**и, *deux idées* ; ночь, *une nuit* – (три) н**о**чи, *trois nuits*.
Il est nécessaire de se rappeler qu'après г, ж, к, х, ч, ш, щ il ne peut pas y avoir de -ы en raison de la règle dite de l'incompatibilité orthographique. Par conséquent, la terminaison est -и : в**о**дка, *la vodka* – в**о**дки, *de la vodka* ; окр**о**шка, *l'okrochka* – окр**о**шки, *de l'okrochka*. Nous parlerons du pluriel plus tard.

3.3 Le génitif/accusatif des pronoms personnels

Vous l'avez déjà vu plusieurs fois, nous allons juste le résumer et compléter. Une bonne nouvelle : le génitif des pronoms personnels est absolument identique à leur accusatif !

я	мен**я**	он мен**я** зн**а**ет	*il me connaît*
ты	теб**я**	он теб**я** зн**а**ет	*il te connaît*
он	ег**о**	он ег**о** зн**а**ет	*il le connaît*
он**а**	е**ё**	он е**ё** зн**а**ет	*il la connaît*
он**о**	ег**о**	он ег**о** зн**а**ет	*il le connaît*
мы	нас	он нас зн**а**ет	*il nous connaît*
вы	вас	он вас зн**а**ет	*il vous connaît*
он**и**	их	он их зн**а**ет	*il les connaît*

Quand les pronoms personnels de la 3e personne sont employés avec des prépositions, un н apparaît au début du mot : у н**и**х, *chez eux*.

4 La particule ***не***

Une règle très simple mais importante : la particule не s'écrit toujours séparément des verbes.

5 Le présent des verbes réguliers

En russe, il existe deux conjugaisons. Pour former le présent, il faut ajouter les terminaisons suivantes à l'infinitif sans terminaison :

5.1 Pour la première conjugaison

Д**е**ла - ть *[diéLa - t*[s]*], faire* se conjugue avec дела + les terminaisons suivantes :

я	д**е**ла + ю	мы	д**е**ла + ем
ты	д**е**ла + ешь	вы	д**е**ла + ете
он он**а** он**о**	д**е**ла + ет	он**и**	д**е**ла + ют

Ид - т**и** *[it - ti], aller (à pied)* : ид + les terminaisons suivantes :

я	ид + **у**	мы	ид + **ё**м
ты	ид + **ё**шь	вы	ид + **ё**те
он он**а** он**о**	ид + **ё**т	он**и**	ид + **у**т

Remarquez que la voyelle "thématique" pour la première conjugaison est e hors accent (ë accentué), car elle se rencontre dans toutes les terminaisons (sauf deux) ; c'est cette voyelle qui fera la différence entre la première conjugaison et la deuxième.
Pour la première conjugaison, la voyelle de la terminaison de la 1re personne du singulier (ю ou у) apparaîtra dans la terminaison de la 3e personne du pluriel : д**е**лаю – д**е**лают ; ид**у** – ид**у**т.

5.2 Pour la deuxième conjugaison

сл**ы**ш - ать *[sLych - at^s], entendre* : слыш + les terminaisons suivantes :

я	сл**ы**ш + у	мы	сл**ы**ш + им
ты	сл**ы**ш + ишь	вы	сл**ы**ш + ите
он	сл**ы**ш + ит	он**и**	сл**ы**ш + ат
он**а**			
он**о**			

говор - **и**ть *[gavaR - it^s], parler* : говор + les terminaisons suivantes :

я	говор + **ю**	мы	говор + **и**м
ты	говор + **и**шь	вы	говор + **и**те
он	говор + **и**т	он**и**	говор + **я**т
он**а**			
он**о**			

***

Заключительный диалог

1 – Добрый вечер, Саша.
2 – Это моя сестра и мой брат.
3 – Очень приятно… Я так хочу есть!
4 – Я тоже. Что ты хочешь? Я угощаю.
5 – Может, немного икры…
6 И чуть-чуть водки, если можно…
7 – Само собой! На улице страшный холод!
8 – Ой!.. вы не Таня Иванова?
9 – Конечно нет, вы ошиблись… Я вас не знаю.
10 – Извините, пожалуйста!
11 – Ничего страшного.

La voyelle "thématique" de la deuxième conjugaison est и : on la retrouve de la 2e personne du singulier à la 2e personne du pluriel. Comme dans la première conjugaison, pour la deuxième conjugaison, la voyelle de la terminaison de la 1re personne du singulier influencera la terminaison de la 3e personne du pluriel. Ainsi, si elle est molle (ю), à la 3e personne du pluriel il y aura une molle : говор**ю** – говор**я**т ; et si elle est dure (у), il y a une dure : сл**ы**шу – сл**ы**шат. Ce dernier exemple montre que dans le cas d'incompatibilité orthographique après certaines consonnes (par exemple, après ш, ч) il est impossible d'avoir un -я ou un -ю.
Nous vous conseillons de retenir pour chaque verbe trois de ses formes : l'infinitif (car c'est à l'infinitif que vous allez ajouter les terminaisons), la 1re personne du singulier (car elle peut être en -у ou en -ю) et la 2e personne du singulier (car cette forme vous indiquera la voyelle thématique pour toutes les autres formes).

5.3 Structures impersonnelles

говор**я**т est la 3e personne du pluriel du verbe говор**и**ть que vous connaissez déjà. говор**я**т sans sujet est l'équivalent de la construction impersonnelle française *on dit*.

***

Traduction

1 Bonsoir Sacha. **2** Ce sont ma sœur et mon frère. **3** Enchanté... J'ai tellement faim ! **4** Moi aussi. Que veux-tu ? C'est moi qui invite. **5** Peut-être un peu de caviar... **6** Et un tout petit peu de vodka, si c'est possible... **7** Cela va sans dire ! Dehors il fait un froid de canard ! **8** Mais vous n'êtes pas Tania Ivanova ? **9** Bien sûr [que] non, vous vous êtes trompé... Je ne vous connais pas. **10** Excusez-moi *(s'il vous plaît)* ! **11** Cela ne fait rien.

Двадцать второй урок

[dvatsat^sftaRoï ouRok]

Vous vous habituez progressivement à l'alphabet cyrillique et avez fait de grands progrès en lecture. La transcription phonétique vous est encore utile, mais vous savez vous en passer pour bon nombre de mots. Essayez de lire le texte russe directement et reportez-vous à la prononciation pour vérifier que vous avez bien assimilé.

Дни недели [1]

1 – Приходи к нам в понедельник [2]!
2 – Боюсь [3], что в понедельник я не могу...
3 – Тогда – во вторник [4] или в четверг;
4 в среду мы уже идём в кино.
5 – А, может быть, в пятницу?
6 – Ну, если ты не можешь в другой день, то приходи в пятницу,
7 так как мы уезжаем на выходные [5].
8 – Жаль [6], я хотел предложить субботу или воскресенье!

Prononciation

*dni nidiéli **1** pRiHadi knam fpanidiélnik **2** baïouss^i chto fpanidiélnik ia nimagou **3** tagda vaftoRnik ili ftchitviéRk **4** fsRiédou my oujê idiom fkino **5** a moj^êt byt^s fpiatnitsou **6** nou iésli ty nimoj^êch' vdrougoï dié^gne to pRiHadi fpiatnitsou **7** takkak my ouiéjja^ié m navyHadny^ié **8** jal ia HatiéL pRidLajyt^s soubotou ili vaskRissié^gnié*

Notes

1 Vous avez déjà vu l'emploi du génitif (leçon 15). Le voici exprimant le complément du nom et se traduisant en français par *de* placé entre le nom et son complément : **неделя** *[nidiélia]* → **дни недели** *[dni nidiéli], une semaine → les jours de la semaine*.

2 **в понедельник** : pour indiquer le jour où se passe l'action, on utilise la préposition **в** + l'accusatif (cas du COD).

Vingt-deuxième leçon

Les jours de la semaine

1 – Viens chez nous lundi !
2 – J'ai peur de ne pas pouvoir *(que lundi je ne peux)*...
3 – Alors, mardi ou jeudi ;
4 mercredi, nous allons déjà au cinéma.
5 – Dans ce cas *(Et)*, peut-être vendredi ?
6 – Eh bien, si tu ne peux pas un autre jour, alors viens vendredi,
7 car nous partons pour le week-end.
8 – Dommage, je voulais proposer samedi ou dimanche !

Remarques de prononciation

Vous avez rencontré plusieurs fois des mots qui se prononcent d'une seule émission de voix avec ceux qui les suivent. Comme nous l'avons souligné, il s'agit souvent de prépositions et de particules monosyllabiques. Il y en a également dans la leçon d'aujourd'hui. Entraînez-vous à les prononcer à haute voix !

(1), **(2)**, **(3)** Prononcez bien le **к** à la fin des mots : il est dur !

(3) Le **г** en position finale se prononce *[k]* : **четверг** *[tchitviéRk]*.

(8) **воскресенье** *[vaskRissié[gnié]]* : le signe mou renforce la mouillure et a surtout une valeur orthographique.

3 **боюсь** est la 1re personne du singulier du verbe **бояться** *[baïatsa]*, *avoir peur, craindre, appréhender*.

4 **во вторник** : on ajoute le **о** à la préposition **в** pour rendre la prononciation plus fluide.

5 Bien que le mot *week-end* soit bien rentré dans la langue russe (**уикенд** *[ouïkiénd]*), nous vous conseillons d'employer **выходные** *[vyHadny[ié]]*, qui reste plus usité et plus naturel.

6 **жаль** se traduit par *dommage, c'est dommage*. Le mot qui désigne la personne qui regrette se met au datif : **Мне так жаль!**, *Je regrette tellement !* **Ему очень жаль**, *Il regrette beaucoup*.

Упражнение 1 – Читайте и переводите

❶ Вы ошиблись номером второй раз. ❷ Понедельник – первый день недели. ❸ Извините, но в другой день я не могу. ❹ В субботу мы не уезжаем. Приходи! ❺ Жаль, что ты не можешь в воскресенье.

Упражнение 2 – Восстановите текст

❶ On se sent bien ici car il y a tout.
Нам здесь хорошо, ... здесь всё есть.

❷ Si tu veux, viens chez nous.
. . . . хочешь, то приходи . . . . .

❸ Jeudi, nous partons pour le Caucase.
В . . . . мы . . . . на Кавказ.

❹ De plus, j'ai peur de lui !
К тому же я его . . . . . !

❺ Que fais-tu mardi ?
Что ты делаешь во . . . . ?

Lisez

импрессион**и**зм, ласс**о**, маг, марк**и**з, ф**а**за, саркоф**а**г, муз**е**й.

импрессионизм, лассо, маг, маркиз, фаза, саркофаг, музей.

Écrivez et déchiffrez

понедельник, вторник, среда, четверг, пятница, суббота, воскресенье.

Corrigé de l'exercice 1

❶ Vous vous êtes trompé de numéro une deuxième fois. ❷ Lundi est le premier jour de la semaine. ❸ Excusez-moi, mais un autre jour je ne peux pas. ❹ Samedi, nous ne partons pas. Viens ! ❺ C'est dommage que tu ne puisses pas dimanche.

Corrigé de l'exercice 2

❶ – так как – ❷ Если – к нам ❸ – четверг – уезжаем – ❹ – боюсь ❺ – вторник

Понедельник – первый день недели.

Corrigé

[i-mpRissïanizm] impressionnisme, [lasso] lasso, [mak] mage, [maRkiss] marquis, [faza] phase, [saRkafak] sarcophage, [mouziéï] musée.

Corrigé

понедельник, вторник, среда, четверг, пятница, суббота, воскресенье.

Vos exercices d'écriture s'achèvent aujourd'hui. Cependant, rien ne vous empêche, si vous en avez envie, de reprendre les dialogues des leçons et de les transcrire à la main !

23

Двадцать третий урок

[dvatsattRiét[ii] ouRok]

Сон

1 – Доктор, у меня проблема [1]:
2 каждую [2] ночь мне снится [3],
3 что крысы играют в футбол.
4 – Вот лекарство; этот [4] кошмар прекратится [5].
5 – Спасибо, я приму лекарство завтра.
6 – А почему завтра?
7 – А потому, что сегодня у них [6] финал... □

Prononciation

*so-n **1** doktªR ouminia pRabliéma **2** kajdouïou notch' mnié snitsa **3** chto kRyssy igRaïout ffoutboL **4** vot likaRstvª êtªt kachmaR pRikRatitsa **5** spassibª ia pRimou likaRstvª zaftRa **6** a patchimou zaftRa **7** apatamouchtª sivodnia ouniH finaL*

Notes

1 Vous l'avez remarqué, le mot **проблема** est du féminin, comme nous le montre la terminaison en **-а**.

2 **каждую** est l'accusatif de l'adjectif **каждый, -ая, -ое**, *chaque, chacun(e)* : **каждый день**, *chaque jour* ; **здесь каждый хочет говорить по-русски**, *Ici, chacun veut parler russe*.

3 **мне снится, что...** *[mnié snitsa chto...]*, *je rêve que...* Une autre construction est possible : **мне снится сон** *[mnié snitsa so-n]*. Cette dernière est difficile à traduire car le verbe pronominal indique que l'action est produite par le sujet. On la traduira quasiment de la même manière que la première : *je fais un rêve* (littéralement "un rêve se fait").

4 **этот** *[êtªt]* est un pronom démonstratif qui varie en genre et en nombre et qui se décline. Observez les terminaisons, elles nous rappellent celles des noms : **этот** (masculin), *ce* ; **эта** (féminin), *cette* ; **это** (neutre), *ce* ; **эти** (pluriel de tous les genres), *ces*.

Vingt-troisième leçon

Un rêve

1 – Docteur, j'ai un problème :
2 chaque nuit, je rêve
3 que des rats jouent au foot.
4 – Voici un médicament ; ce cauchemar cessera.
5 – Merci, je prendrai le médicament demain.
6 – Mais pourquoi demain ?
7 – Eh bien, parce qu'aujourd'hui, c'est *(ils ont)* la finale…

Remarques de prononciation

(2), **(4)** La combinaison de lettres **тся** que l'on trouve à la fin des verbes se prononce *[-tsa]* malgré le **я** mou : **сн*и*тся** *[snitsa]*, **прекрат*и*тся** *[pRikRatitsa]*.
(3) Faites attention au son **ы** : **кр*ы*сы** *[kRyssy]*.

Каждую среду они
играют в футбол.

5 **прекрат*и*тся** est le futur de **прекрат*и*ться** (eh oui, l'écriture est quasiment identique !) ***[pRikRatitsa]***, *cesser*. Faites attention : ce verbe est réfléchi en russe alors qu'il ne l'est pas en français.

6 Dans les pronoms personnels de la 3e personne, devant une préposition, un **н** apparaît au début du mot pour faciliter la prononciation : **у н*и*х** *chez eux*.

Упражнение 1 – Читайте и переводите

❶ Каждую среду они играют в футбол. ❷ Завтра у вас финал. ❸ – Почему завтра? – А потому, что в другой день я не могу. ❹ У них всё хорошо. ❺ Когда прекратится этот кошмар?

***

Упражнение 2 – Восстановите текст

❶ Voici mon train. Je pars.
. . . мой . . . . . . Я . . . .

❷ Chaque nuit je fais ce rêve.
. . . . . . ночь мне снится этот . . . .

❸ Et ça, c'est mon problème !
А это моя . . . . !

Lisez

экр**а**н, инициалы, х**и**мия, шант**а**ж, р**е**нта

экран, инициалы, химия, шантаж, рента

24

Двадцать четвёртый урок

*[dv**a**tsat^{s} tchitv**io**Rt^{yï} ouR**o**k]*

Как**а**я жар**а**!

1 – На **у**лице так [1] ж**а**рко,
2 что я всё вр**е**мя хоч**у** пить.

Prononciation

*kak**a**ïa jaR**a** **1** na **ou**lits^{ê} tak j**a**Rk^{a} **2** chto ia fsio vR**ié**mia Hatch**ou** pit^{s}*

Remarque de prononciation

(1) Le **ц** est toujours dur. Il n'est donc pas ramolli par le **е** qui le suit : **у**лице *[**ou**lits^{ê}]*.

Corrigé de l'exercice 1

❶ Chaque mercredi, ils jouent au foot. ❷ Demain, vous avez la finale. ❸ – Pourquoi demain ? – Mais parce qu'un autre jour, je ne peux pas. ❹ Pour eux tout va bien. ❺ Quand ce cauchemar cessera-t-il ?

***

❹ Je voulais ce médicament.
Я хотел это . . . .

❺ Un seul problème : ici il y a des rats !
Одна проблема: здесь . . . . . !

Corrigé de l'exercice 2

❶ Вот – поезд – уезжаю ❷ Каждую – сон ❸ – проблема ❹ – лекарство ❺ – крысы

Corrigé

*[ikR**a**-n] écran, [initsy**a**Ly] initiales, [H**i**mï-ia] chimie, [cha-nt**a**ch] chantage, [Ri**é**nta] rente*

24

Vingt-quatrième leçon

Quelle chaleur !

1 – Dehors *(sur la-rue)* [il fait] si chaud
2 que j'ai soif *(je veux boire)* tout le temps.

Note

1 Après **как** et **так** on emploie un adverbe, tandis qu'après **какой** et **такой** (phrase 6) on emploie un adjectif ou un nom : **Как хорошо!**, *Que c'est bien !* ; **Какой он добрый!** *Qu'il est bon !* ; **Здесь так весело!**, *Ici on s'amuse tellement !* ("Ici, c'est si gai !") ; **Сегодня такая жара!**, *Aujourd'hui, il fait si chaud !*

3 – Съешь мор**о**женое.
4 – **Ду**маешь, п**о**сле мор**о**женого [2] не х**о**чется [3] пить?
5 – Не ув**е**рена [4],
6 но нет ничег**о** л**у**чше мор**о**женого в так**у**ю [1] жар**у**! □

3 s°iéch' maRojêna^ié 4 doumaiéch' poslié maRojên^av^a niHotchitsa pit^s 5 niouviéRina 6 no niét nitchivo Loutchê maRojên^av^a ftakouïou jaRou

Notes

2 **п**о**сле** exige l'emploi du génitif : мор**о**женое → п**о**сле мор**о**женого ; жар**а** → п**о**сле жар**ы**.

3 х**о**чется *[Hotchitsa]* : sans sujet, ce verbe pronominal indique une construction impersonnelle qui se traduira par *on a envie*, *on veut*. Pour indiquer le sujet logique (et non pas grammatical) on emploie le datif : мне х**о**чется *[mnié Hotchitsa]*, *j'ai envie*.

***

Упражнение 1 – Читайте и переводите

❶ – Съешь немного салата. – Я не хочу ни есть, ни пить. ❷ Уверена, тебе хочется в кино. ❸ На улице такая жара! ❹ – Ты хочешь есть? – Нет, я хочу пить. ❺ Я смотрю прогноз погоды: завтра у вас жарко.

Упражнение 2 – Восстановите текст

❶ Par cette chaleur on a très soif.
В такую .... очень хочется .....

❷ Mais tu es sûre qu'il est ici ?
А ты ...., что он здесь?

❸ Après la glace on a soif.
.... хочется пить.

3 – Mange une glace.
4 – Tu penses [qu']après une glace on n'a pas soif ?
5 – [ ]Je ne suis] pas sûre,
6 mais il n'y a rien de mieux [qu'une] glace par une *(dans)* telle chaleur !

Remarque de prononciation

(3) C'est notre première rencontre avec le signe dur ъ. Comme vous pouvez le constater, cette lettre n'apparaît pas très souvent. Elle sépare une consonne d'une voyelle molle et permet à la première de rester dure : съешь *[s°iéch']*.

4 ув**е**рена : c'est le féminin car le mot se termine par -а. Vous saurez former le masculin en enlevant le а : ув**е**рен , et le pluriel en le remplaçant par le -ы (-и en cas d'incompatibilité orthographique) pour tous les genres : ув**е**рены.

***

Corrigé de l'exercice 1

❶ – Mange un peu de salade. – Je n'ai ni faim, ni soif. ❷ Je suis sûre que tu veux [aller] au cinéma. ❸ Dehors il fait si chaud ! ❹ – Est-ce que tu as faim ? – Non, j'ai soif. ❺ Je regarde la météo : demain, chez vous, il fera chaud.

❹ Tu lis tout le temps !
Ты всё . . . . . читаешь!

❺ – Allons au cinéma ! – Non, je n'en ai pas envie.
– Пойдём . . . . . ! – Нет, мне не . . . .

Corrigé de l'exercice 2

❶ - жару - пить ❷ - уверена - ❸ После мороженого - ❹ - время - ❺ - в кино - хочется

Lisez

эго**и**ст, иммунит**е**т, фара**о**н, ситу**а**ция, те**о**рия

эгоист, иммунитет, фараон, ситуация, теория

25

Двадцать пятый урок

*[dvatsat^{s} p**ia**t^{yï} ouR**o**k]*

День рожд**е**ния

1 – Там**а**ра, **э**то теб**е**!
2 – Спас**и**бо больш**о**е! [1]
3 – Ей уж**е** подар**и**ли м**о**ре цвет**о**в [2]…
4 А вот ещ**ё** под**а**рок.
5 – Но почем**у** всё **э**то ей, а мне – ничег**о**?
6 – Сег**о**дня у не**ё** [3] день рожд**е**ния.
7 – А! Всё **я**сно.
8 С днём рожд**е**ния [4], Там**а**ра! □

Prononciation

*dié^{gne} Rajd**ié**nia **1** tam**a**Ra **ê**t^{a} tib**ié** **2** spassib^{a} baLch**o**^{ié} **3** iéï ouj**ê** padaR**i**li m**o**R^{ié} tsvit**o**f **4** a vot ^{ié}chi**o** pad**a**R^{a}k **5** no patchim**ou** fsio **ê**t^{a}iéï a mnié nitchiv**o** **6** siv**o**dnia ou nï-i**o** dié^{gne} Rajd**ié**nia **7** a ! fsio **ia**sn^{a} **8** zdni**o**m Rajd**ié**nia tam**a**Ra*

Remarque de prononciation

(8) La préposition **с** devient sonore au contact du **д** sonore : **с днём** *[zdn**io**m]*.

Notes

1 **Спас**и**бо больш**о**е!** *[spassib^{a} baLcho^{ié}]* : vous pourriez également dire **Больш**о**е спас**и**бо!**, car comme vous le savez, l'ordre des mots est souple.

2 **м**о**ре цвет**о**в** : **цвет**о**в** est le génitif du pluriel **цвет**ы, *les fleurs*. Vous savez déjà qu'après les mots indiquant une quantité (même si l'on ne peut pas la mesurer), on emploie le génitif.

Corrigé
[igaïst] égoïste, [imounitiét] immunité, [faRao-n] pharaon, [sitouatsy-ia] situation, [tioRï-ia] théorie

25

Vingt-cinquième leçon

Anniversaire *(Jour naissance)*

1 – Tamara, c'est pour *(à)* toi !
2 – Merci beaucoup *(Merci grand)* !
3 – On lui a déjà offert une tonne *(mer)* de fleurs...
4 Et voici encore un cadeau.
5 – Mais pourquoi tout cela pour *(à)* elle et rien pour *(à)* moi ?
6 – Aujourd'hui c'est son anniversaire *(chez elle jour naissance)*.
7 – Ah ! Tout [est] clair.
8 Bon anniversaire, Tamara !

Ей подарили этот подарок.

3 **у неё** : la préposition **у** exige l'emploi du génitif. Par exemple : **Тамара** → **у Тамары**. Remarquez également la présence de **н** au début du pronom : il est rajouté pour faciliter la prononciation.

4 **С днём рождения** correspond à notre *Bon anniversaire !* La formule entière serait : **Поздравляю тебя с днём рождения!** *[pazdRavliaiou tibia zdniom Rajdiénia], Je te félicite à l'occasion de* ("avec") *ton anniversaire !*

Упражнение 1 – Читайте и переводите

❶ Тебе подарили море цветов! ❷ – Воды? – Спасибо большое, я так хочу пить. ❸ Всё ясно: ты шутишь? ❹ Приходи к нам: у Тамары день рождения. ❺ Ей подарили этот подарок.

Упражнение 2 – Восстановите текст

❶ – C'est quand ton anniversaire ? – Demain.
– Когда у тебя . . . . ? – Завтра.

❷ C'est mon cadeau !
Это мой . . . . !

❸ Bon anniversaire, [ma] sœur !
. . . . . рождения, сестра!

Lisez

экземпл**я**р, р**е**плика, мавзол**е**й, фаз**а**н, констит**у**ция.

экземпляр, реплика, мавзолей, фазан, конституция.

***

Les deux fêtes les plus importantes pour les Russes sont sans doute le Jour de l'an et l'anniversaire. Pour fêter l'anniversaire, on invite le plus souvent des amis à la maison et on leur prépare une belle table. Chacun apporte un cadeau, mais on n'ouvre généralement pas les paquets devant les invités, pour ne pas gêner ceux dont les cadeaux seraient plus modestes.
Les occasions de lever son verre sont nombreuses… le premier toast est porté en l'honneur de celui dont c'est l'anniversaire, le deuxième en l'honneur des parents, et le troisième souvent à l'amour.

Corrigé de l'exercice 1

❶ On t'a offert une tonne de fleurs ! ❷ – De l'eau ? – Merci beaucoup, j'ai tellement soif. ❸ Tout est clair : tu plaisantes ? ❹ Viens chez nous : c'est l'anniversaire de Tamara. ❺ On lui a offert ce cadeau.

❹ Ils lui ont offert un livre.
Они . . . . ей книгу.

❺ Il est clair que pour elle tout va bien.
. . . . , что у . . . всё хорошо.

Corrigé de l'exercice 2

❶ – день рождения – ❷ – подарок ❸ С днём – ❹ – подарили – ❺ Ясно – неё –

Corrigé

*[ikzêmpl**ia**R] exemplaire, [R**ié**plika] réplique, [mavzal**ié**ï] mausolée, [faz**a**-n] faisan, [ka-nstit**ou**tsy-ia] constitution.*

***

Si on fait la fête dans un café ou un restaurant, traditionnellement, les invités ne paient pas. Mais les traditions s'occidentalisent… Le plus important est de toujours arriver avec un cadeau et, si on en a la possibilité, avec une bouteille de champagne !

26

Двадцать шестой урок

[dvatsat^{s}chystoï ouRok]

Замечательный [1] вечер

1 – Вчера я была [2] у Тамары на дне рождения.
2 Она пригласила своих друзей [3].
3 Мы ели, пили шампанское, а потом танцевали.
4 Было очень весело! [4]
5 – А я вчера был в опере [5].
6 Первый акт был таким скучным...

Prononciation

zamitchat^{ié}ln^{yï} viétchiR **1** *ftchiRa ia byLa ou tamaRy nadnié Rajdiénia* **2** *ana pRigLassiLa svaïH dRouziéï* **3** *moui iéli pili cha-mpa-nskaié a patom ta-nts^{y}vali* **4** *byL^{a} otchè^{gne} viéssiL^{a}* **5** *a ia ftchiRa byL vopiR^{ié}* **6** *piéRv^{yï} akt byL takim skouchnym*

Notes

1 Observez la traduction de l'adjectif **замечательный, -ая, -ое** : **это замечательная опера** *c'est un opéra remarquable* ; **это замечательная поэма**, *C'est un poème admirable* ; **ты замечательный друг!**, *Tu es un ami exceptionnel !*

2 Vous avez déjà rencontré des formes verbales au passé. Le passé est un temps très facile car les verbes de tous les groupes ont les mêmes terminaisons. Nous en reparlerons à la leçon 28.

3 **друзей** est l'accusatif pluriel de **друг** (nominatif singulier) → **друзья** (nominatif pluriel irrégulier). Nous avons déjà vu l'accusatif singulier des masculins inanimés (leçon 14). Dans le cas des êtres animés, le mot à l'accusatif prend la forme du génitif. Par exemple, **журналист**

Vingt-sixième leçon

Une soirée remarquable

1 – Hier, je suis allée *(j'étais)* chez Tamara pour son anniversaire *(sur jour naissance)*.
2 Elle a invité ses amis.
3 Nous avons mangé, bu du champagne et après [nous] avons dansé.
4 On s'est bien amusé *(C'était très gaiement)* !
5 – Et moi, hier, je suis allé *(j'étais)* à l'opéra.
6 Le premier acte était tellement *(tel)* ennuyeux...

Remarques de prononciation

(3) Souvenez-vous qu'il n'y a pas de son nasal en russe. Dans les combinaisons "voyelle + n ou m", prononcez bien chaque son séparément : шамп**а**нское *[cha-mpa-nska[ié]]*, танцев**а**ли *[ta-nts[y]vali]*...
(6) La combinaison чн se prononce *[chn]* dans certains mots : **ск**у**чным** *[skouchnym]*. Néanmoins vous entendrez également la prononciation *[skoutchnym]* qui est assez courante.

(nominatif singulier) → журнал**и**сты (nominatif pluriel) : я позв**а**л журнал**и**ста (accusatif singulier) → я позв**а**л журнал**и**стов (accusatif pluriel). Vous n'avez donc rien de nouveau à apprendre, mais juste à réviser le génitif singulier ! Nous verrons le génitif pluriel progressivement.

4 **Было очень весело!** : le verbe "être", sans sujet, au neutre (au présent, il serait omis) forme une construction impersonnelle : *On s'est bien amusé, C'était très amusant* !

5 **в опере** *(on est) à l'opéra* : il s'agit du lieu où l'on est, sans mouvement. Par conséquent, l'emploi du prépositionnel est exigé. Avec mouvement, on dira **в оперу**, *(on va) à l'opéra*, avec l'accusatif.

7 – А втор**о**й?

8 – Не зн**а**ю: я засн**у**л ср**а**зу [6] п**о**сле п**е**рвого.

*7 a ftaRoï **8** nizn**a**ïou ia zasn**ou**L sR**a**zou p**o**sl[ié] pi**é**Rv[a]v[a]*

***

Упражнение 1 – Читайте и переводите

❶ Какой сегодня замечательный вечер! ❷ Кого ты пригласил на день рождения? ❸ – Ты вчера был у Тамары? – Нет, я был в опере. ❹ Мне здесь очень весело! ❺ Вчера мы ели икру и пили шампанское.

Упражнение 2 – Восстановите текст

❶ Je me suis endormie juste après le film.
Я . . . . сразу после фильма.

❷ Le premier acte était mieux.
Первый . . . . . . лучше.

❸ À l'anniversaire, on s'est [bien] amusé.
На дне рождения было . . . .

❹ Hier, nous avons dansé.
. . . . . мы танцевали.

❺ Oh, c'est un livre remarquable !
О, это . . . . книга!

Lisez

корр**у**пция, экон**о**мика, **ю**мор, компр**е**сс, симм**е**трия.

коррупция, экономика, юмор, компресс, симметрия.

7 – Et le deuxième ?

8 – Je ne sais pas : je me suis endormi juste après le premier.

Note

6 L'adverbe **сраз**у a plusieurs significations : *immédiatement*, *d'un coup*, *de but en blanc*.

***

Corrigé de l'exercice 1

❶ Quelle belle soirée aujourd'hui ! ❷ Qui as-tu invité à [ton] anniversaire ? ❸ – Tu es allé chez Tamara hier ? – Non, je suis allé à l'opéra. ❹ Je m'amuse bien ici ! ❺ Hier, nous avons mangé du caviar et bu du champagne.

Corrigé de l'exercice 2

❶ – заснула – ❷ – акт был – ❸ – весело ❹ Вчера – ❺ – замечательная –

Corrigé

*[kaR**ou**ptsy-ia] corruption, [ikan**o**mika] économie, [**iou**m^aR] humour, [ka-mpR**e**ss] compresse, [simi**é**tRï-ia] symétrie.*

27

Двадцать седьмой урок
[dvatsatsiéd'moï ouRok]

Вежливая девочка

1 – Почему у тебя болит живот [1]?
2 – Сначала Наташа дала мне пирожок.
3 Я его съела.
4 Потом мне предложили [2] яблоко,
5 и я не смогла [3] отказаться.
6 А после банана, апельсина и дыни [4]
7 у меня заболел живот.
8 Но я не могла [5] отказаться:
9 я вежливая девочка!

Prononciation
viéjlivaia diévatchka **1** *patchimou outibia balit jyvot* **2** *snatchaLa natacha daLa mnié piRajok* **3** *ia iévo s°iéLa* **4** *patom mnié pRidLajyli iabLaka* **5** *i ia nismagLa atkazatsa* **6** *aposlié banana apilsina i dyni* **7** *ouminia zabaliéL jyvot* **8** *noïa nimagLa atkazatsa* **9** *ia viéjlivaia diévatchka*

Notes

1 Le verbe **болеть** signifie littéralement "faire mal". Et pour indiquer à qui cela fait mal, on ajoute **у** + le génitif de la personne en question : **У меня болит живот**, *J'ai mal au ventre* ("Le ventre chez moi fait mal"). **У него всё болит!**, *Il a mal partout* ("Chez lui tout fait mal") *!*

2 **предложить** *[pRidLajyts]*, *proposer quelque chose* (accusatif) *à quelqu'un* (datif). Nous avons déjà rencontré **говорят** *[gavaRiat]*, verbe à la 3e personne du pluriel, qui, lorsqu'il n'est pas précédé du pronom **они**, est parfois l'équivalent de *on dit*. Ici aussi, la 3e personne du pluriel indique une tournure impersonnelle : **Мне предложили яблоко**, *On m'a proposé une pomme*.

3 **смогла** est le passé (au féminin) du verbe **смочь** *[smotch']*, *pouvoir*. C'est un passé irrégulier.

Vingt-septième leçon

Une fille polie

1 – Pourquoi as-tu mal au ventre *(chez toi ventre fait-mal)* ?
2 – D'abord, Natacha m'a donné un *pirojok*.
3 Je l'ai mangé.
4 Ensuite, on m'a proposé une pomme
5 et je n'ai pas pu refuser.
6 Et après la banane, l'orange et le melon,
7 j'ai eu mal au ventre *(chez moi est-tombé-malade ventre)*.
8 Mais je ne pouvais pas refuser :
9 je [suis] une fille polie !

Remarques de prononciation

(1), **(4)** Comme le ж est toujours dur, le и se prononcera *[y]* : жив**о**т *[jyv**o**t]*, предлож**и**ли *[pRidLaj**y**li]*.
(3) Rappelez-vous que le signe dur est là pour "protéger" le с du е. Ainsi la consonne reste dure : съ**е**ла *[s°i**é**La]*.
(4) Observez le mot **я**блоко *[**ia**bLaka]*. Vous constatez qu'il existe plusieurs prononciations possibles pour les о inaccentués. Pas de panique : si vous vous trompez, cela ne changera pas le sens du mot. Notez qu'en fin de mot, le о sera toujours moins net.
(5) Faites attention à la prononciation de la terminaison : отказ**а**ться *[atkaz**a**tsa]*.
(6) Une suite de sons très proches mais différents est souvent difficile à prononcer : и д**ы**ни *[id**y**ni]*. Entraînez-vous !
(9) Apprenez à bien prononcer ce mot. Ce sera important pour la suite : д**е**вочка *[d**ié**vatchka]*.

4 Rappelez-vous : п**о**сле + génitif. Remarquez que le génitif féminin mou est en -и : д**ы**ня → д**ы**ни, *melon, du melon*.

5 могл**а** est le passé irrégulier (au féminin) du verbe мочь *[motch']*, *pouvoir*.

Упражнение 1 – Читайте и переводите

❶ Съешь немного дыни и яблоко. ❷ Я не могла отказаться: они такие добрые! ❸ – Что у тебя болит? – Живот. ❹ Мне предложили пойти в кино. ❺ Наташа дала мне русскую книгу.

Упражнение 2 – Восстановите текст

❶ Je n'ai pas pu refuser.
Я не смогла . . . .

❷ J'ai mangé deux bananes, trois oranges et quatre melons !
Я съел два . . . . . . , три . . . . и четыре . . . . !

❸ Tania est une fille très polie.
Таня – очень . . . . девочка.

❹ J'ai eu mal au ventre juste après le melon.
У меня . . . . живот . . . . . после дыни.

❺ La petite fille m'a proposé un verre d'eau.
. . . . предложила мне стакан воды.

Lisez

пункту**а**ция, хамеле**о**н, корс**а**р, эм**о**ция, сардон**и**ческий.

пунктуация, хамелеон, корсар, эмоция, сардонический.

Corrigé de l'exercice 1

❶ Mange un peu de melon et une pomme. ❷ Je ne pouvais pas refuser : ils sont si généreux *(si bons)* ! ❸ – Où tu as *(Qu'est-ce qui te fait)* mal ? – Au ventre. ❹ On m'a proposé d'aller au cinéma. ❺ Natacha m'a donné un livre russe.

Corrigé de l'exercice 2

❶ – отказаться ❷ – банана – апельсина – дыни ❸ – вежливая – ❹ – заболел – сразу – ❺ Девочка –

Corrigé

*[pounktou**a**tsy-ia] ponctuation, [Hamili**o**-n] caméléon, [kaRs**a**R] corsaire, [im**o**tsy-ia] émotion, [saRdan**i**tchiéskiï] sardonique.*

Двадцать восьмой урок

Повтор**е**ние – **Révision**

1 Prononciation

• ж et ш sont toujours durs, même suivis par une voyelle molle. Ainsi, le и se prononcera *[y]* : предлож**и**ли *[pRidLaj**y**li]*, жив**о**т *[jyv**o**t]*.

• Vous savez que certains mots courts (des particules ou des prépositions) peuvent se prononcer d'une seule émission de voix avec le mot suivant. Dans ce cas, leur consonne finale peut s'assourdir au contact de la consonne initiale sourde du mot suivant. Le phénomène contraire existe aussi : les prépositions peuvent devenir sonores au contact d'une initiale sonore du mot suivant. Par exemple, с днём *[zdniom]*.

2 Les déclinaisons

2.1 Le nominatif pluriel

Le nominatif pluriel des masculins et féminins mous est en -и : д**ы**ня *(un melon)* → д**ы**ни *(des melons)*. Les neutres durs sont en -а : лек**а**рство *(un médicament)* → лек**а**рства *(des médicaments)*. Nous verrons la formation du pluriel régulier plus en détail dans la prochaine leçon de révision.
Certains noms masculins forment leurs pluriels en -а avec le déplacement de l'accent sur la fin du mot : лес, *forêt* → лес**а**, *forêts* ; н**о**мер, *numéro* → номер**а**, *numéros* ; п**а**спорт, *passeport* → паспорт**а**, *passeports* ; в**е**чер, *soir* → вечер**а**, *soirs* ; д**о**ктор, *médecin* → доктор**а**, *médecins* ; **а**дрес, *adresse* → адрес**а**, *adresses* ; п**о**езд, *train* → поезд**а**, *trains*.
On trouve également des pluriels irréguliers. Quelques exemples : друг (m), *ami* → друзь**я**, *amis* ; цвет**о**к (m), *fleur* → цвет**ы**, *fleurs* ; **я**блоко (n), *pomme* → **я**блоки, *pommes*.

2.2 L'accusatif des animés

Vous connaissez l'accusatif des objets ou des mots *inanimés*. En ce qui concerne les animés masculins, leur accusatif prend la forme du génitif : д**о**ктор, *docteur* (animé) – Я сл**ы**шу д**о**ктора, *J'entends le docteur* ; журнал**и**сты, *journalistes* (animé) – Ты сл**ы**шишь журнал**и**стов, *Tu entends les journalistes*. Rien de nouveau à apprendre !

2.3 Le génitif

Vous connaissez déjà certains emplois du génitif et la formation du singulier. Le pluriel est un peu plus complexe. Ne refermez pas le livre ! Tout sera bien répété au cours des leçons et vous l'assimilerez sans même vous en apercevoir. Pour l'instant, nous vous proposons seulement la terminaison des masculins durs qui est en -ов : бан**а**н, *banane* → бан**а**нов ; цвет**ы** (pluriel de l'irrégulier цвет**о**к, *fleur*) → цвет**о**в. Nous verrons le reste au cours des prochaines leçons.

3 Les jours de la semaine

Pour dire le jour de la semaine où se passe l'action, on utilise la préposition в + le nom du jour à l'accusatif (le cas du COD) : в понед**е**льник, *lundi* ; во вт**о**рник, *mardi* (on ajoute le о à la préposition в pour faciliter la prononciation) ; в ср**е**ду, *mercredi* ; в четв**е**рг, *jeudi* ; в п**я**тницу, *vendredi* ; в субб**о**ту, *samedi* ; в воскрес**е**нье, *dimanche*.

4 Constructions impersonnelles

• Les verbes pronominaux sans sujet représentent souvent des structures impersonnelles exprimant des envies involontaires (spontanées) ou des états. Par exemple, х**о**чется *[H**o**tchitsa], on a envie, on veut*. Pour indiquer le sujet logique (et pas grammatical) on emploie le datif : мне х**о**чется *[mnié H**o**tchitsa], j'ai envie*.

• Le mot жаль se rapporte à une personne et se traduit en rapport avec le sujet logique : мне жаль *[mnié jal], j'ai pitié, je regrette.*

5 Le pronom démonstratif *этот*

этот *[êtᵊt]* varie en genre et en nombre et se décline. Observez les terminaisons, elles nous rappellent celles des noms :
этот (masculin), *ce*
эта (féminin), *cette*
это (neutre), *ce*
эти (pluriel de tous les genres), *ces.*
Le pronom démonstratif **э**тот s'accorde en genre et en nombre avec le mot auquel il se rapporte : **э**тот день, *ce jour* ; **э**та д**е**вочка, *cette fille* ; **э**то шамп**а**нское, *ce champagne* ; **э**ти инициалы, *ces initiales.*

6 Le passé des verbes

La formation du passé est très simple : on remplace la terminaison de l'infinitif par le suffixe -л et on rajoute les terminaisons que nous avons déjà vues pour les noms et l'adjectif démonstratif.

***

Заключительный диалог

1 В четверг у меня был день рождения.
2 Я пригласила друзей и родственников.
3 Мы пили водку и шампанское...
4 В такую жару всегда хочется пить!
5 А потом мы танцевали.
6 Но вот проблема:
7 после шампанского у меня заболел живот.
8 Саша – доктор, он дал мне лекарство.
9 После лекарства живот больше не болел.
10 Потом все ели мороженое и шутили.
11 Было очень весело!

On ajoute donc la terminaison "zéro" au masculin, -a au féminin ; -o au neutre ; et -и au pluriel pour tous les genres et toutes les personnes.
быть, *[bytˢ], être*
бы-л, *j'étais, tu étais* (masculin), *il était*
бы-л + **а**, *j'étais, tu étais* (féminin), *elle était*
б**ы**-л + о, *cela était* (neutre)
б**ы**-л + и, *nous étions / vous étiez / ils ou elles étaient* (pluriel).
Remarquez que les terminaisons sont communes pour les verbes de tous les groupes :
Д**е**лать *[diéLatˢ], faire* : д**е**лал, д**е**лала, д**е**лало, д**е**лали ;
Сл**ы**шать *[sLychatˢ], entendre* : сл**ы**шал, сл**ы**шала, сл**ы**шало, сл**ы**шали ;
Говор**и**ть *[gavaRitˢ], parler* : говор**и**л, говор**и**ла, говор**и**ло, говор**и**ли.
Pour les verbes irréguliers, c'est souvent la forme entière qui change, mais la terminaison reste la même. Par exemple,
идт**и** *[itti], aller (à pied)* : шёл, шла, шло, шли ;
мочь *[motch'], pouvoir* : мог, могл**а**, могл**о**, могл**и**.

Мы пили водку и шампанское...

Traduction

1 Jeudi, c'était mon anniversaire. **2** J'ai invité des amis et des parents. **3** Nous avons bu de la vodka et du champagne... **4** On a toujours soif par cette chaleur ! **5** Et ensuite, nous avons dansé. **6** Mais voilà le problème : **7** Après le champagne, j'ai eu mal au ventre. **8** Sacha est médecin, il m'a donné un médicament. **9** Grâce au *(Après)* médicament je n'ai plus eu mal au ventre. **10** Ensuite, tout le monde a mangé de la glace en faisant des plaisanteries *(et a plaisanté)*. **11** On s'est bien amusé !

Двадцать девятый урок

[dvatsat^{s}diviat^{yï} ouRok]

Vous entamez votre cinquième semaine de russe et savez déjà bien lire le cyrillique. À partir d'aujourd'hui, vous n'aurez plus d'exercice de lecture. N'hésitez pas à revenir aux leçons précédentes en cas de besoin !

Н**о**вое пл**а**тье

1 – Зач**е**м теб**е** в магаз**и**н од**е**жды? [1]
2 – Мне н**у**жно куп**и**ть крас**и**вые бр**ю**ки [2],
3 т**ё**плый [3] св**и**тер и з**и**мнюю **о**бувь.
4 А ещ**ё** – н**о**вое веч**е**рнее пл**а**тье.
5 – У теб**я** ц**е**лый шкаф пл**а**тьев!
6 Поищ**и** в шкаф**у**, м**о**жет, чт**о**-нибудь [4] найд**ё**шь.

Prononciation

*n**o**va^{ié} pL**a**t^{s}ié **1** zatch**è**m tib**ié** vmagaz**i**-n ad**ié**jdy **2** mnié n**ou**jn^{a} koup**i**t^{s} kRass**i**vy^{ié} bR**iou**ki **3** t**io**pL^{yï} sv**i**têR i z**i**mniouiou **o**bouf^{f} **4** aïéch'**io** n**o**va^{ié} vitch**ié**Rnï^{ié} pL**a**t^{s}ié **5** ou tib**ia** ts**e**L^{yï} chkaf pL**a**t^{s}iéf **6** pa-ïchtch**y** fchkaf**ou** m**o**j^{é}t cht**o**nibout^{s} naïd**io**ch'*

Notes

1 Nous avons déjà vu que les mots indiquant une quantité exigent l'emploi du génitif singulier ou pluriel (voir leçon 21) : **шкаф пл**а**тьев**, *armoire de robes* (**пл**а**тье** → **пл**а**тьев** : génitif pluriel). Rappelez-vous qu'on utilise aussi le génitif pour les mots qui qualifient ou définissent un autre mot : **магаз**и**н од**е**жды**, *magasin de vêtements* (**од**е**жда** → **од**е**жды** : génitif singulier car le mot n'existe pas au pluriel). En français, les deux se traduisent par *de*.

2 Certains mots sont toujours au pluriel, comme par exemple **бр**ю**ки** *[bRiouki]*, *pantalon*. D'autres mots comme **о**бувь** *[obouf^{f}]*, *chaussures* et **од**е**жда** *[adiéjda]*, *vêtements*, sont toujours au singulier. L'adjectif s'accorde en genre et en nombre avec le nom : **крас**и**вая од**е**жда** →

Vingt-neuvième leçon

Nouvelle robe

1 – Pourquoi [dois-tu aller] *(à-toi)* au magasin de vêtements ?
2 – Il faut que j'achète *(à-moi il-faut acheter)* un beau pantalon,
3 un pull chaud et des chaussures d'hiver.
4 Et aussi *(et encore)* une nouvelle robe de soirée.
5 – Tu as une armoire pleine *(entière armoire)* de robes !
6 Cherche dans l'armoire, peut-être [que] tu trouveras quelque chose.

Remarque de prononciation

(3) Même si le mot **обувь** se termine par un signe mou, nous allons considérer, d'un point de vue phonétique, que le *[v]* est le son final du mot. C'est par conséquent lui qui s'assourdit. Pour bien prononcer ce *[f]* ramolli par le signe mou, dites un *[i]* extrêmement court et à voix basse : *[**o**bouf']*.

красивые брюки. Attention ! Il ne faut pas que la traduction française vous induise en erreur quant au nombre (pluriel !) : **красивая одежда** se traduit en français par *de beaux vêtements* et **красивые брюки** par *un beau pantalon* (singulier !).

3 Observez la traduction de l'adjectif **тёплый** dans les phrases suivantes : **тёплый свитер**, *un pull chaud* ; **тёплый чай**, *un thé tiède*.

4 **что-нибудь** s'emploie pour un objet non identifié, *quelque chose, n'importe quoi*. Vous pouvez ajouter **нибудь** aux adverbes interrogatifs pour exprimer cette idée de quelque chose d'indéfini. Ainsi, vous pouvez dire **кто-нибудь**, *quelqu'un* ; **где-нибудь**, *quelque part*, etc. Remarquez que **нибудь** "s'attache" avec un trait d'union.

7 Как говор**и**тся [5],
8 н**о**вое – **э**то хорош**о** заб**ы**тое ст**а**рое! □

*7 kak gavaR**i**tsa 8 n**o**va[ié] **ê**t[a] HaRach**o** zab**y**ta[ié] st**a**Ra[ié]*

***

Упражнение 1 – Читайте и переводите

❶ – Что тебе нужно? – Зимний свитер. ❷ У тебя очень красивые брюки. ❸ Съешь что-нибудь. ❹ Как говорится, ни пуха ни пера! ❺ – Где твои новые брюки? – Поищи в шкафу.

Упражнение 2 – Восстановите текст

❶ – Tu as une nouvelle robe ? – Oui, encore une.
– У тебя новое . . . . . . ? – Да, ещё одно!

❷ Voilà toute une armoire de vêtements.
Вот . . . . . шкаф . . . .

❸ À quoi te sert ce vieux pull ?
Зачем тебе этот . . . . . . свитер?

❹ J'ai besoin d'aller au magasin.
Мне . . . . . в . . . .

❺ Quelle belle robe ! Elle est neuve ?
Какое . . . . платье! . . . новое?

7 **Comme on dit,**
8 **on peut faire du neuf avec du vieux** *(le neuf c'est du vieux bien oublié)* **!**

Note

5 **говорится**, *se dit*, est une structure impersonnelle qui se traduit généralement par *on dit*.

***

Corrigé de l'exercice 1

❶ – De quoi as-tu besoin ? – D'un pull d'hiver. ❷ Tu as un très beau pantalon. ❸ Mange quelque chose. ❹ Comme on dit, m... ! ❺ – Où est ton nouveau pantalon ? – Cherche dans l'armoire.

Corrigé de l'exercice 2

❶ – платье – ❷ – целый – одежды ❸ – старый – ❹ – нужно – магазин ❺ – красивое – Оно –

Тридцатый урок *[tRitsatyï ouRok]*

Новое платье: В магазине (продолжение)

1 – Ой, смотри, какая красивая и недорогая юбка...
2 – Ты считаешь, что это дёшево?!
3 А по-моему, здесь цены кусаются [1].
4 Посмотри [2], сколько стоят эти белые сапоги [3]

Prononciation

novaié pLatié : vmagazinié (pRadaLjênïié) 1 oï smatRi kakaia kRassivaia i nidaRagaia ioupka 2 ty chtchitaiéch' chto êta diochêva 3 apamoïémou zdiéssi tsêny koussa-ioutsa 4 pasmatRi skolka stoïat êti biéLyié sapagui

Notes

1 **кусаются** est la 3e personne du pluriel du verbe **кусаться** *[koussatsa]*, *mordre*. Attention : en français, le verbe n'est pas pronominal !

2 Aujourd'hui nous nous attaquons à une notion très importante : l'aspect. Le russe n'a qu'un seul temps passé et un seul futur. Il compense cette "pauvreté temporelle" par la distinction perfectif / imperfectif. Ainsi, à un verbe français vont correspondre deux verbes russes : un premier verbe au perfectif et un deuxième à l'imperfectif. Dans le dialogue d'aujourd'hui par exemple, nous avons deux verbes *regarder* : **смотреть** (phrase 1) et **посмотреть** (phrase 4). Retenez pour commencer que l'imperfectif exprime une action répétée, une action dans le passé sans résultat définitif, ou une action prise dans son déroulement. Le verbe perfectif ne décrit pas un déroulement mais plutôt une action momentanée, dans un moment donné, et qui a un résultat. Ainsi, dans le premier cas, on invite juste

Trentième leçon

Nouvelle robe : Dans le magasin (suite)

1 – Oh, regarde, quelle belle jupe pas chère !
2 – Tu trouves que c'est bon marché ?!
3 À mon avis *(Et quant-à-moi)*, ici c'est le coup de massue *(ici prix se-mordent)*.
4 Regarde combien coûtent ces bottes blanches,

Remarques de prononciation

(2) • Combinées, les consonnes сч peuvent être considérées comme une entité homogène. Ensemble, elles donnent un son semblable à щ : счит**а**ешь *[chtchita*[ié]*ch']*, *tu considères, tu trouves que*. Le signe mou à la fin du mot n'a qu'une valeur orthographique.
• Le ё est toujours accentué : **дёшево** *[diochêv*[a]*]*.
(2), **(3)**, **(5)**, **(6)** N'oubliez pas que ц, ш et ж sont toujours durs.
(3) Rappelez-vous que la terminaison des verbes pronominaux -тся se prononce *[tsa]* malgré la présence d'un я : кус**а**ются *[koussa-ioutsa]*.

l'interlocuteur à regarder la belle jupe. On emploie donc смотр**и**, imperfectif, car on ne se préoccupe pas du résultat de l'action. À la phrase 4 en revanche, on emploie le perfectif посмотр**и** parce qu'on met l'accent sur le résultat de l'action : on appelle son interlocuteur à tirer une certaine conclusion de l'action qu'on invite à faire ("Regarde combien coûtent ces bottes…"). Si tout ça ne vous semble pas très clair, ne vous inquiétez pas : c'est la notion la plus difficile de la langue russe et nous y reviendrons tout au long de notre étude.

3 Le pluriel des adjectifs est assez facile. Pour les adjectifs durs masculins en -ый (-**ой** si l'accent tombe sur la dernière syllabe, comme dans l'adjectif interrogatif как**ой** *quel*), féminins en -ая, neutres en -ое le pluriel est en -ые : об**ы**чный, *ordinaire* ; об**ы**чные магаз**и**ны, *magasins ordinaires*. Pour les adjectifs mous en -ий, -яя et -ее le pluriel est en -ие : с**и**ний сап**о**г, *botte bleue* → с**и**ние сапог**и**, *bottes bleues*.

5 **и**ли д**а**же об**ы**чные с**и**ние дж**и**нсы!
6 Да д**а**же **э**та некрас**и**вая к**у**ртка [4]…
7 И вообщ**е**, теб**е** н**у**жно [5] пл**а**тье! □

*5 **i**li da**j**ê a**by**tchnyié s**i**niié dj**y**nsy* **6** *dad**a**jê **ê**ta nikRass**i**vaia k**ou**Rtka*
7 *ivapchtchi**é** tibi**é** n**ou**jna pL**a**tié*

Notes

4 к**у**ртка, *veste* mais aussi *blouson* à ne pas confondre avec **пидж*а*к**, *veste (de costume).*

5 н**у**жно, *nécessaire*, s'accorde en genre et en nombre avec le sujet (ici la robe). Pour marquer la personne qui ressent le besoin, on emploie le datif (nous verrons la formation de ce cas pour les adjectifs et les noms plus tard) : **им н*у*жен св*и*тер** (masculin), *Ils ont besoin d'un pull* ; **ей нужн*а* *ю*бка** (féminin), *Elle a besoin d'une jupe* ; **теб*е* н*у*жно пл*а*тье** (neutre), *Tu as besoin d'une robe* ; **ем*у* нужн*ы* бр*ю*ки** (pluriel), *Il a besoin d'un pantalon*. Observez les terminaisons :

***

Упражнение 1 – Читайте и переводите

❶ По-моему, тебе нужно в магазин. ❷ Ты считаешь, это красивая куртка? ❸ Я хочу купить белые сапоги и синие джинсы. ❹ Вообще, здесь всё очень дёшево. ❺ В этом магазине одежды цены кусаются.

Упражнение 2 – Восстановите текст

❶ Elle a des vêtements pas chers mais beaux.
У неё . . . . , но красивая одежда.

❷ De quelle robe as-tu besoin : une bleue ou une blanche ?
Какое тебе нужно платье: . . . . . или . . . . . ?

❸ Hier, j'ai été dans un nouveau magasin de vêtements.
Вчера я была в новом . . . . одежды.

5 ou même un simple *(bleu)* jean !
6 Et même ce blouson [qui n'est] pas beau...
7 Et puis vraiment *(Et généralement)*, tu as bien besoin d'une robe *(à-toi nécessaire robe)* !

Вообще, здесь
всё очень дёшево.

pas de surprise, n'est-ce pas ? Elles ressemblent aux terminaisons des noms : une consonne pour le masculin, **-а** pour le féminin, **-о** pour le neutre et **-ы** pour le pluriel.

***

Corrigé de l'exercice 1

❶ À mon avis, tu as besoin d'aller au magasin. ❷ Tu trouves que ce blouson est beau ? ❸ J'ai envie d'acheter des bottes blanches et un jean *(bleu)*. ❹ En général, ici, tout est bon marché. ❺ Dans ce magasin de vêtements, c'est le coup de massue *(les prix se-mordent)*.

❹ Regarde, quel beau blouson d'hiver !
(. .) . . . . . . , какая красивая зимняя . . . . . . !

❺ Dans l'armoire il y a une veste, un jean et une jupe.
В шкафу есть куртка, ... и . . . . .

Corrigé de l'exercice 2

❶ – недорогая – ❷ – синее – белое ❸ – магазине – ❹ (По)смотри – куртка ❺ – джинсы – юбка

31 Тридцать первый урок

[tRitsat^s^piéRv^yï^ ouRok]

Недоразумение

1 Молодой папа качает [1] коляску.
2 В коляске плачет ребёнок.
3 – Возьми себя в руки!
4 Успокойся [2], Олег! Не паникуй!
5 Прохожий: – Послушайте [3]!
6 Прекратите говорить с вашим Олегом:
7 ребёнок вас не понимает.

Prononciation

nidaRazoumiéni^ié^ 1 maLadoï papa katcha^ié^t kaliaskou 2 fkaliask^ié^ pLatchiét Ribion^a^k 3 vaz'mi sibia vRouki 4 ouspakoïsia aliék ! nipanikouï 5 pRaHoj^yï^ pasLouchaït^ié^ 6 pRikRatit^ié^ gavaRit^s^ svachim aliégam 7 Ribionak vass nipanimaiét

Notes

1 **качает** est la 3e personne du verbe **качать** *[katchat^s^], agiter, balancer*. Dans l'expression **качать коляску**, nous l'avons traduit par *remuer doucement le landau* (avec un mouvement de va-et-vient, en berçant l'enfant).

2 Lisez d'abord la note 3 qui vous donnera la base pour cette explication. **успокойся** est l'impératif du verbe pronominal **успокоиться** *[ouspakoïtsa], se calmer*. La formation de l'impératif des verbes pronominaux est la même que pour les autres verbes sauf qu'après le **и** vous ajoutez **-сь** et après **й** vous ajoutez **-ся**. Pour le pluriel on ajoute **-сь** après le **те**.

3 **послушайте** est l'impératif du verbe **послушать** *[pasLouchat^s^], écouter*. La formation de l'impératif est très simple : on prend le radical du présent de la 2e personne du singulier et on ajoute **-й** si le verbe se termine par une voyelle, ou **-и** s'il se termine par une consonne.

31

Trente et unième leçon

Un malentendu

1 Un jeune papa remue doucement un landau.
2 Dans le landau un bébé pleure.
3 – Ressaisis-toi *(Prends toi-même en mains)* !
4 Calme-toi, Oleg ! Ne panique pas !
5 Un passant : – Écoutez !
6 Arrêtez de parler à votre Oleg :
7 l'enfant ne vous comprend pas.

Remarque de prononciation

(3), **(8)** Habituellement, l'accent tombe sur le mot porteur du sens et pas sur les prépositions ou les mots monosyllabiques. Mais certaines expressions ne suivent pas cette règle. Ainsi, dans в р**у**ки, nous pouvons observer une accentuation "normale" du mot р**у**ки : *[vRo**u**ki]* ; tandis que dans н**а** руки, l'accent se déplace sur la préposition : *[n**a**Rouki]*.

Какой у вас приятный ребёнок!

Ainsi, par exemple, посл**у**шать : посл**у**ша - ешь → посл**у**ша + й → посл**у**шай, *écoute* ; идт**и** : ид - **ё**шь → ид + и → ид**и**, *va*. Pour former la 2e personne du pluriel il faut faire encore un ajout : -те. Cette terminaison du pluriel est valable pour tous les verbes sans exception : посл**у**шай + те → посл**у**шайте, *écoutez* ; ид**и** + те → ид**и**те, *allez*.

8 Лучше возьмите [4] его на руки.
9 – Понимаете, Олег – это я! □

8 Loutch^ê vaz'mitié ^iévo naRouki 9 panimaïét^ié aliék êt^a ia

Note

4 **возьми** est l'impératif du verbe **взять** *[vziat^s], prendre*. C'est un verbe perfectif. Vous savez maintenant que le perfectif ne peut pas exprimer le déroulement ou la durée d'une action. Par conséquent, il n'a pas de présent mais un futur. La conjugaison du futur du verbe perfectif

***

Jusqu'à présent, dans les exercices, nous vous donnions exclusivement des mots tels qu'ils avaient été utilisés dans les dialogues. À partir d'aujourd'hui, vous y trouverez les mêmes mots, mais parfois déclinés d'une autre façon. De cette manière, vous vous habituerez progressivement à manier les déclinaisons, car c'est un point important de la langue russe.

Упражнение 1 – Читайте и переводите

❶ Ничего страшного, это просто недоразумение. ❷ У тебя очень молодой папа. ❸ Мальчик качает коляску, а ребёнок плачет. ❹ – У меня сейчас экзамен... – Успокойся, ты всё знаешь! ❺ Какой у вас приятный ребёнок!

Упражнение 2 – Восстановите текст

❶ Écoutez, ressaisissez-vous !
Послушайте, возьмите . . . . в руки!

❷ Regarde, ce passant pleure...
(. .) . . . . . . , этот . . . . плачет...

❸ Arrêtez ! Il ne vous comprend pas !
. . . . ! Он вас не . . . . !

8 Prenez-le plutôt dans les bras *(Mieux prenez le sur bras)*.

9 – [C'est que] voyez-vous *(Comprenez)*, **Oleg, c'est moi !**

взять est la suivante : **возьму** *[vaz'mou]*, **возьмёшь** *[vaz'mioch']*, **возьмёт** *[vaz'miot]*, **возьмём** *[vaz'miom]*, **возьмёте** *[vaz'miotié]*, **возьмут** *[vaz'mout]*. L'impératif est donc : **возьм - ёшь → возьм + и → возьми**. Dans la phrase 8, vous avez l'impératif de la 2e personne du pluriel du même verbe : **возьми + те → возьмите**, *prenez*.

***

Corrigé de l'exercice 1

❶ Ce n'est rien, c'est un simple malentendu. ❷ Tu as un père très jeune. ❸ Le garçon secoue doucement le landau, et l'enfant pleure. ❹ – J'ai un examen, là... – Calme-toi, tu sais tout ! ❺ Quel enfant agréable vous avez !

❹ Prenez l'enfant dans les bras.
. . . . ребёнка на руки.

❺ Vous comprenez, aujourd'hui, c'est le jour de mon anniversaire.
. . . . , сегодня мой день рождения.

Corrigé de l'exercice 2

❶ – себя – ❷ (По)смотри – прохожий – ❸ Прекратите – понимает ❹ Возьмите – ❺ Понимаете –

Тридцать второй урок

[tRitsatsvtaRoï ouRok]

На вечер**и**нке

1 – Я т**о**лько что в**и**дела [1] одног**о** [2] п**а**рня…
2 Он м**о**лод и так крас**и**в [3]!
3 А Т**а**ня сказ**а**ла, что он ещ**ё** и бог**а**т.
4 Я так хот**е**ла бы [4] с ним познак**о**миться!
5 – **Е**сли х**о**чешь, мог**у** познак**о**мить.
6 – Ты ег**о** зн**а**ешь?
7 – Немн**о**го… **Э**то мой жен**и**х!

Prononciation

*navitchiR**i**nkié **1** ia t**o**lka chto v**i**diLa adnav**o** p**a**Rnia **2** o-n m**o**Lat i tak kRass**i**f **3** at**a**nia skaz**a**La chtoo-n ich'**io** ibag**a**t **4** iat**a**k Hati**é**Laby snim paznak**o**mitsa **5** **ié**sli H**o**tchich' mag**ou** paznak**o**mit^{s} **6** ty ^{ié}v**o** zn**a**iéch' **7** nimn**o**g^{a}… **ê**t^{a} moï j^{y}n**i**H*

Remarques de prononciation

(2) N'oubliez pas que les consonnes sonores s'assourdissent en position finale : м**о**лод *[moLat]*, крас**и**в *[kRassif]*.
(7) Немн**о**го *[nimnog^{a}]* : un mot dans lequel -**ого** se prononce *[og^{a}]*.

Notes

1 **в**и**дела** est le passé du verbe imperfectif **в**и**деть** *[vid^{ié}t^{s}]*, *voir*. Relisez la note 2 de la leçon 26.

2 **одног**о** est le génitif masculin de **од**и**н** *[adi-n]*, *un*. Eh oui, les numéraux cardinaux se déclinent aussi !

3 **м**о**лод** et **крас**и**в** sont des adjectifs courts. Leur formation est très simple. Pour le masculin, il suffit d'enlever la terminaison : **м**о**лод – ой** , **крас**и**в – ый**, **бог**а**т – ый**. Pour le féminin, on ajoute **-а** : **м**о**лод + а**, **крас**и**в + а**, **бог**а**т + а**. Pour le neutre, on ajoute **-о** : **м**о**лод + о**, **крас**и**в + о**, **бог**а**т + о** ; et pour le pluriel **-ы** : **м**о**лод + ы**, **крас**и**в +**

Trente-deuxième leçon

Dans une soirée

1 – Je viens de voir *(Je seulement que vu)* un jeune homme…
2 Il est jeune et si beau !
3 Et Tania a dit qu'en plus il est riche *(que il aussi et riche)*.
4 Je voudrais tellement faire sa connaissance *(avec lui faire-connaissance)* !
5 – Si tu veux, je peux [te le] présenter.
6 – Tu le connais ?
7 – Un peu… C'est mon fiancé !

ы, богат + ы. Les adjectifs courts s'utilisent en fonction d'attribut. Ils sont obligatoires après les exclamatifs так et как : как он молод!, *Qu'il est jeune !* ; Они так богаты!, *Ils sont si riches !*

4 хотела бы : voici le premier emploi du conditionnel. Encore une fois, nous allons vous dire que c'est facile… et c'est vrai ! Le conditionnel se forme à l'aide de la particule бы placée devant ou derrière le verbe au passé. Par exemple, он сказал бы, *il dirait (il aurait dit)* ; мы бы хотели, *nous voudrions (nous aurions voulu)*. Ce n'est pas difficile, vous en conviendrez.

Упражнение 1 – Читайте и переводите

❶ На вечеринке было так весело! ❷ Если он богат, то я хочу с ним познакомиться. ❸ Ты видел этого парня? ❹ – Почему она так молода? – Не знаю. ❺ Ты хотел бы быть в жюри?

Упражнение 2 – Восстановите текст

❶ Mon fiancé est si jeune !
Мой жених так . . . . . !

❷ – Tu sais qui c'est ? – Non, mais il est beau.
– Ты знаешь, кто это? – Нет, но он . . . .

❸ J'ai déjà vu ce beau jeune homme.
Я уже видела этого красивого . . . . . .

33

Тридцать третий урок

[tRitsatˢtRiétⁱⁱ ouRok]

Со**се**ди [1]

1 – Вы мен**я** не узна**ё**те [2]?
2 Мы р**а**ньше [3] ж**и**ли р**я**дом [4], на **у**лице Чап**ы**гина.
3 – Ах, кон**е**чно! Я и сейч**а**с там жив**у**.

Prononciation

*sassi**é**di **1** vy mini**a** nïouznaï**o**tié **2** my R**a**ᵍⁿᵉchê j**y**li Ri**a**dᵃm na**ou**litsᵉ tchip**y**guina **3** aH kani**é**chnᵃ ! ia i sitch**a**ss tam jyv**ou***

Notes

1 **сосе**ди est le pluriel irrégulier (car normalement, après **д**, une consonne dure, on s'attendrait à un pluriel en **-ы**) de **сос**е**д** *[sassiét]*, *voisin*. Le féminin singulier est **со**с**е**дка *[sassiétka]*.

2 **узна**ё**те** est la 2ᵉ personne du pluriel du verbe **узнав**а**ть** *[ouznavatˢ]*, *reconnaître*. Vous trouverez la conjugaison des verbes avec le suffixe **ва**

Corrigé de l'exercice 1

❶ On s'est tellement amusé à la soirée ! ❷ S'il est riche, *(alors)* je veux faire sa connaissance. ❸ As-tu vu ce jeune homme ? ❹ – Pourquoi est-elle si jeune ? – Je ne sais pas. ❺ Tu voudrais être dans le jury ?

❹ Tania a dit que c'était ton fiancé.
Таня . . . . , что это . . . . жених.

❺ Elle voudrait aller au cinéma.
Она . . . . пойти в кино.

Corrigé de l'exercice 2

❶ – молод ❷ – красив ❸ – парня ❹ – сказала – твой – ❺ – хотела бы –

33

Trente-troisième leçon

Les voisins

1 – Vous ne me reconnaissez pas ?
2 Avant nous habitions à côté, dans la rue Tchapyguine.
3 – Oh, bien sûr ! J'habite toujours là-bas *(Je et maintenant là-bas habite)*.

Remarque de prononciation

(2) Dans ча**пы**гина *[tchipyguina]*, le **a** de la syllabe qui précède la syllabe accentuée se prononce *[i]*.

dans la leçon de révision. Retenez que le verbe **узнавать** nécessite l'emploi de l'accusatif.

3 L'adverbe **раньше** a plusieurs significations : *avant*, *auparavant*, *plus tôt*.

4 Après **рядом**, *côte à côte*, *près de*, on emploie la préposition **с** + l'instrumental.

4 А вы тепeрь где живёте [5]?
5 – На Нeвском проспeкте, в [6] сaмом цeнтре Пuтера [7]!
6 Я остaвлю [8] вам мой нoвый aдрес:
7 бyдете рядом, заходuте [9]! □

4 a vy tipiéR gdié jyviotié 5 naniévskam pRaspiéktié fsamam tsêntRié pitiéRa 6 iaastavliou vam moï novyï adriéss 7 bouditié Riadªm zaHaditié

Notes

5 **жили** (phrase 2) et **живёте** sont des formes verbales de **жить** *[jyts]*, *vivre* : **живу**, **живёшь**, **живёт**, **живём**, **живёте**, **живут**. N'oubliez pas que le **ё** est toujours accentué.

6 Les prépositions **на** (phrase 2) et **в** peuvent s'employer avec l'accusatif ou avec le prépositionnel. Suivies de l'accusatif, elles indiquent le lieu vers lequel on se dirige : **я на улицу, на проспект**, *Je vais dans la rue/l'avenue* ; **в центр**, *au centre* ("on se dirige vers") ; **в Москву**, *à Moscou* ("je vais à"). Suivies du prépositionnel, elles indiquent le lieu où l'on est : **на улице, на проспекте**, *dans la rue, dans l'avenue* ("on est") ; **в центре**, *au centre* ("on est au").

7 **Питер** n'est rien d'autre que **Санкт-Петербург** *[sa-nktpitiRbourk]*, *Saint-Pétersbourg*, dans la langue parlée.

8 **оставлю** est la 1re personne du singulier du verbe perfectif **оставить** *[astavits]* *laisser*. Remarquez qu'à la 1re personne du singulier (et pas aux

***

Упражнение 1 – Читайте и переводите

❶ На Невском проспекте есть большой магазин одежды. ❷ Я живу в самом центре. ❸ – Вы узнаёте этого парня? – Это Сергей. ❹ Раньше мы жили рядом. ❺ – Я оставлю вам яблоко и банан. – Спасибо.

4 Et vous, [vous] habitez où maintenant ?
5 – Avenue Nevsky, en plein centre, *(au même centre)* de Saint-Pétersbourg !
6 Je vais vous laisser mon adresse :
7 si jamais vous êtes *(serez)* à côté, passez !

Remarque de prononciation

(6) **я оставлю** le **я** et le **о** (qui en position non accentuée se transforme en *[a]*) se lient en un seul son qui devient long à cause de la présence des deux voyelles : ***[iaastavliou]***.

autres personnes), un **л** apparaît après le **в** : **оставлю**, **оставишь**, **оставит**, **оставим**, **оставите**, **оставят**.

9 Le premier sens du verbe **заходить** *[zaHadit[s]]* est *entrer*, mais il peut aussi se traduire par *passer chez quelqu'un*.

***

Corrigé de l'exercice 1

❶ Sur l'avenue Nevsky, il y a un grand magasin de vêtements. ❷ J'habite en plein centre. ❸ – Reconnaissez-vous ce jeune homme ? – C'est Sergueï. ❹ Avant nous habitions à côté. ❺ – Je vous laisserai une pomme et une banane. – Merci.

Упражнение 2 – Восстановите текст

❶ Voici ma nouvelle adresse. Passez !
Вот мой новый ....!

❷ – Vous me reconnaissez ? – Bien sûr, nous sommes voisins.
– Вы меня ....? – Конечно, мы – ....

❸ – Il habite à Moscou ? – Non, en plein centre de Saint-Pétersbourg !
– Он живёт в Москве? – Нет, в .... Питера!

***

En Russie, sur les enveloppes, l'adresse s'écrit dans l'ordre suivant : pays, code postal (sauf s'il y a des petites cases prévues à cet effet en bas de l'enveloppe), ville, rue, numéro de l'immeuble, numéro de l'appartement et enfin, nom et prénom du destinataire (au datif).

34

Тридцать четвёртый урок

*[tRitsat[s]tchitvi**o**Rt[yï] ouR**o**k]*

Разочаров**а**ние

1 – М**а**ма, сег**о**дня сл**и**шком х**о**лодно,
2 я не мог**у** идт**и** в шк**о**лу...
3 – Да, сын**о**к, ты прав [1].

Prononciation

*RazatchiRav**a**nï[ié] **1** m**a**ma siv**o**dnia sl**i**chkam H**o**Ladn[a] **2** ia nimag**ou** itt**i** fchk**o**Lou **3** da syn**o**k typR**a**f*

Note

1 On retrouve les terminaisons habituelles pour accorder прав avec le sujet : pour le féminin, c'est права ; pour le neutre, право ; et pour le pluriel, c'est правы.

❹ Si vous êtes sur l'avenue Nevsky, passez. J'y habite.
...... на Невском, заходите. Я там .....

❺ Avant vous habitiez ici, et maintenant, où habitez-vous ?
.... вы .... здесь, а теперь где ...... ?

Corrigé de l'exercice 2
❶ – адрес – Заходите ❷ – узнаёте – соседи ❸ – самом центре – ❹ Будете – живу ❺ Раньше – жили – живёте

***

Un exemple :

Россия,	
394086, г. Воронеж,	г. *signifie* г**о**род, ville
ул. Южно-Моравская,	ул. *signifie* **у**лица, rue
д.56, кв.2	д. *signifie* дом, bâtiment *(litt. "maison")*
Ушанёву Сергею	кв. *signifie* кварт**и**ра, appartement

34

Trente-quatrième leçon

Déception

1 – Maman, aujourd'hui, il fait trop froid,
2 je ne peux pas aller à l'école...
3 – Oui, mon garçon *(fils)*, tu as raison.

Remarque de prononciation
Titre : разочаров**а**ние *[RazatchiRavanïié]* – Faites attention à la prononciation du **а** suivant le **ч** : retenez que dans cette longue suite de voyelles inaccentuées il se prononce *[i]*.

4 – Ах, как мне жаль [2]!
5 Кн**и**ги, уч**е**бники, тетр**а**ди,
6 пр**а**вила и уравн**е**ния [3]...
7 Я так любл**ю** шк**о**лу!
8 – Б**е**дный реб**ё**нок [4]!
9 – Ну, ничег**о** не под**е**лаешь.
10 Позвон**ю** [5] Сер**ё**же и позов**у** ег**о** игр**а**ть в снежк**и**...

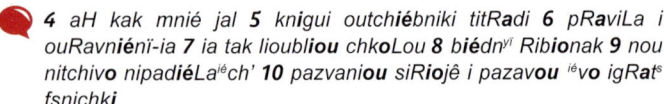

4 aH kak mnié jal 5 knigui outchiébniki titRadi 6 pRaviLa i ouRavniéni-ia 7 ia tak lioubliou chkoLou 8 biédn^yi Ribionak 9 nou nitchivo nipadiéLa^iéch' 10 pazvaniou siRiojê i pazavou ^iévo igRat^s fsnichki

Notes

2 Ici, on peut traduire **жаль** par ("c'est") *dommage*. Dans d'autres contextes, on le traduit également par *regretter*, ou encore *avoir pitié de*. Dans ce dernier cas, pour marquer la personne qui a pitié ou qui plaint, on utilise le datif devant **жаль**, et l'accusatif pour désigner la personne objet de ce sentiment : **Мне жаль его**, *Je le plains* (ou **мне его жаль**). Notez aussi **Мне жаль**, *Je suis désolé(e)*.

3 Vous connaissez déjà le pluriel des noms. Observez bien les mots suivants : **книга** → **книги** (le mot est dur au singulier, mais il ne peut pas y avoir de **ы** après le **г**), **учебник** (masculin en **к**) → **учебники** (rappelez-vous qu'après **г**, **к**, **ш** on ne trouve jamais de **ы**), **тетрадь** → **тетради** (remarquez qu'un mot "mou" au singulier va forcément garder cette caractéristique au pluriel), **правило** → **правила**, **уравнение** → **уравнения**.

***

Упражнение 1 – Читайте и переводите

❶ Ты прав, мне больше ничего не нужно. ❷ Бедный ребёнок! Мне его жаль. ❸ Они знают все правила и уравнения. ❹ Я так тебя люблю! ❺ – Ты куда? – В школу.

4 – Oh, que c'est dommage !
5 Les livres, les manuels, les cahiers,
6 les règles et les équations…
7 J'aime tant l'école !
8 – Pauvre enfant !
9 – Eh bien, rien à faire *(rien ne tu-feras)*.
10 Je vais téléphoner à Serioja pour l'inviter à une partie de *(et appellerai lui jouer aux)* boules de neige…

Remarques de prononciation

(4), **(7)** N'oubliez pas de faire la distinction entre les deux **л**. Dans **жаль** *[jal]*, il ressemble au *[l]* français, tandis que dans **школу** *[chkoLou]*, c'est un *[l]* dur.
(9) N'oubliez pas que le **г** dans **-его** se prononce *[v]* : **ничего** *[nitchivo]*.

4 **ребёнок** : vous connaissez déjà le pluriel irrégulier de ce mot **дети** *[diéti]*.

5 **позвонить** *[pazvanit[s]]*, *téléphoner*, est un verbe perfectif qui nécessite l'emploi du datif. Le datif sans préposition correspond souvent au cas du complément d'attribution (complément d'objet indirect qui se traduira en français à l'aide de la préposition *à*). Le datif des masculins et des neutres durs est en **-у**, les mous l'ont en **-ю** : **Он позвонил соседу** (**сосед** : dur), *Il a téléphoné au voisin* ; **это подарок музею** (**музей** : mou), *C'est le cadeau pour le musée*. Le datif des féminins est semblable à leur prépositionnel : il est en **-е**, sauf les féminins qui se terminent par **-ь** qui ont le datif en **-и** et les féminins en **-ия** dont le datif est en **-ии** : **позвони Серёже** (**Серёжа** est un diminutif masculin, mais il se termine par un **а** et se décline donc comme un féminin), *Téléphone à Serioja* ; **ночи** (**ночь**), *à la nuit* ; **всё России** (**Россия**), *tout est pour la Russie*.

***

Corrigé de l'exercice 1

❶ Tu as raison, je n'ai plus besoin de rien. ❷ Pauvre enfant ! Je le plains. ❸ Ils connaissent toutes les règles et les équations. ❹ Je t'aime tant ! ❺ – Où vas-tu ? – À l'école.

Упражнение 2 – Восстановите текст

❶ Désolé, mais je ne vous reconnais pas.
Мне . . . . , но я вас не . . . . . .

❷ Il veut acheter des livres, des manuels et des cahiers.
Он хочет купить . . . . . , ... и . . . .

❸ Allons jouer aux boules de neige.
Пойдём . . . . . . в . . . .

***

Quand la température descend très bas, les enfants russes ne vont pas à l'école. Cependant, il n'existe pas de législation bien définie concernant cette question : presque chaque administration régionale applique ses propres règles. Ce n'est pas étonnant : regardez le territoire de la Russie sur une carte et vous comprendrez vite que les températures moyennes varient beaucoup en fonction de l'endroit, sur cet immense territoire. La législation de la région de Voronej par exemple, prescrit l'annulation des cours si la température dans

35

Тридцать пятый урок

Повторение – Révision

1 Le nom

1.1 Le pluriel des noms

Le nominatif pluriel des masculins qui se terminent par -й ou -ь (masculins mous) forment le pluriel en -и : муз**е**й, *un musée* → муз**е**и, *des musées* ; дождь, la pluie → дожд**и**, *des pluies*. Les féminins qui se terminent par -я ou -ь (féminins mous) ont le pluriel en -и : д**ы**ня, *un melon* → д**ы**ни, *des melons* ; ночь, *une nuit* → н**о**чи, *des nuits*.
Comme vous le savez déjà, les noms neutres en -о (neutres durs) forment leur pluriel en -а : д**е**ло, *une affaire* → дел**а**, *des affaires*. Les noms neutres en -е (neutres mous) ont le pluriel en -я : м**о**ре, *la mer* → мор**я**, *les mers*.

❹ Rien à faire : aujourd'hui, je ne peux pas.
. . . . . . не поделаешь: сегодня я не могу.

❺ Tu as raison, il fait trop froid.
Ты . . . . (.), там . . . . холодно.

Corrigé de l'exercice 2

❶ – жаль – узнаю ❷ – книги, учебники – тетради ❸ – играть – снежки ❹ Ничего – ❺ – прав(а) – слишком –

***

la classe descend en dessous de 18 °C. Et bien sûr les autorités locales doivent surveiller la température extérieure, car les enfants ne doivent pas sortir de chez eux si dehors il fait trop froid (aux environs de 20 degrés en dessous de zéro). L'interdiction de sortie est liée à des conditions météorologiques complexes : la température, le vent et l'humidité sont pris en compte. Lors de ces journées si froides les enfants attendent patiemment le départ des parents au travail et ensuite… ils vont jouer dehors avec leurs camarades de classe !

35

Trente-cinquième leçon

Vous connaissez déjà les lettres (г, к, ж, х, ч, ш, щ) après lesquelles il ne peut pas y avoir de ы et donc, là, on retrouvera la terminaison и au lieu de ы : сап**о**г, *une botte* → сапог**и**, *des bottes* ; к**у**ртка, *une veste* → к**у**ртки, *des vestes*.

1.2 Le datif

Les noms masculins et neutres durs forment le datif en -у et les mous en -ю : дал кн**и**гу сос**е**ду (сос**е**д + у), *Il a donné le livre au voisin* ; дождь, *pluie* (malgré le signe mou à la fin, c'est un masculin !) → дожд**ю**, *à la pluie*. Le datif des féminins est égal à leur prépositionnel : en -е, sauf pour les féminins se terminant en -ь qui ont le datif en -и et les féminins en -ия avec le datif en -ии. Par exemple : позвон**и** м**а**ме (м**а**ма), *téléphone à maman* ; н**о**чи (ночь : féminin), *à la nuit* ; констит**у**ции (констит**у**ция : féminin), *à la constitution*.

2 Les adjectifs

2.1 Le pluriel

Le pluriel des adjectifs est assez facile, car il n'y a que deux terminaisons pour tous les genres : une dure et une molle.
Pour les adjectifs durs en -ый (-ой si l'accent tombe sur la dernière syllabe, comme dans l'adjectif interrogatif как**о**й, *quel*), en -ая et en -ое le pluriel est en -ые : крас**и**вый (masculin) ребё**ё**нок, *bel enfant* → крас**и**вые д**е**ти, *beaux enfants* ; б**е**лая (féminin) к**у**ртка, *blouson blanc* → б**е**лые к**у**ртки, *blousons blancs* ; н**о**вое пл**а**тье, *nouvelle robe* (neutre) → н**о**вые пл**а**тья, *nouvelles robes*.
Pour les adjectifs mous en -ий, -яя et -ее, le pluriel est en -ие : с**и**няя **ю**бка, *jupe bleue* → с**и**ние **ю**бки, *jupes bleues*. Les adjectifs mous n'ont jamais d'accentuation finale.
Et bien sûr, n'oubliez pas les règles de l'incompatibilité orthographique : pas de ы après г, к, ж, х, ч, ш, et щ. Ainsi, nous avons : какой (adjectif dur) → какие (adjectif dur mais avec la terminaison d'un mou en raison de l'incompatibilité orthographique).

2.2 Les adjectifs courts

Vous avez déjà rencontré des adjectifs longs mous et durs qui s'accordent avec les noms auxquels ils se rapportent. Vous connaissez leurs terminaisons (voir la leçon 7). Certains adjectifs qualificatifs peuvent devenir courts, et dans ce cas ils jouent le rôle d'attribut. Pour le masculin il suffit d'enlever la terminaison : молод – **о**й, хор**о**ш – ий, д**о**бр – ый. Pour le féminin, on ajoute -a, pour le neutre -o et pour le pluriel -ы (-и après г, к, ж, х, ч, ш et щ). Remarquez que l'accent du féminin est final : молод**а**, хорош**а**, добр**а**. Le neutre des adjectifs courts correspond à l'adverbe : хорош**о**, *bien* ; пл**о**хо, *mal*.

3 Le pronom/adjectif possessif

Voici la liste des pronoms possessifs au nominatif :

Masculin	Féminin	Neutre	Pluriel
мой *mon*	мо**я** *ma*	мо**ё** *mon*	мо**и** *mes*

твой *ton*	тво**я** *ta*	тво**ё** *ton*	тво**и** *tes*
свой *son*	сво**я** *sa*	сво**ё** *son*	сво**и** *ses*

Tous ces possessifs se ressemblent suivant le genre. L'adjectif свой est utilisé pour toutes les personnes lorsque la possession appartient au sujet de la proposition (l'agent de l'action). Si le possesseur n'est pas le sujet de la proposition, on utilise ег**о** pour le masculin et е**ё** pour le féminin. Attention, dans ce cas, l'adjectif s'accorde avec le possesseur.
Par exemple, **э**то е**ё** жен**и**х, *c'est son fiancé* (c'est son fiancé à elle ; même si жених est du masculin, le possessif est au féminin, car il s'accorde avec le possesseur sous-entendu – ici une femme) ; **э**то ег**о** кн**и**га, *c'est son livre* (c'est son livre à lui ; même si кн**и**га est du féminin, le possessif est au masculin, car il s'accorde avec le possesseur sous-entendu – ici un homme).
En ce qui concerne les possessifs pluriels, ce n'est pas difficile non plus :

Masculin	Féminin	Neutre	Pluriel
наш *notre*	н**а**ша *notre*	н**а**ше *notre*	н**а**ши *nos* (pour tous les genres)
ваш *votre*	в**а**ша *votre*	в**а**ше *votre*	в**а**ши *vos* (pour tous les genres)

Le pluriel de la 3e personne est le même pour tous les genres : их, *leur, leurs*. Par exemple, их кн**и**га, *leur livre* (féminin singulier), их д**е**ти, leurs enfants (pluriel), их р**е**плики, *leurs répliques* (féminin pluriel), их д**о**ктор, leur médecin (masculin).

4 Les temps

4.1 L'aspect

Le verbe russe existe sous deux "aspects" : le perfectif et l'imperfectif.
Chaque verbe français aura donc dans la plupart des cas deux traductions en russe. Retenez que c'est le point de vue sous lequel on envisage l'action qui détermine le choix de l'aspect. Ainsi, l'imperfectif exprime une action en mettant l'accent sur son caractère répétitif ou sur son déroulement sans se préoccuper de son

résultat. Le verbe perfectif décrit plutôt une action ponctuelle, circonstanciée, et qui a un résultat. Ainsi, au présent, on utilise l'imperfectif, car le perfectif ne peut pas décrire un déroulement actuel (il n'a pas de présent mais un futur).
La notion de l'aspect est bien complexe mais elle s'éclaircira petit à petit. Nous y reviendrons à plusieurs reprises.

4.2 L'impératif

Pour former l'impératif, il faut prendre le radical du présent de la 2e personne du singulier et ajouter -й si le verbe se termine par une voyelle, ou bien -и s'il se termine par une consonne. Par exemple, узнав**а**ть, *reconnaître* : узна - **ё**шь + й → узнай!, *Reconnais !* ; идт**и**, *aller à pied* : ид - **ё**шь + и → ид**и**!, *Va !* Pour former l'impératif pluriel, ajoutez -те au singulier : ид**и**те! Allez !

***

Заключительный диалог

1 – Я только что видела Сергея. Позвони ему.
2 – Зачем?
3 – Тебе нужно купить брюки? Ему тоже.
4 Идите прямо сейчас.
5 – Точно! Мне нужно новое платье!
6 – Послушай, у тебя целый шкаф платьев...
7 По-моему, тебе нужны красивые брюки.
8 – Ты знаешь его адрес?
9 – Да, он живёт в центре, на Невском проспекте.
10 – Там рядом есть недорогой магазин!
11 Ты права.
12 Позвоню ему и позову его в магазин одежды.

4.3 Conditionnel

Le conditionnel est très facile à former : la particule бы se place devant ou derrière le verbe au passé. Ainsi, il est possible de dire : я (бы) хот**е**л бы пойт**и** в кин**о**, *Je voudrais (j'aurais voulu) aller au cinéma* ; он**и** (бы) куп**и**ли бы **э**то лек**а**рство, *Ils achèteraient (auraient acheté) ce médicament*.

4.4 La conjugaison des verbes avec le suffixe *ва*

Pour former le présent des verbes avec le suffixe ва, il faut enlever le suffixe et la terminaison ть et rajouter les terminaisons habituelles. Retenez qu'au lieu de е, un ё apparaît.
Par exemple, дав**а**ть, *donner* : да-**ю**, да-**ё**шь, да-**ё**т, да-**ё**м, да-**ё**те, да-**ю**т. Attention, le suffixe est conservé au passé : дав**а**л, дав**а**ла, дав**а**ло, дав**а**ли.

***

Traduction

1 Je viens de voir Sergueï. Appelle-le. **2** Pour quoi faire ? **3** Tu as besoin d'acheter un pantalon ? Lui aussi. **4** Allez-y tout de suite. **5** Exact ! J'ai besoin d'une nouvelle robe ! **6** Écoute, tu as une pleine armoire de robes... **7** À mon avis, tu as [plutôt] besoin d'un beau pantalon. **8** Connais-tu son adresse ? **9** Oui, il habite au centre, avenue Nevsky. **10** *(Là-bas)* À côté, il y a un magasin pas cher ! **11** Tu as raison. **12** Je vais lui téléphoner pour l'inviter [à aller] au magasin de vêtements.

36

Тридцать шестой урок

[tRitsat^s chystoï ouRok]

Кто л**а**ет?

1 – Игор**ё**к [1], как мя**у**кает кот?
2 – М**я**у-м**я**у.
3 – А как мыч**и**т [2] кор**о**ва?
4 – Му!
5 – А как крич**и**т пет**у**х?
6 – Кукарек**у**!
7 – Молод**е**ц, всё зн**а**ешь!
8 А кто зло г**а**вкает «гав-гав»? Соб**а**ка?
9 – Нет, б**а**бушка!
10 Когд**а** д**е**душка не помог**а**ет б**а**бушке [3] мыть пос**у**ду [4]...

Prononciation

kto Laïét **1** *igaR**io**k kak mïo**ou**ka^ié t kot* **2** *m**ia**ou m**ia**ou* **3** *ak**a**k mytch**i**t kaR**o**va* **4** *mou* **5** *ak**a**k kRitch**i**t pit**ou**H* **6** *koukaRik**ou*** **7** *maLad**ié**ts fsio zn**a**ïéch'* **8** *akt**o** zLo g**a**fka^ié t gaf-gaf ? sab**a**ka* **9** *niét b**a**bouchka* **10** *kagd**a** d**ié**douchka nipamag**a**^ié t b**a**bouchk^ié myt^s pass**ou**dou*

Notes

1 **Игорёк** est le diminutif du prénom **Игорь**, *Igor*.

2 Rappelez-vous qu'on ne peut jamais avoir de **ы** après le **ч** en raison de l'incompatibilité orthographique : **мычит**.

***

Упражнение 1 – Читайте и переводите

❶ Почему он так зло кричит? ❷ – У тебя есть кот? – Нет, у меня есть корова. ❸ Мой дедушка очень добрый. ❹ Почему твоя собака всё время гавкает? ❺ – Когда у тебя экзамены? – Ещё не знаю.

Trente-sixième leçon

Qui aboie ?

1 – Igoriok, comment miaule le chat ?
2 – Miaou, miaou.
3 – Et comment meugle la vache ?
4 – Meuh !
5 – Et comment crie le coq ?
6 – Cocorico !
7 – Bravo, tu sais tout *(tout sais)* !
8 Et qui aboie hargneusement *(méchamment)* "ouah-ouah" ? Le chien ?
9 – Non, [c'est] grand-mère !
10 Quand grand-père n'aide pas grand-mère *(n'aide à grand-mère)* à faire *(laver)* la vaisselle...

Remarque de prononciation

(1) мя**у**кает *[mïouka^ié^t]* : n'oubliez pas que le **я** non accentué, quand il se trouve devant la syllabe accentuée, se prononce *[i]*.

3 **помог**а**ть** est un verbe qui nécessite l'emploi du datif : **д**е**душка не помог**а**ет б**а**бушке**, *Le grand père n'aide pas la grand-mère*. Le datif des féminins qui se terminent en **-а/-я** est en **-е**.

4 **пос**у**да**, *vaisselle*, est un des mots qui sont toujours au singulier.

***

Corrigé de l'exercice 1

❶ Pourquoi crie-t-il si méchamment ? ❷ – As-tu un chat ? – Non, j'ai une vache. ❸ Mon grand-père est très bon. ❹ Pourquoi ton chien aboie-t-il tout le temps ? ❺ – Quand as-tu tes *(les)* examens ? – Je ne sais pas encore.

Упражнение 2 – Восстановите текст

❶ – Tu sais tout ? – Je pense que oui. – Bravo !
– Ты всё . . . . . . ? – Думаю, да. – . . . . !

❷ C'est bien de sa part : il aide grand-mère et son frère.
Он молодец: . . . . бабушке и брату.

❸ Le chien aboie et le chat miaule.
Собака . . . . , а . . . мяукает.

❹ – Qui crie ici ? – Ah ! C'est Papa…
– Кто здесь . . . . . . ? – А! Это папа…

❺ Tu sais comment je m'appelle ?
Ты знаешь, . . . меня . . . . . ?

37

Тридцать седьмой урок

[tRitsat^{s}sid^{i}moï ouRok]

На приёме [1] у врача

1 – На что жалуетесь?
2 – Доктор, у меня часто болит [2] голова.
3 – Хорошо.
4 – Ещё у меня слабый желудок

Prononciation

napRï-iom^{ié} ou vRatcha **1** *nachto jaLou^{ié}t^{ié}ss^{i}* **2** *doktaR ouminia tchast^{a} balit gaLava* **3** *HaRacho* **4** *^{ié}chio ouminia sLab^{yï} jyLoudak* **5** *ipRabliémy spichtchivaRiénï^{ié}m* **6** *HaRacho* **7** *Raschatanaïa niéRvna^{ia} sistiéma* **8** *HaRacho* **9** *ia tchast^{a} fpadaïou vdipRiéssï-iou* **10** *otchi^{gne} HaRacho* **11** *doktaR d^{a}chtoj^{ê} zdiéss^{i} HaRoch^{y}v^{a}*

Notes

1 Le mot **приём** signifie littéralement "accueil", "réception". Mais on traduit **На приёме у врача** par *En consultation chez le médecin*.

2 Vous connaissez déjà le verbe **болит**. À présent, nous allons vous livrer un petit secret : en russe, il y a deux verbes **болеть** identiques à l'infinitif. Le premier signifie *faire mal, avoir mal quelque part*, et le

Corrigé de l'exercice 2
❶ – знаешь – молодец ❷ – помогает – ❸ – лает – кот – ❹ – кричит – ❺ – как – зовут

37

Trente-septième leçon

Consultation chez un médecin

1 – De quoi vous plaignez-vous ?
2 – Docteur, j'ai souvent mal à la tête.
3 – Bien.
4 – Et puis *(encore)* j'ai un estomac faible

Remarques de prononciation
(1) Souvenez-vous que le ч, dans le mot что, se prononce *[ch]* : *[chto]*.
(11) Vous savez déjà que la terminaison -его se prononce *[-iva]*. Dans le mot хор**о**шего, le е non accentué se prononce *[i]*, mais comme il est précédé du ш qui est toujours dur, il va se prononcer comme un *[ʸ]* léger. Remarquez que le о final est très atténué : *[HaRochʸvᵃ]*.

deuxième signifie *être malade*. Attention : leur conjugaison est différente. Pour l'instant, étudions celui que vous avez déjà rencontré. Il se conjugue à la 3e personne du singulier ou du pluriel. Par exemple, **У б**а**бушки** (génitif) **бол**и**т жив**о**т**, *Grand-mère a mal au ventre* ; **У нас** (génitif) **бол**я**т живот**ы, *Nous avons mal au ventre*.

5 и пробл**е**мы с пищевар**е**нием [3].
6 – Хорош**о**...
7 – Расш**а**танная н**е**рвная сист**е**ма...
8 – Хорош**о**...
9 – Я ч**а**сто впад**а**ю в депр**е**ссию...
10 – **О**чень хорош**о**...
11 – Д**о**ктор, да что же здесь хор**о**шего?
12 – Хорош**о**, что у мен**я** всег**о** **э**того нет [4]! □

*12 HaRach**o** chto ouminia fsivo êtav[a] niét*

Notes

3 La préposition **с**, *avec*, nécessite l'emploi de l'instrumental. Les masculins et les neutres mous ont l'instrumental en **-ем** : **пищеварение** (neutre mou) → **с пищеварением**.

4 **всего этого нет**. Vous savez que l'ordre des mots en russe est assez libre. Pour bien comprendre la structure de cette phrase, il faut tout d'abord "retourner" les mots : **нет всего этого**, *il n'y a pas tout cela*. Vous savez sûrement dire *tout cela* : **всё это** *[fsio êt[a]]*. Ceci est le nominatif. Après une négation exprimant l'absence, on utilise le génitif : **всего этого**.

***

Упражнение 1 – Читайте и переводите

❶ Очень хорошо, что у вас этого нет. ❷ – Он так молод! – Да, но у него уже слабый желудок. ❸ – Что у вас болит? – Голова. ❹ Вы так часто жалуетесь! ❺ – Алло! Ты где? – На приёме у врача.

***

Упражнение 2 – Восстановите текст

❶ Grand-mère a souvent mal à la tête.
У бабушки часто болит ....

❷ De quoi vous plaignez-vous ?
На что ....?

❸ Il a l'estomac fragile.
У него слабый ....

5 et des problèmes [de] *(avec)* digestion.
6 – Bien...
7 – Le système nerveux détraqué...
8 – Bien...
9 – Je suis souvent déprimé *(Je souvent tombe dans dépression)*...
10 – Très bien...
11 – Docteur, mais qu'y a-t-il donc *(là)* de bien dans tout cela ?
12 – [C'est] bien que *(chez)* moi, je n'aie pas tout cela *(tout cela il-n'y-a-pas)* !

***

Corrigé de l'exercice 1

❶ C'est très bien que vous n'ayez pas cela. ❷ – Il est si jeune ! – Oui, mais il a déjà l'estomac fragile. ❸ – Où avez-vous mal ? – À la tête. ❹ Vous vous plaignez si souvent ! ❺ – Allô ! Où es-tu ? – En consultation chez le médecin.

***

❹ Tu le connais : il est souvent déprimé.
Ты его знаешь: он ..... впадает в ....

❺ Le grand-père a le système nerveux détraqué.
У .... расстроенная .... система.

Corrigé de l'exercice 2

❶ – голова ❷ – жалуетесь ❸ – желудок ❹ – часто – депрессию ❺ – дедушки – нервная –

Тридцать восьмой урок

[tRitsatˢvassʲmoï ouRok]

Prenez le temps de lire les notes. Elles sont conçues pour vous éviter l'apprentissage de la grammaire d'une manière trop scolaire. Nous vous y rappelons souvent des points que vous avez déjà vus tout en les complétant petit à petit. C'est grâce à cette progressivité que vous assimilerez la grammaire sans trop d'effort.

Медиц**и**нский осм**о**тр

1 – Что вас беспок**о**ит?
2 – Ничег**о**. У мен**я** всё в пор**я**дке.
3 – Вы к**у**рите? Пь**ё**те [1]?
4 – Нет, никогд**а** не кур**и**л и не пил,
5 д**а**же по пр**а**здникам: берег**у** здор**о**вье.
6 – Вас м**у**чает бесс**о**нница?
7 – Нет, сплю [2] **о**чень хорош**о**:
8 лож**у**сь [3] в д**е**вять, а вста**ю** [4] в семь.

Prononciation

*miditsi-nskʲiï asmotR **1** chto vass bispakoït **2** nitchivo. ouminia fsio fpaRiatkié **3** vy kouRitʲé? piotʲé **4** niét nikagda nikouRiL i nipiL **5** dajᵉ papRaznikam biRigou zdaRovʲié **6** vass moutchaʲét bissonitsa **7** niét spliou otchigne HaRacho **8** Lajoussʲ vdiévitˢ a fstaïou fsiémʲ*

Notes

1 Le verbe **пить** *[pitˢ]*, *boire*, est un irrégulier du premier groupe (car on retrouve les terminaisons de la première conjugaison). Voici sa conjugaison : **я пью, ты пьёшь, он пьёт, мы пьём, вы пьёте, они пьют**.

2 **спать** *[spatˢ]*, *dormir* (2ᵉ groupe), se conjugue comme suit : **я сплю, ты спишь, он спит, мы спим, вы спите, они спят**. Remarquez que l'irrégularité n'apparaît qu'à la 1ʳᵉ personne du singulier, comme dans la conjugaison du verbe **оставить** (cf. la note 8 de la leçon 33).

Trente-huitième leçon

Examen *(inspection)* médical

1 – Qu'est-ce qui ne va pas *(vous dérange)* ?
2 – Rien. Tout va bien *(Chez moi tout en ordre)*.
3 – Vous fumez ? Vous buvez ?
4 – Non, je n'ai jamais fumé ni bu,
5 même les jours de fête : je protège *(préserve)* [ma] santé.
6 – Vous souffrez d'insomnie *(Vous tourmente l'insomnie)* ?
7 – Non, je dors très bien :
8 je me couche à neuf [heures] et me lève à sept [heures].

Remarques de prononciation

(2) Faites attention aux consonnes sonores qui s'assourdissent : в порядке *[fpaRiatkié]*, в семь *[fsiémʲ]*.

(5) • праздникам *[pRaznikam]* : le д au milieu du mot ne se prononce pas.

• здоровье *[zdaRovʲié]* : la présence du signe mou est marquée par le petit *[ʲ]* qu'on prononce comme un *[i]* très bref.

3 La conjugaison des verbes pronominaux n'est pas difficile : elle est la même que celle des verbes "normaux" sauf qu'il faut ajouter **-сь** ou **-ся** à la fin, derrière les terminaisons habituelles. Observez la conjugaison d'un verbe pronominal du deuxième groupe et comparez les terminaisons avec le verbe du deuxième groupe de la note 2 : **я ложусь, ты ложишься, он ложится, мы ложимся, вы ложитесь, они ложатся**. Les seules différences (à part la présence de la particule propre aux verbes réfléchis) sont les variations **а / я** et **у / ю** à la 1re personne du singulier et à la 3e personne du pluriel, ce qui est dû à la distinction entre les terminaisons dures et molles qui, à son tour, est due à l'incompatibilité orthographique (pas de **ю** ni de **я** après le **ж**).

4 **вставать** *[fstavatˢ]*, *se lever*. Attention, ce verbe n'est pas pronominal en russe !

9 Ем т**о**лько здор**о**вую п**и**щу.
10 Не чит**а**ю и не смотр**ю** телев**и**зор :
11 берег**у** зр**е**ние.
12 Не сме**ю**сь, так как бо**ю**сь морщ**и**н.
13 – Да… жить вы б**у**дете [5] д**о**лго,
14 **е**сли не умр**ё**те от ск**у**ки [6]!

*9 iém t**o**lka zdaR**o**vouïou p**i**chtchou 10 nitchit**a**ïou i nismatR**iou** tiliv**i**zaR 11 biRig**ou** zR**ié**nï[ié] 12 nismï-**iou**ss[i] takkak baï**ou**ss[i] maRchtch**i**-n 13 da jyt[s] vy b**ou**ditié d**o**Lg[a] 14 **ié**sli nioumR**io**t[ié] atsk**ou**ki*

Notes

5 **жить вы б**у**дете…** Après une petite manipulation avec l'ordre des mots (vous y êtes déjà habitué, n'est-ce pas ?), nous retrouvons la phrase suivante : **вы б**у**дете жить**. Si on traduit littéralement, on aura "vous serez vivre", sauf que nous n'allons pas chercher la traduc-

***

Упражнение 1 – Читайте и переводите

❶ – Как дела? – У меня всё в порядке. ❷ Когда я смотрю телевизор, я смеюсь… ❸ – Хотите мороженое? – Нет, я ем только здоровую пищу. ❹ Я не читаю, так как берегу зрение. ❺ – Вы курите? – Нет, берегу здоровье.

***

Упражнение 2 – Восстановите текст

❶ – Avez-vous une bonne vue ? – Je ne m'en plains pas.
– У вас хорошее . . . . . . ? – Не . . . .

❷ Je ne fume pas et je ne bois pas.
Я не . . . . и не . . . .

❸ – Vous riez souvent *(en général)* ? – Non ! J'ai peur des rides.
– Вы вообще . . . . ? – Нет! Я . . . . . морщин.

9 **Je mange seulement de la nourriture saine.**
10 **Je ne lis pas et je ne regarde pas la télé :**
11 **je préserve ma vue.**
12 **Je ne ris pas car j'ai peur des rides.**
13 – **Oui… vous allez vivre longtemps,**
14 **si vous ne mourez** *(mourrez)* **pas d'ennui !**

tion littérale ! Permettez-nous de vous présenter un nouveau temps russe : le futur composé. Il ressemble par sa forme au futur immédiat français dans lequel le verbe *aller* perd également son sens premier et devient auxiliaire. **будете** est, comme vous pouvez le deviner, le verbe *être* qui est devenu auxiliaire. Nous allons voir la formation du futur composé dans la leçon de révision.

6 Après la préposition **от**, on utilise le génitif. C'est une préposition qui indique le lien causal ou la provenance : **от скуки**, *d'ennui* ; **от меня**, *de ma part, de chez moi*.

***

Corrigé de l'exercice 1

❶ – Comment ça va ? – Pour moi tout va bien. ❷ Quand je regarde la télé, je ris… ❸ – Voulez-vous une glace ? – Non, je ne mange que de la nourriture saine. ❹ Je ne lis pas car je préserve ma vue. ❺ – Fumez-vous ? – Non, je veille sur ma santé.

***

❹ Même les jours de fête, je me couche à neuf heures.
Даже по . . . . я . . . . . . в девять.

❺ – Vous lisez ? – Non, je regarde la télé.
– Вы . . . . ? – Нет, ... телевизор.

Corrigé de l'exercice 2

❶ – зрение – жалуюсь ❷ – курю – пью ❸ – смеётесь – боюсь – ❹ – праздникам – ложусь – ❺ – читаете – смотрю –

39

Тридцать девятый урок
[tRitsat^s^diviat^yï^ ouRok]

Ему не повезло [1]!

1 – Ск**о**лько теб**е** лет [2], С**а**шенька?
2 – Мне пять лет.
3 – А ск**о**лько лет тво**е**й сестр**е**?
4 – Ей два г**о**да.
5 – А твоем**у** бр**а**ту? [3]
6 – Ем**у** три нед**е**ли.
7 – А почем**у** он так с**и**льно пл**а**чет?
8 – Как же ем**у** не пл**а**кать?

Prononciation

*^ié^**mou** nipavizL**o** **1** sk**o**lk^a^ tib**ié** liét s**a**chy^gne^ka **2** mnié piat^s^ liét **3** ask**o**lk^a^ liét tva-**iéï** sistR**ié** **4** iéï dva g**o**da **5** atvaïm**ou** bR**a**tou **6** ^ié^m**ou** tRi nidi**é**li **7** a patchim**ou** o-n tak s**i**ln^a^ pL**a**tchit **8** kakj^ê^ ^ié^m**ou** nipL**a**kat^s^*

Notes

1 Le verbe perfectif **повезти** *[pavisti]* signifie *avoir de la chance*. La personne qui a eu de la chance (ou qui n'en a pas eu) se met au datif. Ainsi, nous traduirons **мне не повезло** par *Je n'ai pas eu de chance*. Ici le verbe est au passé.

Les notes vous présentent parfois la conjugaison d'un verbe. Il ne s'agit pas de l'apprendre par cœur, mais d'en faire la connaissance. Lisez-la une ou deux fois à voix haute : la prochaine fois que vous rencontrerez une de ces formes, elle vous semblera déjà familière et l'assimilation se fera plus facilement.
Si, ultérieurement, vous souhaitez revoir une conjugaison, reportez-vous à l'index grammatical (en fin d'ouvrage) : il vous indiquera à quelle leçon vous pourrez la retrouver.

39

Trente-neuvième leçon

Il n'a pas eu de chance !

1 – Quel âge as-tu *(Combien à-toi années)*, Sachenka ?
2 – J'ai *(à-moi)* cinq ans.
3 – Et quel âge a *(Combien années à-)* ta sœur ?
4 – Elle a *(À-elle)* deux ans.
5 – Et *(à-)* ton frère ?
6 – Il a *(À-lui)* trois semaines.
7 – Mais pourquoi pleure-t-il si fort ?
8 – Comment pourrait-il ne pas pleurer *(Comment donc à-lui ne-pas pleurer)* ?

2 En répondant à la question Ск**о**лько теб**е** лет?, *Quel âge as-tu ?*, il faut être bien attentif. Après les chiffres 2, 3 et 4, on utilise г**о**да *[goda]*, le génitif singulier de год *[got]*, *an*, *année* : два г**о**да. À partir de 5, on utilise le génitif pluriel irrégulier лет *[liét]* : мне пять лет.

3 Ск**о**лько теб**е** лет? (ph. 1) est construit avec le datif (теб**е**), et la réponse nécessite donc également l'emploi du datif : Мне пять лет (ph. 2). Ainsi, dans la phrase А твоем**у** бр**а**ту?, on retrouve le datif de брат. Remarquez que l'expression elle-même (Ск**о**лько лет) est sous-entendue.

9 У нег**о** нет ни вол**о**с, ни зуб**о**в, [4]
10 н**о**ги [5] не д**е**ржат и р**у**ки не сл**у**шаются...
11 На ег**о** м**е**сте [6] вы бы ещ**ё** не так запл**а**кали [7]!

*9 ounivo niét nivaLoss nizoubof **10** nogui nidiéRjat i Rouki nisLoucha-ioutsa **11** naïévo miést[ié] vyby ichtchio nitak zapLakali*

Notes

4 Pour exprimer l'absence (formulée en français avec "il n'y a pas"...), on utilise la construction **нет** + génitif. En fait, il s'agit de la contraction de **не есть** (la 3e personne du singulier de **быть**, *être*) qui n'existe plus que sous cette forme : **Нет урока**, *Il n'y a pas de cours* ; **У нас нет проблем**. *Nous n'avons pas de problèmes.*

5 Curieusement, le mot **нога** ***[naga]*** peut se traduire soit par *pied*, soit par *jambe*, selon le contexte !

***

Упражнение 1 – Читайте и переводите

❶ – Сколько тебе лет? – А тебе? ❷ У дедушки нет ни волос, ни зубов. ❸ Ну, тебе просто не повезло! ❹ – Почему она плачет? – У неё болит живот. ❺ Почему ты на моём месте?

Упражнение 2 – Восстановите текст

❶ Je suis si fatigué que je ne tiens pas debout !
Я так . . . . . , что меня . . . . не держат!

❷ – Quel âge a ta sœur ? – Trois semaines.
– Сколько . . . твоей сестре? – Три . . . .

❸ – À votre place... – Vous n'êtes pas à ma place !
– . . вашем месте... – Вы . . на моём . . . . . !

9 **Il n'a ni cheveux ni dents,**

10 **il ne peut pas se tenir debout** *(jambes ne tiennent)* **et ses bras ne [lui] obéissent pas…**

11 **À sa place vous pleureriez encore bien davantage** *(encore pas comme ça)* **!**

6 La préposition **на** peut indiquer l'endroit sur lequel se trouve l'objet ou la personne (sans mouvement) ou l'endroit vers la surface duquel on déplace l'objet (avec mouvement). S'il s'agit du premier cas (sans mouvement), on utilise le prépositionnel après la préposition : **на месте**, *sur place*. Dans l'expression du dialogue **на его месте**, *à sa place*, le sens est bien sûr figuré. Vous pouvez revoir la formation du prépositionnel singulier en consultant la leçon 21.

7 Comparez ces deux verbes qui sont traduits par *pleurer* : **плачет** (ph. 7) est le verbe **плакать** *[pLakat*[s]*]* à la 3e personne du singulier au présent et **заплакали** est le verbe **заплакать** *[zapLakat*[s]*]* au passé. La différence est que le premier est imperfectif et le deuxième perfectif. Pour vous remémorer cette différenciation, relisez la note 2 de la leçon 30.

***

Corrigé de l'exercice 1

❶ – Quel âge as-tu ? – Et toi ? ❷ Le grand-père n'a ni cheveux ni dents. ❸ Eh bien, tu n'as simplement pas eu de chance ! ❹ – Pourquoi pleure-t-elle ? – Elle a mal au ventre. ❺ Pourquoi es-tu à ma place ?

❹ Comment peut-il ne pas pleurer ? Il n'a vraiment pas eu de chance !
Как же ему не . . . . ? Ему так не . . . . !

❺ – Quel âge a grand-mère ? – Je ne sais même pas…
– . . . . лет . . . . ? – Даже не знаю…

Corrigé de l'exercice 2

❶ – устал – ноги – ❷ – лет – недели ❸ На – не – месте ❹ – плакать – повезло ❺ Сколько – бабушке –

40

Сороковой урок *[saRakavoï ouRok]*

Идеальный подарок

1 – Добрый день, девушка [1]!
2 – Чем могу помочь?
3 – Я ищу [2] подарок для моего жениха [3].
4 – Подарите ему галстук.
5 – Нет... Он почти не носит галстуки.
6 – Тогда, может быть рубашку?
7 – У него много рубашек [4]...
8 – Подарите ему что-нибудь нужное,
9 например, что-нибудь для его [5] работы.

Prononciation

*idïaln^yï padaR^ak **1** dobR^yï dié^gne diévouchka **2** tchiém magou pamotch' **3** ia ichiou padaR^ak dlia maïvo j^yniHa **4** padaRit^ié ^iémou gaLstouk **5** niét o-n patchti ninossit gaLstouki **6** tagda moj^êtbyt^s Roubachkou **7** ou nivo mnoga Roubach^êk **8** padaRit^ié ^iémou chto-nibout^s noujna^ié **9** napRimiéR chtonibout^s dlia ^iévo Raboty*

Notes

1 **девушка** signifie *jeune fille, adolescente*. On emploie aussi ce mot pour s'adresser à une jeune femme dans la rue et souvent à une vendeuse, même si elle n'est pas très jeune.

2 **ищу** est la 1re personne du singulier du verbe imperfectif **искать** *[iskat^s]*, *chercher*. La conjugaison de ce verbe est irrégulière car il change de consonne "thématique" (cf. leçon 21, § 5) : (я) **ищу** *[ichiou]*, (ты) **ищешь** *[ichich']*, (он) **ищет** *[ichit]*, (мы) **ищем** *[ichim]*, (вы) **ищете** *[ichit^ié]*, (они) **ищут** *[ichiout]*. Mais comme vous pouvez le constater, les terminaisons de ce verbe appartiennent à la première conjugaison, avec la voyelle de base en **-е**.

Quarantième leçon

Un cadeau idéal

1 – Bonjour, Mademoiselle *(jeune-fille)* !
2 – Que puis-je faire pour vous *(Par-quoi puis-je aider)* ?
3 – Je cherche un cadeau pour mon fiancé.
4 – Offrez-lui une cravate.
5 – Non… Il ne porte pratiquement pas de cravates.
6 – Alors, peut-être une chemise ?
7 – Il a *(Chez lui)* beaucoup de chemises…
8 – Offrez-lui quelque chose d'utile *(nécessaire)*,
9 par exemple quelque chose pour [son] travail.

Remarques de prononciation

(2) пом**о**чь *[pamotch']* : l'apostrophe à la fin du mot marque la présence du signe mou qui a une simple valeur orthographique.
(4) Souvenez-vous que le **к** en fin de mot prend un son très dur : **галстук** *[gaLstouk]*.

3 Après la préposition **для**, on utilise le génitif. Remarquez que le possessif est également décliné : **для моего жениха**, *pour mon fiancé*.

4 Après le mot **много**, on utilise le génitif pluriel : **рубашка**, *chemise* → **много рубашек**, *beaucoup de chemises*. Observez le féminin **рубашка**. Certains mots russes ont une voyelle mobile qui disparaît devant une terminaison en voyelle.

5 Le génitif du possessif masculin singulier **его** *[ievo]* est… **его**. Facile ! Et encore une bonne nouvelle : le pronom possessif **его** a la même forme à tous les cas.

10 Кем [6] раб**о**тает ваш жен**и**х?
11 – Он пис**а**тель.
12 – Отл**и**чно! Подар**и**те ем**у** вот **э**ту корз**и**ну для м**у**сора!

***10** kiém Rabotaiét vach' jyniH **11** o-n pissatiél **12** atlitchna ! padaRitié iémou votêtou kaRzinou dlia moussaRa*

Note

6 Le verbe **раб**о**тать** *[Rabotats]*, *travailler*, exige l'emploi de l'instrumental quand on veut dire *travailler en tant que/comme*. Par conséquent, le mot interrogatif sera également à l'instrumental. Ainsi **кем** est l'instrumental de **кто**, *qui*. L'instrumental de **что**, *quoi*, sera **чем** (voir la phrase 2 du dialogue). Ce n'est pas difficile, n'est-ce pas ?

***

Упражнение 1 – Читайте и переводите

❶ – Он носит галстуки? – Почти нет. ❷ Я ищу что-нибудь нужное для работы. ❸ У него так много галстуков и рубашек. ❹ – Простите, пожалуйста... – Чем могу помочь? ❺ – Кем он работает? – Он писатель.

Упражнение 2 – Восстановите текст

❶ – Ton frère a une cravate ? – Je pense que oui.
– . твоего . . . . . есть . . . . ? – Думаю, да.

❷ Mademoiselle, je voudrais cette corbeille à papier.
. . . . , я хочу вот эту корзину для . . . .

❸ Je cherche une cravate et une chemise pour mon frère.
Я . . . галстук и . . . . моего брата.

10 **Que fait** *(En-tant-que-qui travaille)* **votre fiancé ?**
11 – Il est écrivain.
12 – Parfait ! Offrez-lui *(voilà)* **cette corbeille à papier** *(à ordure)* **!**

Он писатель.

***

Corrigé de l'exercice 1

❶ – Il porte des cravates ? – Pratiquement pas. ❷ Je cherche quelque chose d'utile pour le travail. ❸ Il a tant de cravates et de chemises. ❹ – Excusez-moi… – En quoi puis-je vous aider ? ❺ – Que fait-il comme métier ? – Il est écrivain.

❹ – Quel métier fait votre sœur ? – Elle est médecin.
– Кем . . . . ваша сестра? – Она . . . . .

❺ Parfait ! Je peux vous aider.
. . . . ! Я . . . . вам . . . .

Corrigé de l'exercice 2

❶ У – брата – галстук – ❷ Девушка – мусора ❸ – ищу – рубашку для – ❹ – работает – врач ❺ Отлично – могу – помочь

41

Сорок первый урок

[soRakpiéRvyï ouRok]

Напряжённый график [1]

1 – Во сколько мы можем встретиться?
2 – Сейчас посмотрю расписание...
3 Я встаю в семь часов двадцать пять минут. [2]
4 Завтракаю без десяти [3] восемь.
5 Ровно в восемь я иду на работу.
6 В два часа у меня обед.
7 Заканчиваю работать в пять вечера.
8 И до ужина, то есть до семи [4], я совершенно свободен.
9 Можешь прийти с пяти сорока пяти до половины седьмого.
10 – А сколько сейчас времени?
11 – Без двадцати шесть.
12 Мы можем встретиться через пять минут.

Prononciation

*napRijonnyï gRafik **1** vaskolka my mojêm fstRiétitsa **2** sitchass pasmatRiou Raspissaniïé **3** ia fstaïou fsiémi tchissof dvatsatspiats minout **4** zaftRakaïou bizdissiti vossiémi **5** Rovna vvossiémi ia idou naRabotou **6** vdva tchissa ouminia abiét **7** zaka-ntchivaïou Rabotats fpiats viétchiRa **8** idaoujyna toïésts dassimi ia saviRchênna svabodién **9** mojêch' priïti spiti saRaka piati dapaLaviny sidimova **10** askolka sitchass vRiémini **11** bizdvat-tsati chêsts **12** moui mojêm fstRiétitsa tchiéRiéss piats minout*

Quarante et unième leçon

Emploi du temps serré *(tendu)*

1 – À quelle heure *(À combien)* peut-on se voir ?
2 – *(Maintenant)* je vais regarder mon planning.
3 Je me lève à sept heures vingt-cinq.
4 Je prends le petit-déjeuner à huit [heures] moins dix.
5 À huit [heures] précises je vais au travail.
6 À deux heures je déjeune *(j'ai déjeuner)*.
7 Je termine le travail *(travailler)* à cinq [heures] du soir.
8 Et jusqu'au dîner, c'est-à-dire, jusqu'à sept [heures], je suis absolument *(parfaitement)* libre.
9 Tu peux venir à partir de cinq [heures] quarante-cinq jusqu'à six [heures] trente *(la demie de la septième)*.
10 – Et quelle heure est-il maintenant *(Et combien maintenant de-temps)* ?
11 – Six [heures] moins vingt.
12 Nous pouvons nous rencontrer dans cinq minutes.

Notes

1 La traduction de гр**а**фик est approximative. On peut le traduire de différentes façons selon le contexte : *horaires*, *planning*, *courbe*, *grille*, *graphique*, *calendrier*...

2 N'oubliez pas qu'avec les chiffres de 2 à 5, on utilise le génitif singulier et qu'à partir de 5, on emploie le génitif pluriel. Ainsi, on dira одн**а** мин**у**та, *une minute* ; од**и**н час, *une heure* ; две мин**у**ты, *deux minutes* ; три час**а** *trois heures* ; пять мин**у**т, *cinq minutes* ; д**е**сять час**о**в, *dix heures*.

3 Après la préposition без, *sans*, on emploie le génitif : д**е**сять → без десят**и**.

4 La préposition до, *avant*, *jusque*, nécessite l'emploi du génitif : семь → до сем**и**.

13 – Но ты же [5] не з**а**нят!
14 – Гр**а**фик есть гр**а**фик!

***13** not**y**j^{ê} niz**a**niat **14** gR**a**fik iést^{s} gR**a**fik*

Note

5 **же** ne se met jamais au début de la phrase. Cette particule souligne ce qui est dit en apportant une touche d'irritation, d'agacement ou de mécontentement car ce qui est dit est évident ou a déjà été dit. Par exemple : **Ты же это зн<u>а</u>ешь!**, *Tu le sais bien !*

***

Упражнение 1 – Читайте и переводите

❶ У него такой напряжённый график! ❷ – Ты занят? – Сейчас посмотрю расписание. ❸ Я работаю с пяти до половины седьмого. ❹ До ужина я совершенно свободен. ❺ Я завтракаю в восемь, а в два у меня обед.

Упражнение 2 – Восстановите текст

❶ – Quelle heure est-il ? – Six heures moins dix.
– Сколько . . . . ? – . . . десяти шесть.

❷ À quelle heure finis-tu de travailler ?
. . . . ты заканчиваешь работать?

❸ – Mais tu n'es pas occupé à neuf heures du soir ! – Si, je suis occupé !
– Ты же не . . . . . в девять . . . . . . ! – Нет, занят!

13 – Mais tu n'es pas occupé !
14 – Le planning c'est le planning !

***

Corrigé de l'exercice 1

❶ Il a un planning tellement chargé ! ❷ – Tu es occupé ? – Je vais regarder le planning. ❸ Je travaille de cinq heures à six heures et demie. ❹ Jusqu'au dîner, je suis absolument libre. ❺ Je prends le petit-déjeuner à huit heures, et à deux heures j'ai le déjeuner.

❹ – Peux-tu venir à huit heures précises ? – Non, j'ai un dîner.
– Можешь прийти ..... в восемь? – Нет, у меня .....

❺ Pouvons-nous nous voir dans cinq minutes ?
Мы ..... встретиться ..... пять ..... ?

Corrigé de l'exercice 2

❶ – времени – Без – ❷ Во сколько – ❸ – занят – вечера – ❹ – ровно – ужин ❺ – можем – через – минут

Сорок второй урок

Повторение – **Révision**

1 Le nom

1.1 Le datif des noms

C'est le cas du complément d'attribution. On le traduit en français à l'aide de la préposition "à" qui précède le nom (ou le pronom). Pour l'instant nous ne verrons que la formation du singulier qui, vous le comprendrez très vite, n'est pas du tout difficile. Nous avons déjà vu le datif singulier dans la leçon 35. Récapitulons :
Le datif des masculins et des neutres est en -у ou en -ю (respectivement pour les durs et les mous) : брат, *frère* → ск**о**лько лет твоем**у** бр**а**ту?, *Quel âge a ton frère ?* ; пис**а**тель, *écrivain* → Он**и** помог**а**ют пис**а**телю, *Ils aident l'écrivain.*
Le datif des féminins qui se terminent en -а/-я est en -е : м**а**ма, *maman* → Дай кн**и**гу м**а**ме!, *Donne le livre à maman !*
Les féminins se terminant par -ь prennent -и au datif et ceux qui se terminent par -ия prennent -ии : **о**бувь, *chaussures* → **о**буви ; ситу**а**ция, *situation* → ситу**а**ции.
Comme vous pouvez le constater, ce n'est pas très difficile ! Vous assimilerez tout ça à l'usage.

1.2 Le génitif pluriel des féminins

Vous connaissez déjà le génitif pluriel des masculins durs. Complétons un peu le génitif.
Vous avez rencontré le génitif pluriel des féminins. Sachez que les féminins durs, tout comme les neutres durs, ont la terminaison "zéro" : морщ**и**на, *ride* → морщ**и**н ; фр**а**за, *phrase* → фраз.
Les féminins en -я prennent la terminaison -ь : нед**е**ля, *semaine* → нед**е**ль, tandis que les féminins en -ия et les neutres en -ие ont la terminaison -ий : ситу**а**ция, *situation* → ситу**а**ций ; удов**о**льствие, *plaisir* → удов**о**льствий. Et souvenez-vous que les noms féminins dont le radical se termine par une succession

Quarante-deuxième leçon

de deux consonnes peuvent intégrer une voyelle mobile au génitif pluriel : рубашка (nominatif singulier), *chemise* → рубашек (génitif pluriel).

1.3 L'instrumental singulier

L'instrumental est le cas du circonstanciel. Il peut s'employer avec ou sans préposition. Pour l'instant, nous l'avons vu avec la préposition с, *avec*, qui introduit une personne ou un phénomène qui accompagne l'action.
Voici comment le former :
Les masculins et les neutres durs ont leur instrumental en -ом : Я в кино с братом, *Je vais au cinéma avec [mon] frère.*
Les masculins et les neutres mous ont l'instrumental en -ем : проблемы с пищеварением, *des problèmes de digestion.* Quand l'accent est final, au lieu de -ем nous aurons -ём : с дождём, *avec la pluie.*
Les féminins durs ont l'instrumental en -ой et les mous (sauf ceux se terminant en -ь) l'ont en -ей (ou en -ёй si l'accent est final) : Дети сегодня с бабушкой, *Les enfants sont avec grand-mère aujourd'hui* ; Здесь большие проблемы с коррупцией, *Ici, il y a de gros problèmes de corruption.*
Les féminins en -ь prennent la terminaison -ью : А что делать с мебелью?, *Et que faire avec les meubles ?*

2 Le pronom démonstratif

этот que nous avons déjà vu au nominatif se décline. Dans les dernières leçons, nous avons rencontré son datif et son génitif :

	Masculin/Neutre	Féminin	Pluriel
Nominatif	этот/это	эта	эти
Génitif	этого	этой	этих
Datif	этому	этой	этим

3 L'instrumental des mots interrogatifs

Nous avons vu l'instrumental de кто et что au cours des dernières leçons : кто, *qui*, devient кем, et что, *quoi*, devient чем.

4 L'instrumental des pronoms personnels

Comme vous avez déjà vu plusieurs fois quelques pronoms personnels à l'instrumental, nous vous proposons le récapitulatif :

Nominatif	Instrumental		
я	мн**о**й	он со* мн**о**й	*il est avec moi*
ты	тоб**о**й	он с тоб**о**й	*il est avec toi*
он он**о**	им	он с ним	*il est avec lui*
он**а**	**е**ю	он с н**е**ю	*il est avec elle*
мы	н**а**ми	он с н**а**ми	*il est avec nous*
вы	в**а**ми	он с в**а**ми	*il est avec vous*
он**и**	**и**ми	он с н**и**ми	*il est avec eux* *il est avec elles*

* Le o apparaît pour faciliter la prononciation.

Remarquez que н**а**ми et в**а**ми se déclinent de la même manière. Quand les pronoms personnels de la 3e personne sont employés avec des prépositions, n'oubliez pas qu'un н apparaît au début du mot : с ним, *avec lui*.

5 Le datif des possessifs

Masculin/Neutre	Féminin	Pluriel
моем**у** *au mien*	мо**е**й *à la mienne*	мо**и**м *aux miens*
твоем**у** *au tien*	тво**е**й *à la tienne*	тво**и**м *aux tiens*
своем**у** *au sien*	сво**е**й *à la sienne*	сво**и**м *aux siens*
н**а**шему *au nôtre*	н**а**шей *à la nôtre*	н**а**шим *aux nôtres* (pour tous les genres)

в**а**шему *au vôtre*	в**а**шей *à la vôtre*	в**а**шим *aux vôtres* (pour tous les genres)

Le datif pluriel de la 3e personne est le même pour tous les genres : их

6 Les verbes perfectifs et imperfectifs

• Le futur des verbes perfectifs se forme d'après les règles du présent des verbes imperfectifs : on retrouve les même terminaisons et les mêmes groupes de verbes. Mais comme le perfectif, s'intéressant au résultat de l'action, ne peut pas décrire de déroulement actuel, il n'a pas de présent. Comparez la conjugaison des verbes есть, *manger* (verbe imperfectif) / съесть, *manger* (verbe perfectif), et знак**о**миться, *faire connaissance* (verbe imperfectif) / познак**о**миться, *faire connaissance* (verbe perfectif).

Présent de есть : я ем, ты ешь… он**и** ед**я**т.
Futur de съесть (car comme tous les perfectifs il n'a pas de présent) съесть : я съем, ты съешь… он**и** съед**я**т.

Présent de знак**о**миться : я знак**о**млюсь, ты знак**о**мишься… он**и** знак**о**мятся;
Futur de познак**о**миться (car il n'a pas de présent) познак**о**миться : я познак**о**млюсь, ты познак**о**мишься… он**и** познак**о**мятся.

Retenez que les verbes qui indiquent la durée d'une action ou un état (pris dans la durée) n'ont pas de perfectif. C'est par exemple le cas de жить, *vivre*, *habiter*.

7 Les verbes irréguliers

Nous avons rencontré quelques verbes irréguliers (ou partiellement irréguliers). Complétons un peu :
жить (imperf.) 1er groupe *vivre*, *habiter* (la racine change) :
я жив**у**, ты жив**ё**шь, он жив**ё**т, мы жив**ё**м, вы жив**ё**те, он**и** жив**у**т

пл**а**кать (imperf.) 1er groupe *pleurer* (attention à l'accent, sinon, la confusion avec un autre verbe est possible !) :

я пл**а**чу, ты пл**а**чешь, он пл**а**чет, мы пл**а**чем, вы пл**а**чете, он**и** пл**а**чут

иск**а**ть (imperf.) *chercher* 1er groupe (ск est remplacé par щ à toutes les personnes) :
я ищ**у**, ты **и**щешь, он **и**щет, мы **и**щем, вы **и**щете, он**и** **и**щут

есть (imperf.) *manger* 2e groupe (entièrement irrégulier) :
я ем, ты ешь, он ест, мы ед**и**м, вы ед**и**те, он**и** ед**я**т

нос**и**ть (imperf.) *porter* 2e groupe (с est remplacé par ш à la 1re personne du singulier) :
я ношу, ты н**о**сишь, он н**о**сит, мы н**о**сим, вы н**о**сите, он**и** н**о**сят

в**и**деть (imperf.) *voir* 2e groupe (д est remplacé par ж à la 1re personne du singulier) :
я в**и**жу, ты в**и**дишь, он в**и**дит, мы в**и**дим, вы в**и**дите, он**и** в**и**дят

***

Заключительный диалог

1 – Как ты?
2 – Всё в порядке.
3 – Во сколько мы можем встретиться вечером?
4 – Боюсь, я не занят только до ужина.
5 Я ищу подарок для мамы.
6 – А где твой брат и почему он тебе не помогает?
7 – Он работает... даже по праздникам.
8 – Жаль! У меня болит голова и слабый желудок...
9 – Но чем я могу тебе помочь?
10 – Кем работает твой брат?
11 – Он врач... А! Теперь я понимаю!..
12 На твоём месте я бы тоже пошёл к врачу.

8 Les prépositions

Souvenez-vous :

• Les prépositions в et на peuvent s'utiliser avec l'accusatif si elles indiquent le lieu vers lequel on se dirige, comme *à*, *dans* avec mouvement, et avec le prépositionnel si elles indiquent le lieu où on est, comme *à*, *dans* sans mouvement : в Москв**у**, *à Moscou* (avec mouvement) / в Москв**е**, *à Moscou* (sans mouvement) ; на ст**о**л, *sur la table* (mettre quelque chose) / на стол**е**, *sur la table* (sans mouvement : il y a quelque chose sur la table).

• La préposition для s'utilise avec le génitif et indique le destinataire ou le but d'une action : для мен**я**, *pour moi* ; для вечер**и**нки, *pour la soirée*.

• с, *avec* s'utilise avec l'instrumental et comporte l'idée d'accompagnement : со мн**о**й, *avec moi* ; в**о**дка с икр**о**й, *la vodka avec du caviar.*

***

Traduction

1 Comment ça va ? **2** Tout va bien. **3** À quelle heure peut-on se rencontrer [ce] soir ? **4** Je crains d'être libre uniquement avant le dîner. **5** Je cherche un cadeau pour Maman. **6** Et où est ton frère et pourquoi est-ce qu'il ne t'aide pas ? **7** Il travaille... même les jours fériés. **8** Dommage ! J'ai mal à la tête et [j'ai] l'estomac fragile... **9** Mais en quoi puis-je t'aider ? **10** Que fait ton frère comme travail ? **11** Il est médecin... Ah ! Maintenant je comprends ! **12** À ta place, j'irais aussi chez un médecin.

43

Сорок третий урок *[soRaktRiét^{ïi} ouRok]*

Мечт**ы**

1 Ж**е**нщина объясн**я**ет подр**у**ге [1],
2 как**о**го [2] м**у**жа ей хот**е**лось бы им**е**ть:
3 – Он д**о**лжен [3] быть в**е**жливым [4],
4 им**е**ть разностор**о**нние интер**е**сы,
5 люб**и**ть жив**о**тных,
6 расск**а**зывать мне заб**а**вные ист**о**рии [5],

Prononciation

*mitcht**y** **1** j**ê**nchtchina ab^{oié}sn**ia**^{ié}t padR**ou**gu^{ié} **2** kak**o**v^{a} m**ou**ja iéï Hat**ié**Las^{i} by im**ié**t^{s} **3** o-n d**o**Ljên byt^{s} v**ié**jlivy-m **4** im**ié**t^{s} RaznastaR**o**nni^{ié} intiR**ié**ssy **5** lioub**i**t^{s} jyv**o**tnyH **6** Rask**a**zyvat^{s} mnié zab**a**vny^{ié} ist**o**Rii*

Notes

1 Le verbe **объясн*я*ть** nécessite l'emploi du datif. Ainsi, nous avons **подр*у*га** (nominatif, féminin), *une amie* → **объясн*я*ет подр*у*ге** (datif), *[il] explique à une amie*. Pour les désinences (terminaisons) des noms au datif singulier, voir leçon 42, § 1.

2 Vous connaissez l'adjectif **как*о*й**, **-ая**, **-ое**, *quel*. Les adjectifs se déclinent aussi. Le verbe **им*е*ть**, *avoir (qqch)* nécessite l'emploi de l'accusatif (COD). Pour les animés, l'accusatif est égal au génitif. Ainsi, nous avons : **муж** (nominatif, masculin), *mari* → **им*е*ть м*у*жа** (accusatif = génitif), *avoir un mari*. L'adjectif s'accorde avec le nom auquel il se rapporte, donc il est également à l'accusatif-génitif, qui, pour le masculin singulier dur, se forme à l'aide de la terminaison **-ого** : **как*о*й – ой** → **как + ого** → **как*о*го м*у*жа**, *quel mari* (COD).

3 **д*о*лжен** se traduit par *devoir*. **д*о*лжен** est un adjectif court, il s'accorde avec le nom ou le pronom en genre et nombre : **он д*о*лжен** *[o-n d**o**Ljên]*, *il doit* ; **он*а* должн*а*** *[ana daLjn**a**]*, *elle doit* ; **он*и* должн*ы*** *[an**i** daLjn**y**]*, *ils doivent*.

Quarante-troisième leçon

Les rêves

1 Une femme explique à [son] amie
2 quel mari elle voudrait avoir :
3 – Il doit être poli,
4 s'intéresser à plein de choses *(avoir des intérêts variés)*,
5 aimer les animaux,
6 me raconter des histoires drôles,

Remarques de prononciation

(1), **(3)**, **(5)**, **(9)** N'oubliez pas qu'après **ж** même les voyelles molles se prononcent comme des dures. Ainsi, dans **женщина**, **должен**, **нужен** nous avons *[jê]* : *[jênchtchina]*, *[doLjên]*, *[noujên]*, et dans **животных** *[jy]* : *[jyvotnyH]*.

(1), **(7)** Voici à nouveau le signe dur. Vous l'avez déjà vu à la leçon 24. Remarquez que la suite du mot, après le signe dur, se prononce comme une séquence distincte et n'influence donc pas la lettre qui précède le signe dur. Observez : **объясняет** *[ab^oié^snia^ié^t]*. Le **б** reste dur, car il est séparé de **я** mou par le signe dur. Remarquez également que le premier **я** inaccentué se trouvant au "début de la nouvelle séquence" se prononcera comme *[^ié^]*.

4 Après le verbe **быть** et quelques autres verbes que vous rencontrerez plus tard, l'adjectif se met à l'instrumental. L'instrumental des adjectifs masculins et neutres durs au singulier se forme avec la terminaison -ым : **вежлив – ый → вежлив + ым → быть вежливым**, *être poli*. Observez cet exemple : **Когда дедушка был молодым, он был очень красивым**, *Quand grand-père était jeune, il était très beau.*

5 Le verbe **рассказывать** nécessite l'emploi du datif et de l'accusatif : *raconter qqch. à qqn*. Pour les noms et les adjectifs inanimés au pluriel, l'accusatif est identique au nominatif. **Забавные истории**, *les histoires drôles* (nominatif pluriel) → **рассказывать забавные истории**, *raconter des histoires drôles* (accusatif pluriel).

7 разъясн**я**ть междунар**о**дную обстан**о**вку
8 и никогд**а** мен**я** не перебив**а**ть.
9 – В так**о**м [6] сл**у**чае, теб**е** н**у**жен не м**у**ж, а телев**и**зор!

*7 Raz[oïé]sn**ia**t[s] mijdounaR**o**dnouïou apstan**o**fkou **8** i nikagd**a** min**ia** nipiRibiv**a**t[s] **9** ftak**o**m sL**ou**tchi[ié] tib**ié** n**ou**jên nim**ou**ch a tiliv**i**zaR*

Note

6 так**о**й, *tel*, se décline à l'image de как**о**й, *quel*. Après la préposition **в** on utilise le prépositionnel (sans mouvement). Le prépositionnel des adjectifs masculins durs se forme en **-ом** : **так – ой** → **так + ом** → **в таком** сл**у**чае, *dans ce (tel) cas*. Le mot сл**у**чай signifie *cas, occasion*.

***

Упражнение 1 – Читайте и переводите

❶ Мы очень любим животных. ❷ Мне бы хотелось иметь телевизор. ❸ – Знакомьтесь, это мой муж! – А я думал, что это ваш сын... ❹ Они совершенно не понимают международную обстановку. ❺ Всё это только мечты!

Упражнение 2 – Восстановите текст

❶ Il raconte des histoires amusantes sur des animaux.
Он . . . . забавные . . . . о животных.

❷ Dans ce cas, tu dois être poli.
В таком . . . . . . , ты . . . . . . быть вежливым.

❸ Tu dois lui expliquer la situation.
Ты должен . . . . ему . . . .

7 [être capable de m']expliquer la situation internationale

8 et ne jamais m'interrompre.

9 – Dans ce cas, tu [n']as [pas] besoin d'un mari *(à-toi nécessaire non mari)* mais d'un téléviseur !

***

Corrigé de l'exercice 1

❶ Nous aimons beaucoup les animaux. ❷ Je voudrais avoir une télé. ❸ – Faites connaissance, c'est mon mari ! – Et moi, je pensais que c'était votre fils… ❹ Ils ne comprennent absolument pas la situation internationale. ❺ Ce ne sont que des rêves !

❹ Elle s'intéresse à plein de choses.
У неё разносторонние . . . .

❺ Je n'ai jamais voulu [aller] à Moscou.
. . . никогда не . . . . в Москву.

Corrigé de l'exercice 2

❶ – рассказывает – истории – ❷ – случае – должен – ❸ – объяснить – обстановку ❹ – интересы ❺ Мне – хотелось –

Сорок четвёртый урок
[soRaktchitvioRt^yï ouRok]

Евгений Онегин

1 – Откуда ты такая счастливая?
2 – Из оперного театра.
3 Опера была [1] – просто чудо!
4 – И на какую оперу ты ходила [2]?
5 – «Евгений Онегин».
6 – Я читала книгу; она хорошая, но скорее грустная...
7 Помню, я плакала, когда Татьяна отказала Онегину.
8 – Мне так понравился муж Татьяны,
9 что я чуть не [3] зааплодировала,
10 хотя все в зале плакали!

Prononciation

*^iévguiénii aniégui-n **1** atkouda ty takaïa chtchislivaïa **2** izopiRnav^a tiatRa **3** opiRa byLa pRost^a tchioud^a **4** inakakouiou opiRou ti HadiLa **5** ^iévguiénii aniégui-n **6** ia tchitaLa knigou ana HaRocha^ia no skaRié^ié gRousna-ia **7** pomniou ia pLakaLa kagda tatiana atkazaLa aniéguinou **8** mnié tak pa-nRaviLsia mouch tatiany **9** chto ia tchout^s ni zaapLadiRavaLa **10** Hatia fsié vzalié pLakali*

Notes

1 Vous savez que le verbe *être* n'apparaît pas au présent et qu'il est sous-entendu. Au passé, les auxiliaires s'accordent en genre et en nombre avec le sujet : **Вчера папа был в опере.** *Hier papa a été à l'opéra.* **Опера была – просто чудо.** *L'opéra était super.* **Было очень весело.** *C'était très gai.*

2 Vous connaissez déjà le verbe imperfectif **идти**, *aller à pied [dans une direction précise]*. Le verbe **ходить** est également imperfectif et signifie *aller à pied [sans direction précise]* ou indique une action répétée. On distingue 14 paires de verbes de déplacement. Chaque paire corres-

Quarante-quatrième leçon

Eugène Onéguine

1 – D'où [viens-]tu, si heureuse ?
2 – De *(du théâtre de)* l'opéra.
3 L'opéra était une vraie merveille *(simplement miracle)* !
4 – Et quel opéra as-tu vu *(Et à quel opéra tu es allée)* ?
5 – "Eugène Onéguine".
6 – J'ai lu le livre ; il est bien, mais plutôt triste...
7 Je me rappelle, j'ai pleuré quand Tatiana a repoussé *(refusé)* Onéguine.
8 – J'ai tellement aimé le mari de Tatiana,
9 que j'ai failli applaudir
10 même si *(bien-que)* toute la salle *(tous dans la salle)* pleurait !

Remarques de prononciation

(1) сčастл**и**вая *[chtchisl**i**vaïa]* : la combinaison сч se prononce *[chtch]* et le т ne se prononce pas.
(5) N'oubliez pas que le **е** au début des mots se prononce *[ié]* : Евг**е**ний *[ié vgu**ié**niï]*.
(6) гр**у**стная *[gR**ou**sna-ia]* : le т ne se prononce pas.
(8) Pensez à assourdir les consonnes sonores à la fin des mots : муж *[mouch]*.

pond à un moyen précis de déplacement (à pied, en voiture, en avion, etc.). Tous ces verbes sont imperfectifs. On les appelle "verbes déterminés" et "indéterminés". Par exemple, я ид**у** в парк, *Je vais dans le parc* : verbe déterminé, car il y a une direction précise et définie (je vais dans le parc maintenant). En revanche, я хож**у** в парк sous-entend que je vais dans le parc et que je reviens, ou bien que je fais cette action souvent.

3 La construction чуть не + verbe perfectif au passé se traduit par *faillir [faire qqch.]* : Я чуть не вз**я**л **э**ту кн**и**гу, *J'ai failli prendre ce livre.*

Упражнение 1 – Читайте и переводите

❶ Ты такой счастливый: она тебя любит! ❷ Помнишь, мне хотелось иметь собаку? ❸ – Мне так понравился фильм ! – А на какой фильм ты ходил? ❹ Я чуть не заснула в первом акте. ❺ После концерта все в зале зааплодировали.

Упражнение 2 – Восстановите текст

❶ – D'où viens-tu ? – Du cinéma.
– Ты . . . . . . ? – Я . . кино.

❷ Eh bien, c'est plutôt une histoire triste…
Ну, это . . . . . . грустная история...

❸ Il nous plaît, bien qu'il ne soit pas poli.
Он нам нравится, ... он и не . . . .

❹ Ils ont failli tomber malades après ce froid.
Они . . . . . . заболели после этого холода.

❺ Tu es un amour *(un miracle)* : tu m'aides tout le temps.
Ты просто . . . . : всё время мне . . . .

***

"Eugène Onéguine" *est un roman en vers d'Alexandre Pouchkine (1799-1837), poète russe, fondateur de la nouvelle littérature russe, père du russe moderne. Le livre, commencé en 1823 et terminé en 1831, dresse un portrait fidèle de la vie de l'aristocratie russe. Le héros principal, Eugène, est un jeune homme blasé et futile qui s'ennuie "de la ville et de la campagne". Il se retire à la campagne où il hérite d'une maison et se lie d'amitié avec un jeune romantique, Lenski. Ce dernier est fiancé avec Olga qui a une sœur cadette, Tatiana. Tatiana*

Corrigé de l'exercice 1

❶ Tu es si heureux : elle t'aime ! ❷ Tu te rappelles que je voulais avoir un chien ? ❸ – J'ai tellement aimé le film ! – Et quel film es-tu allé voir ? ❹ J'ai failli m'endormir au premier acte. ❺ Après le concert, tout le monde dans la salle a applaudi.

Corrigé de l'exercice 2

❶ – откуда – из – ❷ – скорее – ❸ – хотя – вежливый ❹ – чуть не – ❺ – чудо – помогаешь

***

s'éprend d'Onéguine et lui adresse une très célèbre lettre d'amour que tous les Russes connaissent. Onéguine repousse son amour et fait la cour à Olga, ce qui provoque un duel. Après le duel lors duquel il tue son meilleur ami, Eugène part voyager. À son retour, il retrouve Tatiana – qui a beaucoup changé – et tombe amoureux d'elle. Il lui adresse une lettre à son tour. Tatiana, à présent femme mariée, refuse dignement son amour. Les Russes ont fait de Tatiana une sorte d'héroïne nationale.

Сорок пятый урок *[soRakpiatyï ouRok]*

Жадина

1 – Не понимаю, почему все думают, что я жадный...
2 – Наверное [1], потому что ты никому [2] ничего не даёшь?
3 – Это не правда!
4 – Давай проверим.
5 Дай [3] мне твой словарь!
6 – У меня сейчас нет словаря.
7 – Тогда дай сигареты и спички [4].
8 – Нет ни сигарет ни спичек [5]...
9 – Ну, хорошо. У тебя есть апельсин.

Prononciation

jadina **1** *nipanimaïou patchimou fsié douma-iout chto ia jadnyï* **2** *naveRnaié patamou chto ty nikamou nitchivo nidaïoch'* **3** *êtªnipRavda* **4** *davaï pRaviéRim* **5** *daï mnié tvoï sLavaRi* **6** *ouminia sitchiass niét sLavaRia* **7** *tagda daï sigaRiéty i spitchki* **8** *niét nissigaRiét nispitchiék* **9** *nou HaRacho. outibia iéstˢ apilsi-n*

Notes

1 Sachez que **наверное**, *probablement*, a une autre forme, **наверно** *[naviéRnª]*, qui ne diffère que par l'absence du **е** à la fin du mot.

2 **никому** est le datif du pronom négatif **никто** *[nikto]*. Ce pronom est formé sur la base du pronom interrogatif **кто** et a la même déclinaison.

3 **давай** et **дай** sont les impératifs des deux verbes qui se traduisent en français par *donner*. Vous avez déjà rencontré l'impératif du verbe imperfectif **давать** (leçons 3 et 12). Relisez sa conjugaison à la fin de

Quarante-cinquième leçon

Le pingre

1 – Je ne comprends pas pourquoi tout le monde pense *(tous pensent)* que je suis avare...
2 – Probablement parce que tu ne donnes rien à personne ?
3 – Ce n'est pas vrai *(Ce ne-pas vérité)* !
4 – Vérifions.
5 Donne-moi ton dictionnaire !
6 – Je n'ai pas de dictionnaire *(maintenant)*.
7 – Alors, donne[-moi] des cigarettes et des allumettes.
8 – Je n'ai *(Il-n'y-a)* ni cigarettes ni allumettes...
9 – Bon, d'accord *(Eh, bien)*. Tu as une orange.

Remarques de prononciation

(1), **(2)** Rappelez-vous que ч dans **что** se prononce *[ch]* : *[chto]*.
(6) Le й de **сейчас** ne se prononce pas : *[sitchiass]*.

la leçon 35. L'impératif **дай** est celui du perfectif **дать** *[dat[s]]* (vous l'avez rencontré au passé à la leçon 27).

4 Vous savez que le pluriel de la plupart des noms durs est en **-ы** et donc, logiquement, le pluriel du féminin dur **спичка** devrait se former en **-ы**. Mais attention, en raison de la règle d'incompatibilité orthographique (pas de **ы** après **к**), son pluriel est **спички**.

5 Vous avez déjà rencontré des mots avec une voyelle mobile (leçon 40 note 4). En voici encore un exemple : **спичка** (nominatif singulier) → **спичек** (génitif pluriel). Cette voyelle n'apparaît que dans les cas où la terminaison se compose de plusieurs consonnes qui se suivent.

10 **Е**сли бы у мен**я** был [6] апельс**и**н,
11 я бы с тоб**о**й подел**и**лся…
12 – Жаль, что у теб**я** нет апельс**и**на! □

*10 **ié**sliby oumin**ia** byL apils**i**-n **11** **ia**by stab**oï** padil**i**Lsia **12** jal chto outib**ia** niét apils**i**na*

Note

6 Observez la structure **у мен**я** есть**, *j'ai* ("à moi est"), au passé : **у мен**я** был**, *j'avais* ("à moi était"). Le verbe *être* s'accorde avec son sujet : **у мен**я** был апельс**и**н** (masculin singulier), *j'avais* ("à moi était") *une orange* ; **у мен**я** был**а** кн**и**га** (féminin singulier), *j'avais* ("à moi était") *un livre* ; **у мен**я** б**ы**ли пробл**е**мы** (pluriel), *j'avais* ("à moi étaient") *des problèmes*.

***

Упражнение 1 – Читайте и переводите

❶ – Ты жадина! – Это не правда! ❷ Жаль, что ты мне ничего не даёшь. ❸ – Где твой словарь? – У меня его нет. ❹ Это правда, что он любит апельсины? ❺ Давай проверим, кто здесь русский.

***

Упражнение 2 – Восстановите текст

❶ Quelle pingre ! Elle n'a pas même partagé avec toi !
Какая . . . . . . ! Даже . тобой не поделилась!

❷ Regarde, ici il y a beaucoup de cigarettes et d'allumettes.
Смотри, здесь много . . . . и . . . .

❸ Il ne raconte rien à personne.
Он . . . . не рассказывает.

❹ – J'aurais partagé avec toi. – C'est vrai ?
– Я бы с тобой . . . . – . . . . . . ?

❺ Ils pensent sûrement qu'il est avare.
. . . . (.), они думают, что он . . . .

10 Si j'avais une orange,
11 je [la] partagerais avec toi…
12 – Dommage que tu n'aies *(n'as)* pas d'orange !

***

Corrigé de l'exercice 1

❶ – Tu es un pingre ! – Ce n'est pas vrai ! ❷ Dommage que tu ne me donnes rien. ❸ – Où est ton dictionnaire ? – Je ne l'ai pas. ❹ C'est vrai qu'il aime les oranges ? ❺ Vérifions qui est russe ici.

***

Corrigé de l'exercice 2

❶ – жадина – с – ❷ – сигарет – спичек ❸ – ничего никому – ❹ – поделился – Правда ❺ Наверно(е) – жадный

Vous l'avez peut-être remarqué, les traductions françaises deviennent progressivement moins littérales, car à présent vous faites plus facilement le lien entre la manière dont on s'exprime en russe et celle dont on dit les choses en français. Félicitations, vous avez franchi une étape de votre apprentissage !

46

Сорок шестой урок

[soRakchystoï ouRok]

Какие планы?

1 – Куд**а** ты ид**ё**шь?
2 – Не «куд**а**», а «отк**у**да»: из библиот**е**ки. [1]
3 – А я с п**о**чты [2]: отправл**я**ла письм**о** м**а**ме.
4 Теп**е**рь ид**у** к подр**у**ге [3].
5 – А мне н**е**чем [4] зан**я**ться.
6 Пойд**у** в парк, там сейч**а**с крас**и**во: фонт**а**ны, цвет**ы**...

Prononciation

kaki[ié] pLany ***1*** *kouda ty idioch'* ***2*** *ni kouda aatkouda izbibliatiéki* ***3*** *a ia spotchty atpRavliaLa pis[i]mo mamié* ***4*** *tipiéR[i] idou kpadRouguié* ***5*** *amnié niétchié-m zaniatsa* ***6*** *païdou fpaRk tam sitchiass kRassiv[a] fa-ntany tsvity*

Notes

1 Les mots interrogatifs **куда** et **откуда** font porter la question sur la direction. Dans le premier cas il s'agit de la destination et dans le second, de la provenance : **Куда ты идёшь?**, *Où vas-tu ?* ; **Откуда они идут?**, *D'où viennent-ils ?*

2 La préposition **с** est suivie du génitif et indique la provenance : **Я с почты**, *Je viens de la poste*.

3 La préposition **к**, *vers*, *chez*, est suivie du datif et indique la destination (avec mouvement) : **Они идут к подруге**, *Ils vont chez une amie*.

Quarante-sixième leçon

Quel sont [tes] projets ?

1 – Où vas-tu ?
2 – [Ce n'est] pas "où vas-tu", mais "d'où viens-tu" : de la bibliothèque.
3 – Et moi, [je rentre] de la poste : j'ai envoyé une lettre à [ma] mère.
4 Maintenant, je vais chez une amie.
5 – Et moi, je n'ai rien à faire.
6 Je vais aller *(j'irai)* au parc, c'est joli en ce moment *(là-bas maintenant [c'est] beau)* : [il y a] des fontaines, des fleurs...

Remarques de prononciation

(5) N'oubliez pas que **-ться**, à la fin des infinitifs, prend une prononciation dure, malgré la présence du signe mou et d'un **я** : *[tsa]*. Dites **заняться** *[zaniatsa]*.
(6), **(9)** Rappelez-vous que le **к** final est toujours dur : **парк** *[paRk]*.

4 Le verbe **заняться**, *s'occuper*, nécessite l'emploi de l'instrumental. **нечем** est l'instrumental de **нечего** *[niétchiv[a]]*, *rien*. Remarquez que les mots négatifs se forment à l'aide des particules négatives **не** et **ни**. Comparez : **когда**, *quand* ; **никогда**, *jamais* ; **кто**, *qui* ; **никто**, *personne*. Les pronoms négatifs formés avec la particule **ни** s'utilisent dans les phrases comprenant un verbe négatif (**не** + verbe) pour accentuer la négation, exprimée par le verbe : **Я ничего не знаю**, *Je ne sais rien*. Donc, **ни** est une particule de renforcement. **не** est aussi une particule négative et s'emploie dans les structures impersonnelles. Le préfixe est toujours accentué : **Мне нечего бояться**, *Je n'ai rien à craindre*.

7 – **Е**сли х**о**чешь, пойд**ё**м со [5] мн**о**й [6].
8 Я к подр**у**ге на мин**у**ту,
9 а от [7] не**ё** – вм**е**сте пойд**ё**м в парк.
10 – Отл**и**чная ид**е**я! □

7 iésli Hotchich' païdiom samnoï 8 ia k padRouguié naminoutou 9 aatnï-io – vmiéstié païdiom fpaRk 10 atlitchna[ia] idiéïa

Notes

5 Vous connaissez déjà la préposition **с**, *avec*, qui régit l'instrumental. Souvent, pour faciliter la prononciation on ajoute un **о** après le **с**. Nous verrons cette règle plus en détail dans la leçon de révision. Deux exemples : **со мной**, *avec moi* ; **со всеми**, *avec tout le monde*.

***

Упражнение 1 – Читайте и переводите

❶ – Откуда у тебя эти книги? – Из библиотеки. ❷ – Привет, ты к нам? – Да, но только на минуту! ❸ От меня они к подруге, после – в библиотеку. ❹ Какие у вас планы после экзамена? ❺ Когда я отправлял письмо, я видел маму.

***

Упражнение 2 – Восстановите текст

❶ Dans le parc, c'est joli maintenant.
В . . . . . сейчас . . . .

❷ Si tu veux, nous pouvons aller chez mon amie.
. . . . хочешь, пойдём . моей . . . .

❸ – Quels sont tes projets ? – Je vais au parc.
– . . . . . у тебя . . . . . ? – Я в парк.

❹ – Tu reviens déjà de la poste ? – Oui, et toi, tu vas où ?
– Ты уже с . . . . . ? – Да, а ты . . . . ?

❺ Je viens du parc, je m'y promenais.
Я . . парка, я там . . . . . (.).

7 – **Si tu veux, viens** *(allons)* **avec moi.**
8 **Je [vais] chez [ma] copine vite fait** *(pour une minute)*,
9 **et de chez elle [on peut aller] ensemble au parc.**
10 – **[C'est] une super idée !**

6 Le russe utilise la phrase redondante **Пойдём со мной**, littéralement "Allons avec moi". C'est une tournure très courante.

7 Si vous observez attentivement les deux mots interrogatifs de la note 1, vous comprendrez sans problème que la préposition **от** indique la provenance : *de*. Elle est suivie du génitif :
– **Откуда они?** *D'où viennent-ils ?*
– **От подруги.** *De chez une copine.*

***

Corrigé de l'exercice 1

❶ – D'où tiens-tu ces livres ? – De la bibliothèque. ❷ – Salut, tu viens chez nous ? – Oui, mais juste pour une minute ! ❸ De chez moi ils vont chez une amie et après, à la bibliothèque. ❹ Quels projets avez-vous après l'examen ? ❺ Quand j'ai envoyé *(j'envoyais)* la lettre, j'ai vu maman.

***

Corrigé de l'exercice 2

❶ – парке – красиво ❷ Если – к – подруге ❸ Какие – планы – ❹ – почты – куда ❺ – из – гулял(а)

47

Сорок седьмой урок

[soRaksidⁱmoï ouRok]

Общеж**и**тие

1 – Отк**у**да ты?
2 – Из **А**нглии: я англич**а**нин.
3 – И на ск**о**лько ты здесь?
4 – Я здесь н**а** год [1].
5 – А я д**у**мал, ты америк**а**нец...
6 – Ты случ**а**йно не из Герм**а**нии?
7 – Да, я н**е**мец из Берл**и**на.
8 А мо**я** подр**у**га – кита**я**нка.
9 **Её** муж т**о**же кит**а**ец.
10 Мо**и** сос**е**ди сл**е**ва - итальянцы, а спр**а**ва – исп**а**нцы! [2]
11 – А кто здесь яп**о**нец [3]?

Prononciation

*apchtchij**y**tiⁱᵉ* **1** *atk**ou**da ty* **2** *iz**a**-nglii ia a-nglitch**a**ni-n* **3** *i na sk**o**lkᵃ ty zdiéssⁱ* **4** *ia zdiéssⁱ n**a**gat* **5** *a ia d**ou**maL ty amiRik**a**niéts* **6** *ty sLoutch**a**ïnᵃ niizguiRm**a**nii* **7** *da ia n**ié**miéts izbiRl**i**na* **8** *ama-**ia** padR**ou**ga kita-**ia**-nka* **9** *ⁱᵉ**io** mouch t**o**jᵉ kit**a**iéts* **10** *ma-**ï** sass**ié**di sl**ié**va ital**ia**-ntsy aspR**a**va – isp**a**-ntsy* **11** *akt**o** zdiéssⁱ yip**o**niéts*

Notes

1 La préposition на suivie d'un accusatif sert à indiquer la quantité de temps qu'on veut passer quelque part : Он в Москв**у** на нед**е**лю, *Il part à Moscou pour une semaine* ; Там**а**ра здесь н**а** год, *Tamara est ici pour un an*.

2 Vous savez déjà dire *à gauche* et *à droite* avec mouvement (voir leçon 13) : ид**и**те пр**я**мо, пот**о**м – нал**е**во, а п**о**сле светоф**о**ра – напр**а**во, *Allez tout droit, ensuite à gauche, et après le feu, à droite*. Maintenant, nous vous proposons les mêmes directions mais sans

Quarante-septième leçon

Le foyer

1 – D'où [viens-]tu ?
2 – D'Angleterre : je suis anglais.
3 – Et combien [de temps] restes-tu *(et sur combien tu ici)* ?
4 – Je suis ici pour un an.
5 – Et moi [qui] pensais [que] tu [étais] américain…
6 – Tu [ne viens pas] d'Allemagne, par hasard *(par hasard d'Allemagne)* ?
7 – Oui, je suis allemand, de Berlin.
8 Et ma copine [est] chinoise.
9 Son mari aussi [est] chinois.
10 Mes voisins de gauche [sont] italiens, et [ceux] de droite espagnols !
11 – Et qui est japonais ici ?

Remarques de prononciation

(4) Vous savez que, normalement, les mots courts, tels que les prépositions, ne sont pas accentués. Ici pourtant, l'accent tombe sur la préposition : н**а** год *[nagat]*.

(11) Nous vous donnons encore une fois cette transcription pour le **я** non accentué au début des mots (voir les remarques de prononciation de la leçon 10) : яп**о**нец *[yiponiéts]*.

mouvement : **Б**а**бушка сл**е**ва, а д**е**душка спр**а**ва**, *Grand-mère est à gauche et grand-père est à droite*.

3 Parmi les mots désignant la nationalité, seul le mot **р**у**сский**, *russe*, est un nom et un adjectif : **р**у**сский яз**ы**к**, *la langue russe* ; **р**у**сские**, *les Russes*. Pour les autres nationalités, le nom diffère de l'adjectif : **франц**у**зская кн**и**га**, *un livre français* ; **франц**у**женка**, *une Française* ; **он**а **франц**у**женка** peut se traduire par *elle est française*. Remarquez que les noms des nationalités s'écrivent toujours avec une minuscule.

12 – Яп**о**нцев [4] в **э**том год**у** нет…
13 – Б**о**же [5] мой, как мн**о**го здесь иностр**а**нцев!
14 – Чем**у** [6] ты удивл**я**ешься?
15 Мы в междунар**о**дном общеж**и**тии!

*12 yip**o**-ntsêf v**ê**t^{a}m gad**ou** niét **13** b**o**jê moï kak mn**o**g^{a} zdiéss^{i} inastR**a**-ntsêf **14** tchim**ou** ty oudivl**ia**^{ié}ch'sia **15** moui vmijdounaR**o**dnam apchtchij**y**tii*

Notes

4 Observez le singulier et le pluriel de ces mots à la voyelle mobile : **америк**а**нец**, *un Américain* (masculin, nominatif singulier) → **америк**а**нцы**, *des Américains* (masculin, nominatif pluriel) ; **италь**я**нец**, *un Italien* (masculin, nominatif singulier) → **италь**я**нцы**, *des Italiens* (masculin, nominatif pluriel) ; **исп**а**нец**, *un Espagnol* (masculin, nominatif singulier) → **исп**а**нцы**, *des Espagnols* (masculin, nominatif pluriel) ; **яп**о**нец**, *un Japonais* (masculin, nominatif singulier) → **нет яп**о**нцев**, *pas de Japonais* (masculin, génitif pluriel).

5 **Б**о**же мой!** , *Mon Dieu !* Le mot **Б**о**же** vient du mot **Бог**, *Dieu*. Comme vous le savez, le **г** à la fin des mots se prononce habituellement *[k]*. En revanche, dans ce mot il se prononce *[H]* : *[boH]*. Il est utile de le savoir car les Russes l'utilisent souvent !

***

Упражнение 1 – Читайте и переводите

❶ В этом году мы переводим интересные тексты. ❷ – Где живут эти студенты? – В общежитии. ❸ Я удивляюсь: ты боишься экзамена, хотя всё знаешь. ❹ Я здесь на год. А вы? ❺ – Вы японец? – Нет, здесь нет японцев.

12 – Il n'y a pas de Japonais cette année...
13 – Mon Dieu, que d'étrangers ici *(comme beaucoup ici d'étrangers)* !
14 – Qu'est-ce qui t'étonne *(À-quoi tu t'étonnes)* ?
15 Nous [sommes] dans un foyer international !

Remarque de prononciation

(12), (13) N'oubliez pas que le **ц** est toujours dur. Les voyelles molles se prononcent donc comme des dures : **яп**о**нцев** *[yipo-ntsêf]*, **иностр**а**нцев** *[inastRa-ntsêf]*.

6 **чему?** est le datif de **что?**, *que, quoi*... Eh oui, les interrogatifs se déclinent aussi, ne vous étonnez plus ! Le verbe **удивляться** *[oudivliatsa]* nécessite donc l'emploi du datif : – **Чему ты удивляешься?** – *Qu'est-ce qui t'étonne ?* – **Я удивляюсь твоему упрямству!** – *Je m'étonne de ton acharnement !*

***

Corrigé de l'exercice 1

❶ Cette année, nous traduisons des textes intéressants. ❷ – Où habitent ces étudiants ? – Au foyer. ❸ Cela *(Je)* m'étonne : tu as peur de l'examen bien que tu saches tout. ❹ Je suis ici pour un an. Et vous ? ❺ – Vous êtes japonais ? – Non, ici il n'y a pas de Japonais.

Упражнение 2 – Восстановите текст

❶ Et son amie n'est pas chinoise, par hasard ?
А его подруга . . . . не . . . . ?

❷ – Je pensais que vous étiez espagnols. – Non, nous sommes italiens.
– Я думал, что вы . . . . – Нет, мы – . . . .

❸ Cette année, tous les étrangers vivent au foyer.
. этом . . . . все . . . . живут в общежитии.

48

Сорок восьмой урок

*[so**R**akvass'mo**ï** ouR**o**k]*

Н**о**вый год

1 – Ск**о**ро Н**о**вый год, а за ним [1] и Рождеств**о**!
2 – Эх, н**е** было печ**а**ли [2]!
3 – Почем**у** ты так говор**и**шь?
4 Пр**а**здники – **э**то прекр**а**сно!
5 – Д**а** уж [3]... я ещ**ё** не куп**и**л под**а**рки...

Prononciation

*n**o**v^yï got **1** sk**o**R^a n**o**v^yï got azan**i**m i Rajdistv**o** **2** **ê**H ni**é**byL^a pitch**a**li **3** patchim**ou** ty tak gavaR**i**ch' **4** pR**a**zniki – **ê**t^a prikR**a**sn^a **5** d**a**ouch ia ich**io** nikoup**i**L pad**a**Rki*

Notes

1 La préposition **за** régit l'instrumental et se traduit par *derrière*, *après* (sans mouvement) : **за ним**, *derrière lui* ; **д**е**душка ид**ё**т за б**а**бушкой**, *Grand-père est derrière grand-mère* (la suit sans mouvement car il n'y a pas de changement de position par rapport à "derrière elle").

2 L'emploi du génitif s'explique par la négation (au passé) : **печ**а**ль** (féminin) → **печ**а**ли**. La traduction littérale de **н**е** было печ**а**ли**! est

❹ Mes voisins sont italiens.
Мои ...... итальянцы.

❺ Qu'est-ce qui l'étonne ? C'est son idée !
.... он .... ? Это его идея!

Corrigé de l'exercice 2
❶ – случайно – китаянка ❷ – испанцы – итальянцы ❸ В – году – иностранцы – ❹ – соседи – ❺ Чему – удивляется –

48

Quarante-huitième leçon

Nouvel An

1 – Bientôt [c'est] le Nouvel An, et après *(derrière lui)* [c'est] Noël !
2 – Oh, il ne manquait [plus] que ça !
3 – Pourquoi dis-tu cela ?
4 Les fêtes, c'est super !
5 – Oui, oui... je n'ai pas encore acheté les cadeaux...

Remarques de prononciation
(2) La particule négative **не** n'est en principe pas accentuée, sauf avec le verbe *être* au passé : **не было** ***[niébyLª]***.
(4) Le **д** dans le mot **праздник** ne se prononce pas : ***[pRaznik]***.

"il n'y avait pas de chagrin" mais comme c'est une expression, nous la traduisons par *Il ne manquait plus que ça !*

3 **уж** est une particule de renforcement, souvent avec une désapprobation, une crainte ou un désaccord sous-entendus : **И когда уж у тебя будет время?**, *Et quand est-ce que tu auras le temps ? (Je te reproche de ne jamais avoir le temps).* – **Завтра тебе будет лучше. – Да уж!** *– Demain, tu iras mieux. – Oui, c'est ça ! (J'acquiesce mais je ne suis pas d'accord).*

6 – На сл**е**дующей нед**е**ле у теб**я** б**у**дет [4] мн**о**го вр**е**мени [5].
7 – Нет, не б**у**дет!
8 У мен**я** три совещ**а**ния и командир**о**вка.
9 – Как**о**й **у**жас!
10 когд**а** же ты б**у**дешь покуп**а**ть под**а**рки?
11 – А я напиш**у** письм**о** Д**е**ду Мор**о**зу.
12 У Снег**у**рочки [6] хор**о**ший вкус,
13 он**а** пом**о**жет [7] ем**у** в**ы**брать... □

***6** na sli**é**douïouchtchiéï nidi**é**l[ié] outibi**a** b**ou**dit mn**o**g[a] vRi**é**mini **7** ni**é**t nib**ou**dit **8** ouminia tRi savichtch**a**nï[ia] i kama-ndiR**o**fka **9** kak**o**ï **ou**jass **10** kagd**a**j[ê] ty b**ou**dich' pakoup**a**t[s] pad**a**Rki **11** a**ï**a napich**ou** pis[i]m**o** di**é**dou maR**o**zou **12** ousnigo**u**Ratchki HaR**o**ch[yï] fkouss **13** an**a** pam**o**jêt [ié]m**ou** v**y**bRat[s]*

Notes

4 Vous savez que la structure impersonnelle **у меня есть...** se traduit par *j'ai*... La voici au futur : **у тебя будет**, *tu auras*... Remarquez que le verbe être s'accorde avec son sujet en nombre : **у тебя будет праздник** (singulier), *tu auras une fête* ; **у тебя будут проблемы** (pluriel), *tu auras des problèmes*.

5 **времени** est le génitif singulier (cas requis par le quantitatif **много**, *beaucoup*) du mot **время** ***[vRiémia]***, *temps*. C'est un des mots russes neutres (il y en a à peu près dix) qui se terminent par **-мя**. Au pluriel, **времена** ***[vRimina]***, se traduit par *les temps*, dans le sens de *l'époque*. Vous trouverez la déclinaison complète de ce mot à la leçon 49.

6 **У Снегурочки** : **у** + génitif se traduit littéralement par "chez Sniégourotchka" ; on peut aussi traduire par *Sniégourotchka a*... Comparez :
– **Где ты? – У папы.** *– Où es-tu ? – Chez papa.*
У папы хороший вкус (**у папы** + l'accusatif), *Papa a bon goût*.

6 – *(Sur)* **La semaine prochaine, tu auras** *(chez toi il-y-aura)* **beaucoup de temps.**
7 – Non, je n'en aurai pas *(il n'y aura pas)* **!**
8 J'ai *(chez moi)* **trois réunions et [je pars en]** *(une)* **mission.**
9 – Quelle horreur !
10 Quand [est-ce que] tu vas acheter les cadeaux ?
11 – Eh bien, j'écrirai une lettre au père Noël *(grand-père Froid)***.**
12 Sniégourotchka a bon goût,
13 elle l'aidera à choisir…

Праздники
– это прекрасно!

7 Vous savez déjà que le perfectif n'a pas de présent. **я напишу** (ph. 11) et **она поможет** sont des verbes perfectifs et expriment le futur : *j'écrirai, elle aidera*. Comparons les deux verbes qui se traduisent tous les deux par *aider* : **Помогать** (imperfectif, donc il a un présent) : **я помогаю, ты помогаешь, он помогает, мы помогаем, вы помогаете, они помогают** et **помочь** (perfectif, donc pas de présent mais un futur) : **я помогу, ты поможешь, он поможет, мы поможем, вы поможете, они помогут**. Rappelez-vous que la conjugaison des perfectifs n'a pas de terminaisons propres. Elle peut se rapporter au même groupe que celle des imperfectifs. Comparez les terminaisons : ici, le perfectif **помочь** et l'imperfectif **помогать** sont tous les deux de la première conjugaison. (Voir leçon 21, point 5.)

Упражнение 1 – Читайте и переводите

❶ – Ты уже купила подарки? – Ещё нет. ❷ Какой ужас, я просто не могу выбрать! ❸ Новый Год на следующей неделе... А где подарки? ❹ Не было печали! ❺ Три совещания, командировка... Какой у него напряжённый график!

Упражнение 2 – Восстановите текст

❶ Bientôt c'est le Nouvel An, il faut acheter des cadeaux.
. . . . . Новый . . . , нужно покупать . . . .

❷ – Tu écriras une lettre à [ton] frère ? – Oui, la semaine prochaine.
– Ты . . . . письмо брату? – Да, на . . . . неделе.

❸ Tu as bon goût : tout ce que tu as choisi est parfait !
У тебя хороший . . . . : всё, что ты . . . . . . (.) – прекрасно!

***

Les fêtes de fin d'année revêtent une grande importance en Russie. Jadis, la nouvelle année commençait le 1er mars, puis le 1er septembre à partir du xve siècle. Mais depuis l'oukase de Pierre le Grand en 1699, on la fête le 1er janvier. Il faut cependant savoir qu'à cette époque, en Russie, on vivait avec le calendrier julien et que, par conséquent, le jour de l'an était décalé par rapport aux pays catholiques qui vivaient d'après le calendrier grégorien.
En 1919, la Russie adopta le calendrier grégorien et depuis, le Jour de l'an se fête donc le même jour que dans les pays de tradition catholique. De nos jours, c'est une fête plus importante que Noël, et les Russes sont d'ailleurs en congé du 1er au 5 janvier.
Quant au sapin de Noël, il vécut des jours paisibles jusqu'en 1920, lorsqu'il fut interdit par le pouvoir soviétique qui y voyait un symbole religieux à éliminer. Il fut de nouveau autorisé en 1936 sous le

Corrigé de l'exercice 1

❶ – As-tu déjà acheté des cadeaux ? – Pas encore. ❷ Quelle horreur, je n'arrive pas du tout à choisir ! ❸ Le Nouvel An est la semaine prochaine… Et où sont les cadeaux ? ❹ Il ne manquait plus que ça ! ❺ Trois réunions, un voyage d'affaires … Quel planning chargé il a !

❹ – La semaine prochaine c'est Noël. – Super !
– . . следующей . . . . . . Рождество. – . . . . !

❺ Quand tu auras beaucoup de temps, viens !
. . . . . у тебя . . . . . много . . . . , приходи!

Corrigé de l'exercice 2

❶ Скоро – Год – подарки ❷ – напишешь – следующей – ❸ – вкус – выбрал(а) – ❹ На – неделе – Прекрасно ❺ Когда – будет – времени –

***

nom de "sapin du Nouvel An"… De nos jours, les enfants viennent découvrir au pied du sapin les cadeaux apportés par le père Froid (l'équivalent du père Noël) et par sa petite-fille, Sniégourotchka, jolie jeune fille toujours vêtue de bleu.
Peu avant minuit, le Président du pays adresse son discours annuel au peuple. À minuit, Kouranty (nom de la pendule principale du pays, qui se trouve dans une des tours du Kremlin) sonne la nouvelle année. L'hymne national est alors diffusé à la télévision, et chacun lève son verre et se souhaite la bonne année.
Le Noël russe, quant à lui, se fête le 7 janvier.
Ceci dit, les Russes n'ont pas tout à fait oublié leur ancienne tradition et fêtent également le "vieux Nouvel An" (Ст**а**рый Н**о**вый Год *[sta**R**^yï **no**v^yï got]) du 13 au 14 janvier (c'est-à-dire le 1er janvier du calendrier julien).*

49

Сорок девятый урок

Повторение – **Révision**

Reprenons les points importants que nous avons vus cette semaine. Si vous avez un peu de temps, relisez ou réécoutez les dialogues des leçons 43 à 48 avant d'entreprendre la lecture de cette leçon.

1 Phonétique

Vous avez vu que parfois la préposition с prend la forme : со. Retenez qu'on emploie со avec le pronom мной et avec toutes les formes de весь : со мн**о**й, *avec moi* ; со вс**е**ми, *avec tout le monde*.

2 Les neutres en *-мя*

Il existe en russe certains noms à terminaison particulière. вр**е**мя, *le temps*, est un des dix noms neutres en -мя. Voici sa déclinaison :

	Singulier	Pluriel
Nom.	вр**е**мя	времен**а**
Gén.	вр**е**мени	врем**ё**н
Dat.	вр**е**мени	времен**а**м
Acc.	вр**е**мя	времен**а**
Inst.	вр**е**менем	времен**а**ми
Prép.	вр**е**мени	времен**а**х

3 La déclinaison des adjectifs

Vous avez déjà vu plusieurs cas de la déclinaison des adjectifs. Voici la déclinaison complète du singulier. Bien sûr, répétons-le, il ne s'agit pas d'apprendre par cœur toutes ces terminaisons – l'assimilation des déclinaisons se fait à l'usage –, mais les récapitulatifs que nous vous donnons ici vous serviront de repère le jour où vous aurez un doute quant à la déclinaison d'un mot.

• **Génitif** : le masculin et le neutre forment leur génitif en -ого pour les durs et en -его pour les mous et les terminaisons non accentuées en ц, ж, ч, ш, щ. Le féminin a le génitif en -ой pour les durs et en -ей pour les mous et les terminaisons non accentuées précédées de ц, ж, ч, ш, щ.

• **Accusatif** : la forme du masculin et du neutre inanimés est égale à celle du nominatif. Le masculin animé a la forme identique au génitif. Le féminin se termine en -ую pour les durs et -юю pour les mous.

• **Datif** : le masculin et le neutre ont la terminaison -ому pour les durs et -ему pour les mous et les terminaisons non accentuées précédées de ц, ж, ч, ш, щ. Les féminins durs ont la terminaison -ой ; pour les mous et les terminaisons non accentuées précédées de ц, ж, ч, ш, щ, la terminaison est -ей.

• **Instrumental** : le masculin et le neutre durs forment leur instrumental en -ым. Pour les mous et les terminaisons non accentuées précédées de ц, ж, ч, ш, щ, la terminaison est -им. Les féminins durs prennent la terminaison -ой, alors que les mous et les terminaisons non accentuées précédées de ц, ж, ч, ш, щ prennent -ей.

• **Prépositionnel** (ou le **locatif**) : les masculins et les neutres durs prennent la terminaison -ом et le mous -ем. Le féminin se termine en -ой pour les durs et en -ей pour les mous ainsi que pour les terminaisons non accentuées précédées de ц, ж, ч, ш, щ.

Comme vous le constatez, la déclinaison des adjectifs au masculin et neutre est quasiment identique et plusieurs formes du féminin ont la même terminaison. C'est plutôt rassurant, non ?

Récapitulons au moyen d'exemples :

• Les adjectifs durs : б**е**дный, -ая, -ое, *pauvre*

• Les adjectifs mous : с**и**ний, -яя, -ее, *bleu foncé*

	Singulier			
	masculin, neutre	féminin	masculin, neutre	féminin
Nom.	б**е**дный, б**е**дное	б**е**дная	с**и**ний, с**и**нее	с**и**няя
Gén.	б**е**дного	б**е**дной	с**и**него	с**и**ней
Dat.	б**е**дному	б**е**дной	с**и**нему	с**и**ней

Acc.	comme le N ou le G*	б**е**дную	comme le N ou le G*	с**и**нюю
Inst.	б**е**дным	б**е**дной	с**и**ним	с**и**ней
Prép.	б**е**дном	б**е**дной	с**и**нем	с**и**ней

* Comme le nominatif si le nom est inanimé, et comme le génitif s'il est animé.

Les adjectifs так**о**й et как**о**й dont nous avons rencontré la déclinaison au cours des dernières leçons, se déclinent comme tous les adjectifs qui ont un accent tonique final, par exemple, больш**о**й.

4 Le pronom négatif *никто*

Le pronom négatif никт**о** a la même déclinaison que l'interrogatif кто. Son datif est ком**у** :
– Ком**у** ты дал кн**и**гу? – Ником**у**,
– *À qui as-tu donné le livre ? – À personne.*

5 Le pronom interrogatif/relatif *что*

Le datif du pronom interrogatif/relatif что est чем**у** : Чем**у** ты удивл**я**ешься, *De quoi t'étonnes-tu ?* (littéralement "À quoi ...")

6 Les prépositions

Vous avez vu plusieurs prépositions au cours de ces dernières leçons. Chacune s'emploie avec un cas bien précis. Résumons :

• от et с s'utilisent avec le génitif et indiquent la provenance d'un objet ou le lieu d'où on vient : от бр**а**та, *de chez mon frère* ; от мен**я**, *de ma part* (ou *de chez moi*) ; с п**о**чты, *de la poste*.
• к est suivie du datif et indique la destination *vers, chez* avec mouvement : Мы ид**ё**м к врач**у**, *Nous allons chez le médecin*.
• за dans le sens de *après, derrière* est suivie de l'instrumental : Возьм**и** корз**и**ну для м**у**сора за стол**о**м. *Prends la corbeille à papier derrière la table* ; Вы за мн**о**й?, *Êtes-vous derrière moi ?*
• Pour indiquer une quantité de temps ou encore le temps qu'on va passer quelque part, on utilise la préposition на suivie d'un accusatif : Он дал мне кн**и**гу на нед**е**лю, *Il m'a donné le livre pour une semaine* ; Вы в Росс**и**и н**а** год, *Vous êtes en Russie pour un an.*

• La préposition у suivie d'un génitif indique l'appartenance ou la localisation chez quelqu'un : У меня (есть) хорошая идея, *J'ai une bonne idée* ; У моего мужа есть брат, *Mon mari a un frère* ; у подруги, *chez une copine*.

7 Le futur

Vous avez fait connaissance avec le futur. Il existe deux futurs, en russe : un futur simple et un futur composé.
Vous avez rencontré le futur du verbe быть, *être*. Voici sa conjugaison complète :

я буду, *je serai*	мы будем, *nous serons*
ты будешь, *tu seras*	вы будете, *vous serez*
он будет, *il sera*	они будут, *ils seront*

Comme vous pouvez le constater, il a les terminaisons de la première déclinaison.

7.1 Le futur simple est celui des verbes perfectifs.

Ce futur s'intéresse au résultat de l'action dans le futur, à l'accomplissement absolu de l'action. Les terminaisons sont les mêmes que celles des verbes imperfectifs au présent. Par exemple, пойти, *aller à pied* (perfectif) :

я пойду, *j'irai*	мы пойдём, *nous irons*
ты пойдёшь, *tu iras*	вы пойдёте, *vous irez*
он пойдёт, *il ira*	они пойдут, *ils iront*

Comparez sa conjugaison avec celle du verbe идти, *aller à pied* (imperfectif) (voir leçon 21).

7.2 Pour les verbes imperfectifs, le futur est composé.

Il se forme avec le verbe быть, *être*, au futur, auquel on ajoute l'infinitif du verbe imperfectif. Ce futur-là exprime une action qui se prolonge ou se répète dans le futur. Par exemple : Я буду читать эту книгу на следующей неделе, *Je vais lire ce livre la semaine prochaine* (on ne sait pas si je lirai le livre entièrement

– s'il y aura le résultat ou pas –, mais on sait que je vais faire cette action, j'en ai annoncé l'intention).

8 La ponctuation

Encore quelques petites règles de ponctuation.
• La proposition principale est séparée de la subordonnée par une virgule. Par exemple : Я не зн**а**ю, где он, *Je ne sais pas où il est.*

***

Заключительный диалог

1 – Скоро Новый год.
2 Какие у тебя планы на следующей неделе?
3 – Ещё не знаю. У меня будет моя подруга китаянка.
4 Может быть, мы пойдём на вечеринку в международное общежитие.
5 – А мне хотелось бы иметь друга из Англии!
6 – В таком случае, пойдём со мной:
7 там будет много иностранцев.
8 – Наверное, я не могу: должен быть у сестры на Новый год.
9 Хотя... я к ней на минуту, а потом – к вам!
10 Дай мне адрес общежития.
11 – Какой ужас! Я не помню, где оно...

***

La deuxième vague
Vous voici au seuil de ce que nous appelons la "deuxième vague", c'est-à-dire la phase plus active de votre apprentissage.
À ce stade, vos progrès sont déjà importants : vous disposez d'une assise grammaticale consistante, votre vocabulaire s'est bien étoffé, vous maîtrisez un assez grand nombre d'expressions courantes, vous avez atteint un certain niveau de compréhension

• Comme en français, les termes multiples sont séparés par une virgule. Le dernier va être précédé par un и devant lequel on ne met pas de virgule :
М**а**ма дал**а** мне **я**блоко, бан**а**н и анан**а**с, *Maman m'a donné une pomme, une banane et un ananas.* **э**то н**у**жная, интер**е**сная и недорог**а**я кн**и**га, *C'est un livre utile, intéressant et pas cher.*

***

Traduction

1 Bientôt, c'est le Nouvel An. **2** Quels sont tes projets pour la semaine prochaine ? **3** Je ne sais pas encore. Il y aura mon amie chinoise chez moi. **4** Peut-être que nous irons à la soirée au foyer international. **5** Et moi, je voudrais avoir un ami anglais ! **6** Dans ce cas, viens avec moi : **7** là-bas, il y aura beaucoup d'étrangers. **8** Je ne pourrai probablement (Probablement, je ne peux) pas : je dois être chez ma sœur pour le Nouvel An. **9** Quoique (Bien que)... j'irai chez elle juste pour une minute, et après je viendrai chez vous ! **10** Donne-moi l'adresse du foyer. **11** Quelle horreur ! Je ne me rappelle pas où il est...

et vous êtes même déjà en mesure de construire des phrases relativement simples. Vous êtes donc prêt pour entamer cette deuxième vague qui vous permettra de vous rendre compte par vous-même des progrès que vous avez faits, tout en vous aidant à les consolider.
Nous vous en rappellerons le mode d'emploi à la leçon 50. Félicitations !

À partir d'aujourd'hui, vous ne trouverez plus la transcription phonétique complète des dialogues : vous n'en avez plus besoin ! Cette béquille devient encombrante pour vous qui savez maintenant courir dans les prairies du cyrillique. Nous vous aiderons, bien entendu, avec

50

Пятидесятый урок

Х**и**трость

1 – Дай мне, пож**а**луйста, тво**ю** р**у**чку!
2 – Почем**у** ты х**о**чешь **и**менно [1] мо**ю** р**у**чку?
3 – Под**у**май сам: п**а**па п**и**шет карандаш**о**м [2],
4 м**а**ма печ**а**тает [3] на компь**ю**тере,
5 а мне нужн**а** р**у**чка!

Remarque de prononciation

№ de leçon : Пятидес**я**тый *[pitidiss**ia**t^yï]*.

Notes

1 Le mot **именно** *exactement*, *justement*, est souvent employé en association avec **и**, *et*, dans le sens *c'est justement ce que…* Observez :
именно **э**ту кн**и**гу я и хоч**у**! *C'est justement ce livre que je veux !*
именно **э**то он мне и сказ**а**л. *C'est exactement ce qu'il m'a dit.*

2 L'instrumental est le cas circonstanciel. Sans préposition, il exprime le moyen de l'action :
Ты п**и**шешь р**у**чкой **и**ли карандаш**о**м?
Tu écris avec un stylo ou avec un crayon ?
Pour vous rappeler la formation de l'instrumental singulier, référez-vous à la leçon 42. À propos, un détail intéressant : le mot карандаш a été introduit dans la langue russe au XVIIIe siècle. Il est formé par l'agglutination de deux mots turcs : *cara*, *noir*, et *dache*, *pierre*, *ardoise*. Peut-être la marque Caran d'Ache s'est-elle inspirée de ces mots à son tour ?

des mots difficiles ou irréguliers dont vous pourrez vérifier la prononciation à la rubrique "Remarques de prononciation". En revanche, nous continuons à indiquer l'accent tonique. N'hésitez pas à revoir les règles de prononciation de l'introduction si jamais vous avez un doute.

50

Cinquantième leçon

La ruse

1 – Donne-moi ton stylo, s'il te plaît !
2 – Pourquoi veux-tu justement mon stylo ?
3 – C'est simple *(Réfléchis toi-même)* : papa écrit avec un crayon,
4 maman travaille *(imprime)* sur l'ordinateur,
5 et moi, j'ai besoin d'un stylo !

3 Le verbe imperfectif **печ*а*тать** (imperf.) peut se traduire par : *taper [à la machine], imprimer* ou *faire publier*.

6 Т**а**ня и Р**о**ма [4] вообщ**е** не ум**е**ют пис**а**ть [5]:
7 зн**а**чит [6] у них нет р**у**чки…
8 – Так почем**у** ты не п**и**шешь [7] сво**е**й р**у**чкой?
9 – Мне н**а**до д**е**лать [8] дом**а**шнее [9] зад**а**ние,
10 а мо**я** р**у**чка посто**я**нно д**е**лает ош**и**бки! □

10 … achypki

Notes

4 **Т**а**ня** et **Р**о**ма** sont des diminutifs de **Татьяна** et **Роман**.

5 **уметь** suivi d'un infinitif équivaut à la structure *savoir [faire quelque chose]*. C'est un verbe régulier du 1er groupe (voir les terminaisons dans la leçon 21 point 5). On peut répondre à une question du genre **Ты умеешь писать?** *Sais-tu écrire ?* par **Да, умею.** *Oui, je sais [le faire]*, sans avoir à répéter le verbe qui suit **уметь**.

6 **значит** est la 3e personne du singulier du verbe **значить**, *signifier*. Il se traduit naturellement par *(cela) signifie*, mais également par *donc*, *alors*, quand il est employé sans sujet :
Что это значит? *Qu'est-ce que cela signifie ?*
Значит, это был ты… *Donc, c'était toi…*

7 Dans beaucoup de vieux verbes russes provenant du slavon (ancienne langue russe), la dernière consonne du radical change dans la conjugaison. Le verbe **писать**, *écrire*, en est un bon exemple : **с** est remplacé par **ш** à toutes les personnes. Vous trouverez un exemple de ce type de conjugaison dans la prochaine leçon de révision.

***

Упражнение 1 – Читайте и переводите

❶ Подумай сам: мне нужно новое платье. ❷ Они умеют печатать на компьютере? ❸ Это моя ручка, а где твоя? ❹ Вечером мне надо делать домашнее задание. ❺ Так почему мама не пишет письмо?

6 **Tania et Roma** *(généralement)* **ne savent pas du tout écrire :**
7 **donc, ils n'ont pas de stylo...**
8 – Alors pourquoi n'écris-tu pas avec ton [propre] stylo ?
9 – [C'est que] je dois faire mes devoirs *(de maison)*,
10 **et mon stylo fait constamment des fautes !**

Remarque de prononciation

(10) Pour bien lire le russe, souvenez-vous que les **e** non accentués se prononcent comme un léger *[i]* et que les **o** non accentués se prononcent *[a]*. N'oubliez pas non plus que les consonnes sonores, en fin de mot ou devant une sourde, s'assourdissent : **ошибки** *[achypki]*.

8 **надо** suivi d'un infinitif forme une structure impersonnelle et se traduit par *il faut, il est nécessaire*. Pour "personnaliser" de telles structures, on ajoute au datif la personne pour qui l'action est nécessaire :
Мне надо идти домой. *Je dois aller à la maison.*
Бабушке надо мыть посуду. *Grand-mère doit faire la vaisselle.*

9 Observez la traduction de l'adjectif **домашний, -яя, -ее**, *domestique, de famille, de maison* dans les phrases suivantes :
У него есть домашняя библиотека.
Il a une bibliothèque familiale ("de famille").
Она делает домашнее задание.
Elle fait ses devoirs (littéralement "le devoir de maison").
Вот мой домашний адрес.
Voici mon adresse ("de la maison").
это их домашние животные.
Ce sont leurs animaux domestiques.

***

Corrigé de l'exercice 1

❶ Réfléchis : j'ai besoin d'une nouvelle robe. ❷ Savent-ils taper à l'ordinateur ? ❸ Ça, c'est mon stylo, et où est le tien ? ❹ Ce soir, je dois faire mes devoirs. ❺ Mais pourquoi Maman n'écrit-elle pas la lettre ?

Упражнение 2 – Восстановите текст

❶ J'écris avec un crayon, et toi, avec un stylo.
Я пишу ...., а ты ....

❷ Donc, il a besoin d'aller au magasin.
......., ему надо в магазин.

❸ Il fait tout le temps des fautes.
Он .... делает ....

***

Deuxième vague, mode d'emploi
Vous entamez aujourd'hui la phase active de votre apprentissage. Comment procéder ? C'est très simple : après avoir étudié la leçon du jour comme d'habitude, vous reprendrez chaque jour une leçon en commençant depuis le début (nous vous indiquerons laquelle à la fin de chaque leçon par la mention "Deuxième vague + n° de leçon"). Après avoir caché le texte du dialogue en russe (page de gauche), vous traduirez à haute voix le texte français (page de

51

Пятьдесят первый урок

На вкус и цв**е**т тов**а**рищей нет!

1 – Как**о**е вр**е**мя г**о**да теб**е** нр**а**вится б**о**льше всех [1]?
2 – Мне нр**а**вится л**е**то.
3 Л**е**том мы **е**здим [2] на м**о**ре.
4 – А я предпочит**а**ю **о**сень.

Notes

1 Nous avons déjà rencontré une structure superlative : **с**а**мый д**о**брый и с**а**мый при**я**тный из вс**е**х** (leçon 16), *le plus sympa et le plus agréable de tous*. On peut aussi exprimer la notion de superlatif à l'aide du comparatif d'un adjectif suivi du génitif du pronom **весь**, *tout*. **б**о**льше** est le comparatif irrégulier de, **мн**о**го**,

❹ – Sais-tu écrire ? – Pas encore.
– Ты ...... писать? – Ещё нет.

❺ Décide *(Réfléchis,)* quel stylo tu veux exactement.
........, какую ...... ручку ты хочешь.

Corrigé de l'exercice 2

❶ – карандашом – ручкой ❷ Значит – ❸ – постоянно – ошибки ❹ – умеешь – ❺ Подумай – именно –

***

droite) en russe. Faites de même avec les phrases de l'exercice 1 : partez de la traduction française et traduisez en russe.
Ne soyez pas timide ! Parlez bien fort et en articulant. Revenez plusieurs fois sur une prononciation si nécessaire.
Ce travail de "deuxième vague", loin d'être fastidieux, vous permettra de vérifier ce que vous avez déjà appris et d'asseoir solidement vos connaissances sans presque vous en apercevoir.

Deuxième vague : 1re leçon

51

Cinquante et unième leçon

Les goûts et les couleurs ne se discutent pas !
(Pour goût et couleur camarades il-n'y-a-pas !)

1 – Quelle est ta saison préférée *(Quel temps de-l'année te plaît plus de-tous)* ?
2 – C'est *(Me plaît)* l'été.
3 En été, nous allons à la mer.
4 – Et moi, je préfère l'automne.

beaucoup, et **всех** est le génitif pluriel de **весь** : **Он мне нравится больше всех.** *Il me plaît le plus, je le préfère aux autres.*

2 Nous avons déjà parlé des verbes de mouvement (voir la leçon 44, note 2). Le verbe **ездить** en est un. Il se traduit par *aller [avec un moyen de locomotion]* (en voiture, en train, etc.). Ce verbe est irrégulier et nous verrons sa conjugaison à la leçon 56.

5 **О**сенью всё так спок**о**йно и т**и**хо [3]...
6 – В Росс**и**и **о**чень крас**и**вая зим**а**.
7 Зим**о**й м**о**жно кат**а**ться на л**ы**жах [4].
8 – Нет уж [5], позв**о**льте [6]!
9 Весн**а** – с**а**мое крас**и**вое вр**е**мя г**о**да!
10 **И**менно весн**о**й прир**о**да просып**а**ется,
11 и вся [7] жизнь возрожд**а**ется. □

Notes

3 Les mots **спок**о**йно** et **т**и**хо** se traduisent tous les deux par *tranquillement*, *calmement*, et **т**и**хо** se traduit souvent par *doucement*.

4 Le verbe imperfectif **кат**а**ться** régit la préposition **на** suivie du prépositionnel (également appelé locatif), *se promener en*. L'expression **кат**а**ться на л**ы**жах** se traduit par *faire du ski*. Ainsi, **л**ы**жах** est le prépositionnel du mot **л**ы**жи**, *les skis*.

5 **уж** est une particule de renforcement qu'on emploie souvent après **да** et **нет**. **Нет уж**! *Ah non !* **Да уж**! *Vraiment !* ou *Eh bien !*

***

Упражнение 1 – Читайте и переводите

❶ На вкус и цвет товарищей нет! ❷ – Ты любишь кататься на лыжах? – Очень! ❸ Зимой здесь так спокойно! ❹ Приходит весна и жизнь возрождается. ❺ Нет уж, позвольте! Вы не правы!

Упражнение 2 – Восстановите текст

❶ C'est l'été qui leur plaît le plus.
...... всего им нравится .....

❷ – Du thé ? – Non, merci, je préfère le café.
– Чай? – Нет, спасибо, я .... кофе.

❸ En été, nous allons à la mer, et vous ?
Летом мы ..... на море, а вы?

❹ La plus belle saison de l'année est l'hiver.
..... красивое время года – это .....

5 **En automne tout est si calme et paisible…**
6 – **En Russie, l'hiver est très beau.**
7 **En hiver, on peut faire du ski.**
8 – **Ah non, attendez** *(permettez)* **!**
9 **Le printemps est la plus belle saison** *(le-plus beau temps)* **de l'année !**
10 **[C'est] justement au printemps [que] la nature se réveille**
11 **et [que] toute la vie renaît.**

6 **позвoльте** est l'impératif du verbe **позволять**, *permettre*. Rappelez-vous que pour obtenir l'impératif du tutoiement il suffit d'enlever le **-те** final : **позвoль!**, *Permets-moi !*

7 **вся** est le féminin du pronom **весь**, *tout*. Vous connaissez déjà le neutre et le pluriel de ce pronom : **всё** se traduit par *tout* et **все** par *tous*.

***

Corrigé de l'exercice 1

❶ Les goûts et les couleurs ne se discutent pas ! ❷ – Aimes-tu faire du ski ? – Beaucoup ! ❸ En hiver, ici, c'est si calme ! ❹ Le printemps arrive et la vie renaît. ❺ Ah non, attendez ! Vous avez tort !

❺ En été et au printemps, chez nous, il fait bon.
. . . . . и . . . . . . у нас тепло.

Corrigé de l'exercice 2

❶ Больше – лето ❷ – предпочитаю – ❸ – ездим – ❹ Самое – зима ❺ Летом – весной –

Deuxième vague : 2e leçon

Пятьдесят второй урок

Летний роман

1 – Кому ты постоянно пишешь письма [1]?
2 – Одному милому [2] молодому [3] человеку…
3 – Ой! А я его знаю?
4 Хотелось бы посмотреть,
5 кто понравился такой милой молодой [3] девушке!
6 – Да, думаю, ты его видела прошлым [4] летом.
7 – Где?
8 – На даче у Маши.
9 – Так вот о ком ты постоянно мечтаешь [5]!
10 Никогда нельзя [6] доверять мимолётному [7] впечатлению…

Remarques de prononciation

№ de leçon : Пятьдесят второй *[pit^sdissiatftaRoï]*.
(4) хотелось бы *[HatiéLasby]*.

Notes

1 Rappelez-vous que les noms neutres durs forment leur pluriel en **-а**. Avec cela, l'accent se déplace : **окно**, *une fenêtre* → **окна**, *des fenêtres* ; **письмо**, *une lettre* → **письма**, *des lettres*.

2 L'adjectif **милый, -ая, -ое** peut se traduire par *gentil*, *aimable*, *agréable* ou *mignon*.

3 Le datif des adjectifs est formé avec la terminaison **-ому** pour le masculin dur, et **-ой** pour le féminin dur :
Вы доверяете этой молодой девушке?
Avez-vous confiance en cette jeune femme ?

Cinquante-deuxième leçon

Histoire *(Roman)* d'un été

1 – À qui écris-tu des lettres tout le temps *(constamment)* ?
2 – À un agréable jeune homme…
3 – Oh ! Et je le connais ?
4 Je voudrais [bien] voir
5 qui a plu à une si mignonne jeune fille !
6 – Oui, je pense [que] tu l'as vu l'été dernier.
7 – Où ?
8 – À la datcha, chez Macha.
9 – Voilà donc *(Ainsi voilà)* à qui tu rêves constamment !
10 Il ne faut jamais se fier *(avoir-confiance)* à une impression éphémère…

4 **прошлым** est l'instrumental de l'adjectif dur **прошлый**, *passé, dernier, ancien*. La terminaison du masculin est **-ым** et celle du féminin **-ой** :
Я пишу красивым карандашом, а ты красивой ручкой, *J'écris avec un beau crayon, et toi avec un beau stylo.*

5 Le verbe **мечтать**, *rêver*, est suivi de la préposition **о** avec le prépositionnel : **Он мечтает о празднике.** *Il rêve d'une fête.*

6 Vous savez qu'en russe, pour former un mot négatif, on rajoute souvent la particule **не** : **холодно** → **нехолодно**, **вкусный** → **невкусный**. Mais attention : **можно**, *on peut*, que vous connaissez déjà, ne peut pas s'utiliser avec la particule négative **не**. Ainsi, il existe un mot à part pour dire *on ne peut pas* : **нельзя**. Ce mot exprime l'impossibilité ou l'interdiction de faire quelque chose : *on ne peut pas* ou *il est interdit/impossible [de faire qqch.]*.

7 Le verbe **доверять**, *avoir confiance*, régit le datif. Par conséquent, **мимолётному** est le datif de l'adjectif **мимолётный, -ая, -ое**, *éphémère, passager*.

11 – Никогд**а** не говор**и** «никогд**а**»!

12 Мы встреч**а**емся к**а**ждые выходн**ы**е уж**е** полг**о**да! □

Remarque de prononciation

(12) полг**о**да *[poLgoda]*.

***

Упражнение 1 – Читайте и переводите

❶ Мне так понравился этот фильм! ❷ Каждое лето они встречаются. ❸ Ничего не говори этой милой молодой девушке. ❹ Ему никогда не хотелось быть богатым. ❺ Они в Москве уже полгода.

***

Упражнение 2 – Восстановите текст

❶ On ne peut pas faire confiance à ce jeune homme.
. . . . . молодому . . . . нельзя . . . .

❷ Je voudrais voir qui lui a plu.
. . . . бы посмотреть, кто ей . . . .

❸ Chaque week-end, nous allons à la datcha.
. . . . . . выходные мы . . . . . на дачу.

***

La д**а**ча *est une* maison de campagne. *Beaucoup de Russes en ont une. Ils y passent leurs week-ends et y vont en vacances pour se reposer… Enfin, en réalité, le repos est rare dans les datchas, car on y va surtout pour travailler au potager. Seuls les gens aisés peuvent se permettre d'avoir la vraie datcha des romanciers russes de la fin du* XIX*e siècle, celle de la noblesse qui y prenait ses quartiers d'été, fuyant la chaleur étouffante des grandes villes. Aujourd'hui, les datchas se sont multipliées. De taille plutôt modeste, elles sont souvent construites selon un même modèle. Très simples, parfois même rudimentaires, elles sont juste un endroit où l'on peut passer la nuit avant de repartir en ville après un travail fatigant sur la minuscule parcelle du potager.*

11 – Ne dis jamais "jamais" !
12 Nous sortons ensemble *(nous rencontrons)* chaque week-end depuis déjà six mois !

Ему никогда не хотелось быть богатым.

Corrigé de l'exercice 1

❶ J'ai tellement aimé ce film ! ❷ Ils se rencontrent chaque été. ❸ Ne dis rien à cette gentille jeune fille. ❹ Il n'a jamais voulu être riche. ❺ Ils sont à Moscou depuis déjà six mois.

***

❹ L'été dernier, les enfants étaient à la datcha chez leur grand-mère.
. . . . летом дети были . . даче . бабушки.

❺ À qui rêves-tu en permanence ?
О . . . ты постоянно . . . . ?

Corrigé de l'exercice 2

❶ Этому – человеку – доверять ❷ Хотелось – понравился ❸ Каждые – ездим – ❹ Прошлым – на – у – ❺ – ком – мечтаешь

***

Le plus souvent, les datchas sont situées assez près des villes, plus rarement dans un vrai village. Pour la plupart des gens, elles représentent une source supplémentaire de revenus, voire un moyen de survie : les légumes et les fruits qu'on y cultive constituent un bon soutien à l'alimentation d'une famille moyenne. Bien sûr, il existe aussi des datchas plus luxueuses. Celles des "nouveaux Russes" (traduction littérale de "nouveaux riches russes") ressemblent à de petits châteaux ou de belles isbas (maisons traditionnelles en bois) avec piscine, bania (le sauna russe) et court de tennis. Ces datchas-là ne sont évidemment faites que pour le repos et la fête…

Deuxième vague : 3e leçon

53

Пятьдесят третий урок

Железная [1] логика

1 – Ты к**у**да-то [2] спеш**и**шь?
2 – Да нет [3], я д**о**лжен был быть в **о**фисе в ч**е**тверть [4] п**е**рвого.
3 У нас совещ**а**ние.
4 – А говор**и**шь, не спеш**и**шь!
5 Ты уж**е** опозд**а**л на полчас**а**!
6 – Мин**у**та, дв**е** мин**у**ты, дв**а**дцать мин**у**т **и**ли час...
7 Теп**е**рь **э**то уж**е** не им**е**ет никак**о**го [5] знач**е**ния [6].
8 Совещ**а**ние начал**о**сь;

Remarques de prononciation

(5) полчас**а** *[poLtchissa]*.
(7) никак**о**го *[nikakova]*.

Notes

1 **жел**е**зный, -ая, -ое** se traduit littéralement par "de fer", mais il existe d'autres traductions dans différentes expressions, par exemple, **жел**е**зная л**о**гика**, *logique implacable*.

2 L'adverbe **к**у**да-то** indique une direction indéfinie avec mouvement : *quelque part, n'importe où*.

3 L'expression **да нет** appartient à la langue parlée. Elle se traduit par *mais non, ben non*. Surtout ne traduisez pas chaque mot littéralement !

4 **ч**е**тверть**, *un quart*, (mot féminin) a pour deuxième sens *trimestre* :
В шко**ле начал**а**сь п**е**рвая ч**е**тверть.**
À l'école, le premier trimestre a commencé.
Observez comment on dit "et quart" quand il s'agit de l'heure.

Cinquante-troisième leçon

Une logique implacable

1 – Tu es pressé *(Tu quelque-part te-presses)* ?

2 – Ben non, j'aurais dû être *(je dois étais être)* au bureau à midi et quart *(à un-quart de-la-première [heure])*.

3 Nous avons une réunion.

4 – Et tu dis [que] tu n'es pas pressé !

5 Tu es déjà en retard d'une demi-heure !

6 – Une minute, deux minutes, vingt minutes ou une heure…

7 Maintenant, cela n'a plus *(déjà)* aucune importance *(signification)*.

8 La réunion a commencé ;

Совещание уже началось,
а его ещё нет.

5 Souvent, les verbes à la forme négative régissent le génitif. Ici никак**о**го est le génitif de l'adjectif никак**ой**, -**а**я, -**о**е, *aucun*, *nul*. Remarquez que la terminaison du nominatif masculin est -**ой** (et pas -ый), car elle est accentuée.

6 знач**е**ния est le génitif du neutre en -е : знач**е**ние, *signification*, *sens*, *importance*.

9 зак**о**нчится [7] он**о** т**о**лько час**а** через полтор**а** [8].

10 Так что [9] **е**сли х**о**чешь, м**о**жем [10] поп**и**ть к**о**фе!

Remarque de prononciation

(9) час**а** *[tchissa]*.

Notes

7 зак**о**нчится est la 3e personne du singulier du verbe perfectif pronominal зак**о**нчиться, *se terminer, finir*. Attention, la prononciation de ces deux formes est identique : *[zakongnetchitsa]*.

8 Vous avez déjà rencontré la préposition через, *dans*. Elle est suivie de l'accusatif et indique le temps qui passera avant que l'événement en question ne se produise : через ч**а**с, *dans une heure* ; через чет**ы**ре

***

Упражнение 1 – Читайте и переводите

❶ Да уж, у вас железная логика! ❷ Совещание уже началось, а его ещё нет. ❸ Скорее! Ты ещё не опоздала. ❹ Урок закончится только через полчаса. ❺ – Ты где? – В офисе. У нас совещание.

Упражнение 2 – Восстановите текст

❶ Viens dans une heure et demie environ.
Приходи . . . . через . . . .

❷ Il est toujours en train de courir quelque part.
Он постоянно . . . . - . . спешит.

❸ Cela n'a pas d'importance.
Это . . имеет . . . . !

❹ Quelle horreur, je suis en retard pour l'examen !
Какой . . . . , я . . . . (.) на экзамен!

9 elle se terminera seulement dans une heure et demie environ.

10 Donc, si tu veux, on peut [aller] prendre *(boire)* un café !

недели, *dans quatre semaines*. Pour exprimer l'heure approximative, on place l'indicateur temporel (le nom indiquant l'unité de durée : **минута**, **час**, **неделя**, **год**, etc.) avant le chiffre : **через два часа**, *dans deux heures* → **часа через два**, *dans deux heures environ* ; **через десять минут**, *dans dix minutes* → **минут через десять**, *dans dix minutes environ* ; **через три недели**, *dans trois semaines* → **недели через три**, *dans trois semaines environ*.

9 La conjonction **так что** se traduit par *donc*, *par conséquent*.

10 Le verbe **мочь**, *pouvoir*, est irrégulier. Vous trouverez sa conjugaison dans la prochaine leçon de révision.

***

Corrigé de l'exercice 1

❶ Eh bien, vous avez une logique implacable ! ❷ La réunion a déjà commencé et il n'est pas encore là. ❸ Plus vite ! Tu n'es pas encore en retard. ❹ La leçon se terminera seulement dans une demi-heure. ❺ – Où es-tu ? – Au bureau. Nous avons une réunion.

❺ Je dois *(m.)* être chez toi dans vingt minutes environ.
Я . . . . . . быть у тебя . . . . . через двадцать.

Corrigé de l'exercice 2

❶ – часа – полтора ❷ – куда-то – ❸ – не – значения ❹ – ужас – опоздал(а) – ❺ – должен – минут –

Deuxième vague : 4e leçon

Пятьдесят четвёртый урок

Закоренелый холостяк

1 – Почему ты развёлся с женой [1]?
2 – Из-за [2] еды [3]...
3 Она никогда не замечала, что все рецепты в кулинарной книге
4 были рассчитаны [4] на двенадцать человек [5].
5 Поэтому [6] всю неделю мы ели одно и то же [7] блюдо!
6 – Теперь ты готовишь сам?

Remarques de prononciation

№ de leçon : Пятьдесят четвёртый *[pit^s dissiatchitvioRtyï]*.
(2) из-за еды *[izza^{ié}dy]*.
(4) рассчитаны *[Rachtchitany]*.

Notes

1 **развестись**, *divorcer*. Faites attention à la préposition employée : alors qu'en français on dit *divorcer de*, en russe la préposition employée est **с**, *avec*. Elle est suivie de l'instrumental :
Он развёлся с женой. *Il a divorcé de sa femme*.

2 Après la préposition **из-за**, on emploie le génitif. Cette préposition a de multiples traductions : *à cause de*, *à la suite de*, *en raison de*. Et nous en verrons encore d'autres plus tard.
Всё это из-за меня. *Tout cela est ma faute* ("à cause de moi").

3 Le mot **еда**, *la nourriture*, s'emploie toujours au singulier. Il peut également signifier *un repas*.

Cinquante-quatrième leçon

Célibataire endurci *(invétéré)*

1 – Pourquoi as-tu divorcé de ta *(avec)* femme ?
2 – À cause de la nourriture...
3 Elle ne remarquait jamais que toutes les recettes dans [son] livre de cuisine *(culinaire)*
4 étaient prévues pour douze personnes.
5 Du coup *(C'est-pourquoi)*, toute la semaine, nous mangions le même plat !
6 – Maintenant tu cuisines *(prépares)* toi-même ?

4 **рассчитаны** est le participe passé passif, au pluriel, du verbe perfectif **рассчитать** *prévoir, calculer*. Observez ces exemples :
У меня всё рассчитано на неделю.
J'ai tout calculé ("prévu") *pour une semaine*.
Книги были рассчитаны на десять учеников.
Les livres étaient prévus pour dix élèves.

5 **человек**, *homme, personne*, a un pluriel irrégulier que vous rencontrerez plus tard. La forme ancienne du pluriel, **человеки**, s'utilise parfois dans des contextes humoristiques, mais nous vous déconseillons de l'employer. Retenez simplement que ce mot a deux génitifs pluriels. Nous nous arrêterons pour l'instant sur celui qui s'utilise avec des nombres, et seulement avec des nombres : sa forme coïncide avec celle du nominatif singulier. Ainsi nous dirons **один человек** (nominatif), *une personne* ; **два человека** (génitif singulier), *deux personnes* ; **пять человек**, *cinq personnes* (génitif pluriel après "cinq").

6 **поэтому** exprime la suite causale et se traduit par *c'est pourquoi*.

7 Retenez la locution **один и тот же**, *le même*, qu'on trouve ici à l'accusatif singulier du neutre, **одно** s'accorde avec **блюдо**.

7 – Нет, теперь я ем [8] в столовой [9]...
8 – Почему?
9 – Я взял её кулинарную книгу [10],
10 но, о горе [11]! все рецепты начинаются одинаково:
11 «Возьмите чистую тарелку...»

Notes

8 **ем** est la 1re personne du singulier du verbe imperfectif **есть**, *manger*. La forme de l'infinitif coïncide avec la 3e personne du singulier du verbe **быть**, *être* couramment utilisée dans le sens de *il y a*. Ne les confondez pas ! Vous trouverez la conjugaison de ce verbe dans la leçon de révision.

9 Vous savez que la préposition **в** peut indiquer l'endroit où l'on est (sans mouvement) – et dans ce cas elle régit le prépositionnel (voir la leçon 21). **столовая**, *cantine*, *réfectoire*, mais aussi *salle à manger*, est un adjectif qui est devenu nom ; il garde donc la déclinaison des adjectifs : **в столовой**, *à la cantine*. Pour revoir la déclinaison des adjectifs, reportez-vous à la leçon 49.

10 Le verbe **взять** régit l'accusatif. Ainsi, dans **Я взял её кулинарную книгу**, *J'ai pris son livre de cuisine*, l'adjectif et le nom sont à l'accusatif. Vous connaissez déjà la formation de l'accusatif pour les noms, dont seuls les masculins animés et les féminins changent de forme (les autres gardent la forme du nominatif). Les adjectifs masculins et neutres (s'ils se rapportent aux choses et non aux êtres animés) restent

***

Упражнение 1 – Читайте и переводите

❶ Таня, дай мне, пожалуйста, чистую тарелку. ❷ У нас всё рассчитано на неделю. ❸ В столовой постоянно готовят одно и то же блюдо. ❹ По-моему, все летние романы начинаются одинаково. ❺ Если хочешь, возьми её кулинарную книгу.

7 – Non, maintenant, je mange à la cantine…
8 – Pourquoi ?
9 – J'ai pris son livre de cuisine…
10 mais, ô malheur, toutes les recettes commencent de la même manière *(pareil)* **:**
11 "Prenez une assiette propre…"

également invariables à l'accusatif, tandis que les féminins durs ont la terminaison -ую :
Он взял мой новый (la même forme qu'au nominatif) **карандаш и мою новую ручку.**
Il a pris mon nouveau crayon et mon nouveau stylo.

11 Le mot **горе** est du neutre. Il se traduit par *malheur, chagrin* :
У него большое горе. *Il a un grand chagrin.*
Какое горе! *Quel malheur !*

***

Corrigé de l'exercice 1

❶ Tania, donne-moi une assiette propre, s'il te plaît. ❷ Chez nous, tout est prévu pour une semaine. ❸ À la cantine, on prépare tout le temps le même plat. ❹ À mon avis, tous les romans d'été commencent de la même manière. ❺ Si tu veux, prends son livre de cuisine.

Упражнение 2 – Восстановите текст

❶ Mais tu le connais : c'est un célibataire endurci.
Да ты его . . . . . . : он закоренелый . . . .

❷ Toute la semaine, ils ont mangé des bananes.
Всю . . . . . . они . . . бананы.

❸ – Tamara, *(mais)* qui cuisine chez vous ? – Moi-même.
– Тамара, а кто у вас . . . . ? – Я . . . . .

❹ On dit qu'il a divorcé de sa femme.
Говорят, он . . . . с . . . . . .

55

Пятьдесят пятый урок

Солид**а**рность

1 В шк**о**ле уч**и**тель говор**и**т ученик**а**м [1]:
2 – У мен**я** никогд**а** ещ**ё** н**е** было так**о**го плох**о**го кл**а**сса [2]!
3 Вы ничег**о** не поним**а**ете!
4 Я объясн**и**л теор**е**му три р**а**за.
5 Д**а**же я сам [3] е**ё** п**о**нял!

Remarque de prononciation
(2) н**е** было *[niébyLª]*.

Notes

1 Le datif pluriel des mots durs de tous les genres se forme en **-ам**, et celui des mous en **-ям** :
Я дал кн**и**гу ег**о** р**о**дственникам.
J'ai donné le livre à ses parents.
Le nom est dur, même si le nominatif pluriel se termine en **-и** – р**о**дственники –, à cause de l'incompatibilité orthographique qui rend impossible la présence de **я** après **к**.
Челов**е**к д**о**лго объясн**я**л д**е**тям (nominatif pluriel : д**е**ти, *enfants*) и их с**е**мьям (nominatif pluriel : с**е**мьи, *familles*), кто он,

❺ À cause de la nourriture, ils ont mal au ventre.
. . - . . . . . у них болит живот.

Corrigé de l'exercice 2
❶ – знаешь – холостяк ❷ – неделю – ели – ❸ – готовит – сама ❹ – развёлся – женой ❺ Из-за еды –

Deuxième vague : 5e leçon

55

Cinquante-cinquième leçon

Solidarité

1 À l'école, le professeur dit aux élèves :
2 – Je n'ai encore jamais eu une si mauvaise classe !
3 Vous ne comprenez rien !
4 J'ai expliqué le théorème trois fois.
5 Même moi *(je sois-même)*, je l'ai compris !

L'homme a longuement expliqué aux enfants et à leurs familles qui il était.

2 Au passé, l'absence de quelque chose est exprimée par la structure impersonnelle formée à partir du verbe *être* au passé à la forme neutre **не было** (neutre) et du génitif : **у неё никогда не было брата**, *elle n'a jamais eu de frère*. Ainsi, le mot masculin dur **класс**, *classe, groupe*, est au génitif.

3 Le pronom **сам** s'emploie avec des noms animés ou inanimés et se traduit par *soi-même*. Vous trouverez sa déclinaison dans l'appendice grammatical en fin d'ouvrage. Le pronom s'accorde en genre et en nombre avec le nom auquel il se rapporte : **он сам**, *lui-même* ; **она сама**, *elle-même* ; **оно само** (neutre) ; **они сами**, *eux-mêmes* ou *elles-mêmes*, pour tous les genres.

6 Кто из вас считает себя полным тупицей [4]?
7 Встаньте!
8 – После долгой паузы поднимается [5] один ученик:
9 – Значит, ты считаешь себя [6] тупицей?
10 – Ну, не совсем...
11 но как-то [7] неловко [8], что вы один стоите.

Notes

4 L'attribut du complément d'objet direct se met à l'instrumental (pour l'instrumental des adjectifs, voir la leçon 49).

5 Révisons la conjugaison des verbes pronominaux (voir la leçon 38) à travers l'exemple du verbe **подниматься**, *monter* : **я поднимаюсь, ты поднимаешься, он поднимается, мы поднимаемся, вы поднимаетесь, они поднимаются**.

6 Le verbe **считать** est suivi d'un nom ou d'un pronom à l'accusatif.

7 **как-то** peut se traduire de différentes façons : *tout de même, dans une certaine mesure, d'une certaine manière, on ne sait pas comment*.

8 L'adverbe **неловко**, *gênant*, forme une structure impersonnelle. Vous connaissez déjà ce genre de structures. La personne "sujette" à un état

***

Упражнение 1 – Читайте и переводите

❶ Учитель объясняет ученикам международную обстановку. ❷ Кто из вас считает себя красивым? ❸ Я никогда не видел такого плохого класса. ❹ Он такой тупица: никогда ничего не понимает! ❺ Из-за тебя я не поняла теорему.

6 **Ceux d'entre vous qui se considèrent comme des imbéciles complets** *(Qui de vous considère soi-même complet imbécile ?)*,

7 **levez-vous !**

8 – **Après un long silence** *(pause)* **un élève se lève** *(monte)* :

9 – **Donc, tu te considères comme un imbécile ?**

10 – **Ben, pas vraiment...**

11 **mais c'est tout de même gênant que vous soyez** *(êtes)* **debout [tout] seul.**

У меня никогда ещё не было
такого плохого класса!

ou sentiment se met au datif : **мне так нел**о**вко**, *je suis si gêné* ("c'est gênant pour moi"). **нел**о**вко** se traduit aussi par *maladroitement, de manière maladroite* : **он**а **д**е**лает всё** о**чень нел**о**вко.** *Elle fait tout de manière très maladroite* ("maladroitement").

***

Corrigé de l'exercice 1

❶ Le professeur explique aux élèves la situation internationale. ❷ Qui parmi vous se croit beau ? ❸ Je n'ai jamais vu une si mauvaise classe. ❹ Il est tellement idiot : il ne comprend jamais rien ! ❺ À cause de toi, je n'ai pas compris le théorème.

Упражнение 2 – Восстановите текст

❶ J'étais gêné car il a mis longtemps à me reconnaître *(il ne m'a longtemps pas reconnu)*.
Мне было ...., так как он меня ..... не узнавал.

❷ – Qui parmi vous a vu ce film ? – Nous l'avons tous vu.
– Кто .. вас ..... этот фильм? – Мы ... его видели.

❸ Levez-vous, ce n'est pas votre place !
........., это не .... место!

56

Пятьдесят шестой урок

Повторение – Révision

1 La déclinaison des noms

Vous avez déjà acquis certaines connaissances dans le domaine des déclinaisons russes. Complétons-les encore un peu.

1.1 L'accusatif

Vous connaissez déjà l'accusatif, cas du COD. Ajoutons qu'au singulier, les noms se terminant par -ь, qu'ils soient masculins, féminins, animés ou inanimés gardent leur forme du nominatif : жизнь (féminin) → на целую жизнь, *pour toute la vie*.
Vous avez déjà vu la formation de l'accusatif pour les féminins durs. Pour les féminins mous, le -я du nominatif devient -ю : неделя (féminin mou) → Я здесь на неделю. *Je suis là pour une semaine.*

1.2 Le pluriel du datif

C'est facile : pour tous les noms durs, il est formé en -ам, tandis que pour les mous il est en -ям (mais attention aux cas d'incompatibilité orthographique !) :
По-моему, он очень нравится его подругам. *À mon avis, il plaît beaucoup à ses amies.*

❹ Nous n'avons encore jamais eu un si bon professeur.
У нас никогда ещё не .... такого .... учителя.

❺ Je t'ai déjà tout expliqué, tu comprends ?
Я уже всё тебе ....(.), ты ....?

Corrigé de l'exercice 2
❶ – неловко – долго – ❷ – из – видел – все – ❸ Встаньте – ваше – ❹ – было – хорошего – ❺ – объяснил(а) – понимаешь

Deuxième vague : 6e leçon

56

Cinquante-sixième leçon

Уч**и**тель говор**и**т д**е**тям д**е**лать дом**а**шнее зад**а**ние. *Le professeur dit aux enfants de faire leurs devoirs.*

1.3 Le pluriel de l'instrumental

Vous connaissez déjà la formation de l'instrumental singulier, cas qui correspond souvent au complément circonstanciel de moyen. L'instrumental pluriel est lui aussi facile : pour tous les noms durs il se forme en -ами et pour les mous en -ями (sauf cas d'incompatibilité orthographique) :
Он**и** д**о**лго говор**и**ли с ученик**а**ми и учител**я**ми.
Ils ont longuement parlé aux élèves et aux professeurs.
Mais attention : ночь →ноч**а**ми (incompatibilité orthographique).
Il existe quelques exceptions qui forment leur instrumental pluriel en -ьми. Vous connaissez par exemple д**е**ти, *les enfants* :
Я в кин**о** с детьм**и**. *Je vais au cinéma avec les enfants.*
Félicitations ! Maintenant vous connaissez quasiment tous les cas, il ne nous restera à voir que le prépositionnel pluriel.

2 La déclinaison des adjectifs

Nous avons observé le schéma général de la déclinaison des adjectifs au singulier à la leçon 49. À présent, voyons un peu le pluriel.
• **Le génitif** des adjectifs durs est en -ых et celui des mous en -их.

• **L'accusatif** des adjectifs animés au pluriel est identique à leur génitif, l'accusatif des inanimés est identique au nominatif.
• **Le datif** : la terminaison pluriel est -ым pour les adjectifs durs et -им pour les mous.
• **L'instrumental** : le pluriel dur est en -ыми et le mou en -ими.
• **Le locatif (ou le prépositionnel)** : le pluriel dur est en -ых et le mou en -их.

Voici le schéma récapitulatif. Prenons comme exemple les adjectifs suivants :
• adjectif dur : б**е**дный, -ая, -ое, *pauvre*
• adjectif mou : с**и**ний, -яя, -ее, *bleu*

Pluriel (pour tous les genres)		
Nominatif	б**е**дные	с**и**ние
Génitif	б**е**дных	с**и**них
Datif	б**е**дным	с**и**ним
Accusatif	N ou G*	
Instrumental	б**е**дными	с**и**ними
Prépositionnel (locatif)	б**е**дных	с**и**них

* Identique au nominatif si le nom est inanimé, et au génitif s'il est animé.

Comme vous pouvez le constater, les terminaisons des adjectifs mous et durs sont quasiment identiques (il y a juste l'opposition dur/mou : ы/и).

3 La déclinaison des démonstratifs

Vous connaissez déjà le génitif et le datif des pronoms-adjectifs démonstratifs.

• À **l'accusatif**, le masculin singulier et le pluriel de tous les genres ont la forme du nominatif s'ils se rapportent aux objets (inanimés) et celle du génitif s'ils se rapportent aux êtres (animés) :
Я в**и**жу этот стол, этого учителя и этих ученик**о**в. *Je vois cette table, ce professeur et ces élèves.*
Le neutre reprend la forme du nominatif et le féminin a la terminaison en -у :

Уч**и**тель объясн**я**ет это пр**а**вило и эту теор**е**му. *Le professeur explique cette règle et ce théorème.*

• Quant à **l'instrumental**, il ressemble beaucoup à celui des adjectifs : la terminaison du masculin et du neutre ainsi que celle du pluriel de tous les genres est la même que pour les adjectifs mous, tandis que la terminaison du féminin est la même que pour les adjectifs féminins durs :
Он**а** п**и**шет **э**тим карандаш**о**м, а я **э**той р**у**чкой. *Elle écrit avec ce crayon et moi avec ce stylo.*
Он**и** п**и**шут **э**тими карандаш**а**ми. *Ils écrivent avec ces crayons.*

	Masculin, Neutre	Féminin	Pluriel
Nominatif	**э**тот, **э**то	**э**та	**э**ти
Génitif	**э**того	**э**той	**э**тих
Datif	**э**тому	**э**той	**э**тим
Accusatif	N ou G	**э**ту	N ou G
Instrumental	**э**тим	**э**той	**э**тими

4 La particule *-то*

Vous avez déjà rencontré la particule -то. Cette particule, apposée à certains pronoms et adverbes en fait des indéfinis :
когд**а**, *quand* → когд**а**-то, *un jour* (on ne sait pas quand) ;
где, *où* (sans mouvement) → гд**е**-то, *quelque part* (sans mouvement) ;
куд**а**, *où* (avec mouvement) → куд**а**-то, *quelque part* (avec mouvement) ;
кто, *qui* → кт**о**-то, *quelqu'un* ;
что *quoi* → чт**о**-то, *quelque chose*, etc.

5 L'absence exprimée au présent et au passé

Pour exprimer l'absence de quelque chose, on utilise :
• **au présent**, le mot нет accompagné d'un génitif :
Ег**о** нет. *Il n'est pas là.*
Нет вод**ы**. *Il n'y a pas d'eau.*
• **au passé**, la particule négative не avec le neutre du verbe *être*, быть, au passé :
Ег**о** н**е** было. *Il n'était pas là.*

У неё **не** было воды. *Elle n'avait pas d'eau.*
Н**е** было вод**ы**. *Il n'y avait pas d'eau.*
Remarquez que la particule не dans la structure н**е** было est toujours accentuée.

6 Verbes de déplacement

Nous avons déjà commencé à parler des verbes de déplacement à la leçon 44. Rappelez-vous qu'on distingue 14 paires de verbes de déplacement et que chaque paire indique un moyen précis de déplacement (à pied, en voiture, en avion, etc.). Tous ces verbes sont imperfectifs mais ils ont leur perfectif. Vous avez déjà rencontré идт**и** (imperfectif), пойт**и** (perfectif), *aller à pied* ; **е**здить (imperfectif), *aller en moyen de locomotion* ; приход**и**ть (imperfectif), прийт**и** (perfectif), *arriver à pied*, et quelques autres verbes. Pour l'instant, nous en resterons là et vous proposons juste la conjugaison du verbe **е**здить au paragraphe 9 de cette leçon.

7 *стоять*, être debout

Le verbe d'état сто**я**ть, *être debout*, se conjugue comme les verbes réguliers de la deuxième conjugaison : я сто**ю**, ты сто**и**шь, он сто**и**т, мы сто**и**м, вы сто**и**те, он**и** сто**я**т. Faites attention à l'accent tonique car un autre verbe russe a la même forme au présent et seul l'accent permet de les distinguer : il s'agit du verbe ст**о**ить, *coûter* (leçon 30) : ст**о**ит (3e pers. du singulier).

8 Perfectifs, imperfectifs

Vous connaissez déjà la distinction entre verbes imperfectifs et perfectifs. Pour certains verbes, le perfectif se distingue de l'imperfectif seulement par la présence d'un préfixe, une particule qui se rajoute au début du mot. D'autres verbes ont une forme de perfectif qui est tout à fait différente. Observez les verbes ci-dessous et lisez-les deux ou trois fois à voix haute pour vous en imprégner.
• *boire* : пить (imperfectif) : я пью, ты пьёшь, он пьёт, мы пьём, вы пь**ё**те, он**и** пьют (présent) ; поп**и**ть (perfectif) я попь**ю**, ты попьёшь, он попь**ё**т, мы попь**ё**м, вы попь**ё**те, он**и** попь**ю**т (futur) ;

• *manger* : есть (imperfectif) я ем, ты ешь, он ест, мы ед**и**м, вы ед**и**те, он**и** ед**я**т (présent) ; съесть (perfectif) я съем, ты съешь, он съест, мы съед**и**м, вы съед**и**те, он**и** съед**я**т (futur) ;
• *parler/dire* : говор**и**ть (imperfectif) я говор**ю**, ты говор**и**шь, он говор**и**т, мы говор**и**м, вы говор**и**те, он**и** говор**я**т (présent) ; сказ**а**ть (perfectif) я скаж**у**, ты ск**а**жешь, он ск**а**жет, мы ск**а**жем, вы ск**а**жете, он**и** ск**а**жут (futur).

9 La palatalisation

Vous avez déjà rencontré plusieurs verbes dont la consonne de la base changeait quand ils se conjuguaient au présent. Il s'agit du phénomène de la palatalisation (appelé ainsi parce que la consonne changée se prononce avec la participation du palais).

Pour la première conjugaison, le changement concerne toutes les formes, tandis que pour la deuxième conjugaison, on observe le changement seulement à la 1re personne du singulier.
Sachez que la palatalisation concerne des consonnes qui forment une paire avec une autre. Ainsi, par exemple, le д devient ж, comme dans le verbe **е**здить (imperfectif, indéterminé) *aller en moyen de locomotion* : я **е**зжу, ты **е**здишь, он **е**здит, мы **е**здим, вы **е**здите, он**и** **е**здят.

Pour les verbes de la première conjugaison en -чь, le changement se fait d'abord en г, ensuite en ж et de nouveau en г à la 3e personne du pluriel :
• бер**е**чь, *garder, veiller sur* : я берег**у**, ты береж**ё**шь, он береж**ё**т, мы береж**ё**м, вы береж**ё**те, он**и** берег**у**т.
• мочь, *pouvoir* : я мог**у**, ты м**о**жешь, он м**о**жет, мы м**о**жем, вы м**о**жете, он**и** могут. Faites également bien attention au changement d'accent.
Le verbe de la première conjugaison пис**а**ть, *écrire*, change le с en ш à toutes les personnes : я пиш**у**, ты п**и**шешь, он п**и**шет, мы п**и**шем, вы п**и**шете, он**и** п**и**шут. Là encore, notez le changement d'accent.

10 Le verbe *есть*

Le verbe есть, *manger*, est irrégulier : я ем, ты ешь, он ест, мы ед**и**м, вы ед**и**те, он**и** ед**я**т. Soyez là aussi très attentif avec l'accentuation, apprenez-la même par cœur, car ce verbe ressemble à un autre (vous le rencontrerez plus tard) et seule l'accentuation les distingue.

***

Заключительный диалог

1 – Прошлым летом мы были у бабушки на даче.
2 Было так хорошо. Она отлично готовит !
3 – А ты умеешь готовить?
4 – Да, конечно!
5 – Ты готовишь вкусные блюда?
6 – Ну, не знаю... На вкус и цвет товарищей нет!
7 – А мы ездим к бабушке не летом, а зимой, кататься на лыжах.
8 – Мне хотелось бы ездить к ней всё время: зимой, весной, летом и осенью!
9 – Ой! Извини, мне надо в офис: совещание уже началось!
10 – Ты всегда куда-то спешишь...
11 – Что делать? Работа есть работа!

Traduction

1 L'été dernier, nous avons été chez grand-mère, dans sa datcha. **2** C'était vraiment *(si)* bien. Elle cuisine merveilleusement ! **3** Et toi, tu sais cuisiner ? **4** Oui, bien sûr ! **5** Tu prépares de bons plats ? **6** Eh bien, je ne sais pas... Les goûts et les couleurs ne se discutent pas ! **7** Et nous, nous allons chez [notre] grand-mère non pas en été, mais en hiver, [pour] faire du ski. **8** Je voudrais aller chez elle tout le temps : en hiver, au printemps, en été et en automne ! **9** Oh ! excuse[-moi], je dois aller au bureau : la réunion a déjà commencé ! **10** Tu es toujours en train de courir *(Tu toujours quelque part te-hâtes)*... **11** Qu'est-ce que je peux y faire *(Que faire)* ? Le travail [c']est le travail !

Deuxième vague : 7e leçon

57

Пятьдесят седьмой урок

Сб**о**ры

1 П**о**сле двух [1] час**о**в сб**о**ров
2 ж**е**нщина спр**а**шивает своег**о** м**у**жа [2]:
3 – Дорог**о**й, как**о**е пл**а**тье мне над**е**ть?
4 **Э**то или т**о** [3]?
5 – Да он**и** вр**о**де [4] **о**ба [5] ничег**о**.

Remarques de prononciation

Titre : сб**о**ры *[zb**o**Ry]*.
(1) час**о**в *[tchiss**o**f]*.
(2) своег**о** *[sva[ié]v**o**]*.
(4) или т**о** *[ilit**o**]*.

Notes

1 **двух** est le génitif de **два**. Au paragraphe 3 de la leçon 21, nous avons vu qu'après les cardinaux **два**, **три**, **чет*ы*ре**, il convenait d'employer le génitif singulier. C'est effectivement le cas lorsque ces cardinaux sont au nominatif ou à l'accusatif. Si le cardinal est à un autre cas, tous les mots qui se rapportent à ce dernier se mettent au même cas et au même nombre que lui. Comparez : **я съел два** (accusatif) **бан*а*на** (génitif singulier), *j'ai mangé deux bananes* et **п*о*сле двух** (génitif ; deux = pluriel) **час*о*в** (génitif pluriel) **сб*о*ров**, *après deux heures de préparatifs*, complément de temps qui se met au génitif en raison de la présence de la préposition **п*о*сле**. Dans ce dernier cas, les cardinaux se déclinent aussi. Vous trouverez une explication plus exhaustive sur les cardinaux à la leçon 69.

2 **спр*а*шивать**, *demander*, *poser une question*, régit l'accusatif, alors qu'en français "demander à" régit un complément d'objet indirect. Comparez :
Уч*и*тель спр*а*шивает ученик*о*в, где *А*нглия.
Le professeur demande aux élèves, où [se trouve] l'Angleterre.

Cinquante-septième leçon

Les préparatifs

1 Après deux heures de préparatifs,
2 une dame demande à son mari :
3 – Chéri *(Cher)*, quelle robe dois-je mettre *(quelle robe à-moi mettre)* ?
4 Celle-ci ou celle-là ?
5 – Ben… elles ont l'air toutes les deux pas mal *(rien)*…

3 **это** et **то** sont les formes neutres des démonstratifs **этот**, *celui-ci*, et **тот**, *celui-là*, à l'accusatif. Ils ont pratiquement la même déclinaison :
– **Какого платья у тебя нет? – Ни этого ни того!**
– Quelle robe n'as-tu pas ? – Ni celle-ci, ni celle-là !
Vous en trouverez la déclinaison complète à la prochaine leçon de révision.

4 Le mot **вроде** appartient à la langue parlée. Il s'emploie dans deux sens différents :
– D'abord, pour la comparaison. Dans ce cas, le mot avec lequel se fait la comparaison est au génitif :
Она вроде тебя, очень хорошая подруга.
Elle est, comme toi, une très bonne amie.
– **вроде** s'emploie aussi dans le sens de *il semble*, *apparemment*. Il a une variante : **вроде бы**. Observez les phrases suivantes :
Он вроде (бы) не богатый.
Il n'a pas l'air riche (D'après ce que je sais, il n'est pas riche).
Вы вроде в Москве живёте ?
Mais vous habitez à Moscou [me semble-t-il], non ?

5 **оба**, *(tous) les deux*, s'utilise aussi bien avec les animés que les inanimés. La forme du féminin, *toutes les deux*, est **обе**. Cet adjectif se décline. Le nom qui suit se met au génitif singulier :
Не могу выбрать, поэтому куплю оба свитера.
Je ne peux pas choisir, c'est pourquoi j'achèterai les deux pulls.

6 – Ничег**о**? [6]
7 Я не хоч**у** в**ы**глядеть «вр**о**де ничег**о**».
8 Я хоч**у** в**ы**глядеть потряс**а**юще [7]!
9 – Тогд**а** над**е**нь [8] ср**а**зу **о**ба.
10 Б**у**дет потряс**а**юще [9]! □

Notes

6 Comme vous le savez, le sens premier du mot **ничего** est *rien*, mais il est également employé dans le sens de *pas mal* en langage familier.
– **Как дела? – Ничего.** – *Comment ça va ? – Pas mal.*

7 **выглядеть потрясающе**, *être (paraître) époustouflant* : **потрясающе** est un adjectif court au neutre qui est devenu adverbe. Dans la langue parlée, on pourra le traduire par *super*, *géant*.

***

Упражнение 1 – Читайте и переводите

❶ – Надень этот костюм и синий галстук. – Этот или тот? ❷ Я иду в театр и хочу выглядеть потрясающе. ❸ Надень белую куртку и синие джинсы. ❹ Она постоянно спрашивает своего мужа, что ей надеть. ❺ – Кто из них ваш сын? – Оба!

Упражнение 2 – Восстановите текст

❶ – Quel jeune homme te plaît plus ? – Ils sont pas mal tous les deux…
– ..... парень нравится .... больше? – Они ... ничего...

❷ Chéri, allons à cette soirée, là-bas, ce sera tout simplement super !
........, пойдём на эту вечеринку, там ..... просто .... !

❸ Après deux heures de préparatifs, tu ne sais pas quelle robe mettre ?
После двух ..... сборов ты не ......, какое платье ...... ?

❹ – Salut, tu es époustouflante ! – Merci.
– Привет, ... потрясающе! – Спасибо.

6 – Pas mal *(Rien)* ?
7 Je ne veux pas être "pas mal" *(paraître "rien")* !
8 Je veux être *(paraître)* époustouflante !
9 – Alors, mets les deux à la fois.
10 Ce sera époustouflant !

8 **надень** est l'impératif d'un verbe perfectif dont vous avez vu l'infinitif dans la phrase 3 : **надеть**, *mettre, enfiler*.

9 **будет** (3e personne du singulier du verbe **быть**, *être*) + adjectif court au neutre forment une structure impersonnelle au futur. Rappelons-nous que ce type de structures impersonnelles appelle couramment le datif :
Там нам будет хорошо. *Là-bas, nous serons bien.*

***

Corrigé de l'exercice 1

❶ – Mets ce costume et cette cravate bleue. – Celui-ci ou celui-là ? ❷ Je vais au théâtre et je veux être époustouflant(e). ❸ Mets la veste blanche et le jean bleu. ❹ Elle demande tout le temps à son mari ce qu'elle doit mettre. ❺ – Lequel *(Qui)* d'entre eux est votre fils ? – Les deux !

❺ Les deux robes sont très belles.
. . . . очень красивые.

Corrigé de l'exercice 2

❶ Какой – тебе – оба – ❷ Дорогой – будет – потрясающе ❸ – часов – знаешь – надеть ❹ – выглядишь – ❺ Оба платья –

Deuxième vague : 8e leçon

58

Пятьдесят восьмой урок

Вор

1 В суд**е**:
2 – Вы утвержд**а**ете, что вы не зн**а**ете,
3 как **э**тот кошел**ё**к оказ**а**лся [1] в в**а**шем карм**а**не [2]?
4 – Соверш**е**нно в**е**рно.
5 – Как вам не ст**ы**дно [3]?
6 Здесь сид**я**т [4] шесть свид**е**телей [5],
7 кот**о**рые [6] в**и**дели, как вы укр**а**ли

Notes

1 Vous connaissez déjà le présent des verbes pronominaux : **устр**а**иваться** (imperf.), *s'installer* ; **сме**я**ться** (imperf.), *rire* ; **нр**а**виться** (imperf.), *plaire*, etc. Pour la formation du passé, c'est très facile : on met le verbe au passé tout à fait normalement à l'aide des terminaisons **-л** au masculin, **-ла** au féminin, **-ло** au neutre et **-ли** au pluriel, et on ajoute **-ся** après une consonne (le masculin est le seul à se terminer en consonne **-л**) ou **-сь** après une voyelle (féminin, neutre et pluriel) :
Он оказ**а**лся здесь случ**а**йно. *Il s'est retrouvé ici par hasard.*
Так мы оказ**а**лись в **э**той ситу**а**ции. *C'est ainsi que nous nous sommes retrouvés dans cette situation.*

2 Rappelez-vous que la préposition **в**, quand elle indique l'emplacement d'une personne ou d'une chose sans mouvement, est suivie du prépositionnel.

3 Encore une construction impersonnelle qui se forme avec le verbe *être* (qui est omis au présent), le datif de la personne éprouvant un sentiment ou se trouvant dans un certain état (le sujet en français) et l'adjectif court au neutre :
– Мне **о**чень ст**ы**дно. – А мне хорош**о**.
– J'ai vraiment honte. – Moi, je me sens bien.

Cinquante-huitième leçon

Le voleur

1 Au tribunal :
2 – Vous affirmez que vous ne savez pas
3 comment ce porte-monnaie s'est retrouvé dans votre poche ?
4 – Exactement *(Parfaitement exact)*.
5 – Vous n'avez pas honte *(Comment à-vous pas honteux)* ?
6 Ici il y a *(sont-assis)* six témoins
7 qui vous ont vu voler *(qui ont-vu comment vous avez-volé)*

4 **сидят** est la 3e personne du pluriel du verbe imperfectif **сидеть**, *être assis*. C'est le deuxième verbe de position que nous rencontrons, après **стоять** *être debout* (leçon 56, § 7). Ces verbes expriment donc, comme le dit bien leur nom, la position dans laquelle se trouve le sujet. Nous vous donnons la conjugaison de **сидеть** dans la leçon de révision.

5 Nous avons déjà vu qu'en position de sujet ou COD, après les numéraux **два**, *deux* ; **три** *trois* ; **четыре** *quatre*, le nom se met au génitif singulier. Après les chiffres de cinq à vingt, on emploie le génitif pluriel. Ainsi, après **шесть**, *six*, on emploie le génitif pluriel. Le masculin mou **свидетель** forme son génitif pluriel en **-ей** : **шесть свидетелей**, *six témoins*.

6 Le pronom relatif **который** s'emploie dans des phrases complexes pour relier la proposition principale et la relative. Vous connaissez déjà quelques relatifs :
Я не знаю, кто они. *Je ne sais pas qui ils sont.*
Папа сказал, что купит на Новый год.
Papa a dit ce qu'il achèterait pour le Nouvel An.
Le relatif **который** peut avoir la fonction de sujet ou de complément. Comparez : **стол, который я купила**, *la table que j'ai achetée* (COD), et **стол, который стоит в комнате**, *la table qui est dans la chambre*. Pour l'instant nous allons nous contenter de **который** dans sa fonction sujet. Nous le verrons plus tard dans d'autres fonctions et à d'autres cas (prépositionnel, datif, etc.).

8 у **э**того господ**и**на кошел**ё**к.
9 – Ну, и что?
10 Я мог**у** привест**и** [7] ещ**ё** сто челов**е**к,
11 кот**о**рые **э**того не в**и**дели! □

Note

7 Nous avons déjà parlé des verbes de déplacement, très nombreux en russe. Le perfectif **привести**, *amener*, est formé à partir de l'imperfectif déterminé **вести**, *conduire, accompagner quelqu'un qui marche*, et du préverbe **при**, qui exprime la progression d'un mouvement, d'une action vers un but final :
Они привели всех друзей. *Ils ont amené tous leurs amis.*

***

Упражнение 1 – Читайте и переводите

❶ – Вы журналист? – Совершенно верно. ❷ Вы утверждаете, что знаете эту женщину. ❸ – Я уверен, что вы уже видели этого господина. – Ну, и что? ❹ – Какой красивый кошелёк! – Это подарок папы. ❺ Я могу привести к вам моих друзей.

Упражнение 2 – Восстановите текст

❶ Ce sont les enfants qui ont vu le voleur.
Это дети, ... видели . . . . .

❷ Mais comment s'est-il retrouvé ici ?
Но как он . . . . здесь?

❸ – As-tu une poche ? – Oui, deux.
– У тебя есть . . . . . . ? – Да, ...

❹ – Tu affirmes que tu as vu cent personnes là-bas. – Tout à fait exact.
– Ты . . . . , что видел там . . . человек.
– Совершенно . . . . . .

8 [le] porte-monnaie de ce monsieur *(à ce monsieur porte-monnaie)*.
9 – Et alors ?
10 Je peux [vous] amener encore cent personnes
11 qui [, elles,] ne m'ont *(l'ont)* pas vu !

Я могу привести к вам моих друзей.

Corrigé de l'exercice 1

❶ – Êtes-vous journaliste ? – Parfaitement exact. ❷ Vous affirmez que vous connaissez cette femme. ❸ – Je suis sûr que vous avez déjà vu ce monsieur. – Et alors ? ❹ – Quel beau porte-monnaie ! – C'est le cadeau de papa. ❺ Je peux amener mes amis chez vous.

❺ – Vous n'avez pas honte ? – Je n'ai pas honte, et vous ?
– . . . не стыдно? – Мне не . . . . . . , а вам?

Corrigé de l'exercice 2

❶ – которые – вора ❷ – оказался – ❸ – карман – два ❹ – утверждаешь – сто – верно ❺ Вам – стыдно –

Deuxième vague : 9e leçon

Пятьдесят девятый урок

Разумное решение

1 Разговаривают две [1] подруги.
2 Одна нервно курит одну сигарету за [2] другой.
3 Её подруга спрашивает:
4 – Надя, почему ты так часто куришь?
5 – Да вот [3], волнуюсь, переживаю [4]...
6 – За что?
7 – Да за здоровье своё [5] переживаю...

Notes

1 Le féminin du cardinal **два**, *deux*, est **две**. La forme du neutre est identique à celle du masculin. Comparez : **два завтрака**, *deux petits-déjeuners* ; **два окна**, *deux fenêtres* ; **две ночи**, *deux nuits*.

2 La préposition **за** dans le sens de *après* est suivie de l'instrumental :
Сразу за братом пришла бабушка.
Juste après [mon] frère, grand-mère est arrivée.

3 Vous avez déjà vu l'expression appartenant à la langue parlée **да нет**, *ben non, mais non*. En voici une autre **да вот**, *ben voilà*. Elle ne se traduit pas non plus littéralement.

4 **волнуюсь** est la 1re personne du singulier du verbe imperfectif **волноваться**, *s'inquiéter* et **переживаю** est la 1re personne du singulier du verbe imperfectif **переживать**, *s'inquiéter*, *s'angoisser* ou, plus soutenu, *se tourmenter*. Vous trouverez leurs conjugaisons à la prochaine leçon de révision.

5 Vous connaissez déjà bon nombre de possessifs. En voici encore un dont nous avions brièvement parlé à la leçon 35, paragraphe 3 : **своё** est la forme neutre à l'accusatif du possessif **свой** qui indique l'appartenance à toutes les personnes (1re, 2e et 3e). Ce pronom s'utilise quand

Cinquante-neuvième leçon

Une décision raisonnable

1 Deux amies discutent.
2 L'une fume nerveusement une cigarette après l'autre.
3 Son amie [lui] demande :
4 – Nadia, pourquoi fumes-tu autant *(si souvent)* ?
5 – Ben, c'est que *(Ben voilà)* je m'inquiète, je m'angoisse…
6 – Pourquoi *(Pour quoi)* ?
7 – Ben, pour ma santé, je m'angoisse…

il se rapporte au sujet de l'action. Attention, on ne l'emploie pas au nominatif. Comparez :

Ег**о** брат мн**о**го ест. *Son frère mange beaucoup* (c'est son frère qui est l'agent de l'action).

Он **о**чень л**ю**бит сво**е**г**о** бр**а**та. *Il aime beaucoup son frère* (c'est lui-même qui est l'agent de l'action et son frère est le complément d'objet direct).

Л**е**том ег**о** сестр**а** уезж**а**ет на д**а**чу. *En été, sa sœur part à la datcha* (c'est sa sœur qui est l'agent de l'action).

Он уезж**а**ет на д**а**чу к сво**е**й сестр**е**. *Il part à la datcha chez sa sœur* (c'est lui qui est l'agent de l'action et sa sœur est le complément d'objet indirect). свой se décline comme le possessif твой, *ton*. Nous verrons leur déclinaison plus tard.

8 – **Е**сли ты так пережив**а**ешь за [6] сво**ё** здор**о**вье,

9 снач**а**ла брось [7] кур**и**ть!

Notes

6 Le verbe imperfectif **пережив<u>а</u>ть за**, *s'inquiéter pour* ou, selon le contexte, *s'angoisser*, est suivi de l'accusatif :
Он**и** так пережив**а**ют за сво**и**х дет**е**й.
Ils s'inquiètent tellement pour leurs enfants.

***

Упражнение 1 – Читайте и переводите

❶ За что ты так переживаешь? ❷ Это очень разумное решение. ❸ – Ты их знаешь? – Да, они – подруги моей сестры. ❹ Сначала брось курить, а потом будем разговаривать! ❺ – А он курит? – Да, очень много!

Упражнение 2 – Восстановите текст

❶ Ils me demandent souvent comment vous allez.
Они часто .... меня, как вы.

❷ Je m'inquiète pour la santé de grand-mère.
Я .... за .... бабушки.

❸ – Pourquoi fume-t-il autant ? – Il s'inquiète pour son examen.
– Почему он так много .....? – Он переживает .. свой экзамен.

❹ Ne t'inquiète pas : tu n'es pas encore en retard !
Не ....: ты ещё не ....!

8 – Si tu t'angoisses tant pour ta santé,
9 commence par arrêter de fumer *(d'abord jette fumer)* !

7 **брось** est l'impératif du verbe perfectif **бросить**, *jeter*. La construction **бросить** + l'infinitif d'un verbe imperfectif se traduit par *arrêter de faire quelque chose* :
Он совсем бросил пить водку.
Il a complètement arrêté de boire de la vodka.

***

Corrigé de l'exercice 1

❶ Pourquoi est-ce que tu t'inquiètes autant ? ❷ C'est une décision très raisonnable. ❸ – Les connais-tu ? – Oui, ce sont des amies de ma sœur. ❹ D'abord, arrête de fumer, et après on parlera ! ❺ – Et il fume ? – Oui, vraiment beaucoup !

❺ Il lit un livre après l'autre.
Он . . . . книгу за другой.

Corrigé de l'exercice 2

❶ – спрашивают – ❷ – переживаю – здоровье – ❸ – курит – за – ❹ – переживай – опоздал ❺ – читает одну –

Deuxième vague : 10e leçon

Шестидесятый урок

Дилемма

1 У одного [1] человека бессонница.
2 Он лежит [2] и думает:
3 – Есть Бог или нет?
4 Как бы люди [3] жили без [4] Бога?
5 Хотя я лично в него не верю [5]...
6 Или всё-таки есть?
7 Каждому человеку нужна вера [6]!

Remarques de prononciation

(1) одного *[adnavo]*.
(3) Бог *[boH]*.
(5) лично *[litchn^a]*.
(6), **(8)** всё-таки *[fsiotaki]*.

Notes

1 Comme vous le savez, la préposition **у** nécessite l'emploi du génitif. Ainsi, **одного** est le génitif de **один**, *un*.

2 Vous avez déjà vu les verbes de position **стоять**, *être debout*, et **сидеть**, *être assis*. Retenez à présent **лежит**, 3e personne du singulier du verbe imperfectif **лежать**, *être allongé*, *être couché*. Ces verbes sont importants car le russe localise les objets en précisant la façon dont ils occupent l'espace (s'ils sont à la verticale – donc debout –, à l'horizontale – couchés –, s'ils sont suspendus, etc.) :
Книга лежит на столе. *Le livre est sur la table (horizontalement).*
Книга стоит на полке. *Le livre est sur l'étagère (verticalement).*
Vous retrouverez la conjugaison de ces verbes à la leçon de révision.

3 **люди**, *les gens* est le pluriel irrégulier de **человек**, *personne*, *homme*. Nous vous proposerons sa déclinaison complète dans la leçon de révision.

4 Vous connaissez la préposition **без**. Rappelez-vous qu'elle est suivie du génitif :
Мы идём в кино без них. *Nous allons au cinéma sans eux.*

Soixantième leçon

Dilemme

1 Un homme a une insomnie.
2 Couché dans son lit, il réfléchit *(Il est-allongé et réfléchit)* :
3 – Dieu existe-t-il ou pas *(Il-y-a Dieu ou il-n'y-a-pas)* ?
4 Comment les gens vivraient[-ils] sans Dieu ?
5 Bien que personnellement je ne croie *(crois)* pas en lui…
6 Et s'il existait tout de même *(Ou tout-de-même il-y-a)* ?
7 Tout homme a besoin de croire *(À-chaque homme est-nécessaire foi)* !

5 **в**е**рить в**, *croire en*, est suivi de l'accusatif :
Я ве**рю в теб**я**!** *Je crois en toi !*
Они **не в**е**рят в Б**о**га.** *Ils ne croient pas en Dieu.*
Curieusement, on peut utiliser ce verbe sans préposition et avec le datif. Dans ce cas, son sens changera légèrement :
– Ты ве**ришь мне? – Кон**е**чно, я теб**е **в**е**рю. – Спас**и**бо, друг!**
– Me crois-tu ? – Bien sûr, je te crois. – Merci, mon ami !

6 Vous avez déjà rencontré des propositions très courantes du type **Челов**е**ку нужн**а **в**е**ра.** *L'homme a besoin de foi.* Mettons en parallèle les structures des phrases française et russe : sur le plan du sens, le nom au datif correspond au sujet dans la phrase française : **челов**е**ку**, *l'homme*, tandis que l'adjectif court, accordé en genre et nombre avec le sujet au nominatif, correspond au verbe et au complément du français **нужн**а **в**е**ра**, *a besoin de foi*. Comparez :
Моему **бр**а**ту н**у**жен телев**и**зор.** *Mon frère a besoin d'une télé.*
Его **друзь**я**м н**у**жно знач**е**ние** э**того сл**о**ва.**
Ses amis ont besoin de la signification de ce mot.
Мне нужны **н**о**вые бр**ю**ки.** *J'ai besoin d'un nouveau pantalon.*
Le sujet peut être représenté par un infinitif. Dans ce cas, l'adjectif court s'accorde au neutre singulier :
Мне на**до б**о**льше спать.** *J'ai besoin de dormir plus.*

8 **И**ли вс**ё**-таки нет?
9 **И**ли есть?
...
10 Вдруг сл**ы**шит св**е**рху раздраж**ё**нный г**о**лос:
11 – Нет мен**я**, нет!
12 Спи и не меш**а**й [7] друг**и**м!!! □

Note

7 Le verbe imperfectif **мешать** a plusieurs significations. Quand il est suivi du datif, il se traduit par *empêcher qqn de faire qqch.* ; *embêter, déranger quelqu'un*. Observez la traduction des phrases suivantes :

***

Упражнение 1 – Читайте и переводите

❶ Папа, скажи, есть Бог или нет? ❷ Почему у тебя такой раздражённый голос? ❸ Каждому человеку хочется хорошо жить. ❹ – Алло, Таня? – Нет, это не Таня. Её нет. А кто говорит? ❺ Как можно жить без веры?

Упражнение 2 – Восстановите текст

❶ Tu crois en Dieu ? Moi, personnellement, non.
Ты . . . . . . в Бога? . . . . . я – нет.

❷ Tu ne veux pas dormir, ne dérange pas les autres !
Не хочешь . . . . . , не мешай . . . . . . !

❸ Comment ces gens comprendraient-ils cela sans lui ?
Как бы эти . . . . поняли это без него?

❹ Ils sont tout de même arrivés en retard à la réunion.
Они . . . - . . . . опоздали на . . . .

8 Et si pourtant il n'existait pas *(Ou tout-de-même il-n'y-a-pas)* ?

9 Et s'il existait *(Ou il-y-a)* ?

...

10 Tout à coup il entend une voix irritée [venant] d'en haut :

11 – Non, non, je n'existe pas *(Il-n'y-a-pas moi, il-n'y-a-pas)* !

12 Dors et ne dérange pas les autres !!!

Он мешает вам? *Vous embête-t-il ?*
Дети мешают папе читать. *Les enfants empêchent papa de lire.*

***

Corrigé de l'exercice 1

❶ Papa, dis, est-ce que Dieu existe ou pas ? ❷ Pourquoi as-tu une voix si irritée ? ❸ Tout le monde *(chaque personne)* veut vivre bien. ❹ – Allô, Tania ? – Non, ce n'est pas Tania. Elle n'est pas là. Qui est à l'appareil *(Et qui parle)* ? ❺ Comment peut-on vivre sans foi ?

❺ – Je veux sortir, mais je ne sais pas où : au théâtre ou à l'opéra… – En voilà un dilemme !
– . . . . пойти, но не знаю, ... : в театр или в оперу… – Вот . . . . !

Corrigé de l'exercice 2

❶ – веришь – Лично – ❷ – спать – другим ❸ – люди – ❹ – всё-таки – собрание ❺ Хочу – куда – дилемма

61

Шестьдесят первый урок

Совпад**е**ние

1 Мужч**и**на л**о**вит такс**и** [1], устр**а**ивается на з**а**днем сид**е**нии

2 и начин**а**ет дрем**а**ть под [2] т**и**хую при**я**тную м**у**зыку.

3 Через н**е**которое вр**е**мя он х**о**чет чт**о**-то спрос**и**ть у вод**и**теля [3]

4 и хл**о**пает ег**о** по плеч**у**.

Remarques de prononciation

(1) мужч**и**на *[mouchch**i**n*^{a}*]*.
(3) через н**е**которое *[tch*^{ié}*Rizni**é**kat*^{a}*Ra*^{ié}*]*.

Notes

1 La traduction littérale du verbe imperfectif **лов<u>и</u>ть** (deuxième conjugaison) est "attraper". Mais ne traduisez pas mot à mot ! **лов<u>и</u>ть такс<u>и</u>** signifie *prendre un taxi*.

2 On emploie l'accusatif après la préposition **под** qui exprime ici un rapport d'accompagnement de l'action par un élément sonore, et qui se traduit souvent par *au rythme de*, *au son de*, *sur*, ou encore *avec* :
Мы танц<u>у</u>ем под м<u>у</u>зыку. *Nous dansons sur une musique*. **под** a aussi le sens localisateur de *sous*, *dessous*, que nous verrons plus tard.

Vous avez l'impression de peiner sur les déclinaisons ? Ne vous en faites pas : à force de les fréquenter, vous les assimilerez tout naturellement. Un petit conseil : revenez de temps à autre sur les exercices qui vous ont semblé moins faciles et refaites-les. Vous verrez que certains automatismes se mettent en place sans que vous vous en aperceviez.

Deuxième vague : 11e leçon

61

Soixante et unième leçon

Coïncidence

1 Un homme arrête un taxi, s'installe à l'arrière *(sur siège d'arrière)*

2 et commence à somnoler, bercé par *(sous)* une musique calme [et] agréable.

3 Après un certain temps, il veut demander quelque chose au chauffeur

4 et il lui tape sur l'épaule.

3 спр**а**шивать (imperfectif) et спрос**и**ть (perfectif) appartiennent à une classe de verbes qui peuvent régir plusieurs cas. Ces deux verbes régissent l'accusatif ou le génitif (avec la préposition **у**). Comparez :
Он спр**а**шивает мен**я**, куд**а** я ид**у**. *Il me demande où je vais.*
Спрос**и** у нег**о**, куд**а** он идёт. *Demande-lui où il va.*
Ces deux variantes ont la même valeur, mais on utilise plutôt la construction спр**а**шивать/спрос**и**ть + у + génitif si un COD est présent (sous forme de nom ou de proposition subordonnée) :
М**а**ма спрос**и**ла у с**ы**на, кто ег**о** друзь**я**.
La maman a demandé à son fils qui étaient ses amis.
Mais : Почем**у** ты ничег**о** не говор**и**шь? Я теб**я** спр**а**шиваю!
Pourquoi ne dis-tu rien ? Je te le demande à toi !

5 Вод**и**тель с д**и**ким кр**и**ком [4] п**а**дает в **о**бморок [5];
6 маш**и**на выезж**а**ет [6] на об**о**чину.
7 Вод**и**тель прих**о**дит в себ**я** [7],
8 а пассаж**и**р в недоум**е**нии спр**а**шивает у нег**о**:
9 – Что с в**а**ми?
10 – Прост**и**те, пож**а**луйста!
11 После**д**ние д**е**сять лет я вод**и**л [8] катаф**а**лк…

Remarque de prononciation

(6) выезж**а**ет *[vyijja^iét]*.

Notes

4 L'instrumental avec la préposition **с** exprime l'idée d'accompagnement :
Хот**и**те с н**а**ми? *Voulez-vous [venir] avec nous ?*
Там дождь с в**е**тром. *Il pleut et il y a du vent* ("Il pleut avec du vent").
La même structure peut caractériser l'état ou l'action qui accompagne l'action principale :
Я д**е**лаю **э**то с удов**о**льствием! *Je le fais avec plaisir !*
С кр**и**ком он бр**о**сил свой г**а**лстук. *Dans* ("Avec") *un cri, il a jeté sa cravate.*

5 п**а**дает est la 3e personne du singulier du verbe imperfectif п**а**дать, *tomber*. Mais attention, on ne le traduira pas littéralement ici, car en-

***

Упражнение 1 – Читайте и переводите

❶ Она очень часто падает в обморок. ❷ Я всегда начинаю дремать под такую тихую музыку. ❸ Водитель хочет что-то у вас спросить. ❹ Когда мы встречаемся, он хлопает меня по плечу. ❺ Этот мужчина всегда ловит здесь такси.

5 **Le conducteur pousse un cri terrible et s'évanouit** *(avec terrible cri s'évanouit)* **;**
6 **la voiture sort de la route** *(sur bas-côté)*.
7 **Le chauffeur retrouve ses esprits** *(vient à soi)*,
8 **et le passager, perplexe** *(dans perplexité)*, **lui demande :**
9 – Qu'est-ce qui vous arrive *(Quoi avec vous)* **?**
10 – Excusez-moi *(, s'il vous plaît)* **!**
11 **[Ces] dix dernières années, j'ai conduit un corbillard...**

core une fois, nous avons affaire à une expression toute faite **падать в обморок** signifie *s'évanouir*.

6 **выезжает** est la 3e personne du singulier du verbe imperfectif **выезжать**, *partir, sortir* (en voiture ou en train, mais pas à pied).

7 Que d'expressions, dans cette leçon ! C'est normal. Vous avez acquis de bonnes bases et pouvez maintenant commencer à approfondir vos connaissances. **приходить в себя**, littéralement "arriver-à-pied en soi", signifie *se reprendre, revenir à soi, retrouver ses esprits*.

8 **водить** est un verbe de déplacement indéfini (le déplacement a lieu plusieurs fois sans direction précise, ou est habituel) qui signifie : 1. *mener qqn (par la main)* ; 2. *conduire qqch. (voiture, bateau, etc.)*. Comme d'autres verbes que nous avons rencontrés (**ездить, ходить**), son radical **вод-** subit la palatalisation (alternance de consonnes) uniquement à la 1re personne du singulier (**вожу**). À toutes les autres personnes, il se conjugue comme un verbe normal de la deuxième conjugaison avec accent initial.

***

Corrigé de l'exercice 1

❶ Elle perd connaissance très souvent. ❷ Je commence toujours à somnoler avec ce genre de musique calme. ❸ Le chauffeur veut vous demander quelque chose. ❹ Quand nous nous rencontrons, il me tape sur l'épaule. ❺ Cet homme prend toujours le taxi ici.

Упражнение 2 – Восстановите текст

❶ Qu'est-ce qui vous arrive ? Vous avez une voix tellement irritée !
Что с . . . . ? У . . . такой раздражённый . . . . . !

❷ Quelle coïncidence : vous aussi, vous partez demain (sous-entendu : en transports) !
Какое . . . . : вы тоже . . . . завтра!

❸ Les dix dernières années, nous avons vécu à Moscou.
Последние десять . . . мы . . . . в Москве.

❹ – D'où viennent ces cris sauvages ? – Je n'entends rien…
– . . . . . . эти дикие . . . . . ? – Я ничего не . . . . . …

❺ Je suis perplexe : je ne sais même pas comment il s'est retrouvé ici !
Я в . . . . : даже не . . . . , . . . он здесь оказался!

62

Шестьдесят второй урок

Ценная помощь

1 Новый русский видит на дороге машину [1],
2 а рядом человека в панике.
3 – Что случилось [2]?
4 – Да вот, везу пингвинов в зоопарк,

Notes

1 Habituellement, le COD se place directement derrière le verbe qui le régit, mais si le sens logique de la phrase tombe sur ce mot et incite à le souligner, le COD peut se séparer du verbe et se mettre à la fin de la proposition. Retenez que le mot final d'une phrase est celui qui est le plus accentué logiquement. Comparez :
Он видел на дороге машину. *Sur la route il a vu une voiture* (et pas une moto).
Мы видели машину на дороге. *Nous avons vu une voiture sur la route* (et pas dans le garage).

Corrigé de l'exercice 2
❶ – вами – вас – голос ❷ – совпадение – выезжаете – ❸ – лет – жили – ❹ Откуда – крики – слышу ❺ – недоумении – знаю, как –

Souvenez-vous qu'en russe les verbes réguliers sont classés en deux conjugaisons, y compris ceux qui subissent une alternance consonantique dans leur radical (palatalisation). N'hésitez pas à aller voir la conjugaison des verbes dans l'appendice grammatical. Bientôt la conjugaison vous deviendra tout à fait familière. Un seul conseil : faites très attention à l'accentuation, dès le départ !

Deuxième vague : 12e leçon

62

Soixante-deuxième leçon

Une aide précieuse

1 Un nouveau riche *(Nouveau russe)* voit une voiture sur la route,
2 et à côté, un homme affolé *(en panique)*.
3 – Qu'est-ce qui s'est passé ?
4 – Eh bien, j'emmène *(je transporte)* des pingouins au zoo,

Bien sûr, il s'agit de l'ordre des mots classique et académique. Dans la langue parlée, le COD peut se retrouver au début de la phrase :
– Где ты в**и**дела маш**и**ну? – Маш**и**ну я в**и**дела на дор**о**ге.
– Où as-tu vu la voiture ? – (La voiture,) Je l'ai vue sur la route.
Cependant, vous pouvez très bien vous en tenir à l'ordre des mots classique, du moins pour l'instant !

2 Dans la question что случ**и**лось? le verbe s'accorde avec что et est donc au neutre.

5 а у мен**я**, как назл**о** [3], холод**и**льник в маш**и**не слом**а**лся.
6 – Дав**а**й я теб**е** помог**у** их довезт**и** [4],
7 у мен**я** в дж**и**пе так**о**й кондицион**е**р!
8 – Ну, спас**и**бо! В**ы**ручил [5]!
9 Н**о**вый р**у**сский у**е**хал.
10 Через н**е**которое вр**е**мя мужч**и**на в **у**жасе [6] в**и**дит,
11 что Н**о**вый р**у**сский **е**дет обр**а**тно [7],
12 а из **о**кон [8] торч**а**т пингв**и**ны с ш**а**риками.

Notes

3 L'adverbe **назло**, *contre la volonté de qqn, pour faire enrager qqn*, peut s'utiliser tout seul ou suivi du datif. **как назло** est une expression qui se traduit par *comme un fait exprès*, ou encore par *comme par hasard*, selon le contexte. Comparez :
Ты это делаешь назло мне? *Tu le fais exprès pour m'embêter ?*
Как назло, они всё поняли. *Comme un fait exprès (malheureusement pour moi), ils ont tout compris.*

4 **везу** (phrase 4) est la 1re personne du singulier du verbe imperfectif **везти**, *transporter, emmener* (sous-entendu : avec un véhicule, à vélo, à cheval, mais pas à pied) et **довезти** est son perfectif. Leur conjugaison est identique, la seule différence est la présence du préfixe **до-** dans la forme perfective (voir la leçon de révision).

5 **выручил** est la 3e personne du singulier au passé du verbe perfectif **выручить**, *venir en aide à qqn, dépanner qqn* (en lui prêtant de l'argent par exemple). Ce verbe est suivi de l'accusatif :
Вчера наш сосед выручил папу.
Hier, notre voisin a dépanné papa.

6 Nous avons déjà vu la structure composée de la préposition **с** + l'instrumental, qui exprime un rapport d'accompagnement de l'action : **Я делаю это с удовольствием!** *Je le fais avec plaisir !* En voici une autre : **в** + le prépositionnel (locatif). Par exemple :
этот человек в панике / в ужасе.
Cet homme est affolé / horrifié.

5 **et comme un fait exprès** *(comme pour le mal)*, **le frigo dans la voiture est tombé en panne.**
6 – Allez, je t'aide *(t'aiderai)* **à les [y] emmener,**
7 **j'ai une superbe** *(telle)* **climatisation dans ma jeep !**
8 – Eh bien, merci ! Tu me tires d'affaire *(m'as-sorti-d'affaire)* **!**
9 **Le nouveau riche repart** *(est parti)*.
10 **Quelque temps plus tard** *(Dans un-certain temps)*, **l'homme, horrifié** *(en effroi)*, **voit**
11 **le nouveau riche qui revient** *(que Nouveau russe va retour)*,
12 **et, aux fenêtres, les pingouins avec des ballons** *(et des vitres dépassent pingouins avec ballons)*.

7 **едет** est la 3e personne du singulier du verbe imperfectif défini (unidirectionnel) **ехать**, *aller* (sous-entendu : en véhicule, à vélo, à cheval, mais pas à pied). Vous souvenez-vous du billet aller-retour de la leçon 17 **туда-обратно**? Du coup, **ехать обратно** se traduira par *revenir* (littéralement "aller dans la direction de retour"). Nous vous proposons la conjugaison de **ехать** dans la leçon de révision.

8 La préposition **из** est suivie du génitif et indique la provenance de l'intérieur de quelque chose :
Ты из Москвы? *Tu [viens] de Moscou ?*
Эта книга из библиотеки. *Ce livre [vient] de la bibliothèque.*

13 – Ты что, не отв**ё**з [9] их в зооп**а**рк?
14 – Кон**е**чно отв**ё**з!
15 Мы б**ы**ли в зооп**а**рке, в Макд**о**нальдсе,
16 а сейч**а**с **е**дем в кин**о**! □

Note

9 **отвёз** est le passé du verbe perfectif **отвезти**, *transporter*, *emmener* (en transport terrestre). Il appartient à la même famille que les verbes de la note 4. Vous avez entrouvert la porte des préfixes des verbes russes ! Ils sont très importants dans la formation des verbes de mouvement et des verbes en général. Nous y reviendrons plus tard. Pour l'instant, juste quelques mots sur la différence de sens entre **везти**,

***

Упражнение 1 – Читайте и переводите

❶ Как жарко! А у меня в машине, как назло, сломался кондиционер. ❷ Мы были в зоопарке, а теперь едем к бабушке. ❸ Ты только уехал, а уже едешь обратно! ❹ Смотри, у меня есть шарик с пингвином. ❺ Какая ценная помощь: он отвёз их детей на море!

Упражнение 2 – Восстановите текст

❶ Mais tu ne vas pas à l'université ?
Ты что, не . . . . . в университет?

❷ Sur la route, elle voit une personne affolée.
Она . . . . . на . . . . . . человека в . . . .

❸ Quelque temps après, elle a tout compris.
. . . . . некоторое . . . . . она всё . . . .

❹ J'ai acheté de la glace, mais chez moi, comme un fait exprès, le frigo est tombé en panne.
Я . . . . . (.) мороженого, а у меня, как . . . . . , сломался . . . .

❺ Si tu veux je peux accompagner les enfants jusqu'à l'école.
. . . . хочешь, я . . . . довести . . . . . до школы.

13 – **Mais tu** *(Tu quoi)* **ne les as pas emmenés au zoo ?**
14 – **Bien sûr que si** *(Bien sûr j'ai emmené)* **!**
15 **Nous sommes allés au zoo, au fast-food** *(chez McDonald's)*,
16 **et maintenant, nous allons au cinéma !**

довез**ти** et отвез**ти**, qui se traduisent tous les trois par *emmener* (en transport terrestre). Le premier, вез**ти**, est un imperfectif et souligne l'action dans son processus. Les deux autres perfectifs diffèrent par leurs préfixes (ou préverbes). Chaque préfixe a un sens particulier et par conséquent, modifie le sens du verbe. Le préverbe **до-** exprime un rapport d'achèvement de l'action qui est portée jusqu'à un terme, une limite, tandis que le préverbe **от-** accentue le mouvement d'écart à partir d'un point, d'une limite.

***

Corrigé de l'exercice 1

❶ Comme il fait chaud ! Et comme par hasard, dans ma voiture, la climatisation est en panne. ❷ Nous avons été au zoo et maintenant, nous allons chez grand-mère. ❸ Tu viens de partir et tu rentres déjà ! ❹ Regarde, j'ai un ballon avec un pingouin. ❺ Quelle aide précieuse : il a amené leurs enfants à la mer !

Corrigé de l'exercice 2

❶ – идёшь – ❷ – видит – дороге – панике ❸ Через – время – поняла ❹ – купил(а) – назло – холодильник ❺ Если – могу – детей –

Les **Новые русские, nouveaux Russes,** *sont en fait des nouveaux riches. Ils font l'objet de nombreuses blagues, et dans les clichés, on les imagine assez bornés, souvent habillés de manière voyante et peu raffinée, avec de grosses voitures. Leurs attributs inévitables sont une large chaîne en or autour du cou et des bagues aux diamants volumineux.*

Deuxième vague : 13e leçon

Шестьдесят третий урок

Повторение – **Révision**

1 Déclinaison

1.1 Le génitif pluriel des masculins mous

Nous avons déjà étudié le génitif pluriel de tous les noms (leçons 28 et 42) sauf le masculin mou. La terminaison du génitif pluriel des masculins mous se terminant par un ь est -ей, et celle des masculins mous se terminant en й est -ев. Les noms masculins dont la base se termine par ж, ч, ш, щ, prennent également la terminaison -ей.

Quelques exemples :

– музей, *musée* → Здесь нет музе-ев. *Ici, il n'y a pas de musées.*

– свидетель, *témoin* → шесть свидетелей, *six témoins.*

– писатель, *écrivain* → Я не знаю русских писателей. *Je ne connais pas d'écrivains russes.*

– врач, *médecin* → Там нет врачей. *Là-bas, il n'y a pas de médecins.*

– муж *mari* → У неё было много мужей. *Elle a eu beaucoup de maris.*

Certains noms masculins forment le génitif pluriel d'une façon irrégulière : брат, *frère* → братьев ; волос, *cheveu* → волос ; друг, *ami* → друзей. Vous en trouverez la liste dans l'appendice grammatical à la fin de l'ouvrage.

1.2 Le nom masculin *человек*

Le nom masculin человек *homme, personne*, a un pluriel irrégulier : человек → люди. La déclinaison du pluriel est celle des noms mous : G людей ; D людям ; A людей ; I людьми ; L людях.

2 Démonstratifs

En dehors du locatif (ou prépositionnel), les déclinaisons du démonstratif этот vous sont déjà familières. Observez avec attention le tableau suivant :

	Masculin, Neutre	Féminin	Pluriel
Nominatif	**э**тот, **э**то / тот, то	**э**та / та	**э**ти / те
Génitif	**э**того / тог**о**	**э**той / той	**э**тих / тех
Datif	**э**тому / тому́	**э**той / той	**э**тим / тем
Accusatif	N ou G	**э**ту / ту	N ou G
Instrumental	**э**тим / тем	**э**той / той	**э**тими / т**е**ми
Locatif	**э**том / том	**э**той / той	**э**тих / тех

Comme vous pouvez le constater, la déclinaison de ces deux démonstratifs est quasiment identique : en enlevant le э du début de **э**тот, vous obtenez la déclinaison de тот. Il y a tout de même une petite différence : là où il y a un и dans la déclinaison de **э**тот, il y a un е pour la déclinaison de тот. C'est facile, n'est-ce pas ?

3 La déclinaison des cardinaux *один* et *два*

• Le cardinal од**и**н, que vous avez déjà rencontré au génitif (leçon 60, phrase 1), à l'accusatif (leçon 59, phrase 2) et au datif (leçon 52, phrase 2), se décline comme le démonstratif **э**тот. Ajoutez les mêmes terminaisons à la base одн-, et n'oubliez pas qu'il s'accorde en genre et nombre avec le substantif qu'il accompagne.

	Masculin, Neutre	Féminin	Pluriel
Nominatif	од**и**н, одн**о**	одн**а**	одн**и**
Génitif	одног**о**	одн**о**й	одн**и**х
Datif	одном**у**	одн**о**й	одн**и**м
Accusatif	N ou G	одн**у**	N ou G
Instrumental	одн**и**м	одн**о**й	одн**и**ми
Locatif	одн**о**м	одн**о**й	одн**и**х

Lisez les différentes déclinaisons de ce tableau à voix haute et imprégnez-vous bien de la place de l'accent tonique.

• Pour l'instant, nous vous présentons seulement le nominatif et le génitif du cardinal два (car vous n'avez pas encore rencontré les autres cas), ainsi que l'accusatif, car on le déduit facilement à partir des deux cas précédents. Ce cardinal n'a pas de forme de pluriel spécifique, car c'est déjà un pluriel, mais il s'accorde en genre au nominatif et à l'accusatif. Il est à noter que le choix entre la forme du génitif et celle du nominatif selon que le mot désigne un objet animé ou inanimé a lieu également pour l'accusatif féminin : Я в**и**жу двух д**е**вушек (féminin animé). *Je vois deux jeunes filles.*

	Masculin, Neutre	Féminin
Nominatif	два	две
Génitif	двух	двух
Accusatif	N ou G*	N ou G*

* Nominatif si le nom est inanimé et Génitif s'il est animé.

Remarquez que два et две sont suivis de noms au génitif singulier, tandis que le nom qui suit двух se met au même cas que cet adjectif, c'est-à-dire à l'accusatif pluriel.

4 Les prépositions

• La préposition без, *sans*, est suivie du génitif :
Я не хоч**у** д**е**лать **э**ту раб**о**ту без теб**я**.
Je ne veux pas faire ce travail sans toi.

• Nous avons déjà rencontré la préposition в suivie du prépositionnel (locatif) qui signifiait l'endroit où on se trouve (sans mouvement). Elle peut également exprimer l'état momentané d'une personne, l'affolement ou la panique par exemple :
Мы в**и**дели Там**а**ру сег**о**дня; он**а** был**а** в п**а**нике.
Nous avons vu Tamara aujourd'hui ; elle était paniquée.

• из, *de*, suivie du génitif, exprime l'idée de provenance de l'intérieur de quelque chose ou de quelque part :
этот челов**е**к из Москв**ы**. *Cet homme vient de Moscou.*
Что ты взял из моег**о** кошельк**а**? *Qu'est-ce que tu as pris dans ("de") mon porte monnaie ?*

• с, *avec*, suivie de l'instrumental, exprime l'idée d'accompagnement d'une action :
С удивл**е**нием он п**о**нял, что хот**е**л ег**о** брат.
Avec étonnement, il a compris ce que voulait son frère.

• под, *au son de*, suivie de l'accusatif, exprime un rapport d'accompagnement de l'action par un élément sonore :
Под как**у**ю м**у**зыку ты л**ю**бишь танцев**а**ть?
Sur quelle musique aimes-tu danser ?
Dans d'autres contextes, cette préposition a le sens spatial *sous*, mais nous y reviendrons.

• La préposition за, *pour*, est suivie de l'accusatif :
Я волн**у**юсь за дет**е**й. *Je m'inquiète pour les enfants.*

5 Verbes

Dorénavant, nous vous proposerons la conjugaison des verbes sur la base de trois personnes :
– la 1re personne du singulier, qui nous montre s'il y a un changement de consonne dans la base du verbe ou une autre irrégularité ;
– la 2e personne du singulier, qui indique si le verbe reprend sa forme "normale" ou s'il maintient l'irrégularité manifestée à la 1re personne du singulier, cette personne indiquant également à quelle conjugaison appartient le verbe ;
– et la 3e personne du pluriel, qui clôt la conjugaison.
Vous pourrez ainsi comparer la conjugaison des différents verbes, et voir que ce n'est pas si difficile.

5.1 Les verbes de mouvement

Rappelez-vous ces couples de verbes de mouvement que vous connaissez déjà : ход**и**ть - идт**и**, **е**здить - **е**хать. Le premier verbe de chaque couple est indéterminé tandis que le deuxième est déterminé, il a une direction précise. Vous connaissez maintenant le verbe indéterminé вод**и**ть, tandis que везт**и** est déterminé. Ces deux-là se ressemblent beaucoup, mais attention : ce n'est pas un couple, car вод**и**ть signifie *conduire (une voiture)* ou *conduire qqn à pied*, tandis que везт**и** signifie *transporter quelque chose ou quelqu'un*. Voici leur conjugaison :
– вод**и**ть (imperf.), *conduire (une voiture)* ou *conduire qqn à pied* :
я вож**у**, ты в**о**дишь, он**и** в**о**дят.

– везт**и** (imperf.), *transporter* : я вез**у**, ты вез**ё**шь, он**и** вез**у**т.
Ajoutons la conjugaison du verbe **е**хать :
– **е**хать (imperf.), *aller (en moyen de locomotion terrestre)* : я **е**ду, ты **е**дешь, он**и** **е**дут.

приход**и**ть, прийт**и**, пойт**и**, довезт**и**, отвезт**и** sont les dérivés de verbes simples que vous connaissez. Ils sont formés à l'aide de différents préfixes qui modifient le sens "général" du verbe.
– приход**и**ть (imperf.), *venir/arriver à pied* : я прихож**у**, ты прих**о**дишь, он**и** прих**о**дят.
– Les verbes отвезт**и** (perf.), *amener*, привезт**и** (perf.), *ramener*, et довезт**и** (perf.), *amener, déposer*, se conjuguent comme le verbe везт**и** (imperf.), *transporter*.

Remarquez que l'accent est final à toutes les personnes sans changement.
Certains de ces verbes sont très proches au niveau du sens et leur composition (radical, préfixe) donne un indice sur celui-ci. Ainsi vous pourrez toujours deviner le sens général d'un tel verbe même si vous ne connaissez pas le préverbe. Le sens exact qu'apporte le préfixe s'éclaircira à l'usage.
L'usage des préfixes enrichira considérablement votre vocabulaire, car le même préfixe peut être accolé à différents verbes de base. Par exemple, nous avons vu le verbe довезт**и**, *déposer (en transport)*. Le même préfixe до peut être utilisé avec идт**и** → дойт**и** *aller jusqu'à (à pied)*. Remarquez que quand un préfixe s'ajoute au verbe идт**и**, le и du début du mot se change en й : дойт**и**, пойт**и**, etc.

5.2 Les verbes d'état

Comme tous les verbes d'état, le verbe сид**е**ть, *être assis*, est imperfectif : я сиж**у**, ты сид**и**шь, он**и** сид**я**т.

5.3 Autres verbes

• 1re conjugaison
– волнов**а**ться (imperf.), *s'inquiéter* : я волн**у**юсь, ты волн**у**ешься, он**и** волн**у**ются. Remarquez qu'au présent, ce verbe perd le suffixe -ова- qui est remplacé directement par les terminaisons.

– пережив**а**ть (imperf.), *s'inquiéter* : я пережив**а**ю, ты пережив**а**ешь, он**и** пережив**а**ют.
– меш**а**ть (imperf.), *empêcher, embêter, déranger* : я меш**а**ю, ты меш**а**ешь, он**и** меш**а**ют.
– п**а**дать (imperf.), *tomber* : я п**а**даю, ты п**а**даешь, он**и** п**а**дают.

• **2e conjugaison**
– в**ы**ручить (perf.), *dépanner (au sens figuré)* : я в**ы**ручу, ты в**ы**ручишь, он**и** в**ы**ручат.
– в**е**рить (imperf.), *croire* : я в**е**рю, ты в**е**ришь, он**и** в**е**рят.
– спрос**и**ть (perf.), *demander* : я спрош**у**, ты спр**о**сишь, он**и** спр**о**сят.
– бр**о**сить (perf.), *jeter* : я бр**о**шу, ты бр**о**сишь, он**и** бр**о**сят.
– лов**и**ть (imperf.), *attraper* : я ловл**ю**, л**о**вишь, он**и** л**о**вят.
– в**ы**глядеть (imperf.), *paraître* : я в**ы**гляжу, ты в**ы**глядишь, он**и** в**ы**глядят.
Remarquez que lorsque le verbe commence par вы-, dont une des fonctions est d'exprimer un mouvement de l'intérieur, l'accent tombe souvent sur ce préfixe.

5.4 Les verbes irréguliers

Vous connaissez depuis longtemps le verbe irrégulier хот**е**ть (imperf.), *vouloir*. Voici comment il se conjugue : я хоч**у**, ты х**о**чешь, он х**о**чет, мы хот**и**м, вы хот**и**те, он**и** хот**я**т. Remarquez qu'il change de conjugaison : au singulier, les terminaisons appartiennent à la première conjugaison, tandis qu'au pluriel les terminaisons sont celles de la deuxième conjugaison. La base verbale change également.

О, эти диеты! Я лично в них не верю.

Заключительный диалог

1 – Дорогая, выглядишь потрясающе!
2 – Я бросила курить и теперь на диете.
3 – О, эти диеты! Я лично в них не верю.
4 – Я тоже раньше не верила,
5 но через некоторое время поняла, что если хочешь выглядеть хорошо,
6 не надо волноваться и переживать, а надо просто взять себя в руки.
7 – Да, но я курю одну сигарету за другой,
8 а когда я на диете, я падаю в обморок.
9 – Как тебе не стыдно?
10 Ты просто говоришь всё это мне назло!

64

Шестьдесят четвёртый урок

Спортсм**е**н

1 – Я **о**чень любл**ю** спорт.
2 **Э**то мой нарк**о**тик!
3 Мне всё нр**а**вится: пл**а**вание, фиг**у**рное кат**а**ние, л**ы**жный спорт,
4 гимн**а**стика, хокк**е**й и футб**о**л...
5 – Ты насто**я**щий спортсм**е**н!
6 Как же ты успев**а**ешь всем **э**тим заним**а**ться [1]?

Remarques de prononciation

(4) хокк**е**й *[Hakiéï]*.
(5) спортсм**е**н *[spaRtsmi**é**n]*.

Note

1 Le verbe imperfectif заним**а**ться, *s'occuper de qqch., pratiquer qqch.*, est suivi de l'instrumental :

Traduction

1 [Ma] chère, tu es époustouflante ! **2** J'ai arrêté de fumer, et maintenant, je suis au régime. **3** Oh, ces régimes ! Personnellement, je n'y crois pas. **4** Moi non plus, je n'y croyais pas avant, **5** mais après quelque temps, j'ai compris que si tu veux avoir l'air bien **6** ce n'est pas la peine de *(il ne faut pas)* s'inquiéter et de se tourmenter, *(mais)* il faut juste se prendre en mains. **7** Oui, mais [moi] je fume cigarette sur cigarette, **8** et quand je suis au régime, je m'évanouis. **9** Tu n'as pas honte ? **10** Tu dis tout ça rien que pour m'embêter !

Deuxième vague : 14e leçon

64

Soixante-quatrième leçon

Un sportif

1 – J'aime beaucoup le sport.
2 C'est ma drogue !
3 J'aime tout : la natation, le patinage artistique *(de-figures)*, le ski *(de-skis sport)*,
4 la gymnastique, le hockey et le foot...
5 – Tu es un véritable sportif !
6 Comment *(donc)* trouves-tu le temps de faire *(t'occuper de)* tout ça ?

Я заним**а**юсь сп**о**ртом. *Je fais du sport.*
Он заним**а**ется хокк**е**ем. *Il fait du hockey.*
Он**и** заним**а**ются детьм**и**. *Ils s'occupent des enfants.*
Par conséquent, **всем** et **этим** sont les mots **всё** et **это** à l'instrumental (pour revoir la déclinaison complète de **это** reportez-vous à la leçon 63).

7 Ход**и**ть на стади**о**н, в басс**е**йн и на кат**о**к [2]...
8 На всё **э**то н**у**жно [3] ст**о**лько вр**е**мени!
9 – Да нет, ты мен**я** непр**а**вильно понял**а** [4]!
10 Всё **э**то пок**а**зывают по телев**и**зору [5],
11 а я пр**о**сто бер**у** [6] пульт и переключ**а**ю кан**а**лы [7]! □

Notes

2 Remarquez que ces prépositions sont suivies de l'accusatif : elles indiquent l'endroit vers lequel on se dirige. Le verbe imperfectif **ходить**, *aller à pied*, exprime une action répétée.

3 **на всё это** : **на**, suivie de l'accusatif, s'emploie dans le sens de *pour* :
У меня нет на вас времени. *Je n'ai pas de temps pour vous.*

4 **поняла** est le passé féminin singulier du verbe perfectif **понять**, *comprendre*. Ce verbe régit l'accusatif :
Они очень хорошо поняли маму. *Ils ont très bien compris maman.*
Извините, я не понял последнее слово. *Excusez-moi, je n'ai pas compris le dernier mot.*

5 **по телевизору** : reconnaissez-vous cette structure que vous avez déjà rencontrée à la leçon 20 ? Remarquez que dans cette expression, la préposition **по** régit le datif. **показывают** est la 3e personne du pluriel du verbe imperfectif **показывать**, *montrer*.

6 **беру** est la 1re personne du singulier du verbe imperfectif **брать**, *prendre*. Vous trouverez sa conjugaison à la leçon de révision. Notez l'alternance **бер/бр** qui apparaît dans la base.

***

Упражнение 1 – Читайте и переводите

❶ – Что сегодня вечером по телевизору ? – Даже не знаю. ❷ Мой брат настоящий спортсмен. ❸ Для меня спорт – как наркотик! ❹ Я хожу в бассейн каждую неделю. ❺ На спорт нужно столько времени!

7 **Aller au stade, à la piscine et à la patinoire…**
8 **Tout cela demande** *(Pour tout cela il-faut)* **tellement de temps !**
9 – **Mais non** *(Oui non)*, **tu ne m'as pas bien** *(pas-correctement)* **compris !**
10 **Tout cela passe** *(Tout cela on-montre)* **à la télé,**
11 **et moi, je prends [tout] simplement la télécommande et je change de chaîne !**

7 **канал** a plusieurs traductions, dont les plus importantes sont *chaîne* et *canal*. Comparez :
В Санкт-Петербурге много красивых каналов.
À Saint-Pétersbourg, il y a beaucoup de beaux canaux.
На каком канале этот фильм? *Sur quelle chaîne passe* ("est") *ce film ?*

***

Corrigé de l'exercice 1

❶ – Qu'est-ce qu'il y a à la télé ce soir ? – Je ne sais même pas. ❷ Mon frère est un véritable sportif. ❸ Pour moi, le sport est comme une drogue ! ❹ Je vais à la piscine chaque semaine. ❺ Le sport demande tellement de temps !

Упражнение 2 – Восстановите текст

❶ Ma fille fait du patinage artistique au stade.
Моя дочь занимается .... на ....

❷ Où est la télécommande ? Il y a mon film préféré à la télé !
Где .....? По .... показывают мой любимый фильм!

❸ – N'êtes-vous pas sportif ? – Non, vous m'avez mal compris.
– Вы не ....? – Нет, вы .... неправильно ....

65

Шестьдесят пятый урок

Подозр**е**ние

1 Мал**ы**ш говор**и**т [1] своей м**а**ленькой сестр**е**:
2 – Посл**у**шай, посл**е**днее [2] вр**е**мя
3 мен**я** с**и**льно волн**у**ет состо**я**ние н**а**шего [3] п**а**пы...
4 – Почем**у** ты так говор**и**шь?
5 – Теб**е** не к**а**жется [4], что с ним не всё в пор**я**дке?
6 – А что? [5] Ты зам**е**тил чт**о**-то подозр**и**тельное?

Notes

1 говор**и**т est la 3e personne du singulier du verbe imperfectif говор**и**ть, *parler*, *dire*, que vous connaissez déjà. Ce verbe régit le datif.

2 Rappelez-vous l'accord des adjectifs durs et mous au neutre : крас**и**вое окн**о** (adjectif dur), *belle fenêtre* ; посл**е**днее сл**о**во (adjectif mou), *dernier mot*.

❹ Il ne regarde pas la télé mais ne fait que changer de chaîne.
Он не .... телевизор, а только .... каналы.

❺ – Quel sport pratiques-tu ? – La natation.
– Каким .... ты занимаешься? – ....

Corrigé de l'exercice 2
❶ – фигурным катанием – стадионе ❷ – пульт – телевизору – ❸ – спортсмен – меня – поняли ❹ – смотрит – переключает – ❺ – спортом – Плаванием

Deuxième vague : 15e leçon

65

Soixante-cinquième leçon

Suspicion

1 Un petit [garçon] dit à sa petite sœur :
2 – Écoute, ces derniers *(dernier)* temps,
3 l'état de notre père m'inquiète *(émeut)* beaucoup *(fort)*...
4 – Pourquoi dis-tu cela *(tu parles ainsi)* ?
5 – Tu n'as pas l'impression qu'il ne va pas bien *(À-toi ne semble qu'avec lui pas tout en ordre)* ?
6 – Mais quoi ? As-tu remarqué quelque chose de suspect ?

3 н**а**шего est le génitif de l'adjectif possessif наш, *notre*. Comparez la terminaison avec celle des adjectifs mous au génitif. C'est la même !

4 к**а**жется est la 3e personne du singulier au présent du verbe pronominal imperfectif каз**а**ться, *sembler*. Il forme une structure impersonnelle du type datif + verbe.

5 А что? peut aussi se traduire par *pourquoi (demandes-tu ça) ?*

7 – Да… Мне к**а**жется, что он не в сво**ё**м ум**е** [6].
8 То он изображ**а**ет из себ**я** [7] волш**е**бника, то **Де**да Мор**о**за…
9 Н**а**до рассказ**а**ть [8] об **э**том м**а**ме! □

Remarque de prononciation

(8) из себ**я** *[issibia]*.

Notes

6 L'expression **быть не в своём уме** se traduit littéralement par "ne pas être dans son esprit", ce qui correspond au français *ne pas avoir toute sa tête* ou *être fou*.

7 L'expression **изображать из себя** + accusatif signifie *feindre d'être, se faire passer pour qqn/qqch*.

***

Упражнение 1 – Читайте и переводите

❶ Я заметила, что они постоянно нервно переключают каналы. ❷ – Как у него дела? – С ним всё в порядке. ❸ Мне кажется, что здесь есть что-то подозрительное. ❹ Почему ты так волнуешься, когда видишь его? ❺ Расскажи об этом её сестре.

Упражнение 2 – Восстановите текст

❶ Es-tu fou ? Cette veste est trop chère !
Ты в . . . . ? Эта куртка слишком . . . . !

❷ Tantôt tu te plains, tantôt tu es content… Tu vas bien ?
То ты . . . . , то доволен… С . . . . . всё в . . . . ?

❸ – Tamara, il est très suspect comme type. – Oui, je [l']ai également remarqué.
– Тамара, он очень . . . . тип. – Да, я тоже . . . .

7 – Oui... J'ai l'impression qu'il n'a pas toute sa tête *(que lui pas dans son esprit)*.

8 Tantôt il essaie de passer pour un magicien, tantôt pour le père Noël...

9 Il faut le dire *(raconter)* **à maman !**

8 Le verbe perfectif **рассказать**, *raconter*, peut régir plusieurs cas :
• *raconter qqch. à qqn* : l'accusatif (COD) + le datif (le COI) ;
• *parler à qqn de qqch.* : la préposition **о** (et **об** si le mot suivant commence par une voyelle) + le locatif (le prépositionnel).
Comparez :
Её подруга рассказала ей эту историю.
Son amie lui a raconté cette histoire.
Её подруга рассказала ей об уроках русского.
Son amie lui a parlé de ses cours de russe.

***

Corrigé de l'exercice 1

❶ J'ai remarqué qu'ils changent nerveusement de chaîne constamment. ❷ – Comment va-t-il ? – Il va bien. ❸ Il me semble qu'il y a quelque chose de suspect ici. ❹ Pourquoi t'inquiètes-tu tant quand tu le vois ? ❺ Raconte cela à sa sœur.

❹ Sa petite sœur aime le patinage artistique.
Его .... сестра любит фигурное катание.

❺ Il se fait passer pour un professeur mais ne sait même pas lire !
Он .... из .... учителя, а сам даже читать не ..... !

Corrigé de l'exercice 2

❶ – своём уме – дорогая ❷ – жалуешься – тобой – порядке ❸ – подозрительный – заметила ❹ – маленькая – ❺ – изображает – себя – умеет

66

Шестьдесят шестой урок

Хитр**е**ц

1 – Скаж**и**, мал**ы**ш, ты л**ю**бишь чит**а**ть [1] стих**и**?

2 – Терп**е**ть не мог**у** [2],

3 но м**а**ма заставл**я**ет мен**я** **э**то д**е**лать к**а**ждый раз,

4 когд**а** х**о**чет, чт**о**бы г**о**сти поскор**е**е разбеж**а**лись. [3]

5 И д**е**лаю я **э**то пр**о**сто професcион**а**льно!

Remarques de prononciation

Titre : Хитр**е**ц *[HitR**ié**t[s]]*.

(5) професcион**а**льно *[pRafissï-an**a**ln[a]]*.

Notes

1 Vous connaissez déjà le verbe imperfectif du premier groupe **чит<u>а</u>ть**, *lire*. L'expression **чит<u>а</u>ть стих<u>и</u>** se traduit par *réciter des poèmes*.

Maintenant que vous connaissez pas mal de verbes, vous pouvez, si vous le souhaitez, faire de temps en temps un petit exercice d'entraînement :
Quand vous rencontrez un verbe au cours des leçons, essayez de réciter sa conjugaison. Si vous hésitez, reportez-vous à l'appendice grammatical et à l'index. Dites à haute voix l'infinitif, les deux premières personnes du singulier et la 3e personne du pluriel du présent. Rappelez-vous que ce sont quatre formes verbales importantes.

Deuxième vague : 16e leçon

66

Soixante-sixième leçon

Un [petit] malin

1 – Dis, petit, tu aimes réciter *(lire)* des poèmes ?
2 – Je ne supporte pas ça *(Supporter ne-pas je-peux)*,
3 mais maman me le fait faire *(force moi ce faire)* chaque fois
4 qu'elle *(quand elle)* veut que les invités partent plus vite *(pour-que invités courent dans-toutes-les-directions)*.
5 Et je le fais comme un vrai pro *(Et fais je cela simplement professionnellement)* !

2 Le verbe imperfectif **терп<u>е</u>ть**, *supporter*, dans l'expression **терп<u>е</u>ть не мог<u>у</u>**, exprime le dégoût : *je ne supporte pas, je déteste*.

3 Pour exprimer une envie ou un souhait, on emploie **чт<u>о</u>бы** après le verbe **хот<u>е</u>ть** suivi du passé :
Я хоч<u>у</u>, чт<u>о</u>бы ты позвон<u>и</u>л мне з<u>а</u>втра. *Je veux que tu me téléphones demain.*
Cette construction traduit le subjonctif français.

6 Спро**си**те [4] д**я**дю В**а**ню, он мен**я** мн**о**го раз [5] сл**ы**шал.
7 Эй, д**я**дя [6] В**а**ня! Ск**о**ро я б**у**ду чит**а**ть стих**и**.
8 – А скаж**и**, пож**а**луйста, мал**ы**ш, кот**о**рый час [7]?
9 – Ещ**ё** т**о**лько шесть час**о**в...
10 – Уж**е** шесть? Ну всё, мне пор**а**!
11 В гост**я**х хорош**о**, а д**о**ма л**у**чше! □

Remarques de prononciation

(9) час**о**в *[tchissof]*.
(11) л**у**чше *[Loutch^{ê}]*.

Notes

4 Vous connaissez le verbe imperfectif **спр<u>а</u>шивать**, *demander*. Vous avez également vu son perfectif à la leçon 13 : **спрос<u>и</u>ть**. Les deux verbes peuvent régir deux cas :
• *demander qqch.* (COD) *à qqn* (COI) : l'accusatif (COD) + **у** + le génitif (COI) ;
• *demander à qqn* (sans COD) : la personne à qui on demande est à l'accusatif. Comparez les exemples :
Я спр<u>а</u>шиваю чт<u>о</u>-то у м<u>а</u>мы. *Je demande quelque chose à maman.*
Спрос<u>и</u> ег<u>о</u> сам (= спрос<u>и</u> у нег<u>о</u> сам). *Demande-lui toi-même.*
Д<u>е</u>ти спрос<u>и</u>ли (у) д<u>о</u>ктора, где он жив<u>ё</u>т. *Les enfants ont demandé au docteur où il habitait.*
Remarquez que dans la langue courante, dans le deuxième cas, on a tendance à utiliser l'une ou l'autre formule :
Спрос<u>и</u> ег<u>о</u> / спрос<u>и</u> у нег<u>о</u>, где леж<u>и</u>т кн<u>и</u>га по ф<u>и</u>зике. *Demande-lui où se trouve* ("est couché") *le livre de physique.*
Спрос<u>и</u>те их / спрос<u>и</u>те у них, хот<u>я</u>т ли он<u>и</u> к<u>о</u>фе. *Demandez-leur s'ils veulent du café.*
Faites attention au **н** qui apparaît dans les pronoms de la 3e personne après les prépositions : **у них**.

6 Demandez à oncle Vania, il m'a entendu de nombreuses fois.
7 Eh, oncle Vania ! Bientôt, je vais réciter *(lire)* des poèmes.
8 – Mais dis-moi *(s'il te plaît)*, petit, quelle heure est-il ?
9 – Il est seulement six heures…
10 – Déjà six [heures] ? Bon, je dois y aller *(à moi il est temps)* !
11 On n'est nulle part aussi bien que chez soi *(En visite [c'est] bien, mais à-la-maison [c'est] mieux)* !

Ещё только три часа, а я хочу есть.

5 Le mot **раз**, *fois*, est un masculin dur. Il appartient au groupe des noms masculins dont le génitif pluriel ne diffère pas du nominatif singulier : **Ты сказал это уже сто раз!** *Tu l'as déjà dit cent fois !*
Le génitif singulier de **раз** est **раза** ou **разу**. Dans la construction **ни разу**, *pas une seule fois, jamais*, on utilise cette dernière forme. Retenez-la !
Я ни разу не видел этот фильм. *Je n'ai jamais vu ce film.*

6 **дядя**, *oncle, tonton*. N'oubliez pas qu'un mot masculin ayant la terminaison du féminin se décline comme un féminin mais s'accorde (avec des adjectifs et des verbes) au masculin !

7 **который час?** *Quelle heure [est-il] ?*, est la meilleure façon de demander l'heure. On dit aussi **Сколько времени?**, littéralement "Combien de-temps ?".

Упражнение 1 – Читайте и переводите

❶ У нас скоро экзамен по математике. ❷ Мы занимаемся спортом, чтобы быть здоровыми. ❸ Всё! Пора спать. ❹ Ещё только три часа, а я хочу есть. ❺ Спросите маму, хочет она чай или нет.

Упражнение 2 – Восстановите текст

❶ Ne me force pas à faire ce que je ne veux pas [faire].
Не . . . . меня делать то, что я не . . . . .

❷ Chaque fois, cinq minutes avant l'examen, il est nerveux même s'il connaît tout.
. . . . пять минут до экзамена он
. . . . , хотя всё знает!

❸ – Dites s'il vous plaît quelle heure est-il ? – Quatre heures et demie.
– Скажите, пожалуйста, ... час?
– . . . . пятого.

67

Шестьдесят седьмой урок

Отпуск [1]

1 – Ур**а**! Након**е**ц-то [2] мы **е**дем на кан**и**кулы!

Remarque de prononciation

Titre : **о**тпуск *[**o**tpousk]*.

Notes

1 **О**тпуск, *congés*, s'emploie dans le contexte du travail, alors que кан**и**кулы, *vacances*, est réservé aux vacances des élèves et des étudiants. Les prépositions utilisées avec ces deux mots ne sont pas les mêmes : on dit быть в **о**тпуске, *être en congé*, mais быть на кан**и**кулах, *être en vacances*.

Corrigé de l'exercice 1

❶ Nous avons bientôt un examen de mathématiques. ❷ Nous faisons du sport pour être en bonne santé. ❸ Basta ! il est temps de dormir. ❹ Il est seulement trois heures, mais j'ai déjà faim. ❺ Demandez à maman si elle veut du thé ou pas.

❹ Je ne supporte pas quand il plaisante ainsi.
. . . . не . . . . , когда он так . . . . . .

❺ On n'est nulle part aussi bien que chez soi.
. . . . хорошо, а . . . . лучше.

Corrigé de l'exercice 2

❶ – заставляй – хочу ❷ Каждый раз – нервничает – ❸ – который – Половина – ❹ Терпеть – могу – шутит ❺ В гостях – дома –

Deuxième vague : 17e leçon

67

Soixante-septième leçon

Les congés

1 – Hourra ! Enfin nous partons *(allons)* **en vacances !**

2 **наконец-то**, *enfin*, *finalement*, peut avoir une autre forme, **наконец**. **наконец** a tendance à introduire une suite tandis que **наконец-то** peut s'employer seul, pour exprimer la satisfaction de voir se réaliser quelque chose qu'on attendait depuis longtemps. Retenez aussi que **наконец-то** marque émotionnellement la satisfaction d'un fait attendu, alors que **наконец** est émotionnellement plus neutre.

2 – А куд**а** вы **е**дете [3]?
3 – У нас б**у**дет дл**и**нное путеш**е**ствие.
4 Снач**а**ла по**е**дем [4] на п**о**езде до Сам**а**ры,
5 пот**о**м мы полет**и**м [5] на самол**ё**те до Москв**ы**,
6 а отт**у**да поплыв**ё**м [6] на парох**о**де до Санкт-Петерб**у**рга.
7 – А мы предпочит**а**ем б**о**лее скр**о**мные путеш**е**ствия.
8 Мы л**ю**бим **е**здить [7] по окр**е**стностям на велосип**е**де или на мотоц**и**кле,
9 а когд**а** отправл**я**емся далек**о**, то **е**дем на [8] маш**и**не.
10 Ещ**ё** мы л**ю**бим кат**а**ться на л**о**дке по рек**е** [9].
11 – Ну, к**а**ждому сво**ё**. □

Remarques de prononciation

(3) путеш**е**ствие *[poutichêstvïié]*.
(8) по окр**е**стностям *[paakRiésnastia-m]*.

Notes

3 **едете** est la 2e personne du pluriel du verbe imperfectif **ехать**, *aller (par un moyen de locomotion terrestre)*. Ce verbe est unidirectionnel : il indique une direction précise. L'endroit où l'on va est défini :
Мы едем в Москву. *Nous allons à Moscou.*

4 **поедем** est la 1re personne du pluriel du verbe perfectif **поехать**, *aller (avec un moyen de locomotion terrestre)*, qui a la même conjugaison que l'imperfectif **ехать** (cf. leçon 63) :
Скоро я поеду в Россию. *Bientôt, j'irai en Russie.*

5 **полетим** est la 1re personne du pluriel du verbe **полететь**, *aller en avion*. C'est un perfectif qui correspond au verbe imperfectif **лететь**. Souvent, on peut déduire d'un verbe perfectif sa forme imperfective en enlevant le préverbe : **полететь** → **по - лететь** → **лететь**. Souvent

2 – Et où allez-vous ?
3 – Nous allons faire *(aurons)* un long voyage.
4 D'abord nous irons en train jusqu'à Samara,
5 ensuite, nous irons *(volerons)* en avion jusqu'à Moscou,
6 et de là, nous irons *(nagerons)* en paquebot jusqu'à Saint-Pétersbourg.
7 – Quant à nous, nous préférons les voyages plus modestes.
8 Nous aimons aller dans les environs à vélo ou en moto,
9 et quand nous allons loin *(nous-nous-rendons)*, nous prenons la *(nous-roulons en)* voiture.
10 Nous aimons également *(encore)* faire du bateau *(de la barque)* sur la rivière.
11 – Eh bien, à chacun ses plaisirs *(à-chacun le-sien)* !

mais pas toujours, car parfois la forme perfective est complètement différente de l'imperfective : куп**и**ть (perfectif), *acheter* → покуп**а**ть (imperfectif).

6 поплывём est la 1re personne du pluriel du verbe perfectif попл**ы**ть, *aller à la nage*, *aller en bateau*. L'imperfectif est плыть (попл**ы**ть → по - плыть → плыть).

7 Vous connaissez le verbe **е**здить, *aller (par moyen de locomotion terrestre)*. Nous vous rappelons simplement qu'il est imperfectif et indéterminé.

8 **е**хать, **е**здить, лет**е**ть, плыть sont suivis de на + le prépositionnel précisant le moyen de locomotion : **е**хать на маш**и**не, *aller en voiture* ; **е**здить на п**о**езде, *aller en train* ; лет**е**ть на самолёте, *aller en avion* ; плыть на л**о**дке, *aller en barque*, etc.

9 Et voici un nouvel emploi de la préposition по : по + datif, qui traduit un mouvement sur la surface de quelque chose :
Я ид**у** по **у**лице. *Je marche dans la rue.*
Он**и** кат**а**ются на л**о**дке по рек**е**. *Ils font de la barque sur la rivière.*

Упражнение 1 – Читайте и переводите

❶ На мотоцикле или велосипеде – мне всё равно. ❷ Вы едете на каникулы на поезде? ❸ Завтра они будут кататься по реке на лодке. ❹ – Когда отправляется поезд? – Ровно в четыре часа. ❺ – Когда у вас отпуск? – Очень скоро: через неделю.

Упражнение 2 – Восстановите текст

❶ Enfin, il nous a dit la vérité !
. . . .-то он . . . . . . нам правду!

❷ À chacun ses plaisirs : vous aimez les trains et moi, les avions.
. . . . своё: вам нравятся поезда, а мне – . . . .

❸ Je préfère rouler à vélo.
Я предпочитаю . . . . . . на . . . .

❹ Si vous voulez voir les environs, il vaut mieux y aller en train.
Если . . . . . . посмотреть . . . . , туда лучше ехать на . . . .

***

Отпуск.

Corrigé de l'exercice 1

❶ En moto ou à vélo, cela m'est égal. ❷ Partez-vous en vacances en train ? ❸ Demain, ils vont faire de la barque sur la rivière. ❹ – Quand part le train ? – À quatre heures précises. ❺ – Quand êtes-vous en congé ? – Très bientôt : dans une semaine.

❺ D'abord nous irons en avion jusqu'à Samara et de là-bas, nous irons en voiture chez grand-mère.

Сначала мы .... до Самары, а оттуда ...... на машине . бабушке.

Corrigé de l'exercice 2

❶ Наконец – сказал – ❷ Каждому – самолёты ❸ – ездить – велосипеде ❹ – хотите – окрестности – поезде ❺ – полетим – поедем – к –

***

Souvenez-vous que les notes sont là pour vous aider à assimiler progressivement des notions parfois difficiles. C'est pour cela que, souvent, elles ne traitent pas un point de grammaire de manière exhaustive. Si quelque chose ne vous paraît pas clair à cent pour cent, n'hésitez pas à rechercher un complément d'explication dans l'index ou dans l'appendice grammatical en fin d'ouvrage.

Deuxième vague : 18e leçon

68

Шестьдесят восьмой урок

Сл**и**шком н**и**зко

1 – Скаж**и**те, пож**а**луйста, ск**о**лько ст**о**ит н**о**мер [1] в в**а**шем от**е**ле?
2 – У нас с**а**мые н**и**зкие тар**и**фы в г**о**роде!
3 Как**о**й вам н**у**жен н**о**мер: одном**е**стный или двухм**е**стный?
4 – Одном**е**стный, пож**а**луйста.
5 – С д**у**шем или в**а**нной [2]?
6 – Мне всё равн**о**.
7 – Так... посм**о**трим, что у нас есть...
8 Мы м**о**жем предлож**и**ть вам чет**ы**ре н**о**мера.
9 На п**е**рвом этаж**е** [3] н**о**мер ст**о**ит девятьс**о**т рубл**е**й,
10 на втор**о**м – шестьс**о**т пятьдес**я**т пять рубл**е**й,
11 на тр**е**тьем – чет**ы**реста тр**и**дцать два рубл**я**,

Remarques de prononciation

Titre : н**и**зко *[nisk^a]*.
(3) одном**е**стный *[adnamiésn^yï]* / двухм**е**стный *[dvouHmiésn^yï]* (même si parfois les Russes peuvent prononcer le T).

Notes

1 н**о**мер, *numéro*, s'emploie pour dire *chambre* dans les lieux où les chambres sont numérotées.

Soixante-huitième leçon

Trop bas

1 – Dites[-moi], s'il vous plaît, combien coûte une chambre *(un numéro)* dans votre hôtel ?

2 – Nous avons les tarifs les plus bas de *(dans)* la ville !

3 De quel type de chambre avez-vous besoin *(Quel vous est-nécessaire numéro)* : une simple *(à-une-place)* ou une double *(à-deux-places)* ?

4 – Une chambre simple *(À-une-place)*, s'il vous plaît.

5 – Avec douche ou [avec salle de] bains ?

6 – Cela m'est égal *(À-moi tout [est] égal)*.

7 – Alors… voyons ce que nous avons…

8 Nous pouvons vous proposer quatre chambres *(numéros)*.

9 Au rez-de-chaussée *(Au premier étage)*, la chambre coûte neuf cents roubles,

10 au premier *(au deuxième)*, six cent cinquante-cinq roubles,

11 au deuxième *(au troisième)*, quatre cent trente-deux roubles

2 в**а**нной est l'instrumental de в**а**нна, *baignoire*.

3 На п**е**рвом этаж**е** : на + prépositionnel (locatif), ce qui est parfaitement logique puisqu'il s'agit du lieu où on est, sans mouvement. Remarquez que п**е**рвый эт**а**ж, littéralement "premier étage", correspond au *rez-de-chaussée* français.

12 а на четв**ё**ртом [4] – тр**и**ста дв**а**дцать од**и**н рубль [5].

13 – Да… мне **э**то не подх**о**дит [6].

14 – Вы счит**а**ете, что у нас сл**и**шком выс**о**кие ц**е**ны?

15 – Нет, у вас сл**и**шком н**и**зкая [7] гост**и**ница! □

Notes

4 **на первом, на втором, на третьем, на четвёртом** sont les ordinaux *premier*, *deuxième*, *troisième*, *quatrième* au locatif.

5 Comme nous l'avons déjà vu, dans un groupe sujet, le cas du nom qui suit un cardinal dépend de ce dernier (ou du dernier cardinal dans un nombre composé). Après 1 on met le nominatif singulier : **один стол**, *une table* ; **двадцать один этаж**, *vingt et un étages*. 2, 3, 4 sont suivis d'un génitif singulier et les nombres de 5 à 20 d'un génitif pluriel : **два стола**, *deux tables* ; **пятьдесят два этажа**, *cinquante-deux étages* ; **пять столов**, *cinq tables* ; **девятьсот пять этажей**, *neuf cent cinq étages* ; **двести двадцать дней**, *deux cent vingt jours* ; **двести двадцать одна ночь**, *deux cent vingt et une nuits*. Après les dizaines et les centaines on met un génitif pluriel : **тридцать столов**, *trente tables* ; **шестьсот этажей**, *six cents étages*.

6 Le verbe imperfectif **подходить**, *convenir*, forme une expression très courante. **Мне** (datif) **это не подходит** (est accordé avec **это** à la 3e personne du singulier). Comparez : **этот тариф нам не подходит** et **эти тарифы нам не подходят**.

***

Упражнение 1 – Читайте и переводите

❶ Здесь слишком высокие цены. ❷ Сколько стоит эта водка в вашем магазине? ❸ – Вы будете жить в гостинице? – Нет, у друзей. ❹ В нашей гостинице самые низкие тарифы! ❺ Что вы можете мне предложить?

12 et au troisième *(au quatrième)*, trois cent vingt et un roubles.
13 – Oui… [mais] cela ne me convient pas.
14 – Vous trouvez *(pensez)* que nos prix sont trop élevés ?
15 – Non, c'est votre hôtel qui n'est pas suffisamment haut *(chez vous trop bas l'hôtel)* !

7 **низко**, *bas*, est un adverbe, **низкая** est le féminin de l'adjectif **низкий**. Il est souvent possible de former l'adverbe à partir d'un adjectif en mettant ce dernier à la forme courte au neutre (si vous sentez la nécessité de faire le point sur l'adjectif court, faites donc un petit retour sur le paragraphe 2 de la leçon 35). Nous avons dit "souvent"… Eh oui, cela ne marche pas pour tous les adjectifs. Néanmoins, n'ayez pas peur d'essayer de les employer : **тихий**, *tranquille* → **тихо**, *tranquillement*. Attention, parfois l'accent change. Comparez : **хороший**, *bon* → **хорошо**, *bien* ; **тёплый**, *chaud* → **тепло**, *bon* (en parlant de la météo).

***

Corrigé de l'exercice 1

❶ Les prix ici sont trop élevés. ❷ Combien coûte-t-elle, cette vodka, dans votre magasin ? ❸ – Vous irez à l'hôtel *(Allez-vous vivre dans un hôtel)* ? – Non, chez des amis. ❹ Dans notre hôtel, nous avons les tarifs les plus bas ! ❺ Qu'est-ce que vous pouvez me proposer ?

Упражнение 2 – Восстановите текст

❶ J'habite au deuxième étage.
Я .... на .... этаже.

❷ Cet avion vole trop bas.
Этот .... летит слишком ....

❸ Neuf cents roubles pour une chambre simple sans douche ? Vous plaisantez ?
Девятьсот ...... за .... номер без .... ? Вы шутите?

❹ – Je peux vous proposer du thé et du café. – Du café, s'il vous plaît.
– Могу .... вам чай и кофе. – Кофе, ...

69

Шестьдесят девятый урок

Cette leçon, dans laquelle vous ne trouverez que très peu de mots inconnus, va vous donner l'occasion de vous entraîner à décliner tous les types de mots (mous et durs de tous les genres) et à bien les accorder avec les

Мы ум**е**ем счит**а**ть

1 Од**и**н секр**е**т. Одн**а** интер**е**сная кн**и**га. Одн**о** окн**о**.
2 Два м**а**леньких м**а**льчика. Две м**и**лые д**е**вочки. Два окн**а**.
3 Три кн**и**ги. Три м**а**льчика.
4 Чет**ы**ре бл**ю**да.
5 Пять книг.
6 Шесть врем**ё**н.
7 Семь врач**е**й.
8 В**о**семь лет.

❺ Alors, voyons quels sont les prix ici.
Так, ..., какие здесь .....

Corrigé de l'exercice 2
❶ – живу – третьем – ❷ – самолёт – низко ❸ – рублей – одноместный – душа – ❹ – предложить – пожалуйста ❺ – посмотрим – цены

Deuxième vague : 19e leçon

69

Soixante-neuvième leçon

noms de nombres. Si jamais la conjugaison vous pose problème, n'hésitez pas à revenir aux leçons précédentes ou consultez l'appendice grammatical dans lequel vous trouverez le tableau général de la conjugaison.

Nous savons compter

1 Un secret. Un livre intéressant. Une fenêtre.
2 Deux petits garçons. Deux filles agréables. Deux fenêtres.
3 Trois livres. Trois garçons.
4 Quatre plats.
5 Cinq livres.
6 Six temps.
7 Sept médecins.
8 Huit ans.

Remarque de prononciation
Titre : счит**а**ть *[schitats]*.

9 Девять докторов.
10 Десять хороших [1] музеев.
11 Одиннадцать ночей.
12 Двенадцать морей.
13 Тринадцать детей.
14 Четырнадцать дней.
15 Пятнадцать человек [2].
16 Шестнадцать значений.
17 Семнадцать идей.
18 Восемнадцать гостей.
19 Девятнадцать недель.
20 Двадцать паспортов.
21 Двадцать один ребёнок. Двадцать одна подруга. Двадцать одно платье.
22 Двадцать два дела. Двадцать две рубашки.
23 Двадцать три экземпляра.
24 Мало дождей. Много волос. [3]

Notes

1 Après les nombres au nominatif ou à l'accusatif, quand le nom est au génitif pluriel, l'adjectif se met également au génitif pluriel (avec la terminaison **-ых** pour les durs, et **-их** pour les mous ou dans le cas d'une incompatibilité orthographique).

2 **человек**, *personne*, *homme*, appartient au même groupe de mots que **раз**, *fois*. C'est un masculin dur dont le génitif pluriel ne diffère pas du nominatif singulier quand il s'emploie après les nombres. Dans d'autres cas, le génitif pluriel est **людей** (du pluriel irrégulier **люди**). Comparez : **один человек**, *une personne* ; **два человека**, *deux personnes* ; **пять человек**, *cinq personnes* ; **много людей**, *beaucoup de gens*.

3 Récapitulons la règle d'accord des nombres avec les noms :
• 1 et tous les nombres composés qui se terminent par 1 sont suivis du nominatif singulier. 1 s'accorde en genre (phrases 1 et 21).

9 Neuf docteurs.
10 Dix bons musées.
11 Onze nuits.
12 Douze mers.
13 Treize enfants.
14 Quatorze jours.
15 Quinze personnes.
16 Seize significations.
17 Dix-sept idées.
18 Dix-huit invités.
19 Dix-neuf semaines.
20 Vingt passeports.
21 Vingt et un enfants. Vingt et une amies. Vingt et une robes.
22 Vingt-deux affaires. Vingt-deux chemises.
23 Vingt-trois exemplaires.
24 Peu de pluie. Beaucoup de cheveux.

• 2, 3, 4 et tous les nombres composés qui se terminent par 2, 3, 4 sont suivis du génitif singulier. Attention, 2 **два** a une forme spécifique au féminin, **две** (phrases 2, 3, 4, 22, 23 et 24).
• de 5 à 20 inclus les noms de nombres sont suivis du génitif pluriel (phrases 5 à 20) : **Пять** (nominatif) **девочек** (génitif pluriel) **гуляют в парке.** *Cinq filles se promènent dans le parc.* **Я вижу пять** (accusatif) **девочек** (génitif pluriel). *Je vois cinq filles.*
• les indéfinis du genre *peu / beaucoup* sont suivis d'un génitif singulier dans le cas des noms abstraits ou indénombrables et du génitif pluriel pour les concrets et dénombrables. Cette règle s'applique quand le cardinal est au nominatif ou à l'accusatif (eh oui, les cardinaux se déclinent aussi !). Dans tous les autres cas, le nom et le cardinal se mettent au même cas : **Я даю книгу пяти** (datif) **девочкам** (datif pluriel). *Je donne le livre aux cinq filles.*
Au nominatif et à l'accusatif inanimé, la forme des cardinaux ne change pas pour le masculin et le neutre, excepté **один**. Nous verrons la déclinaison des cardinaux plus tard.

Упражнение 1 – Читайте и переводите

❶ У этого текста столько значений! ❷ Мы пригласили двух девочек из класса Виктора. ❸ У Серёжи всегда много хороших идей. ❹ В Москве мы видели пять интересных музеев. ❺ У меня есть два паспорта: русский и французский.

Упражнение 2 – Восстановите текст

❶ Hier, elle a acheté cinq livres, deux robes, une chemise ; maintenant elle n'a plus d'argent.
Вчера она купила пять . . . . , два . . . . . . , одну . . . . ; теперь у неё . . . денег.

❷ L'été dernier, il y a eu peu de pluies.
. . . . летом было мало . . . .

❸ Encore trois semaines et nous serons en congé.
Ещё три . . . . . . , и мы будем в . . . .

❹ Quand j'avais six ans, j'habitais à Saint-Pétersbourg.
Когда мне . . . . шесть . . . , я жил в Петербурге.

❺ – Combien d'enfants avez-vous ? – J'ai un enfant, un garçon.
– . . . . у вас . . . . . ? – У меня один . . . . , мальчик.

Corrigé de l'exercice 1

❶ Ce texte a tant de significations ! ❷ Nous avons invité deux filles de la classe de Victor. ❸ Sergueï a toujours beaucoup de bonnes idées. ❹ À Moscou, nous avons vu cinq musées intéressants. ❺ J'ai deux passeports : [un] russe et [un] français.

Corrigé de l'exercice 2

❶ – книг – платья – рубашку – нет – ❷ Прошлым – дождей ❸ – недели – отпуске ❹ – было – лет – ❺ Сколько – детей – ребёнок –

Deuxième vague : 20e leçon

Семидесятый урок

Повторение – **Révision**

1 Déclinaison

Certains noms masculins ne forment pas leur génitif pluriel de façon habituelle. Vous avez déjà rencontré le nom masculin человек, *homme, personne*, qui a un pluriel irrégulier au nominatif : человек → люди (leçon 63). Ce nom a deux formes au génitif pluriel, людей et человек (ce dernier ne s'emploie qu'avec les nombres). Comparez :
– Кто **э**ти л**ю**ди? *Qui sont ces gens ?*
– **э**ти пять челов**е**к? Не зн**а**ю. *Ces cinq personnes ? Je ne sais pas.*
Le mot раз, *fois* n'a pas de désinence pour le génitif pluriel : раз (nominatif singulier) → раз**ы** (nominatif pluriel) → раз (génitif pluriel). Observez :
Я ей уж**е** пять раз позвон**и**л! *Je lui ai déjà téléphoné cinq fois !*
Le mot в**о**лос, *cheveu* appartient au même groupe : в**о**лос (nominatif singulier) → в**о**лосы (nominatif pluriel) → вол**о**с (génitif pluriel). Attention au changement d'accent :
– У не**ё** так**и**е крас**и**вые в**о**лосы! *Elle a de si beaux cheveux !*
– А у мен**я** м**а**ло вол**о**с, но он**и** т**о**же **о**чень крас**и**вые... *Et moi, j'ai peu de cheveux, mais ils sont beaux aussi...*

2 La déclinaison des possessifs mon, ton, son

Nous avons vu les possessifs à différents cas au fil des leçons, et vous vous familiarisez peu à peu avec leurs différentes formes. (Vous pouvez, si vous le souhaitez, revoir le nominatif au paragraphe 3 de la leçon 35).
Récapitulons : Les possessifs indiquent l'appartenance d'un objet à quelqu'un et se déclinent. Les possessifs мой, *mon*, твой, *ton* et свой, *son*, se déclinent de la même façon :

Soixante-dixième leçon

	Masculin, Neutre	Féminin	Pluriel
Nominatif	мой, мо**ё**	мо**я**	мо**и**
Génitif	мое**г**о	мо**е**й	мо**и**х
Datif	моем**у**	мо**е**й	мо**и**м
Accusatif	N ou G	мо**ю**	N ou G
Instrumental	мо**и**м	мо**е**й	мо**и**ми
Locatif	мо**ё**м	мо**е**й	мо**и**х

Leur déclinaison ressemble beaucoup à celle du cardinal од**и**н. En ce qui concerne les possessifs pluriels, наш, *notre*, et ваш, *votre*, ont également la même déclinaison :

	Masculin, Neutre	Féminin	Pluriel
Nominatif	наш, н**а**ше	н**а**ша	н**а**ши
Génitif	н**а**шего	н**а**шей	н**а**ших
Datif	н**а**шему	н**а**шей	н**а**шим
Accusatif	N ou G	н**а**шу	N ou G
Instrumental	н**а**шим	н**а**шей	н**а**шими
Locatif	н**а**шем	н**а**шей	н**а**ших

Les possessifs de la 3e personne sont les mêmes pour tous les genres et tous les cas – ег**о**, е**ё**, их. Ils s'accordent avec le sujet (celui qui possède l'objet) :

Это ег**о** маш**и**на. *C'est sa voiture.*

Bien que le nom désignant l'objet possédé soit au féminin, on emploie le possessif masculin ег**о** car le possesseur est de sexe masculin.

Я взял е**ё** кн**и**ги. *J'ai pris ses livres.*

Bien que le nom désignant les objets possédés soit au pluriel, on emploie un possessif du singulier au féminin, car il a un seul possesseur, et de plus, il est de sexe féminin.

Я их дочь. *Je suis leur fille.*

Ici, on emploie le pluriel их car il y a plusieurs "possesseurs" (en l'occurence, les parents).

3 La déclinaison de *всё*, tout

L'adjectif-pronom всё, *tout*, s'accorde avec le nom en genre et en nombre : весь, *tout* ; всё, *tout* ; вся, *toute* ; все, *tous*.
Il a la même déclinaison que le démonstratif тот (que nous avons vu à la leçon 63, mais avec la base вс-), et il est du type mou. Récapitulons :

	Masculin, Neutre	Féminin	Pluriel
Nominatif	тот, то/весь, всё	та/вся	те/все
Génitif	тог**о**/всег**о**	той/всей	тех/всех
Datif	том**у**/всем**у**	той/всей	тем/всем
Accusatif	N ou G	ту/всю	N ou G
Instrumental	тем/всем	той/всей	т**е**ми/вс**е**ми
Locatif	том/всём	той/всей	тех/всех

4 Les ordinaux

Vous connaissez bien les numéraux ordinaux (premier, deuxième, troisième, etc.) de la numérotation des leçons. Nous les avons regroupés dans l'appendice grammatical, jetez-y un coup d'œil. Sachez qu'ils s'accordent avec le nom en genre et en nombre, et ce n'est pas difficile puisqu'ils prennent les terminaisons adjectivales. Ainsi, ils vont se décliner comme des adjectifs. Comparez :
Я смотр**ю** **э**тот н**о**вый (accusatif) фильм п**е**рвый (accusatif) раз.
Je regarde ce nouveau film pour la première fois.
Я жив**у** на четв**ё**ртом (locatif) этаж**е**.
J'habite au troisième étage.
Я леч**у** на больш**о**м (locatif) самол**ё**те.
Je prends un grand avion.

5 Accord des cardinaux et des adjectifs

Relisez la note 3 de la leçon 69 concernant la règle de l'accord des numéraux cardinaux (un, deux, trois, quatre, etc.) avec les noms. Il est vrai qu'ils s'accordent d'une manière particulière et pas tout à fait logique. Il est vraiment nécessaire de bien maîtriser cette règle. Les adjectifs ont également une façon particulière de "s'accorder" avec les cardinaux, mais c'est beaucoup plus simple.

• Après les cardinaux од**и**н, одн**а**, одн**о**, одн**и**, à tous les cas, le nom et l'adjectif s'accordent en nombre, en genre et en cas avec le cardinal qui les précède :
Я ид**у** от одн**о**й хор**о**шей подр**у**ги.
Je reviens de chez une bonne amie.
Он**и** см**о**трят од**и**н хор**о**ший фильм.
Ils regardent un bon film.

• Pour les masculins et les neutres inanimés, après 2, 3 et 4 au nominatif et à l'accusatif, le nom est au génitif singulier et l'adjectif est au génitif pluriel : (Я в**и**жу) два с**и**них стол**а** и три больш**и**х окн**а**. (*Je vois / Ce sont) deux tables bleues et trois grandes fenêtres.*

• Pour les féminins inanimés, après 2, 3 et 4 au nominatif et à l'accusatif, le nom est également au génitif singulier et l'adjectif est au nominatif pluriel (mais le génitif pluriel se rencontre tout de même) : (Я в**и**жу): две больш**и**е (ou две больш**и**х) кн**и**ги. (*Je vois) deux grands livres.*
Pour les animés (masculins et féminins), après 2, 3 et 4 pour lesquels l'accusatif est égal au génitif, tout ce qui suit le nombre est au génitif pluriel : Он**и** в**и**дят двух м**а**леньких м**а**льчиков и двух больш**и**х д**е**вочек. *Ils voient 2 petits garçons et 2 grandes filles.* Remarquez que dans la langue parlée, vous pouvez rencontrer l'accord comme sur les inanimés (que nous vous déconseillons) : Я в**и**жу две больш**и**е д**е**вочки.
Eh oui, dans l'accord avec les cardinaux, les adjectifs ne se mettent pas toujours aux mêmes cas et nombre que les noms ! Si le cardinal lui-même est à un cas autre que le nominatif et l'accusatif (la règle est valable pour tous les cardinaux), le nom et l'adjectif s'accordent logiquement avec le cardinal :
Я да**ю** кн**и**гу двум крас**и**вым д**е**вочкам (tout est accordé au datif pluriel),
Je donne le livre à deux belles filles.

• Pour 5 et plus, on accorde les adjectifs et les noms au génitif pluriel :
Я в**и**жу пять м**а**леньких м**а**льчиков, *Je vois cinq petits garçons.*
Et au datif :
Я да**ю** кн**и**гу пят**и** м**а**леньким м**а**льчикам (tout est accordé au datif pluriel),
Je donne le livre à cinq petits garçons.

6 Verbes

• рассказ**а**ть (perf.), *raconter* : расскаж**у**, расск**а**жешь, расск**а**жут.
• пон**я**ть (perf.), *comprendre* : пойм**у**, пойм**ё**шь, пойм**у**т.
• брать (imperf.), *prendre* : бер**у**, бер**ё**шь, бер**у**т.
• терп**е**ть (imperf.), *supporter* : терпл**ю**, т**е**рпишь, т**е**рпят (se conjugue comme люб**и**ть).

7 Les verbes de mouvement

• **е**здить (imperf., indéterminé), *aller en moyen de locomotion terrestre* : **е**зжу, **е**здишь, **е**здят.
• плыть (imperf., déterminé), *aller à la nage, aller en bateau* : плыв**у**, плыв**ё**шь, плыв**у**т.
• попл**ы**ть (perf., déterminé), *aller à la nage, aller en bateau* : поплыв**у**, поплыв**ё**шь, поплыв**у**т (la même conjugaison qu'à l'imperfectif).
• лет**е**ть (imperf., déterminé), *aller en avion, voler* : леч**у**, лет**и**шь, лет**я**т.

***

Заключительный диалог

1 – С тобой всё в порядке?
2 Ты уже два часа переключаешь каналы…
3 – Терпеть не могу, когда по телевизору показывают так много всего.
4 Я не могу выбрать!
5 – Ну, я могу предложить тебе интересный фильм.
6 Или один фильм тебе не подходит?
7 – Ни один, ни десять интересных фильмов!
8 Я больше не хочу смотреть телевизор.
9 Я предпочитаю пойти заняться спортом.
10 – Главное, чтобы ты точно знал, чем хочешь заниматься!
11 Знаешь, лучше, чтобы ты выбрал сразу…

• полет**е**ть (perf., déterminé), *aller en avion, voler* : полеч**у**, полет**и**шь, полет**я**т (la même conjugaison qu'à l'imperfectif).

8 Les prépositions

• по qui traduit un mouvement sur la surface de quelque chose est suivie du datif : идт**и** по **у**лице, *aller le long de la rue*.
• по suivie du datif est utilisée dans quelques expressions : говор**и**ть по телеф**о**ну, *parler au téléphone* ; смотр**е**ть по телев**и**зору, *regarder [qqch.] à la télé*.
• на (sens temporel) suivie de l'accusatif, s'emploie dans le sens de *pour* : Он**и** к нам на нед**е**лю. *Ils sont [venus] chez nous pour une semaine*.
• на suivie du locatif (prépositionnel) s'utilise pour indiquer l'emplacement d'un objet fixe, mais aussi le moyen de locomotion : Мы **е**дем в Москв**у** на маш**и**не. *Nous allons à Moscou en voiture*.

Traduction

1 Tu vas bien ? **2** Cela fait deux heures que tu changes de chaîne continuellement... **3** Je ne supporte pas quand ils montrent autant de choses à la télé. **4** Je ne peux pas choisir ! **5** Eh bien, je peux te proposer un film intéressant. **6** À moins qu'un seul film ne te convienne pas non plus (Ou un film ne te convient pas) ? **7** Ni un, ni dix (films intéressants) ! **8** Je ne veux plus regarder la télé. **9** Je préfère aller faire du sport. **10** L'essentiel, c'est que tu saches exactement ce que tu veux faire (de quoi tu veux t'occuper) ! **11** Tu sais, il vaut mieux que tu choisisses tout de suite...

Deuxième vague : 21e leçon

71

Семьдесят первый урок

В гостинице

1 – Послушайте, я не хочу [1] скандала,
2 но всё-таки думаю, что это недопустимо!
3 – Успокойтесь [2], пожалуйста, и объясните толком, что случилось.
4 – Ещё вчера я попросил [3] навести порядок в моём номере.
5 Увы, сегодня всё по-прежнему.
6 И это называется «сервис на высоте»?
7 – Как же так? Ничего не понимаю [4].
8 После вашей жалобы я лично занялась вашим [5] номером.
9 Вам поменяли полотенца, простыни, одеяло…

Remarque de prononciation

(8) занялась *[zaniLas']*.

Notes

1 Si le mot qui suit le verbe **хотеть**, *vouloir*, est concret, on met un accusatif ; si ce mot représente une notion abstraite ou non dénombrable, on utilise un génitif. On met également un génitif si la notion exprime "une partie d'un tout" ce qui va logiquement exiger un génitif (le partitif français). Comparez :
Она хочет твою куртку. *Elle veut ta veste* (chose concrète).
Как я хочу хорошей погоды! *Comme j'ai envie de beau temps !* (chose abstraite).
Они хотят пива. *Ils veulent de la bière* (un peu de bière – non dénombrable).

Soixante et onzième leçon

À l'hôtel

1 – Écoutez, je ne veux pas de scandale,
2 mais tout de même, je pense que c'est inacceptable !
3 – Calmez-vous, s'il vous plaît, et expliquez[-moi] clairement ce qui s'est passé.
4 – Déjà *(Encore)* hier, j'ai demandé que l'on range *(ranger)* ma chambre.
5 Hélas, aujourd'hui, tout est [encore] comme avant.
6 Et vous appelez ça un service de qualité *(Et cela s'appelle "service à la hauteur")* ?
7 – Mais comment donc ? Je ne comprends rien.
8 Après votre plainte, je me suis occupée personnellement de votre chambre.
9 On vous a changé les serviettes, les draps [et] la couverture…

2 **успокойтесь** est l'impératif (la 2e personne du pluriel) du verbe perfectif **успокоиться**, *se calmer*. Il se forme comme l'impératif ordinaire, il faut juste ajouter **-сь** après une voyelle et **-ся** après une consonne : **успокой + ся**, *calme-toi* ; **успокойте + сь**, *calmez-vous*.

3 **попросил** est le passé (masculin) du verbe perfectif **попросить**, *demander*. Vous trouverez sa conjugaison à la leçon de révision.

4 N'oubliez pas que l'emploi de la négation **не** est nécessaire même avec des mots du type **никогда**, **ничего** ou **никто** :
Никто не хочет читать эту книгу.
Personne ne veut lire ce livre.
Я никогда этого не делал. *Je n'ai jamais fait cela.*

5 **вашим** est l'instrumental de **ваш**, *votre*. La déclinaison est identique à celle des adjectifs mous. Revoyez si nécessaire, le tableau récapitulatif à la leçon 70.

10 я д**а**же принесл**а** вам н**о**вую под**у**шку, м**ы**ло и зубн**у**ю п**а**сту…
11 – Перест**а**ньте [6] вод**и**ть мен**я** з**а** нос!
12 Я ещ**ё** не сош**ё**л [7] с ум**а**!
13 У мен**я** в н**о**мере ничег**о** не измен**и**лось [8]!
14 – Пост**о**йте-пост**о**йте [9]… а вы в как**о**м н**о**мере?
15 – Я был во втор**о**м [10], а пот**о**м меня пересел**и**ли [11] в п**я**тый н**о**мер.
16 – Прост**и**те р**а**ди [12] Б**о**га!
17 Я-то заним**а**лась втор**ы**м [13] н**о**мером! □

Remarque de prononciation

(17) я-то *[iat^{a}].*

Notes

6 **перест*а*ньте** est l'impératif de la 2e personne du pluriel du verbe perfectif **перест*а*ть**, *cesser*, *arrêter*.

7 **сош*ё*л** est le passé irrégulier (masculin singulier) du verbe perfectif **сойт*и***, *descendre*. Il se construit comme le passé des verbes **идт*и*-пойт*и***, *aller à pied* : **шёл-пош*ё*л**. Le féminin sera **сошл*а***, le neutre **сошл*о***, et le pluriel **сошл*и***.

8 **измен*и*лось** est le passé de la 3e personne neutre du singulier du verbe perfectif **измен*и*ться**, *changer*. Attention, en russe ce verbe est pronominal.

9 **пост*о*йте** ou **пост*о*йте-пост*о*йте** est une expression qui équivaut à *Attendez !* En fait, c'est l'impératif du verbe perfectif **посто*я*ть**, *rester debout un peu* (vous connaissez son imperfectif **сто*я*ть**, *être debout*) dont le préfixe **по-** limite l'action, d'où notre traduction avec "un peu".

10 **втор*о*м** est le locatif (prépositionnel) de l'ordinal masculin **втор*о*й**, *deuxième*, car il n'y a pas de mouvement, tandis que **п*я*тый** est l'accusatif de l'ordinal masculin **п*я*тый** puisqu'on a ici une notion de mouvement.

10 je vous ai même apporté un nouvel oreiller, du savon et du dentifrice *(de-la-pâte à-dents)*…

11 – Arrêtez de me mener en bateau *(par nez)* !

12 Je ne suis pas encore devenu fou *(descendu de l'esprit)* !

13 Rien n'a changé dans ma chambre !

14 – Attendez, attendez… *(et)* vous êtes dans quelle chambre ?

15 – J'étais dans la chambre deux et ensuite on m'a transféré dans la cinq.

16 – Mon Dieu, pardonnez-moi *(Pardonnez-moi pour Dieu)* !

17 Moi, je me suis occupée de la chambre deux !

11 **переселили** est le passé pluriel du verbe perfectif **переселить**, *déplacer, reloger, transférer*. Bien sûr, vous savez déjà définir l'infinitif à partir d'une forme conjuguée : il faut juste enlever la terminaison.

12 **ради**, *à cause de, pour*, est suivi du génitif :
Пожалуйста, сделай это ради меня!
S'il te plaît, fais-le pour moi !

13 Rappelez-vous qu'après le verbe **заниматься**, *s'occuper de qqch.*, on met l'instrumental. Ainsi, **вторым**, est l'instrumental de l'ordinal masculin **второй**, *deuxième*. Vous savez déjà que les ordinaux se déclinent comme les autres adjectifs.

Упражнение 1 – Читайте и переводите

❶ Успокойтесь, вам нельзя волноваться! ❷ Вчера нам поменяли график работы. Теперь выходные у меня в понедельник и во вторник. ❸ Ради Бога, займитесь своими делами! ❹ Это очень хорошая гостиница: цены низкие и сервис на высоте. ❺ Они не были в этом городе двадцать лет, и там ничего не изменилось.

Упражнение 2 – Восстановите текст

❶ Trois cent cinquante roubles pour un savon et du dentifrice ! Et c'est ce qu'on appelle bon marché ?
Триста пятьдесят рублей за . . . . и зубную . . . . . ! И это называется . . . . . . ?

❷ Mais elle l'a mené par le bout du nez pendant toute sa vie !
Да она всю свою жизнь . . . . . . его за . . . !

❸ Rien n'a changé : ils font des scandales tous les jours *(chaque jour)*.
Ничего не . . . . : у них каждый день скандалы.

❹ Les oreillers, les couvertures et les draps sont dans l'armoire.
Подушки, ... и . . . . в шкафу.

Corrigé de l'exercice 1

❶ Calmez-vous, vous ne devez pas vous inquiéter. ❷ Hier, on a changé notre *(on nous a changé le)* planning de travail. Maintenant, mes jours de congé sont le lundi et le mardi *(les lundis et mardis)*. ❸ Au nom de Dieu, occupez-vous de vos affaires ! ❹ C'est un très bon hôtel : les prix [sont] bas et le service [est] à la hauteur. ❺ Ils ne sont pas venus *(n'étaient pas)* dans cette ville depuis vingt ans, et rien n'y a changé.

❺ Je leur ai téléphoné hier : chez eux, tout est comme d'habitude *(comme avant)*.

Я звонил . . вчера: у них всё . . - . . . .

Corrigé de l'exercice 2

❶ – мыло – пасту – дёшево ❷ – водила – нос ❸ – изменилось – ❹ – одеяла – простыни – ❺ – им – по-прежнему

Deuxième vague : 22e leçon

72

Семьдесят второй урок

Comment retenir les couleurs de l'arc-en-ciel ? Apprenez ce petit texte (les 3 premières lignes) – la première lettre de chaque mot (de couleur rouge) vous soufflera la couleur.

Все цвет**а** р**а**дуги

1 К**а**ждый ох**о**тник
2 жел**а**ет [1] знать,
3 где сид**и**т фаз**а**н.
4 Кр**а**сный, ор**а**нжевый,
5 ж**ё**лтый, зел**ё**ный,
6 голуб**о**й, с**и**ний, фиол**е**товый.
7 И друг**и**е цвет**а**:
8 с**е**рый: с**е**рое н**е**бо;
9 ч**ё**рный: ч**ё**рные глаз**а** [2];
10 золот**о**й: золот**ы**е р**у**ки.
11 сер**е**бряный: сер**е**бряная л**о**жка [3];
12 цветн**о**й: цветн**о**й телев**и**зор;
13 ч**ё**рно-б**е**лый: ч**ё**рно-б**е**лая фотогр**а**фия.
14 Мо**и** люб**и**мые цвет**а**: б**е**жевый, р**о**зовый и кор**и**чневый,
15 св**е**тло-зел**ё**ный, т**ё**мно-с**и**ний [4]. □

Remarque de prononciation

(4) ор**а**нжевый *[aRa-njyv^yi]*.

Notes

1 Maintenant vous pouvez sans doute reconnaître l'infinitif des verbes à partir des formes conjuguées. Cherchez toujours la racine ! Ainsi, **жел**а**ет** est la 3e personne du verbe **жел**а**ть**, *désirer*.

Soixante-douzième leçon

Toutes les couleurs de l'arc-en-ciel

1 Chaque chasseur
2 désire savoir
3 où est *(assis)* le faisan.
4 Rouge, orange,
5 jaune, vert,
6 bleu, bleu marine, violet.
7 Et d'autres couleurs :
8 gris : le ciel gris ;
9 noir : les yeux noirs ;
10 doré : des mains en or.
11 argenté : une cuillère en argent ;
12 de couleur : une télévision en couleur ;
13 noir et blanc : une photographie en noir et blanc.
14 Mes couleurs préférées : beige, rose et marron,
15 vert clair, bleu foncé.

2 Certains noms masculins forment le pluriel en **-а** toujours accentué : **а**дрес, *adresse* → адрес**а** ; д**о**ктор, *docteur* → доктор**а** ; цвет, *couleur* → цвет**а** ; глаз, *œil* → глаз**а**.

3 Attention : л**о**жка, *cuillère*, comme certains autres substantifs féminins, a une voyelle mobile au génitif pluriel : л**о**жек.

4 св**е**тло, *clair* ; тёмно, *foncé*, se rajoutent aux couleurs avec un trait d'union :
У мен**я** есть крас**и**вый тёмно-кор**и**чневый св**и**тер.
J'ai un beau pull marron foncé.
У Там**а**ры св**е**тло-с**е**рые глаз**а**. *Tamara a les yeux gris clair.*

Упражнение 1 – Читайте и переводите

❶ Он целый день сидит рядом со своим чёрно-белым телевизором. ❷ Море сегодня очень красивое – тёмно-синее. ❸ – Какие цвета тебе нравятся? – Все цвета радуги! ❹ Какое серое небо! Наверное, опять будет дождь. ❺ У неё вся одежда оранжевого и красного цветов!

Упражнение 2 – Восстановите текст

❶ – J'aime beaucoup les photos en noir et blanc. – Et moi, je les préfère en couleur.
– Я очень люблю . . . . . - . . . . . фотографии. – А мне больше нравятся . . . .

❷ Dans ma chambre d'hôtel, tous les oreillers sont vert clair et les draps sont jaunes.
В моём номере все . . . . светло-зелёные, а простыни жёлтые.

❸ Il fait tout lui-même, [il a] des mains en or.
Он всё делает . . . , у него . . . . руки.

❹ Tu as les yeux gris et ta sœur a les [yeux] noirs.
У тебя . . . . . глаза, а у твоей сестры . . . .

❺ Il est tellement ému que son visage est tout rouge.
Он так волнуется, что у него всё . . . .

***

Et maintenant, un petit exercice de prononciation ! Les Russes aiment beaucoup les virelangues. Lisez celui-ci lentement, en prononçant bien chaque mot. Accélérez au fur et à mesure.

Скороговорка
Четыре чёрненьких чумазеньких* чертёнка
Чертили чёрными чернилами чертёж
Чрезвычайно чисто.

Corrigé de l'exercice 1

❶ Il passe toute la journée devant *(à côté de)* sa télé *(en)* noir et blanc. ❷ La mer est très belle aujourd'hui : bleu foncé. ❸ – Quelles sont les couleurs qui te plaisent ? *(Quelles couleurs te plaisent ?)* – Toutes les couleurs de l'arc-en-ciel ! ❹ Quel ciel gris ! Il va sûrement encore pleuvoir. ❺ Tous ses vêtements sont de couleur*(s)* orange et rouge !

Corrigé de l'exercice 2

❶ – **чёрно-белые** – **цветные** ❷ – **подушки** – ❸ – **сам** – **золотые** – ❹ – **серые** – **чёрные** ❺ – **лицо красное**

***

Virelangue
Quatre sales diablotins noirs
Traçaient un dessin à l'encre noire
Extraordinairement proprement.

** -еньк est un suffixe diminutif qui se met entre le radical et la terminaison.*
Ainsi, ce sont les adjectifs ч**ё**рный, noir ; чум**а**зый, sale.

Deuxième vague : 23e leçon

73

Семьдесят третий урок

Как с в**а**ми связ**а**ться?

1 – Прост**и**те, вы не могл**и** бы [1] мне пом**о**чь?
2 – Да, кон**е**чно, чем [2] мог**у** быть пол**е**зен [3]?
3 – Мне н**а**до ср**о**чно связ**а**ться [4] с мо**е**й семь**ё**й.
4 Я хот**е**ла позвон**и**ть дом**о**й [5], но п**о**чта закр**ы**та [6],
5 а из каб**и**ны телеф**о**на-автом**а**та м**о**жно позвон**и**ть
6 т**о**лько с телеф**о**нной к**а**ртой.
7 – Вы м**о**жете куп**и**ть таку**ю** к**а**рту в люб**о**м газ**е**тном ки**о**ске.
8 – Пр**а**вда? Как зд**о**рово!

Notes

1 **вы не могли бы**, *pourriez-vous*, est une forme polie qui est formée à partir du passé de la forme négative du verbe **мочь**, *pouvoir*, et de la particule **бы** qui exprime un conditionnel (voir leçon 32, note 4). Observez :
Тама**ра, ты не могл**а** бы дать мне твой н**о**вый **а**дрес?**
Tamara, pourrais-tu me donner ta nouvelle adresse ?
Серге**й, ты не м**о**г бы подар**и**ть мне **э**ту кн**и**гу?**
Sergueï, pourrais-tu m'offrir ce livre ?

2 **чем** est l'instrumental de **что**, *quoi*.

3 **пол**е**зен**, *utile*, est un adjectif court au masculin. La forme féminine est **пол**е**зна**, le neutre **пол**е**зно** et le pluriel est **пол**е**зны**.

4 **связ**а**ться** est un verbe perfectif qui se traduit par *se lier* ; **связ**а**ться с** + instrumental signifie *contacter*, *prendre contact avec*. Vous trouverez sa conjugaison dans la leçon de révision.

Soixante-treizième leçon

Comment vous contacter
(Comment avec vous se-lier) **?**

1 – Excusez-moi, pourriez-vous m'aider *(vous ne pouviez particule-du-conditionnel à-moi aider)* **?**
2 – Oui, bien sûr, en quoi puis-je [vous] être utile ?
3 – Je dois contacter ma famille de toute urgence *(À-moi il-faut d'urgence se-lier avec ma famille)*.
4 Je voulais téléphoner à la maison, mais la poste est fermée,
5 et on [ne] peut téléphoner de la cabine téléphonique *(cabine du-téléphone-appareil)*
6 qu'avec *(seulement avec)* **une carte téléphonique.**
7 – Vous pouvez acheter cette *(une telle)* **carte dans n'importe quel kiosque à** *(de)* **journaux.**
8 – C'est vrai *(Vérité)* **? Chouette** *(Comme chouette)* **!**

5 Vous avez déjà vu dans la leçon 66 l'expression **дома**, *à la maison* (sans mouvement). **Домой** signifie *à la maison* (avec mouvement). Comparez :

Завтра я буду дома целый день.
Demain, je serai à la maison toute la journée.
Сначала мы идём домой, а потом к родственникам.
D'abord, nous allons à la maison et après, chez des parents.

6 **закрыта** est un adjectif court. Souvent, les adjectifs courts expriment une caractéristique passagère de l'objet désigné par le nom auquel ils se rapportent. Comparez :

Это нужная книга. *C'est un livre nécessaire* (en général, c'est une constante).

Эта книга вам нужна. *Ce livre vous est nécessaire* (je parle d'une situation précise, ce n'est pas une caractéristique permanente du livre).

9 А где я мог**у** восп**о**льзоваться интерн**е**том?
10 – На почт**а**мте **и**ли в интерн**е**т-каф**е**.
11 – А где нах**о**дится ближ**а**йшее, не подск**а**жете [7]?
12 – Рад бы, да сам не зн**а**ю.
13 Я не м**е**стный.
14 Попр**о**буйте [8] пройт**и** вдоль просп**е**кта,
15 наверняк**а** хоть [9] одн**о** б**у**дет.
16 – Так и сд**е**лаю. Спас**и**бо!
17 – Н**е** за что. Уд**а**чи!
18 – Всег**о** д**о**брого [10]!

Remarques de prononciation

(17) Н**е** за что *[niézacht[a]]*.
(18) Всег**о** д**о**брого *[fsivo dobRav[a]]*.

Notes

7 **подск**а**жете** est la 2e personne du pluriel du verbe perfectif **подсказ**а**ть**, *souffler* (ou familièrement *conseiller*, *indiquer*), qui a la même conjugaison que **сказ**а**ть**, *dire*. Seul le préfixe les différencie.

***

Упражнение 1 – Читайте и переводите

❶ У Сергея нет интернета, но есть телефон. Позвони ему. ❷ Почта уже закрыта, а я так и не купила телефонную карту. ❸ – А как с тобой можно связаться? – Позвони мне домой завтра вечером. ❹ Я прошёл вдоль реки, а потом пошёл в парк. ❺ Рада бы тебе помочь, но сейчас мне некогда.

9 Et où puis-je trouver [une connexion] Internet *(profiter d'Internet)* ?
10 – Au bureau de poste ou dans un cybercafé.
11 – Et où trouve-t-on le plus proche *(… ne soufflerez-vous)* ?
12 – J'aimerais bien [vous le dire] *(serais enchanté)*, mais je ne [le] sais pas moi-même.
13 Je ne suis pas du coin *(pas local)*.
14 Essayez de marcher *(passer)* le long de l'avenue,
15 il y en aura sûrement au moins un *(sûrement, au-moins un sera)*.
16 – D'accord *(Ainsi et je-ferai)*. Merci !
17 – [Il n'y a] pas de quoi. Bonne chance *(Du succès)* !
18 – Bonne continuation *(De-tout bon)* !

8 **попр**о**буйте** est l'impératif de la 2e personne du pluriel du verbe perfectif **попр**о**бовать**, *essayer*. Ce verbe appartient au groupe des verbes en **-овать**, qui ont une conjugaison particulière. Vous trouverez cette conjugaison dans la leçon de révision.

9 **хоть**, *au moins*, appartient à la langue parlée.

10 **Всег**о **д**о**брого** : les deux mots sont au génitif car on sous-entend *"[Je vous souhaite plein] de bonnes choses"*.

***

Corrigé de l'exercice 1

❶ Sergueï n'a pas Internet, mais [il] a un téléphone. Appelle-le. ❷ La poste est déjà fermée et je n'ai toujours pas acheté de carte téléphonique. ❸ – Et comment peut-on te contacter ? – Appelle-moi à la maison demain soir. ❹ J'ai marché *(suis-passé)* le long du fleuve, et ensuite je suis allé au parc. ❺ Je serais ravie de t'aider, mais maintenant je n'ai pas le temps.

Упражнение 2 – Восстановите текст

❶ – Où étais-tu ? – Dans un cybercafé. Je devais contacter mon frère.

– Где ты был? – В . . . . -кафе. Мне надо было . . . . с братом.

❷ Il faut que j'achète du sucre. Où se trouve le magasin le plus proche ?

Мне надо купить сахара. Где . . . . магазин?

❸ – Pourriez-vous me dire *(Ne soufflerez-vous)* où se trouve la poste ? – À gauche de la pharmacie.

– Не . . . . , где находится почта ?
– Слева . . аптеки.

❹ – Où avez-vous acheté [votre] carte téléphonique ? – Dans ce kiosque à journaux.

– Где вы купили . . . . карту? – В этом газетном . . . .

❺ – Puis-je utiliser votre téléphone ? – Oui, je vous en prie.

– Могу я . . . . вашим . . . . ?
– Да, пожалуйста.

***

*En Russie, le moyen le plus simple pour téléphoner est le téléphone portable. Bon nombre de gens en ont un, et on peut en acheter un peu partout. Bien sûr, on peut aussi téléphoner d'une cabine, avec une carte que l'on peut acheter dans le métro, à la poste ou dans les kiosques à journaux. Il vaut mieux éviter de téléphoner d'un des points de téléphone (*телеф**о**нный пункт*) que l'on trouve souvent dans les gares car leurs tarifs sont exorbitants. Sachez que les cabines téléphoniques n'ont pas de numéro et ne peuvent donc pas être*

Corrigé de l'exercice 2
❶ – интернет – связаться – ❷ – находится ближайший – ❸ – подскажете – от – ❹ – телефонную – киоске ❺ – воспользоваться – телефоном –

У Сергея нет интернета, но есть телефон.

***

appelées. En revanche, on peut appeler l'étranger depuis une cabine ou un bureau de poste. Les bureaux de poste sont ouverts toute la semaine, sauf le week-end, de 8 heures du matin jusqu'à 19 heures, voire 21 heures. Pour ce qui est d'Internet, on peut se connecter dans certains bureaux de poste et dans les cybercafés qui se multiplient très rapidement.

Deuxième vague : 24e leçon

Семьдесят четвёртый урок

Все проф**е**ссии важн**ы**!

1 – Я раб**о**таю преподав**а**телем [1].
2 – А я раб**о**таю продавц**о**м [2] в апт**е**ке,
3 а мо**я** жен**а** – продавщ**и**ца в **о**чень м**о**дном бутик**е**.
4 – Ой, а я т**о**же продав**е**ц… т**о**лько прода**ю** [3] **о**вощи.
5 Да, сег**о**дня нам не хват**а**ет [4] **и**менно так**и**х пол**е**зных проф**е**ссий!
6 Так**о**е ощущ**е**ние, что сейч**а**с все мечт**а**ют стать парикм**а**херами **и**ли модель**е**рами.
7 **Э**то как**а**я-то [5] н**о**вая м**о**да.
8 **И**ли вот ещ**ё**: кто не х**о**чет стать депут**а**том **и**ли юр**и**стом?
9 – Да не говор**и**те гл**у**постей!

Remarque de prononciation

(2) продавц**о**м *[pRadaftso-m]*.

Notes

1 Après le verbe **быть**, *être*, à l'infinitif, au passé et au futur, et après certains verbes comme **раб**о**тать**, *travailler*, ou **стать**, *devenir*, on met les mots qui expriment une profession ou un état à l'instrumental : **Я хочу быть актёром, когда буду большим.**

2 **продавцом** est l'instrumental de **продавец**, *vendeur*. Nous retrouvons ici la voyelle mobile qui apparaît dans les terminaisons qui seraient difficiles à prononcer sans voyelle. Dès qu'une autre terminaison de la déclinaison contenant une voyelle intervient, la voyelle mobile disparaît. Observez : **продавец** était accentué à la fin.

Soixante-quatorzième leçon

Toutes les professions sont importantes !

1 – Je travaille comme professeur.
2 – Et moi, je travaille comme vendeur à la pharmacie,
3 et ma femme est vendeuse dans une boutique très à la mode.
4 – Eh, moi aussi, je suis vendeur... seulement, je vends des légumes.
5 Oui, aujourd'hui, ce sont ces professions utiles qui nous manquent *(à-nous ne suffisent justement telles utiles professions)* !
6 J'ai l'impression *(Une-telle sensation)* que maintenant, tout le monde rêve de devenir coiffeur *(coiffeurs)* ou grand couturier *(couturiers)*.
7 C'est une espèce de nouvelle mode.
8 Ou *(voici)* bien encore : qui ne veut pas devenir député ou juriste ?
9 – Mais ne dites pas de bêtises !

La voyelle mobile **е** transmet son accent à celle qui la "remplace", **о** : продавц**о**м.

3 продаю est la 1re personne du verbe imperfectif продав**а**ть, *vendre*. Ce verbe appartient à la conjugaison des verbes en -вать.

4 хват**а**ет est la 3e personne du verbe imperfectif хват**а**ть, *suffire*.

5 как**а**я-то, *une*, *une certaine*, est un adjectif indéfini qui comme tout adjectif s'accorde en genre et nombre avec le nom auquel il se rapporte. Il se décline comme un adjectif ordinaire. Observez :
В корид**о**ре сто**я**т как**и**е-то л**ю**ди.
Dans le corridor, il y a des gens.
Он подар**и**л мне как**у**ю-то кн**и**гу.
Il m'a offert un ("certain") *livre*.

10 М**о**да всегд**а** был**а** на акт**ё**ров и певц**о**в!
11 – А вы им**е**ете чт**о**-то пр**о**тив них [6]?
12 У м**е**ня, наприм**е**р, сестр**а** пев**и**ца, а двою**ю**родная сестр**а** [7] актр**и**са...
13 – Прекрат**и**те сп**о**рить!
14 Гл**а**вное – д**е**лать сво**ю** раб**о**ту хорош**о**.
15 – Ну, где же официа**а**нт?
16 – Ск**о**лько м**о**жно ждать?
17 – А он, нав**е**рное, реш**и**л поменя**я**ть проф**е**ссию на [8] друг**у**ю.
18 – Хорош**о** бы сд**е**лал...
19 Всё равн**о** официа**а**нт из нег**о** никак**о**й! □

Remarque de prononciation

(19) официа**а**нт из него *[afits^y**a**-nt izniv**o**]*.

Notes

6 **них** : n'oubliez pas de rajouter un **н** au pronom personnel **их** car il y a une préposition devant le pronom.

7 Quand les liens de parenté sont évidents, on omet souvent le possessif : **Мо**е**й сестр**е** шесть лет, а бр**а**ту – чет**ы**рнадцать.**
Ma sœur a six ans et [mon] frère [en a] quatorze.
On ne répète pas le possessif car le contexte laisse clairement entendre qu'il s'agit de "mon" frère.

8 **поменя**я**ть** (perfectif) **на**, *échanger quelque chose contre quelque chose*.

***

Упражнение 1 – Читайте и переводите

❶ – Кем вы работаете? – Официантом в очень модном ресторане. ❷ Мода на синие джинсы прошла. ❸ – Кем ты хочешь стать, когда будешь большим? – Парикмахером. ❹ Наш класс играл в футбол против университета! ❺ – У вас же была синяя машина! – Да, но мы её поменяли.

10 **La mode a toujours été aux acteurs et aux chanteurs** *(pour acteurs et chanteurs)* **!**

11 – Et vous avez quelque chose contre eux ?

12 **Moi, par exemple, j'ai une sœur chanteuse, et [ma] cousine [est] actrice...**

13 – Arrêtez vos discussions *(disputer)* **!**

14 **L'essentiel est de bien faire son travail.**

15 – Mais où est le serveur ?

16 – Combien de temps va-t-on *(peut-on)* **[encore] attendre ?**

17 – Ben, il a sûrement décidé de changer de profession *(échanger la profession contre une autre)*.

18 – [Il] ferait bien...

19 **De toute façon, il fait un très mauvais serveur** *(Tout égal, serveur de lui aucun)* **!**

***

Corrigé de l'exercice 1

❶ – En tant que quoi *(qui)* travaillez-vous ? – En tant que serveur dans un restaurant très à la mode. ❷ La mode des jeans bleus est passée. ❸ – Que veux-tu faire *(Qui veux-tu devenir)* quand tu seras grand ? – Coiffeur. ❹ Notre classe a joué au foot contre l'université ! ❺ – Mais vous aviez une voiture bleue ! – Oui, mais nous avons changé de voiture *(l'avons changée)*.

Упражнение 2 – Восстановите текст

❶ Mais ne dites pas de bêtises : personne ne connaît ce chanteur.
Да не говорите . . . . : никто . . знает этого певца.

❷ Toute [sa] vie, il a travaillé comme professeur et maintenant, il est devenu vendeur.
Он всю . . . . . работал . . . . , а теперь . . . . продавцом.

❸ Combien [de temps] va-t-on *(peut-on)* l'attendre ? Je savais qu'il serait en retard comme d'habitude !
Сколько можно его . . . . . ? Я знала, что он, как всегда, ... !

❹ – Oh ! C'est ta sœur ? – Presque. C'est ma cousine.
– О! Это твоя сестра? – . . . . . . Это моя . . . . сестра.

75

Семьдесят пятый урок

Суев**е**рный челов**е**к

1 – Говор**я**т, что р**у**сские в**е**рят в р**а**зные прим**е**ты.
2 – Ну, **э**то, кон**е**чно, пожил**ы**е л**ю**ди, не молод**ё**жь.
3 – А как**и**е у вас есть прим**е**ты?
4 – Их мн**о**го. Наприм**е**р, разб**и**ть з**е**ркало – к несч**а**стью.
5 **Е**сли вам перешл**и** дор**о**гу с пуст**ы**м ведр**о**м – быть неуд**а**че.

Remarques de prononciation
Titre : суев**е**рный *[souivi**é**Rn[yi]]*.
(4) к несч**а**стью *[knichtch**a**stiou]*.

❺ Bien, comme vous voulez. Je n'aime pas les discussions *(disputer)*.
Хорошо, как .... Я не люблю ....

Corrigé de l'exercice 2

❶ – глупостей – не – ❷ – жизнь – преподавателем – стал – ❸ – ждать – опоздает ❹ – Почти – двоюродная – ❺ – хотите – спорить

Pour bien assimiler la langue, conservez un rythme régulier dans votre apprentissage. Ne faites pas de longues pauses. Si un jour vous manquez de temps, réécoutez simplement le dialogue de la veille ou relisez-le. L'important est de garder un contact constant avec la langue.
Les jours où vous avez suffisamment de temps, écoutez ou relisez les dialogues à différents moments de la journée, et parlez toujours à haute voix !

Deuxième vague : 25e leçon

75

Soixante-quinzième leçon

Une personne superstitieuse

1 – On dit que les Russes croient en toutes sortes de *(différents)* signes.
2 – Mais ce sont bien sûr des personnes âgées, pas les jeunes *(la jeunesse)*.
3 – Et quels présages avez-vous ?
4 – Ils sont nombreux. Par exemple, casser un miroir porte malheur *(vers malheur)*.
5 Si on vous a coupé *(traversé)* la route avec un seau vide, [vous] allez avoir de la malchance *(être à-la-malchance)*.

6 Соль просы**пать** нечаянно – к ссоре [1].
7 Пустую бутылку на стол ставить нельзя...
8 – А куда же её ставить?
9 – Под стол [2]!
10 Ну и ещё много разной ерунды [3] есть.
11 – Да, всё это очень интересно, но мне пора.
12 Уже поздно, транспорт больше не ходит [4]...
13 У меня не хватит [5] на [6] такси.
14 Можешь одолжить мне денег?
15 – Ни в коем случае:
16 деньги на ночь [7] в долг давать – плохая примета...

Remarques de prononciation

(9) под стол *[patstoL]*.
(12) поздно *[pozna]*.
(16) на ночь *[nanatch']*.

Notes

1 La préposition **к** suivie du datif indique la destination. Dans les expressions **к несчастью** (ph. 4) et **к ссоре**, il y a l'idée d'une finalité à laquelle mène fatalement l'action effectuée.

2 **под стол**, *sous la table*, avec mouvement. **под** suivi de l'accusatif exprime une position avec mouvement, comme **в** et **на** suivis de l'accusatif :
Не ставь, пожалуйста, обувь под шкаф!
Ne mets pas tes chaussures sous l'armoire, s'il te plaît !

3 **ерунда**, toujours au singulier, appartient à la langue parlée.

4 Eh oui, bizarrement, pour le transport, on emploie le verbe **ходить**, *aller à pied*, dans le sens de *fonctionner* (qui en français parlé se dit *marcher* !) :
В этом городе транспорт ходит очень плохо.
Dans cette ville, les transports fonctionnent très mal.

6 Renverser par mégarde du sel [annonce] une dispute *(vers la-dispute)*.
7 Il ne faut pas mettre une bouteille vide sur la table…
8 – Et où [faut-il] donc la mettre ?
9 – Sous la table !
10 Et il y a encore beaucoup d'autres absurdités *(absurdité variée)*.
11 – Oui, tout cela est très intéressant, mais il faut que j'y aille *(à-moi temps)*.
12 [Il est] déjà tard, le[s] transport[s] ne marche[nt] plus…
13 Je n'aurai pas assez pour un taxi.
14 Peux-tu me prêter de l'argent ?
15 – En aucun cas :
16 prêter de l'argent à la tombée de la nuit *(l'argent pour la nuit en dette donner)* est un mauvais présage…

Суеверный человек.

5 **хватит** est la 3e personne du singulier du verbe perfectif **хватить**, *suffire*.

6 **на** suivi de l'accusatif peut avoir le sens de *pour*.

7 **на** suivi de l'accusatif peut également s'utiliser pour signifier le laps de temps, la durée nécessaire ou prévue pour un événement :
Мы в Москве на два дня.
Nous sommes à Moscou pour deux jours.

Упражнение 1 – Читайте и переводите

❶ Осторожно! Не просыпь соль: это к ссоре. ❷ Я не знал, что твой отец такой суеверный человек. ❸ Им нельзя столько работать: они уже пожилые люди. ❹ Я не люблю этого молодого человека. Он всегда рассказывает всякую ерунду. ❺ Папа одолжил мне денег на новый телевизор.

Упражнение 2 – Восстановите текст

❶ J'ai l'impression *(Telle sensation)* que toute la jeunesse rêve de devenir chanteur*(s)* ou couturier*(s)*.
Такое . . . . , что вся . . . . мечтает . . . . . певцами или модельерами.

❷ – Crois-tu en différents présages ? – J'y *(Je)* crois mais pas en tous.
– Ты веришь . разные . . . . ? – . . . . , но не во все.

❸ Peux-tu me prêter ton miroir ? J'ai cassé le mien.
Можешь . . . . мне твоё . . . . ? Я своё . . . . . . (.).

***

Les Russes, dans l'ensemble, sont assez superstitieux. Les superstitions sont souvent différentes d'une région à l'autre, et elles sont parfois même contradictoires. Ainsi par exemple, les uns croient que trébucher avec le pied gauche porte bonheur, tandis que d'autres sont persuadés du contraire… Pour conjurer le mauvais sort, tout le monde est d'accord : on crache par-dessus son épaule gauche et on fait trois fois le signe de la croix.
Quant à l'argent, les uns disent qu'il ne faut pas en prêter à la nuit tombée, et d'autres affirment qu'il ne faut surtout pas le rendre à une heure tardive. D'autres encore pensent que si la situation est vraiment urgente, il faut mettre l'argent par terre pour que la personne qui l'emprunte puisse le ramasser…
Des centaines de croyances et de présages accompagnent les Russes dans la vie quotidienne. Un chat noir porte malheur s'il traverse votre chemin… L'œil gauche qui vous démange annonce des larmes ou des ennuis… Un miroir cassé porte malheur, etc.
Un objet qui tombe par terre, s'il est du masculin, annonce la visite d'un garçon ; s'il est du féminin, ce sera une fille… Si vous avez les

Corrigé de l'exercice 1

❶ Attention ! Ne renverse pas le sel : cela [annonce] une dispute. ❷ Je ne savais pas que ton père était si superstitieux. ❸ Ils ne doivent pas travailler autant : ce *(ils)* sont déjà des personnes âgées. ❹ Je n'aime pas ce jeune homme. Il raconte toujours des *(toutes sortes de)* bêtises. ❺ Papa m'a prêté de l'argent pour un nouveau téléviseur.

❹ – Ne mets pas toutes les bouteilles vides sur la table, s'il te plaît. – Et où [devrais-je] les mettre ?
– Не ставь, пожалуйста, все ...... бутылки на стол. – А .... же их .... ?

❺ Il faut que j'y aille, les transports vont bientôt s'arrêter *(de marcher)*.
Мне ...., а то .... скоро перестанет ....

Corrigé de l'exercice 2

❶ – ощущение – молодёжь – стать – ❷ – в – приметы – Верю – ❸ – одолжить – зеркало – разбил(а) ❹ – пустые – куда – ставить ❺ – пора – транспорт – ходить

***

oreilles brûlantes, c'est que quelqu'un parle de vous… Le numéro 13, comme chacun sait, porte malheur, et les yeux noirs d'une personne peuvent être dangereux… Si vous avez le bout du nez qui gratte, un Russe vous dira qu'un "bon nez sent un poing une semaine à l'avance", ce qui signifie que quelqu'un va vous gronder dans un futur proche. Mais, cela peut aussi annoncer une soirée bien arrosée…
Enfin, quoi qu'il arrive, ne posez jamais une bouteille vide sur la table (c'est toujours de mauvais augure)… Ne vous lavez pas les cheveux avant un examen (vous oublierez tout !) Ne sifflez pas chez vous (vous manquerez d'argent). N'allumez pas une cigarette avec une bougie (un marin mourra), et ne posez pas votre verre après avoir trinqué, buvez au moins une gorgée !
En résumé, faites attention au chat noir qui traverse votre route, surtout si vous avez l'œil gauche qui vous démange et un miroir cassé dans votre poche ; dans ce cas n'hésitez pas à cracher par-dessus votre épaule gauche et buvez vite une gorgée de vodka à la bouteille…

Deuxième vague : 26e leçon

Семьдесят шестой урок

Ревность

1 – Как**о**й же твой при**я**тель ск**у**чный!
2 Всё вр**е**мя расск**а**зывает о дер**е**вьях, л**и**стьях [1], цвет**а**х…
3 – Ну, что ты х**о**чешь Он – бот**а**ник.
4 М**е**жду пр**о**чим, ты не л**у**чше.
5 Ты постоя́нно говор**и**шь о [2] б**а**бочках, пт**и**цах,
6 об их кр**ы**льях и п**е**рьях…
7 Он, кст**а**ти, **о**чень спос**о**бный.
8 **Е**сли ег**о** ост**а**вить н**а** день [3] в ботан**и**ческом сад**у** [4],

Remarques de prononciation

(1) ск**у**чный *[skouchn^{yï}]*.
(8) н**а** день *[nad^{iégne}]*.

Notes

1 **деревьях**, **листьях**, **крыльях** et **перьях** sont respectivement les locatifs (prépositionnels) de **дерево**, *arbre* ; **лист**, *feuille* ; **крыло**, *aile* et **перо**, *plume*. Vous trouverez leur déclinaison à la leçon de révision.

2 Vous avez déjà vu le verbe **рассказывать**, *raconter* (leçon 65, note 8) ; le verbe **говорить**, *parler*, peut également être suivi de la préposition **о** avec le locatif (prépositionnel). Comparez :
Что ты говор**и**шь? *Que dis-tu ?*
Он **о**чень ч**а**сто говор**и**т о д**е**тях. *Il parle très souvent des enfants.*

Soixante-seizième leçon

La jalousie

1 – Mais qu'est-ce que *(Quel donc)* ton ami est ennuyeux !
2 Il parle tout le temps *(Tout le-temps [il]-raconte sur)* des arbres, des feuilles, des fleurs...
3 – Eh bien, que veux-tu ? Il est botaniste.
4 D'ailleurs *(Entre autre)*, tu n'es pas mieux.
5 Tu parles en permanence des papillons, des oiseaux,
6 de leurs ailes et [de leurs] plumes...
7 À propos, il est très doué.
8 Si on le laisse une journée *(Si le laisser pour une-journée)* au jardin botanique,

Мо**я** б**а**бушка л**ю**бит расск**а**зывать интер**е**сные ист**о**рии.
Ma grand-mère aime raconter des histoires intéressantes.
Д**е**душка расск**а**зывает учени**ка**м о войне.
Grand-père parle de la guerre aux enfants.

3 на suivi de l'accusatif exprime une durée, un laps de temps projeté : на нед**е**лю, *pour une semaine*.

4 Certains mots masculins (лес, сад) forment leur locatif en -у quand ils expriment l'endroit, mais la formation suit la règle générale dans d'autres contextes. Comparez:
Когд**а** мы б**ы**ли в лес**у** (locatif = lieu), Серг**е**й говор**и**л мне о друг**о**м л**е**се (locatif n'exprimant pas un lieu).
Quand nous étions dans la forêt, Sergueï m'a parlé d'une autre forêt.
Dans ce cas, le у est toujours accentué.

9 з**а** день [5] он т**о**чно откр**о**ет [6] как**о**е-нибудь н**о**вое раст**е**ние!

10 – Д**а** уж! А **е**сли ты ег**о** там закр**о**ешь [7] без очк**о**в,

11 он д**а**же то, что зн**а**ет не узн**а**ет!

12 – Ты сме**ё**шься над [8] тем, что он н**о**сит очк**и** [9]...

13 Да ты пр**о**сто ем**у** зав**и**дуешь [10],

14 потом**у** что я влюблен**а** [11] в нег**о**, а не в теб**я**!

15 Смешн**о** [12] на теб**я** смотр**е**ть [13]:

16 взр**о**слый, а вед**ё**шь себ**я**, как м**а**ленький реб**ё**нок.

Remarques de prononciation

(9) з**а** день *[zad^iégne]*.
(10) без очк**о**в *[bizatchk**o**f]*.

Notes

5 **за** suivi de l'accusatif exprime le temps durant lequel une action a été ou sera effectuée :
Они** сд**е**лали всю раб**о**ту за нед**е**лю.**
Ils ont fait tout le travail en une semaine.

6 **откр**о**ет** est la 3e personne du singulier du verbe perfectif **откр**ы**ть**, *ouvrir*, *découvrir*.

7 **закр**о**ешь** est la 2e personne du singulier du verbe perfectif **закр**ы**ть**, *fermer*, *enfermer*.

8 **сме**я**ться над**, *se moquer de qqn ou qqch.*, *rire* (littéralement "rire sur"). La préposition **над** est suivie de l'instrumental (leçon 38).

9 Le mot **очк**и****, *les lunettes*, est toujours au pluriel.

10 **зав**и**дуешь** est la 2e personne du singulier du verbe imperfectif **зав**и**довать**, *envier*. C'est un verbe en **-ова** ce qui signifie que pour le

9 **il découvrira** *(un jour ouvrira)* **à coup sûr une** *(précisément quelque)* **nouvelle plante !**
10 – C'est ça ! Et si tu l'enfermes là-bas sans lunettes,
11 **il ne reconnaîtra pas même ce qu'il connaît [déjà] !**
12 – Tu te moques du fait *(sur ce)* **qu'il porte des lunettes…**
13 **Mais tu l'envies [tout] simplement**
14 **parce que je suis amoureuse de lui, et pas de toi !**
15 **Tu me fais rire** *(Marrant sur toi regarder)* **:**
16 **[tu es un] adulte, mais [tu] te comportes comme un** *(petit)* **gamin.**

conjuguer au présent, il faut remplacer **-ова** par **-у** et, seulement après, rajouter les terminaisons. Ce verbe s'emploie avec le datif :
Я зав**и**дую мо**е**й подр**у**ге: у неё так**и**е крас**и**вые в**о**лосы!
J'envie mon amie : elle a de si beaux cheveux !

11 влюблен**а** est un adjectif court au féminin. Au masculin, il change un peu : **влюблён** ; au neutre, il devient **влюблено** et au pluriel, **влюблены**. Il est suivi de **в** + l'accusatif :
В н**а**шем кл**а**ссе все м**а**льчики влюблен**ы** в мо**ю** сестр**у**.
Dans notre classe, tous les garçons sont amoureux de ma sœur.

12 **смешно**, *ridicule*, *drôle*, *marrant*, peut être employé comme une structure impersonnelle avec le datif : **мне смешно**, *ça me fait rire* (littéralement "à moi drôle").

13 Vous connaissez bien sûr le verbe imperfectif **смотреть**, *regarder*. Suivi de la préposition **на** et de l'accusatif, il prend une nuance un peu différente et se traduit alors par *regarder intensément*, *dévisager*. Comparez :
Не смотр**и** на мен**я** так! *Ne me regarde pas comme ça !*
На что он см**о**трит? *Qui dévisage-t-il ?*
Remarquez à la phrase 15 l'inversion due à la langue parlée. Normalement, on devrait avoir le complément d'objet après le verbe : смотр**е**ть на теб**я**.

Упражнение 1 – Читайте и переводите

❶ Какой же этот фильм скучный! Давай посмотрим что-нибудь другое. ❷ Он влюблён в неё уже пятнадцать лет, а она этого даже не знает. ❸ Представляешь, он оставил кота одного на целых три дня! ❹ Не смейтесь над её ревностью, это не смешно. ❺ Он – красивый и способный, а ты ему просто завидуешь!

Упражнение 2 – Восстановите текст

❶ – Je ne savais pas que tu portais des lunettes. – Oui, je les ai toujours portées.
– Я не знала, что ты . . . . – Да, я всегда их . . . . . (.).

❷ Votre fils est si doué ! Il peut dire tant de choses *(raconter si beaucoup)* sur les arbres et les fleurs.
Ваш сын такой . . . . ! Он может . . . . так много о . . . . и цветах.

❸ Arrêtez vos discussions *(de disputer)* ! Vous vous comportez comme de petits enfants.
Прекратите . . . . ! Вы . . . . . . себя, как . . . . дети.

❹ – Oh ! Tu as une nouvelle plante dans le jardin. – Oui, c'est le cadeau d'un copain.
– О! У тебя новое . . . . в саду. – Да, это . . . . одного . . . .

❺ D'ailleurs *(Entre autres)*, nous avons fait tout le travail en cinq jours !
. . . . . прочим, мы . . . . всю работу . . пять . . . . !

Corrigé de l'exercice 1

❶ Que ce film est ennuyeux ! Regardons quelque chose d'autre. ❷ Il est amoureux d'elle depuis déjà quinze ans, et elle ne le sait même pas. ❸ Tu te rends compte *(représentes)*, il a laissé le chat seul trois journées entières ! ❹ Ne riez pas de sa jalousie, ce n'est pas drôle. ❺ Il est beau et doué, et toi, tu es tout simplement jaloux !

Corrigé de l'exercice 2

❶ – носишь очки – носил(а) ❷ – способный – рассказать – деревьях – ❸ – спорить – ведёте – маленькие – ❹ – растение – подарок – приятеля ❺ Между – сделали – за – дней

Deuxième vague : 27e leçon

Семьдесят седьмой урок

Повтор**е**ние – **Révision**

1 La déclinaison des substantifs du type *брат*

Certains noms masculins (лист, *feuille* ; брат, *frère*) et neutres (д**е**рево, *arbre* ; крыл**о**, *aile* ; пер**о**, *plume*) prennent la terminaison -ья au pluriel, et -ьев au génitif pluriel. Le signe mou reste présent dans toutes les formes du pluriel :

	Singulier	Pluriel
N	брат	бр**а**тья
G	бр**а**та	бр**а**тьев
D	бр**а**ту	бр**а**тьям
A	бр**а**та (= G car animé)	бр**а**тьев
I	бр**а**том	бр**а**тьями
L	бр**а**те	бр**а**тьях

Quelques noms que vous connaissez déjà (друг, *ami* ; муж, *mari* ; сын, *fils*) forment leur nominatif pluriel en -ья (souvent, la base du mot change) et le génitif pluriel en -ей. Ce sont des mots d'une syllabe au nominatif singulier. Au pluriel, l'accent tombe sur la terminaison. Malgré cette différence d'accentuation par rapport aux mots comme брат, ils gardent eux aussi le signe mou dans les terminaisons du pluriel :

	Singulier	Pluriel
N	друг, муж, сын	друзь**я**, мужь**я**, сыновь**я**
G	др**у**га, м**у**жа, с**ы**на	друз**е**й, муж**е**й, сынов**е**й
D	др**у**гу, м**у**жу, с**ы**ну	друзь**я**м, мужь**я**м, сыновь**я**м
A	др**у**га, м**у**жа, с**ы**на (= G car animé)	друз**е**й, муж**е**й, сынов**е**й

Soixante-dix septième leçon

I	др**у**гом, м**у**жем*, с**ы**ном	друзь**я**ми, мужь**я**ми, сыновь**я**ми
L	др**у**ге, м**у**же, с**ы**не	друзь**я**х, мужь**я**х, сыновь**я**х

* -ем après г, ж, ц, ч, ш, щ dans les terminaisons non accentuées : м**у**жем ; sinon -**о**м : карандаш**о**м.

2 Le locatif en *-у* des masculins

Vous savez que certains mots masculins forment leur locatif en -у (у est toujours accentué) quand ils expriment l'endroit avec les prépositions в et на. Si le locatif suit la préposition о, la formation du locatif (prépositionnel) pour les mêmes mots est "normale". Observez :

– Где вы гул**я**ли? – В сад**у**.

– Où vous promeniez-vous ? – Dans le jardin.

– В как**о**м сад**у**? – Я уж**е** пять раз говор**и**л теб**е** об **э**том с**а**де!

– Dans quel jardin ? – Je t'ai déjà parlé de ce jardin cinq fois !

3 La déclinaison des pronoms *что* et *кто*

Nous avons rencontré ces deux pronoms déclinés à plusieurs reprises. Ils n'ont que la forme du singulier, ce qui nous facilite l'apprentissage de leur déclinaison :

N	кто	что
G	ког**о**	чег**о**
D	ком**у**	чем**у**
A	G	N
I	кем	чем
L	ком	чём

4 Verbes

Et voici la conjugaison des verbes rencontrés dans les dernières leçons. Relisez-les (toujours à voix haute) sans chercher à les apprendre par cœur, vous les assimilerez peu à peu.

- вест**и** себ**я** (imperf.), *se comporter* : вед**у** себ**я**, вед**ё**шь себ**я**, вед**у**т себ**я**
- ждать (imperf.), *attendre* : жду, ждёшь, ждут
- жел**а**ть (imperf.), *désirer* : жел**а**ю, жел**а**ешь, жел**а**ют
- закр**ы**ть (perf.), *fermer* : закр**о**ю, закр**о**ешь, закр**о**ют
- заним**а**ться (imperf.), *s'occuper de qqch.* : заним**а**юсь, заним**а**ешься, заним**а**ются
- откр**ы**ть (perf.), *ouvrir, découvrir* : откр**о**ю, откр**о**ешь, откр**о**ют
- пересел**и**ть (perf.), *déplacer, reloger, transférer* : пересел**ю**, перес**е**лишь, перес**е**лят
- перест**а**ть (perf.), *cesser, arrêter* : перест**а**ну, перест**а**нешь, перест**а**нут
- помен**я**ть на (perf.), *échanger* : помен**я**ю, помен**я**ешь, помен**я**ют
- попрос**и**ть (perf.), *demander* : попрош**у**, попр**о**сишь, попр**о**сят
- связ**а**ться (perf.), *se lier, contacter* : свяж**у**сь, св**я**жешься, св**я**жутся
- сме**я**ться (над) (imperf.), *se moquer de qqn ou qqch., rire* : сме**ю**сь, сме**ё**шься, сме**ю**тся
- стать (perf.), *devenir* : ст**а**ну, ст**а**нешь, ст**а**нут (même déclinaison que перест**а**ть)
- хват**и**ть (perf.), *suffire* : (s'utilise surtout à la 3e personne) хв**а**тит.

Nous vous rappelons le passé des verbes мочь (imperf.) et смочь (perf.), *pouvoir* : мог, могл**а**, могл**о**, могл**и** et смог, смогл**а**, смогл**о**, смогл**и**.

5 Les verbes en *-овать, -евать* et *-авать*

- Les verbes en -овать (se transformant en -евать après chuintantes ou ц) ont une conjugaison particulière : avant de rajouter les terminaisons de la première conjugaison, il faut remplacer -овать (ou -евать) par -у : попр**о**бовать (perf.), *essayer* : попр**о**бую, попр**о**буешь, попр**о**буют.

Les verbes suivants se conjuguent selon le même modèle : паникова**а**ть (imperf.), *paniquer* ; зав**и**довать (imperf.), *envier* ; волнов**а**ть (imperf.), *inquiéter, émouvoir* ; восп**о**льзоваться (perf.), *profiter* ; зааплод**и**ровать (perf.), *se mettre à applaudir* ; танцев**а**ть (imperf.), *danser.*
Attention ! Certains verbes semblent appartenir à ce groupe, mais ce n'est pas le cas s'ils n'ont pas une chuintante juste devant евать pour que ce verbe appartienne effectivement au groupe : успев**а**ть (imperf.), *avoir le temps (pour faire qqch.)* : успев**а**ю, успев**а**ешь, успев**а**ют.

• Les verbes en -авать ne perdent que le suffixe ва. Ainsi, pour les conjuguer, il faut enlever вать. Tous les verbes de ce groupe se conjuguent comme le verbe продав**а**ть (imperf.), *vendre* : прода**ю**, прода**ё**шь, прода**ю**т.
C'est donc aussi le cas pour дав**а**ть (imperf.), *donner* ; сдав**а**ть (imperf.), *passer (un examen)* ; узнав**а**ть (imperf.), *reconnaître* ; встав**а**ть (imperf.) *se lever.*

6 L'emploi de l'instrumental après certains verbes

Certains verbes nécessitent l'emploi de l'instrumental.
• On met l'instrumental après le verbe быть, *être*, à l'infinitif, au passé et au futur quand le mot qui le suit exprime une occupation, une profession, un état émotionnel, etc. Observez:
Когд**а** он**а** был**а** м**а**ленькой, он**а** люб**и**ла гул**я**ть в п**а**рке.
Quand elle était petite, elle aimait se promener dans le jardin.
Р**а**ньше он был продавц**о**м. *Avant, il était vendeur.*

• Après le verbe стать, *devenir* :
Если я ст**а**ну бог**а**тым, я купл**ю** крас**и**вую маш**и**ну. *Si je deviens riche, j'achèterai une belle voiture.*

• Le mot qui signifie la profession après le verbe раб**о**тать, *travailler*, est à l'instrumental également :
– Кем ты раб**о**таешь ? – (Я раб**о**таю) Врач**о**м.
– Que fais-tu dans la vie ("En tant que qui travailles-tu") *? –* ("Je travaille comme") *Médecin.*

7 Les prépositions

• под suivie de l'accusatif, *sous* avec mouvement (comme в et на – sens spatial – suivies de l'accusatif) :
Он**и** ид**у**т под м**о**ст. *Ils vont sous le pont.*

• за, *en*, préposition temporelle suivie de l'accusatif, exprime le temps dans lequel une action a été ou sera effectuée :
Он**а** в**ы**брала н**о**вую маш**и**ну за два дня.
Elle a choisi une nouvelle voiture en deux jours.

• на suivie de l'accusatif peut signifier le laps de temps, la durée nécessaire ou prévue pour un événement :

***

Заключительный диалог

1 – Кстати, я жила в отличной гостинице: сервис на высоте,
2 можно было воспользоваться телефоном и интернетом.
3 Одна проблема – моим номером занимался очень суеверный человек.
4 Он постоянно говорил о приметах и разной ерунде.
5 За три дня он объяснил мне, почему лучше иметь серые глаза;
6 почему он боится чёрных котов; или вот ещё:
7 почему в моём номере все полотенца и одеяла чёрно-белые.
8 А когда мне дали тринадцатый номер,
9 он сделал всё, чтобы переселить меня в другой…
10 – Но ведь это глупости!
11 – Такое ощущение, что он сошёл с ума!

Я одолж**и**ла мой компь**ю**тер Там**а**ре на м**е**сяц.
J'ai prêté mon ordinateur à Tamara pour un mois.

• пр**о**тив, *contre*, est suivie du génitif :
Я не поним**а**ю: ты игр**а**ешь пр**о**тив нас?
Je ne comprends pas : tu joues contre nous ?

• р**а**ди, *à cause de, pour*, est suivie du génitif :
Если теб**е** всё равн**о**, сд**е**лай **э**то р**а**ди мен**я**!
Si cela t'est égal, fais-le pour moi !

Такое ощущение, что он сошёл с ума!

Traduction

1 À propos, je suis descendue *(j'ai vécu)* dans un excellent hôtel : un service de qualité, **2** on pouvait utiliser le téléphone et l'internet. **3** Le seul problème [c'est que] quelqu'un de très superstitieux s'occupait de ma chambre. **4** Il parlait en permanence des présages et autres absurdités. **5** En trois jours, il m'a expliqué pourquoi il était mieux d'avoir les yeux gris ; **6** pourquoi il avait peur des chats noirs ; ou encore ceci : **7** pourquoi dans ma chambre toutes les serviettes et les couvertures étaient noires et blanches. **8** Et quand on m'a donné la chambre numéro treize, **9** il a tout fait pour me transférer dans une autre... **10** Mais ce sont vraiment *(pourtant)* des bêtises ! **11** On avait l'impression qu'il était fou !

Deuxième vague : 28e leçon

78 Семьдесят восьмой урок

Про**о**ще прост**о**го [1]

1 – Вы прекр**а**сно говор**и**те по-р**у**сски!
2 – **Э**то норм**а**льно, мой от**е**ц – р**у**сский.
3 – А, тогд**а** пон**я**тно [2]!
4 А вы говор**и**те на как**о**м-нибудь ещё язык**е**?
5 – Да, я хорош**о** говор**ю** по-англ**и**йски,
6 ещё л**у**чше по-исп**а**нски и немн**о**го х**у**же по-ар**а**бски. [3]
7 – Ничег**о** себе! [4] Да вы насто**я**щий полигл**о**т!
8 – Да нет, на с**а**мом д**е**ле, всё легк**о** объясн**я**ется.
9 Род**и**лся я в Исп**а**нии, мо**я** мать англич**а**нка,

Remarques de prononciation

Titre : Пр**о**ще прост**о**го *[pRochtch^{ié} pRastov^{a}]*.
(6) л**у**чше *[Loutch^{ê}]*.
(7) Ничег**о** себе *[nitchivossib^{ié}]*. Ces deux mots se prononcent d'un seul trait, comme s'il s'agissait d'un seul mot. De ce fait, on n'entend qu'un accent tonique, sur le *[o]*.
(8) легк**о** *[liHko]*.

Notes

1 L'expression **проще простого**, *simple comme bonjour*, littéralement "plus simple que simple", est formée à l'aide du comparatif de supériorité de **простой**, *simple*, ou de **просто**, *simplement*. Le comparatif est formé à l'aide des suffixes **е** ou **ее** (vous trouverez la règle complète à la leçon de révision) qui s'ajoutent à la base (le mot sans terminaison) de l'adjectif ou de l'adverbe. Quand la base

Soixante-dix-huitième leçon

Simple comme bonjour *(Plus-simple [que] simple)*

1 – Vous parlez parfaitement bien le russe !
2 – C'est normal, mon père est russe.
3 – Ah, alors, [c'est] compréhensible !
4 Et parlez-vous une autre langue *(dans quelque langue encore)* ?
5 – Oui, je parle bien anglais,
6 encore mieux l'espagnol et un peu moins bien *(plus mal)* l'arabe.
7 – Dites donc *(Rien à-soi)* ! Vous êtes un vrai polyglotte !
8 – Mais non, en vérité, tout s'explique facilement.
9 Je suis né en Espagne, ma mère est anglaise,

se termine par ст, l'effet de palatalisation change ces lettres en щ. Ainsi, on aura : прост - ой, *simple* ; прост – о, *simplement* ; прощ + е, *plus simple(ment)*.

2 Nous avons déjà vu des structures impersonnelles de ce type. Rappelez-vous qu'elles se forment à l'aide d'un adjectif court qui a la même forme qu'un adverbe avec le datif : **тебе понятно**, *tu comprends* (littéralement "à-toi est-compréhensible") ; **вам жарко**, *vous avez chaud* ; **Виктору хорошо**, *Victor se sent bien*.

3 Vous connaissez déjà l'expression **говорить по-русски**, *parler russe*. **по-русски** signifie *en russe, à la russe*. **русский язык**, *la langue russe* ; **по-английски**, *en anglais, à l'anglaise* ; **английский язык**, *la langue anglaise* ; **по-испански**, *en espagnol, à l'espagnole* ; **испанский язык**, *la langue espagnole* ; **по-арабски**, *en arabe, à l'arabe* ; **арабский язык**, *la langue arabe*.

4 L'expression **Ничего себе!** appartient à la langue parlée. Elle peut exprimer l'étonnement ou l'admiration :
Ты сам это сделал? Ничего себе! Молодец!
As-tu fait cela toi-même ? Dis donc ! Bravo !

10 отец [5], как вы уже знаете, русский.
11 Родители [6] работали в Тунисе почти десять лет.
12 Видите, так учить языки легче и приятнее [7]...
13 Да и путешествовать в Европе проще, чем в России, ведь она меньше.
14 Учиться более [8] доступно [9] в разных странах.
15 Например, я учился в Англии, а потом ещё в Италии.
16 – Значит, и итальянский вы знаете?
17 – Совсем чуть-чуть, но хорошо понимаю...

Notes

5 Souvenez-vous que le russe se passe de possessifs quand il y a un lien logique familial ou une appartenance évidente. Dans le dialogue, le jeune homme parle bien évidemment de ses parents et de son père à lui.

6 Le singulier de **родители**, *parents*, est **родитель** (m).

7 **легче** et **приятнее** sont respectivement les formes comparatives de **легко**, *facilement, légèrement* / **лёгкий**, *facile, léger* ; **приятно**, *agréablement* / **приятный**, *agréable*. Comme vous pouvez le constater, pour les adjectifs et les adverbes, le comparatif de supériorité a la même forme. **приятнее** est un comparatif régulier qui est formé à l'aide du suffixe **-ее** : **приятн – о** ou **приятн – ый + ее** → **приятнее**, *plus agréable(ment)*. Dans le cas de **легче**, un changement important intervient, dû à la palatalisation. Dans les mots dont les bases se terminent par un **к**, celui-ci devient **ч** : **легк – о** ou **лёгк – ий + е → легче**. Vous trouverez le schéma récapitulatif des cas de palatalisation dans la leçon de révision.

10 [et] mon père, comme vous [le] savez déjà, est russe.
11 [Mes] parents ont travaillé en Tunisie [pendant] presque dix ans.
12 Vous voyez, *(ainsi)* apprendre les langues [de cette manière] est plus facile et plus agréable…
13 Et même voyager en Europe est plus simple que [voyager] en Russie, car l'Europe *(elle)* est plus petite…
14 Faire des études *(Étudier)* dans différents pays est plus facile *(accessible)*.
15 [Moi] par exemple, j'ai étudié en Angleterre et ensuite *(encore)* en Italie.
16 – Alors *(Veut-dire)*, vous connaissez l'italien aussi ?
17 – Vraiment un petit peu *(à peine)* , mais je [le] comprends bien…

8 Nous venons de voir la formation du comparatif à l'aide des suffixes. Il existe un autre comparatif de supériorité, dit composé. Il est plus facile à former : le mot **более**, *plus*, se met devant l'adverbe ou l'adjectif. Ainsi, **доступно** devient **более доступно**. Mais on pourrait aussi former le comparatif à l'aide d'un suffixe : **доступн – о**, *accessible, abordable* → **доступн – ее**, *plus accessible, plus abordable*. Comparez : **приятн – ый + ее → приятнее**, *plus agréable(ment)*, ou **более приятный** ; **лёгк – ий + е → легче**, ou **более лёгкий**.

9 L'adverbe **доступно**, *abordable, accessible*, a la même forme que l'adjectif court. Observez ces exemples :
Я не думаю, что учиться в этом университете доступно (adverbe) **всем.**
Je ne pense pas qu'étudier dans cette université soit accessible à tous.
Я не думаю, что этот университет всем доступен (adjectif court au masculin).
Je ne pense pas que cette université soit abordable pour tous.
Эта девушка для тебя недоступна (adjectif court au féminin).
Cette jeune fille n'est pas ("accessible") *pour toi.*

Упражнение 1 – Читайте и переводите

❶ Ты говоришь, что здесь всё легко объясняется, а я ничего не понимаю! ❷ Моя двоюродная сестра чуть-чуть говорит по-арабски, но почти всё понимает. ❸ После итальянского языка вам будет легче учить испанский. ❹ Я был в разных странах, но больше всего мне нравится Тунис. ❺ Учиться в этом университете доступно для всех.

Упражнение 2 – Восстановите текст

❶ – Où vos parents habitent-ils ? – Ma mère vit en Angleterre et mon père en Espagne.
– Где ..... ваши ....? – Мать ..... в Англии, а отец в ....

❷ Dites donc, mais vous parlez également l'arabe !
Ничего ...., да вы и по- .... говорите!

❸ Je connais ses parents. Ils parlent parfaitement bien anglais.
Я .... его .... Они прекрасно говорят по- ....

❹ – Vous parlez bien italien. – J'ai étudié en Italie [durant] deux ans.
– Вы хорошо говорите ..-.......... – Я учился в ...... два ..... .

❺ En réalité, ici, il est plus facile de trouver un travail.
На ...., здесь ..... найти работу.

Corrigé de l'exercice 1

❶ Tu dis qu'ici tout s'explique facilement mais moi, je ne comprends rien ! ❷ Ma cousine parle un peu arabe, mais elle comprend presque tout. ❸ Après l'italien, il vous sera plus facile d'apprendre l'espagnol. ❹ Je suis allé dans différents pays, mais celui que je préfère, c'est la Tunisie *(mais le plus me plaît Tunisie)*. ❺ Étudier à cette université est accessible à tous.

Corrigé de l'exercice 2

❶ – живут – родители – живёт – Испании ❷ – себе – арабски – ❸ – знаю – родителей – английски ❹ – по-итальянски – Италии – года ❺ – самом деле – проще* –
*(*Ou* легче.)

Deuxième vague : 29e leçon

79

Семьдесят девятый урок

Поговорим о путешествиях

1 – Ты настоящий домосед, я тебе даже завидую [1]...
2 – Тебе легко говорить!
3 Я работаю, как лошадь,
4 даже не помню, когда в последний раз был в отпуске.
5 А ты у нас [2] только и делаешь, что ездишь везде...
6 – Ты знаешь, как это ни странно, но мне надоело [3].
7 Я уже был в Африке, в Европе, в Азии, в Америке и даже в Австралии;

Remarque de prononciation

(3) лошадь *[Loch^{a}t^{s}]*.

Notes

1 **завидую** est la 1re personne du singulier du verbe imperfectif **завидовать**, *envier*. Il appartient au groupe des verbes dits en **-ова**. Pour revoir leur déclinaison, reportez-vous au point 5 de la leçon 77. Nous vous rappelons que le complément de ce verbe est au datif :
Я никогда не завидовал твоему брату.
Je n'ai jamais envié ton frère.
Au passé, ces verbes gardent le suffixe **-ова**.

2 Ici, **у нас** n'exprime pas simplement un lien de possession. Il permet d'insister sur l'opposition introduite par **а ты**. Notez que cette tournure est plutôt utilisée dans la langue parlée.

3 Une autre structure impersonnelle avec le datif :
Мне кажется, ему надоело с тобой разговаривать.
Il me semble qu'il en a assez de discuter avec toi.

Soixante-dix-neuvième leçon

Parlons des voyages

1 – Tu es vraiment casanier, je t'envie même...
2 – C'est facile à dire pour toi !
3 Je travaille comme un bœuf *(cheval)*,
4 je ne me rappelle même pas quand j'ai été en congé la dernière fois.
5 Et toi qui ne fais que voyager partout *(Et toi chez nous seulement et fais, que tu-vas partout)*...
6 – Tu sais, cela peut paraître étrange *(comme cela n'est pas étrange)* mais j'en ai assez.
7 Je suis déjà allé en Afrique, en Europe, en Asie, en Amérique et même en Australie ;

Vous maîtrisez déjà bien ces structures, n'est-ce pas ? **надоело** est le passé singulier au neutre du verbe perfectif **надоесть**, *ennuyer*, *embêter*, *importuner*. Accompagnée du datif (d'un pronom personnel ou d'un nom), la 3e personne du singulier au futur (**надоест**), ainsi le passé singulier au neutre forment la structure impersonnelle *en avoir assez de*, *en avoir marre de*, *s'ennuyer de*. Cependant, ce verbe peut aussi être accordé avec l'objet "ennuyant" et dans ce cas, la phrase aura un sujet. Observez :

Я не хочу туда ехать: мне там сразу надоест. (phrase impersonnelle),
Je ne veux pas y aller : je vais m'ennuyer tout de suite.

Твоему сыну ещё не надоело читать всё время? (l'accord se fait avec l'infinitif **читать**)
Ton fils n'en a pas encore assez de lire tout le temps ?

Как вы мне все надоели! (l'accord se fait avec la 2e personne du pluriel) *Qu'est-ce que j'en ai assez de vous !*

Le verbe **надоесть** se conjugue comme le verbe irrégulier **есть**, *manger*.

8 был на мн**о**гих острова**х**
9 а вот сво**е**й с**о**бственной стран**ы** т**о**лком не зн**а**ю.
10 – Да, **э**то в**е**рно: Росс**и**я – крас**и**вая и огр**о**мная стран**а**,
11 **её** пр**о**сто так [4] не объ**е**дешь [5]...
12 – Вот я и реш**и**л: по**е**ду-ка [6] я в путеш**е**ствие по Росс**и**и [7].
13 – А куд**а** **и**менно по**е**дешь? Далек**о**?
14 – Ещ**ё** не зн**а**ю.
15 Да и не всё ли [8] равн**о**?
16 Куд**а**-нибудь [9].

Remarque de prononciation

(11) объ**е**дешь *[ab°**ié**dich']*.

Notes

4 пр**о**сто так, *comme ça*, est une expression très courante. Comparez les différents emplois :
– Почем**у** ты подар**и**л ей р**о**зы? – Пр**о**сто так.
– Pourquoi lui as-tu offert des roses ? – Comme ça.
– Я не сдал экз**а**мен по ист**о**рии... – А ты д**у**мал, что м**о**жно совс**е**м не уч**и**ться и пр**о**сто так легк**о** сдать?
– Je n'ai pas eu mon examen d'histoire... – Mais tu pensais qu'on pouvait ne pas étudier et l'avoir comme ça, facilement ?

5 объ**е**дешь est la 2e personne du singulier du verbe perfectif объ**е**хать, *faire le tour de*, *contourner*, qui se conjugue comme **е**хать. Notez la présence du signe dur entre le préverbe об- et le verbe **е**хать. Il est souvent intercalé de cette manière dans les verbes.

6 La particule -ка, quand elle accompagne un verbe à la 1re personne au futur, exprime une intention. Elle peut aussi atténuer une demande ou un ordre :

8 j'ai été sur beaucoup d'îles...
9 et voilà [que] mon propre pays, je ne le connais pas vraiment *(clairement)*.
10 – Oui, c'est vrai : la Russie est un beau et immense pays,
11 tu ne peux pas en faire le tour comme ça *(simplement ainsi ne tu-feras-le-tour)*...
12 – Et voilà ce que j'ai décidé : je partirais *(irai)* bien en voyage à travers la Russie.
13 – Et où iras-tu exactement ? Loin ?
14 – Je ne sais pas encore.
15 Mais quelle importance *(Oui et n'est-ce pas égal)* ?
16 N'importe où.

Поп**ь**ю-ка я ч**а**я! *Et si je buvais du thé !*
Помог**и**-ка мне! *Allez, aide-moi !*

7 Nous avons déjà vu la préposition **по** suivie du datif. Elle s'emploie pour exprimer un mouvement sur la surface de quelque chose.

8 La particule interrogative **ли** est utilisée en l'absence d'un autre mot interrogatif dans la phrase. Vous trouverez plus d'information sur cette particule à la leçon de révision.

9 Vous connaissez déjà l'adverbe indéfini **куда-то**, *quelque part* (avec mouvement). **куда-нибудь**, *quelque part, n'importe où* (avec mouvement), est plus abstrait que **куда-то**. Avec **куда-нибудь** il s'agit d'un endroit quelconque, indéfini et inconnu par celui qui parle, tandis que **куда-то** indique un endroit précis, mais que celui qui parle ne peut se rappeler ou dont il ne connaît pas l'emplacement exact. Comparez ces deux phrases :
Саша сказал, что куда-то уедет. *Sacha a dit qu'il partirait quelque part* (je ne sais plus où, il me l'a dit mais je ne me rappelle pas ; je ne sais pas où, car il ne me l'a pas dit).
Саша сказал, что куда-нибудь уедет. *Sacha a dit qu'il partirait quelque part* (je ne sais pas où, car Sacha ne le savait pas non plus ; il s'agit de n'importe quel endroit, pas d'un endroit précis).

17 Б**у**ду любов**а**ться на [10] прир**о**ду, стар**и**нные ц**е**ркви [11] и монастыр**и** [12].
18 – Зд**о**рово! Ну, до ск**о**рого [13]!

Remarque de prononciation

(18) до ск**о**рого *[daskoRav^a]*.

Notes

10 Le verbe imperfectif **любов*а*ться**, *admirer*, *contempler*, peut être utilisé suivi de l'instrumental ou avec la préposition **на** suivie de l'accusatif. Les deux emplois sont identiques tant qu'il ne s'agit pas de noms abstraits. On dit **он*и* люб*у*ются н*а*ми** ou **он*и* люб*у*ются на нас**, *ils nous admirent*, mais **я пр*о*сто люб*у*юсь в*а*шей л*о*гикой**, *j'admire tout simplement votre logique*.

11 **ц*е*ркви** est le pluriel de **ц*е*рковь** (f), *église*. Faites attention à la voyelle mobile.

12 **монастыр*и*** est le pluriel de **монаст*ы*рь** (m), *monastère*.

***

Упражнение 1 – Читайте и переводите

❶ Мне надоело, что ты постоянно говоришь мне, что именно я должен делать. ❷ Ты только и делаешь, что помогаешь нашей семье. Спасибо тебе большое! ❸ – Я еду в Италию совсем на чуть-чуть. – Здорово! Ну, до скорого! ❹ Как это ни странно, они мне не понравились. ❺ – Куда ты едешь в отпуск? – Поеду в путешествие по Азии.

17 Je vais admirer la nature, les églises anciennes et [les vieux] monastères.

18 – [C'est] chouette ! Alors, à bientôt !

13 Dans l'expression **до ск**о**рого**, le mot **свид**а**ния** est omis. Si on reconstitue l'expression, on obtient : **до ск**о**рого свид**а**ния!** C'est la même structure que dans **до свид**а**ния**, *au revoir*, avec un adjectif intercalé : **ск**о**рый**, *rapide*.

***

Corrigé de l'exercice 1

❶ J'en ai assez que tu me dises en permanence tout ce que je dois faire. ❷ Tu n'arrêtes pas d'aider *(ne fais qu'aider)* notre famille. Un grand merci à toi ! ❸ – Je vais en Italie vraiment pour très peu de temps. – C'est chouette ! Alors, à bientôt ! ❹ Aussi étrange que ce soit, ils ne m'ont pas plu. ❺ – Où pars-tu en vacances ? – Je pars *(partirai)* en voyage en *(à travers l')*Asie.

Упражнение 2 – Восстановите текст

❶ – Viens avec nous quelque part pour le week-end. – Non, je n'ai pas vraiment envie.
– Поехали с .... на выходные куда- ......
– Нет, что-то не хочется.

❷ C'est facile à dire pour toi : tes parents t'aident tout le temps.
Тебе ..... говорить: тебе всё .... родители.

❸ Écoute, tu travailles comme un bœuf *(cheval)* ! Quand as-tu pris des congés *(étais-tu en congé)* pour la dernière fois ?
......, ты ...., как ...... ! Когда ты последний раз был в .... ?

***

Quelques chiffres : si vous visitez la Fédération de Russie, dont les frontières longent 14 pays, vous traverserez 9 fuseaux horaires. Cet immense territoire fait plus de 30 fois la France. Bien que le pays soit bordé par 11 mers, ne comptez pas vous baigner partout, car les eaux sont parfois extrêmement froides (comme celle de la Mer de Béring par exemple)… La Fédération de Russie, avec ses 88 "sujets de la Fédération" (la subdivision étant assez complexe : républiques, régions, territoires, districts, deux villes et une région autonome), est membre du Conseil de

80

Восьмидесятый урок

Мы идём за покупками

1 – Я на рынок [1]. Хочешь со мной?
2 – Да, мне надо купить овощей и фруктов.

Note

1 Vous connaissez bien la structure composée de la préposition **в** et de l'accusatif. Mais certains mots exigent l'emploi de la préposition **на**. Il existe une règle approximative pour choisir la bonne préposition, mais nous vous conseillons dès à présent de bien vous imprégner de chaque

❹ – Es-tu déjà allé en Afrique ? – Non, d'abord je veux faire le tour de mon propre pays.
– Ты уже был в ...... ? – Нет, сначала хочу .... свою собственную ....

❺ – Qu'est-ce que tu regardes ? – Eh bien, je suis en train d'admirer une église ancienne.
– На что ты .... ? – Да вот, ... старинной ....

Corrigé de l'exercice 2
❶ – нами – нибудь – ❷ – легко – время помогают – ❸ Слушай – работаешь – лошадь – отпуске ❹ – Африке – объехать – страну ❺ – смотришь – любуюсь – церковью

***

sécurité de l'ONU, du Conseil de l'Europe et du G8. La population du pays compte plus de 143 millions d'habitants et comprend quelque 128 nationalités. Les habitants de certaines régions sont bilingues, comme par exemple ceux du Tatarstan, qui parlent le russe et le tatar. Les deux religions les plus représentées sont les religions orthodoxe et musulmane avec, respectivement, 55 % et 15 % de la population.

Deuxième vague : 30e leçon

80

Quatre-vingtième leçon

Nous allons faire des courses

1 – Je vais au marché. Veux-tu venir avec moi ?
2 – Oui, je dois acheter des légumes et des fruits.

association préposition + nom. Notez que la même préposition est conservée au locatif (ou prépositionnel) qui indique le lieu où l'on est : *au marché* se dit на р**ы**нок (avec mouvement) → на р**ы**нке (sans mouvement).

3 Виногр**а**д, к**и**ви и абрик**о**сы сейч**а**с дорог**и**е,
4 по**э**тому огран**и**чусь [2] гр**у**шами и лим**о**нами.
5 – А мне н**у**жно куп**и**ть бар**а**нины, свин**и**ны и гов**я**дины.
6 – Для пельм**е**ней?
7 Не заб**у**дь [3] куп**и**ть л**у**ка и мук**и**.
8 – А ещ**ё** мне н**а**до п**а**ру килогр**а**ммов [4] огурц**о**в и карт**о**шки [5].
9 Помид**о**ры у мен**я** есть, чесн**о**к т**о**же.
10 Ой, чуть не заб**ы**ла: рис, **я**йца [6] и морк**о**вь.
11 Хоч**у** пригот**о**вить как**о**й-нибудь сал**а**т.
12 Взв**е**сьте, пож**а**луйста, килогр**а**мм р**ы**бы и полкил**о** [7] колбас**ы**.

Remarque de prononciation

(10) яйца *[iaïts[a]]* ... морк**о**вь *[maRkof]*

Notes

2 **огран**и**чусь** est la 1re personne du singulier du verbe pronominal perfectif **огран**и**читься**, *se borner à*, *se limiter*, *se restreindre*, *se contenter de*. Le verbe appartient au deuxième groupe (voyelle thématique **-и**). Attention, à la 3e personne du pluriel, la terminaison n'est pas en **-я** mais en **-а** (règle d'incompatibilité orthographique : on ne peut pas avoir **я** après **ч**) : **он**и** огран**и**чатся**, *ils se limiteront*.

3 **не заб**у**дь** est l'impératif négatif du verbe perfectif **заб**ы**ть**, *oublier* et **взв**е**сьте** (ph.12) est l'impératif pluriel du verbe perfectif **взв**е**сить**, *peser*. Vous connaissez déjà très bien la formation de l'impératif et votre niveau de maîtrise nous permet aujourd'hui de vous apporter les quelques règles manquantes qui expliquent la formation d'un impératif inhabituel pour vous. Cet impératif ne se termine pas

3 Le raisin, les kiwis et les abricots sont chers en ce moment *(maintenant)*,

4 c'est pourquoi je me contenterai de *(je-me-bornerai-aux)* poires et de citrons.

5 – Et moi, je dois acheter du mouton, du porc et du bœuf.

6 – Pour [faire] des pelménis ?

7 N'oublie pas d'acheter des oignons et de la farine.

8 – Et il me faut aussi *(encore)* deux *(une paire de)* kilos de concombres et de pommes de terre *(patate)*.

9 J'ai des tomates, de l'ail aussi.

10 Oh, j'ai failli oublier : du riz, des œufs et des carottes.

11 Je veux préparer une salade...

12 Je voudrais *(Pesez)*, s'il vous plaît, un kilo de poisson et une livre *(un demi-kilo)* de saucisson.

par un **и** ou un **й** comme d'habitude, mais par un signe mou. Nous verrons ce cas à la leçon de révision.

4 Le mot **пара**, *paire*, contrairement à **два**, est suivi du génitif pluriel. Remarquons que la langue parlée tend à simplifier la forme du génitif pluriel de certains mots. Ainsi, vous entendrez souvent en Russie **килограмм** au lieu de **килограммов**.

5 Le mot **картошка** est la variante "parlée" du mot **картофель** (m), *pomme de terre*. Faites attention, les mots **картошка**, *patate*, et **морковь**, *carotte*, s'utilisent au singulier, là où le français emploie le pluriel : *des patates* et *des carottes*.

6 Attention au nominatif et au génitif pluriel du mot **яйцо** (neutre), *œuf* : **яйца**, **яиц**.

7 Le préfixe **пол-**, *demi*, vient de **половина**, *moitié*. Ainsi, vous pouvez former des mots composés en mettant le mot suivant **пол-** au génitif : **год**, *an* → **полгода**, *six mois* ; **день**, *jour* → **полдня**, *demi-journée* ; **ложка**, *cuillère* → **полложки**, *une demi-cuillerée*.

13 – А мне к**у**рицу [8] и сос**и**сок [9].
14 У вас есть м**а**сло?
15 – М**а**сло, молок**о** и сыр – в мол**о**чном отд**е**ле.

Remarque de prononciation
(15) в мол**о**чном отд**е**ле *[vmaLotchnam addiél*[ié]*]*

Notes

8 **курица** peut signifier *poule* (animal) ou *poulet* (nourriture). En revanche, **баранина**, *mouton*, **свинина**, *porc*, et **говядина**, *bœuf*, désignent uniquement la viande et non l'animal.

***

Упражнение 1 – Читайте и переводите

❶ – Куда ты идёшь? – На рынок за покупками. ❷ Взвесьте, пожалуйста, килограмм абрикосов и полкило яблок. ❸ – Будешь чай с лимоном? – Мне без лимона, если можно... ❹ Мои любимые фрукты – виноград и груши. ❺ – Мама, давай приготовим какой-нибудь салат. – С удовольствием!

Упражнение 2 – Восстановите текст

❶ – Et les pelménis, à quoi sont-ils *(à quoi sont les…)* ? – Au bœuf et au porc.
– А с . . . пельмени? – С . . . . и со . . . .

❷ J'ai décidé que notre chat mangerait seulement du saucisson et du poisson.
Я решил, что наш кот будет . . . . только . . . . и . . . . .

❸ La salade sera sans ail. Je me contenterai des oignons.
. . . . . будет без . . . . Ограничусь . . . . . .

13 – Et pour moi, un poulet et des saucisses.
14 Est-ce que vous avez du beurre ?
15 – Le beurre, le lait et le fromage sont au rayon des laitages *(laitier)*.

9 Nous avons déjà vu la voyelle mobile qui apparaît au génitif pluriel de certains substantifs féminins : **ложка**, *cuillère* → **ложек** ; **сосиска**, *saucisse* → **сосисок**. La voyelle mobile peut apparaître également à certains cas dans d'autres noms : **отец**, *père* → **отца**, **отцов**. Ici, le **е** n'apparaît que dans le cas où le **ц** est final (nominatif singulier) pour faciliter la prononciation.

***

Corrigé de l'exercice 1

❶ – Où vas-tu ? – Au marché, faire des courses. ❷ Donnez-moi *(Pesez)*, s'il vous plaît, un kilo d'abricots et une livre de pommes. ❸ – Veux-tu du thé au citron ? – Pour moi sans citron, si c'est possible. ❹ Mes fruits préférés sont le raisin et les poires. ❺ – Maman, préparons une salade. – Avec plaisir !

❹ – J'ai oublié d'acheter le riz et les œufs. – Ne t'inquiète pas, j'ai tout cela.
– Я забыла купить . . . и . . . . . – Не волнуйся, у . . . . всё это есть.

❺ – Il ne mange pas du tout de beurre et n'aime pas le lait. – Nous ne mangeons pas de beurre non plus.
– Он совсем не ест . . . . . и не любит . . . .
– Мы тоже не . . . . масло.

Corrigé de l'exercice 2

❶ – чем – говядиной – свининой ❷ – есть – колбасу – рыбу ❸ Салат – чеснока – луком ❹ – рис – яйца – меня – ❺ – масло – молоко – едим –

Les pelménis, sortes de raviolis, constituent un plat très connu et très apprécié en Russie. Traditionnellement, on les prépare avec deux ou trois sortes de viandes à la fois : du porc, du bœuf et du mouton, et on les sert avec du beurre, parfois aussi du ketchup, de la mayonnaise ou encore de la crème fraîche.
On ne peut pas dire de manière précise où ce plat délicieux a vu le jour, car les hypothèses à ce sujet sont nombreuses et variées. Il est cependant

81

Восемьдесят первый урок

Dans cette leçon, soyez bien attentif aux formes verbales – la plupart sont des verbes imperfectifs. Rappelez-vous que l'imperfectif met l'accent sur le processus de l'action, et le perfectif sur son résultat.

Не муж, а з**о**лото!

1 – У мен**я** замеч**а**тельный муж.
2 Он убир**а**ет в кварт**и**ре, м**о**ет [1] пол**ы**,
3 стир**а**ет сво**и** [2] в**е**щи [3], н**а**ши хал**а**ты и д**а**же мо**и** бл**у**зки и колг**о**тки.
4 Я заним**а**юсь т**о**лько н**и**жним бель**ё**м!
5 Он н**о**сит в химч**и**стку [4] сво**и** пиджак**и**, плащ**и** и шл**я**пы.

Notes

1 **мо**ет est la 3e personne du singulier du verbe imperfectif **мы**ть, *laver*, que vous avez déjà rencontré à la leçon 36.

probable que les pelménis ont vu le jour dans l'Oural, car ils sont à la fois simples à préparer, bien nourrissants et pratiques à conserver l'hiver. Selon certaines sources, les pelménis avaient une valeur symbolique pour les anciens habitants de l'Oural : ils représentaient symboliquement le sacrifice de tous les types de bétail que possédait l'homme. C'est pourquoi, la recette traditionnelle comprend les trois sortes de viandes. Aujourd'hui, les recettes varient dans leurs ingrédients et leurs proportions d'une région à l'autre, en fonction du climat et des habitudes culinaires.

Анекд**о**т
- Официи**а**нт, почем**у** пельм**е**ни хол**о**дные?
- Так ведь он**и** сиб**и**рские!

Une blague
– Garçon ! Pourquoi les pelménis sont[-ils] froids ?
– Eh bien, c'est qu'ils viennent de Sibérie *(sont sibériens)* !

Deuxième vague : 31e leçon

81

Quatre-vingt-unième leçon

Un mari précieux ! *(Pas un mari mais de l'or !)*

1 – J'ai un mari formidable *(remarquable)*.
2 Il range *(dans)* l'appartement, lave les sols,
3 lave son linge *(ses affaires)*, nos peignoirs et même mes chemisettes et mes collants.
4 Je ne m'occupe que de la lingerie *(du linge du dessous)* !
5 Il porte au pressing ses vestes, ses imperméables et ses chapeaux.

2 Si vous voulez réviser l'emploi de l'adjectif possessif **свой**, reportez-vous à la note 5 de la leçon 59. Pour sa déclinaison, référez-vous au paragraphe 2 de la leçon 70.

3 **в**е**щи** est le pluriel de **вещь** (f), *chose*, *affaire*.

4 химч**и**стка, *pressing*, est formé par la fusion des deux mots suivants : хим**и**ческая ч**и**стка, *nettoyage chimique*.

6 А иногд**а** д**а**же ч**и**стит т**у**фли, себ**е** и мне.
7 – А т**а**почки он теб**е** в пост**е**ль не прин**о**сит?
8 – Не см**е**йся [5], он действ**и**тельно иде**а**льный!
9 – А мой муж д**а**же не зн**а**ет, где нах**о**дится к**у**хня…
10 Ег**о** люб**и**мое м**е**сто в кварт**и**ре – кр**е**сло перед [6] телев**и**зором.
11 Поч**и**стить он м**о**жет лишь сво**и** кросс**о**вки,
12 а то в футб**о**л с друзь**я**ми неуд**о**бно [7] б**у**дет игр**а**ть.
13 Хот**я**… вчер**а** он вперв**ы**е постир**а**л сво**и** носк**и** [8]…
14 – Ну, вот в**и**дишь!
15 – Да, он пр**о**сто заб**ы**л их снять, когд**а** приним**а**л [9] в**а**нну… □

Remarques de prononciation

(7) т**а**почки *[tapatchki]*.
(11) кросс**о**вки *[kRassofki]*.
(12) в футб**о**л с друзь**я**ми *[ffoutboL zdRouziami]*.

Notes

5 Positif ou négatif, l'impératif peut bien évidemment être formé à partir de verbes perfectifs ou imperfectifs. Mais quand emploie-t-on le perfectif plutôt que l'imperfectif ? Vous en saurez plus à la leçon de révision.

6 La préposition **перед**, *devant*, est suivie de l'instrumental et se prononce en un seul mot avec le mot suivant :
Како**й-то челов**е**к сто**я**л перед н**и**м уж**е** пять мин**у**т и ничег**о** не говор**и**л.** *Une personne était debout devant lui depuis déjà cinq minutes sans rien dire* ("et ne disait rien").
Retenez la particularité de la préposition en combinaison avec le pronom personnel **я** : **передо мн**о**й** *[piridamnoï]*, *devant moi*. Remarquez que **перед** n'est pas accentué.

6 Et parfois il cire *(nettoie)* même les chaussures, les siennes et les miennes *(à lui-même et à moi)*.
7 – Et il ne t'apporte pas tes pantoufles au lit ?
8 – Ne te moque pas, il est vraiment idéal !
9 – [Et dire que] mon mari à moi ne sait même pas où se trouve la cuisine...
10 Son endroit préféré dans l'appartement est le fauteuil devant la télé.
11 Il ne nettoie que *(peut nettoyer seulement)* ses baskets,
12 sinon, il est *(sera)* gêné pour jouer au foot avec ses amis.
13 Quoique... hier, il a lavé pour la première fois ses chaussettes...
14 – Ben, tu vois !
15 – Oui, c'est juste qu'il a *(il a simplement)* oublié de les enlever en prenant *(quand il prenait)* son bain.

7 неуд**о**бно peut se traduire par *incommode*, *inconfortable* ou *gênant*. Comparez :
Под **э**тим оде**я**лом неуд**о**бно спать. *Il est inconfortable de dormir sous cette couverture.*
Мне неуд**о**бно: вы всё вр**е**мя мне помог**а**ете. *Je suis gêné(e) : vous m'aidez tout le temps.*

8 Nous avons déjà vu qu'une voyelle mobile pouvait apparaître dans une terminaison pour faciliter la prononciation, et disparaître ensuite dans tout le reste de la déclinaison. Ainsi, le mot нос**о**к, *chaussette*, aura le о accentué uniquement au nominatif singulier. Dans le reste de la déclinaison, le о disparaît, tandis que l'accent reste final. Génitif pluriel : носк**о**в.

9 Vous connaissez déjà le verbe perfectif прин**я**ть, *recevoir*, *accepter*, *prendre*. Voici son imperfectif приним**а**ть. Observez les exemples :
Он приним**а**ет в**а**нну. *Il prend son bain.*
Ты уж**е** пр**и**нял лек**а**рство? *As-tu déjà pris le médicament ?*
Здесь приним**а**ют с пят**и** до сем**и**. *Ici les heures de permanence sont* ("on accueille") *de cinq à sept.*

Упражнение 1 – Читайте и переводите

❶ – Вчера мой муж впервые ходил на рынок! – Ну, вот видишь, он у тебя золото. ❷ – Ты идёшь гулять? – Я иду с друзьями играть в футбол. ❸ – Сними пиджак, здесь жарко. – Это, может быть, тебе жарко, а мне нет! ❹ Вчера в десять вечера, когда я принимала ванну, мне кто-то позвонил. ❺ – Дорогая, ты не могла бы постирать мой пиджак? – На самом деле, его лучше чистить в химчистке.

Упражнение 2 – Восстановите текст

❶ – Où avez-vous acheté de si belles pantoufles ? – Ce ne sont pas des pantoufles mais des chaussures !

– Где вы . . . . . . такие красивые . . . . ?
– Это не тапочки, а . . . . . !

❷ Toute la journée grand-père est assis dans le fauteuil devant la télé.

. . . . . день дедушка . . . . . в . . . . . . перед . . . .

❸ As-tu lavé ton imperméable et toutes les chaussettes ? Mais tu es un vrai trésor !

Ты постирал свой . . . . и все . . . . . ? Да ты просто . . . . . . !

❹ – D'habitude chez vous, qui range l'appartement et lave le sol ? – Nous faisons tout ensemble.

– Кто у вас . . . . в квартире и моет . . . (.)? – Мы всё делаем . . . .

❺ Oh ! J'ai complètement oublié d'aller chercher (*prendre*) le manteau au pressing.

Ой! Я совсем . . . . . (а) взять . . . . . . из . . . .

Corrigé de l'exercice 1

❶ – Hier, mon mari est allé au marché pour la première fois ! – Eh bien, tu vois, c'est un vrai trésor. ❷ – Vas-tu te promener ? – Je vais jouer au foot avec des copains. ❸ – Enlève ta veste, ici il fait chaud. – Il se peut que tu aies chaud, mais moi, non ! ❹ Hier, à dix heures du soir, quand j'étais en train de prendre mon bain, quelqu'un m'a téléphoné. ❺ – Chérie, ne pourrais-tu pas laver ma veste ? – À vrai dire, il vaut mieux la [faire] nettoyer au pressing.

Corrigé de l'exercice 2

❶ – купили – тапочки – туфли ❷ Целый – сидит – кресле – телевизором ❸ – плащ – носки – золото ❹ – обычно убирает – пол(ы) – вместе ❺ – забыл – пальто – химчистки

Вчера мой муж впервые ходил на рынок!

Deuxième vague : 32e leçon

Восемьдесят второй урок

На п**о**чте [1]

1 – Я хот**е**л бы [2] отпр**а**вить заказн**о**е письм**о** и пос**ы**лку в Гр**е**цию [3].
2 – Зап**о**лните **э**тот бланк в двух экземпл**я**рах.
3 **Е**сли хот**и**те посл**а**ть письм**о** авиап**о**чтой, то вам нужн**ы** друг**и**е м**а**рки.
4 – А как**а**я р**а**зница?
5 – **А**виа дойдёт прим**е**рно за нед**е**лю [4];
6 а об**ы**чное письм**о** б**у**дет идт**и** где-то **о**коло [5] м**е**сяца.
7 Фам**и**лию и **а**дрес отправ**и**теля [6] н**а**до пис**а**ть печ**а**тными б**у**квами.

Notes

1 Et voici encore un mot exigeant la préposition **на**. Retenez le bien. Rappelez-vous que la même préposition sera employée avec l'accusatif, quand il y a un mouvement : *à la poste*, **на почте** (locatif, sans mouvement) → **на почту** (avec mouvement). Vous retrouverez cette règle à la leçon de révision.

2 **я хотел бы**, *je voudrais*, est une forme de politesse. Comparez : **я хотела бы**, *je voudrais* (au féminin), et **мы хотели бы**, *nous voudrions*.

3 **отправить** fonctionne comme un verbe de mouvement. Il sous-entend un déplacement de l'objet ; donc, la préposition **в** est suivie de l'accusatif : **отправить в Италию**.

Quatre-vingt-deuxième leçon

À la poste

1 – Je voudrais envoyer une lettre recommandée et un colis en Grèce.
2 – Remplissez ce formulaire en double exemplaire.
3 Si vous voulez envoyer une lettre par avion, *(alors)* vous avez besoin d'autres timbres.
4 – Et quelle est la différence ?
5 – Pour une lettre par avion, cela prendra environ une semaine *(Par-avion arrivera environ en une semaine)* ;
6 et pour une lettre simple, il faudra quelque chose comme un mois *(et ordinaire lettre sera aller quelque-part environ un-mois)*.
7 Il faut écrire le nom et l'adresse de l'expéditeur en caractères *(lettres)* d'imprimerie.

4 **за** suivi de l'accusatif exprime le temps qui a été nécessaire pour faire quelque chose :
– Я всё сд**е**лал за два м**е**сяца. *J'ai tout fait en deux mois.*
– А он**и** – за две нед**е**ли. *Et eux, en deux semaines.*

5 **где-то** et **около** *près de, environ, aux environs de*, sont deux adverbes qui marquent l'approximation de mesure, de quantité ou de temps. **о**коло est suivi du génitif. **где-то** appartient à la langue parlée et peut parfois se rajouter à **о**коло. Observez les exemples suivants :
Он**а** куп**и**ла **о**коло пят**и** килогр**а**ммов **я**блок.
Elle a acheté près de cinq kilos de pommes.
Он у**е**хал **о**коло сем**и**. *Il est parti aux environs de sept heures.*
Я в**и**дел их в те**а**тре где-то в в**о**семь (= **о**коло восьм**и**).
Je les ai vus au théâtre aux environs de huit heures.

6 отправ**и**теля est le génitif du substantif masculin отправ**и**тель, *expéditeur*.

8 – Скаж**и**те, а где м**о**жно посл**а**ть телегр**а**мму [7]?
9 – В п**я**том [8] окн**е**.
10 Там приним**а**ют [9] все ср**о**чные зак**а**зы.
11 Всё, гот**о**во. Вот в**а**ша квит**а**нция.
12 – Д**а**йте, пож**а**луйста, ещ**ё** п**а**ру м**а**рок по Росс**и**и и два конв**е**рта.
13 – Возьм**и**те вот **э**ти [10] конв**е**рты, он**и** деш**е**вле [11].
14 – Дав**а**йте **э**ти! Спас**и**бо.

Notes

7 Faites attention : **телегр**а**мма**, *télégramme*, est du féminin, en russe !

8 **п**я**том** est le prépositionnel de l'ordinal **п**я**тый**, *cinquième*, qui se décline comme un adjectif.

9 N'oubliez pas que le verbe à la 3e personne du pluriel sans le pronom **он**и se traduit par la structure impersonnelle *on + verbe* : **говор**я**т, что…**, *on dit que…*

10 Ensemble, les deux démonstratifs **вот** **э**ти accentuent le sens : *ceux-là et pas les autres*. Observez :
– Я зн**а**ю **э**ту д**е**вушку **о**чень хорош**о**! – Как**у**ю, ту? – Нет, вот **э**ту.
– Je connais très bien cette jeune fille. – Laquelle, celle-là ? – Non, celle-ci.

***

Упражнение 1 – Читайте и переводите

❶ – Скажите, где принимают срочные заказы. – В пятом окне. ❷ – Вы не написали адрес отправителя... – Ой, я забыл! ❸ – Обычное письмо будет идти где-то около месяца. – Это слишком долго! ❹ Вам нужно заполнить этот бланк в двух экземплярах. ❺ Если вы хотите послать письмо в Италию, вам нужны другие марки.

8 – Dites, et où peut-on envoyer un télégramme ?
9 – Au guichet numéro cinq *(Dans cinquième fenêtre)*.
10 Là-bas on s'occupe de *(on accepte)* toutes les commandes urgentes.
11 Voilà, c'est prêt *(Tout, prêt)*. Voici votre reçu.
12 – S'il vous plaît, donnez[-moi] aussi deux *(une paire de)* timbres pour la Russie et deux enveloppes.
13 – Prenez ces enveloppes-là *(Prenez voici ces enveloppes)*, elles sont moins chères.
14 – [D'accord.] Donnez[-moi] celles-là. Merci.

вот est toujours invariable tandis que **это** s'accorde avec le mot auquel il se rapporte.

11 **дешевле** est le comparatif de **дешёвый, -ая, -ое**, *bon marché*, *pas cher*.

***

Corrigé de l'exercice 1

❶ – Dites, où s'occupe-t-on des commandes urgentes ? – Au guichet numéro cinq. ❷ – Vous n'avez pas écrit l'adresse de l'expéditeur… – Oh, j'ai oublié ! ❸ – Une lettre ordinaire arrivera *(va marcher)* dans environ un mois. – C'est trop long ! ❹ Vous devez remplir ce formulaire en deux exemplaires. ❺ Si vous voulez envoyer une lettre en Italie, vous avez besoin d'autres timbres.

Упражнение 2 – Восстановите текст

❶ – À quel guichet peut-on acheter les enveloppes ? – À n'importe lequel.
– В каком .... можно купить ....? – В ......

❷ Nous avons envoyé une lettre recommandée à vos parents éloignés.
Мы .... заказное ...... вашим родственникам.

❸ Il vaut mieux écrire le nom de famille en caractères d'imprimerie.
.... лучше ...... печатными ....

❹ Je suis allée à la poste, j'ai acheté six timbres et trois enveloppes.
Я была на ......, купила шесть ..... и три конверта.

83

Восемьдесят третий урок

Что пр**а**зднуете?

1 – О! Как**о**й шик**а**рный стол!
2 Ты ждёшь гост**е**й?
3 – Да, у нас с Ант**о**ном сег**о**дня кр**у**глая д**а**та:
4 р**о**вно год наз**а**д [1] мы пожен**и**лись.

Remarque de prononciation

Titre : Пр**а**зднуете *[pRaznou^{ié}t^{ié}]*.

Note

1 Il est très simple de situer un événement dans le passé par rapport au moment où on parle ; il suffit de placer le mot наз**а**д, *en arrière* (avec mouvement), derrière la date ou l'heure. Observez :
П**а**па у**е**хал три час**а** наз**а**д, *Papa est parti il y a trois heures.*
Он**и** познак**о**мились год наз**а**д в как**о**м-то ресторане, *Ils ont fait connaissance il y a un an dans un restaurant.*

❺ – Je voudrais envoyer un colis en Espagne. – Il arrivera à peu près dans trois semaines.
– Я хотел/а .. отправить .... в Испанию.
– Она .... – .., через три недели.

Corrigé de l'exercice 2
❶ – окне – конверты – любом ❷ – отправили – письмо – ❸ Фамилию – писать – буквами ❹ – почте – марок – ❺ – бы – посылку – дойдёт где-то –

Deuxième vague : 33e leçon

83

Quatre-vingt-troisième leçon

Que fêtez-vous ?

1 – Oh ! Quelle table magnifique *(chic)* !
2 Tu attends des invités ?
3 – Oui, aujourd'hui, Anton et moi, nous fêtons un anniversaire *(nous avons avec Anton aujourd'hui date ronde)* :
4 [cela fait] exactement un an *(en arrière)* que nous nous sommes mariés.

Таня нашла новую работу.

5 – А я д**у**мала, что в**а**ша св**а**дьба был**а** п**е**рвого [2] октябр**я**...
6 – Соверш**е**нно в**е**рно, и сег**о**дня п**е**рвое октябр**я** [3]!
7 – Б**о**же мой! Я д**а**же не зн**а**ю, как**о**е сег**о**дня числ**о**.
8 – Ну, проход**и**, раздев**а**йся и ч**у**вствуй себ**я**, как д**о**ма.
9 Ск**о**ро уж**е** начн**у**т приход**и**ть г**о**сти.
10 – А во ск**о**лько он**и** должн**ы** прийт**и**?
11 – Я всех позвал**а** [4] к [5] полов**и**не восьм**о**го.
12 Ну, л**ю**ди, как всегд**а**, б**у**дут оп**а**здывать.
13 Сам**а** зн**а**ешь: кто с раб**о**ты, кто дет**е**й к б**а**бушке отвод**и**л...

Notes

2 Nous avons déjà vu les ordinaux, dont la déclinaison est semblable à celle des adjectifs. À la leçon de révision nous complèterons les explications à ce sujet. Il n'est pas non plus difficile de situer une date dans le passé : il suffit de mettre l'ordinal (la date) et le mois au génitif. Remarquez que vous obtiendrez toujours la même terminaison :
Они** пригласили нас в г**о**сти втор**ого** (втор**ой**: втор**ого**) **и**ли п**я**того (п**я**тый: п**я**того) октябр**я** (окт**я**брь: октябр**я**).**
Ils nous ont invités chez eux le deux ou le cinq octobre.

3 Pour répondre à la question **Как**о**е сег**о**дня (з**а**втра) числ**о**?**, *Quel jour sommes-nous aujourd'hui ([serons-nous] demain) ?*, il faut mettre l'ordinal au neutre nominatif (terminaison **-oe**). Le mois (et l'année, que nous apprendrons à dire plus tard) se met au génitif :

5 – Mais je pensais que votre mariage avait eu lieu *(était)* le premier octobre...
6 – Tout à fait *(Parfaitement exact)*, et aujourd'hui, [nous sommes le] premier octobre !
7 – Mon Dieu ! Je ne sais même pas quel jour nous sommes aujourd'hui *(quel aujourd'hui nombre)*.
8 – Allez, entre *(passe)*, débarrasse-toi *(déshabille-toi)* et fais comme chez toi *(sens-toi comme à la maison)*.
9 Les invités ne vont pas tarder à arriver *(Bientôt déjà commenceront à arriver les invités)*.
10 – Et à quelle heure doivent-ils arriver ?
11 – J'ai invité *(appelé)* tout le monde pour sept heures et demie *(pour demie de-la-huitième)*.
12 Mais les gens, comme d'habitude, vont être en retard.
13 Tu sais bien *(toi-même)* : certains viendront du travail, d'autres vont amener les enfants chez la grand-mère *(qui du travail, qui amenait chez la grand-mère les-enfants)*...

Сег**о**дня п**е**рвое октябр**я**, зн**а**чит з**а**втра б**у**дет втор**о**е октябр**я**, *Aujourd'hui, c'est le premier octobre, donc demain on sera le deux (le deuxième).*
п**е**рвое et втор**о**е sont les formes au neutre nominatif des ordinaux п**е**рвый et втор**о**й ; октябр**я** est le génitif singulier du masculin окт**я**брь.

4 Selon le contexte, on traduira ce verbe par *appeler*, *convier* ou *inviter*.

5 Quand la préposition к, employée dans les expressions de temps, est suivie du datif, elle marque une échéance :
Приход**и**те к шест**и**! *Venez pour six heures !*
Он**и** сд**е**лают **э**то к понед**е**льнику, *Ils le feront pour lundi.*

14 Кор**о**че, я д**у**маю, прид**у**т час**о**в [6] в в**о**семь.
15 А дав**а**й-ка по р**ю**мочке [7], пок**а** ещ**ё** никт**о** не пришёл?
16 – Жел**а**ю теб**е** больш**и**х усп**е**хов во всём! □

Notes

6 Souvenez-vous que pour exprimer une approximation, on place le mot indiquant l'unité de mesure devant le chiffre :
Я б**у**ду у теб**я** мин**у**т ч**е**рез д**е**сять (normalement : ч**е**рез д**е**сять мин**у**т), *Je serai chez toi à peu près dans dix minutes.*
Мне н**а**до на **э**то час**а** два (normalement : два час**а**), *Cela nécessitera* ("J'ai besoin pour cela") *près de deux heures.*

***

Упражнение 1 – Читайте и переводите

❶ – Что празднуете? – А ты не знаешь? Таня нашла новую работу. ❷ Проходите, раздевайтесь и чувствуйте себя, как дома. ❸ – Дорогая, кого ты позвала на свадьбу? – Ты никого из них не знаешь... ❹ Скоро уже начнут приходить гости, а моего мужа ещё нет! ❺ – Ты пришёл ко мне сразу с работы? – Нет, я ещё детей к бабушке отводил.

Упражнение 2 – Восстановите текст

❶ – Quand ont-ils acheté une nouvelle voiture ? – À mon avis, il y a deux ans.
– . . . . . они купили . . . . . машину? – По-моему, два года . . . . . .

❷ – À quelle heure les invités doivent-ils arriver ? – Aux environs de cinq heures.
– . . сколько должны . . . . . . гости? – Где-то . . . . . пяти.

❸ Cher Anton, je te souhaite beaucoup de succès dans le travail !
Дорогой Антон, ... тебе больших . . . . в работе!

14 **Bref, je pense qu'ils arriveront aux environs de huit heures.**

15 **Et si [on prenait] un petit verre, tant que personne** *(encore)* **n'est là** *(arrivé)* **?**

16 – **Je te souhaite beaucoup de succès** *(des grands succès)* **en tout !**

Там было человек пять (normalement : пять человек), *Il y avait à peu près cinq personnes.*

7 **рюмочка** est un *petit verre à vin ou à vodka*. Nous analyserons le suffixe diminutif **-очка** plus tard, avec d'autres suffixes diminutifs.

***

Corrigé de l'exercice 1

❶ – Que fêtez-vous ? – Mais tu ne sais pas ? Tania a trouvé un nouveau travail. ❷ Entrez, débarrassez-vous et faites comme chez vous. ❸ – Chérie, qui as-tu invité pour le mariage ? – Tu ne connais personne *(d'entre eux)*… ❹ Bientôt, les invités vont commencer à arriver, et mon mari n'est pas encore là ! ❺ – Es-tu venu chez moi directement du travail ? – Non, j'ai d'abord *(encore)* emmené les enfants chez leur grand-mère.

❹ – Quelle date sommes-nous aujourd'hui ? – Mon Dieu, je ne sais même pas. Il me semble [que nous sommes] le premier octobre.
– ..... сегодня .....? – Боже мой, даже не знаю. По-моему, первое ....

❺ – Quand se sont-ils mariés ? – Le cinq octobre ça fera exactement un an.
– Когда они ....? – ...... октября будет ..... год.

Corrigé de l'exercice 2

❶ Когда – новую – назад ❷ Во – прийти – около – ❸ – желаю – успехов – ❹ Какое – число – октября ❺ – поженились – Пятого – ровно –

Une nouvelle série de leçons est sur le point de s'achever. Vous continuez à progresser dans l'apprentissage du russe et nous vous en félicitons ! Si certains points vous paraissaient difficiles au départ, vous commencez à présent à bien les maîtriser. Il est

84

Восемьдесят четвёртый урок

Повтор**е**ние – **Révision**

1 La déclinaison des ordinaux et des cardinaux

Vous savez déjà que les ordinaux se déclinent comme des adjectifs durs (voir leçon 70 paragraphe 4). Cependant, il y a une particularité dans la déclinaison de l'ordinal тр**е**тий, тр**е**тья, тр**е**тье, тр**е**тьи, *troisième(s)*. Cet adjectif se décline comme un adjectif mou. De plus, certaines de ses désinences sont semblables à celles d'un adjectif court.

	Masculin, Neutre	Féminin	Pluriel
Nominatif	тр**е**тий, тр**е**тье	тр**е**тья	тр**е**тьи
Génitif	тр**е**тьего	тр**е**тьей	тр**е**тьих
Datif	тр**е**тьему	тр**е**тьей	тр**е**тьим
Accusatif	N ou G тр**е**тье	тр**е**тью	N ou G
Instrumental	тр**е**тьим	тр**е**тьей	тр**е**тьими
Locatif	тр**е**тьем	тр**е**тьей	тр**е**тьих

(Rappel : N = nominatif ; G = génitif.)

À la leçon 63, vous avez vu la déclinaison des cardinaux од**и**н, *un*, et два, *deux*. Nous vous proposons de compléter vos connaissances sur les cardinaux. Voici la déclinaison du cardinal три, *trois*, et de чет**ы**ре, *quatre* :

Nominatif	три	чет**ы**ре
Génitif	трёх	четыр**ё**х

temps de vous dire Вы уж**е** говор**и**те по-р**у**сски и хорош**о** поним**а**ете. Уд**а**чи и до ск**о**рого!

Deuxième vague : 34e leçon

84

Quatre-vingt-quatrième leçon

Datif	трём	четыр**ё**м
Accusatif	N ou G	N ou G
Instrumental	трем**я**	четырьм**я**
Locatif	тр**ё**х	четыр**ё**х

Comme vous le constatez, leur déclinaison est semblable, sauf au nominatif et à l'instrumental (apparition d'un signe mou pour чет**ы**ре). Vous voyez, c'est facile !

2 Le comparatif de supériorité

• La formation du comparatif simple (par opposition au composé) se fait au moyen d'un suffixe. On ajoute le suffixe -ее à la base (le mot sans terminaison) de l'adjectif ou de l'adverbe : дл**и**нный (adj.), *long* → длинн**е**е, *plus long* ; интер**е**сно (adv.), *intéressant* → интер**е**снее, *plus intéressant* ; н**о**вый, *neuf* → нов**е**е, *plus neuf*.
Le comparatif des adjectifs ou des adverbes dont le radical se termine par г, к, х, д, т (et plus rarement par з et с) est formé avec le suffixe -е qui n'est jamais accentué. Dans ce cas, nous avons affaire au phénomène de la palatalisation, ce qui implique le changement de consonnes suivant :
– les consonnes г, д, з se transforment en ж : молод**о**й, *jeune* → мол**о**же, *plus jeune* ; дорог**о**й, *cher* → дор**о**же, *plus cher* ;
– les consonnes х et с se transforment en ш : (говор**и**ть) т**и**хо, *(parler) doucement/bas* → (говор**и**ть) т**и**ше, *(parler) plus doucement/plus bas* ;
– les consonnes к et т se transforment en ч : бог**а**тый → бог**а**че (mais pas toujours : ж**ё**лтый (adj.), *jaune* → желт**е**е, *plus jaune*) ; легк**о**, *facilement* → л**е**гче, *plus facilement* ;
– la combinaison ст devient щ : пр**о**сто, *simplement* → пр**о**ще, *plus simple*.

Il y a quelques exceptions : дешёвый, *bon marché, pas cher* → дешевле, *moins cher* ; далеко, *loin* → дальше, *plus loin* ; долгий, *long* → дольше, *plus long* ; большой, *grand* → больше, *plus grand* ; маленький, *petit* → меньше, *plus petit* ; хороший, *bon*, хорошо, *bien* → лучше, *meilleur, mieux*.

• Le comparatif de supériorité peut aussi se former avec более, *plus*, auquel s'ajoute l'adjectif ou l'adverbe : более молодой, *plus jeune* ; более интересный, *plus intéressant* ; более дорогой, *plus cher*.

3 L'accusatif et le locatif avec les prépositions *в* et *на*

Vous savez qu'on exprime le lieu vers lequel on se dirige (avec mouvement) et le lieu où l'on est (sans mouvement) en utilisant ces deux cas. Mais comment choisir entre в et на ? Normalement, on utilise на quand il s'agit d'être "sur la surface de quelque chose". Mais на s'emploie aussi obligatoirement avec certains mots comme почта, *poste* ; проспект, *avenue* ; рынок, *marché* ; стадион, *stade* ; урок, *leçon*. Bien évidemment, ceci n'est pas une liste exhaustive, et vous rencontrerez d'autres mots plus tard. Pour l'instant, retenez déjà ceux-ci.

4 La date

• En répondant à la question Какое сегодня (завтра) число?, *Quel jour sommes-nous aujourd'hui ([serons-nous] demain) ?*, on utilise l'ordinal au neutre nominatif (terminaison -oe). Le mois (et l'année que vous apprendrez à dire plus tard) se met au génitif. Observez :
– Какое сегодня число? – Сегодня пятое октября. *Quel jour sommes-nous aujourd'hui ? – Aujourd'hui, nous sommes le cinq ("cinquième de") octobre.*
– Какое завтра число? – Завтра (будет) одиннадцатое октября. – *Quel jour serons-nous demain ? – Demain, nous serons le onze ("onzième de") octobre.*
• Pour situer une date dans le passé, on met tous les éléments dont elle se compose au génitif :
Надя уехала в Санкт-Петербург первого октября, а уже третьего она была в Москве. *Nadia est partie pour Saint-Pétersbourg le premier octobre, et le trois, elle était déjà à Moscou.*

Vous voyez, ce n'est pas difficile : les terminaisons sont toujours les mêmes !

5 La formation de l'impératif avec le signe mou

Les verbes dont le radical se termine par une consonne à la 1re personne du singulier au présent avec accent non final forment leur impératif avec le signe mou. Étudions le verbe perfectif взв**е**сить, *peser*. La 1re personne du singulier au présent de l'indicatif est взв**е**шу. Le radical (le mot sans terminaison) se termine par un -ш et l'accent n'est pas final (ne tombe pas sur у). Ce verbe va former son impératif avec le signe mou. Ensuite, on procède comme d'habitude : on prend la 2e personne du singulier, взв**е**сишь et, après avoir enlevé la terminaison, on ajoute ь pour le singulier et ьте pour le pluriel : взв**е**сь, *pèse* ; взв**е**сьте, *pesez* ; заб**ы**ть, *oublier* : заб**у**дешь → заб**у**дь, заб**у**дьте.

6 L'emploi des verbes perfectifs et imperfectifs à l'impératif

Positif ou négatif, l'impératif peut être formé à partir des verbes perfectifs ou imperfectifs. Mais pourquoi emploie-t-on le perfectif plutôt qu'un imperfectif et vice-versa ? La réponse est simple : comme à tous les autres temps, l'imperfectif met l'action sur le processus de l'action plutôt que sur son achèvement, et exprime très souvent une action répétitive, tandis que le perfectif exprime une action unique. Cette distinction très générale permet de dégager les emplois suivants :

6.1 Avec l'imperfectif

1) À la forme affirmative, il peut s'agir

– D'un ordre ou d'une invitation à faire quelque chose à plusieurs reprises :

Приход**и**те (imperf.) к нам по вечер**а**м!, *Venez chez nous le soir !*

– D'une autorisation :

– Мог**у** я посмотр**е**ть (perf.) **э**ти бр**ю**ки? – Пож**а**луйста, смотр**и**те (imperf.)! – *Puis-je regarder ce pantalon ? – Je vous en prie, regardez[-le] !*

– De la mise en valeur de la manière d'exécuter l'action :

Говор**и**те (imperf.), пож**а**луйста, не так т**и**хо. *S'il vous plaît, ne parlez pas si bas.*
2) À la forme négative, il s'agit d'une demande de ne pas faire quelque chose :
Не оставл**я**йте (imperf.) дет**е**й одн**и**х д**о**ма! *Ne laissez pas les enfants seuls à la maison !*

6.2 Avec le perfectif

1) À la forme affirmative, il peut s'agir
– D'un ordre qui va être exécuté tout de suite et/ou une fois :
Откр**о**й (perf.), пож**а**луйста, окн**о**, мне ж**а**рко! *Ouvre la fenêtre, s'il te plaît, j'ai chaud !*
– D'une exigence :
Сд**е**лайте (perf.) всё к трём час**а**м! *Faites tout pour trois heures !*
2) À la forme négative, il s'agit d'une mise en garde :
Не опозд**а**й на совещ**а**ние! *Ne sois pas en retard pour la réunion !*

7 La particule interrogative *ли*

On l'emploie quand il n'y a pas d'autre mot interrogatif dans la phrase. Observez ces exemples et comparez le sens de ли :
Не подск**а**жете ли, где нах**о**дится ближ**а**йший телеф**о**н-автом**а**т?
Pourriez-vous [me] dire où se trouve la cabine téléphonique la plus proche ?
Не зн**а**ю, пойм**у** ли я ег**о** когд**а**-нибудь...
Je ne sais pas si je le comprendrai un jour...
– Был ли он у вас вчер**а**? – Нет, ег**о** у нас н**е** было.
– Était-il chez vous hier ? – Non, il n'était pas chez nous.
ли se place directement après le mot sur lequel porte l'interrogation. Comparez :
Был ли он у вас вчер**а**? *Était-il chez vous hier ?*
Он ли был у вас вчер**а**? *Était-ce lui qui était chez vous hier ?*
Вчер**а** ли он был у вас? *Était-ce hier qu'il était chez vous ?*
У вас ли он был вчер**а**? *Était-ce chez vous qu'il était hier ?*

8 Les verbes de la semaine

• взв**е**сить (perf.), *peser* : взв**е**шу, взв**е**сишь, взв**е**сят.

• зав**и**довать (imperf.), *envier* : зав**и**дую, зав**и**дуешь, зав**и**дуют.
• любов**а**ться (imperf.), *admirer, contempler* : люб**у**юсь, люб**у**ешься, люб**у**ются.
• мыть (imperf.), *laver* : м**о**ю, м**о**ешь, м**о**ют.
• объ**е**хать (perf.), *faire le tour de ; contourner* (se conjugue comme **е**хать) : объ**е**ду, объ**е**дешь, объ**е**дут.
• огран**и**читься (perf.), *se borner à, se limiter à, se restreindre, se contenter de* : огран**и**чусь, огран**и**чишься, огран**и**чатся.
• отпр**а**вить (perf.), *envoyer* : отпр**а**влю, отпр**а**вишь, отпр**а**вят.
• позв**а**ть (perf.), *appeler, convier, inviter* : позов**у**, позов**ё**шь, позов**у**т.
• приним**а**ть (imperf.), *recevoir, accepter, prendre* : приним**а**ю, приним**а**ешь, приним**а**ют.

9 Les prépositions

• перед, *devant*, est suivie de l'instrumental et se prononce d'un seul trait avec le mot qui suit :
Перед д**е**вочками леж**а**ло мн**о**го книг. *Devant les filles, il y avait beaucoup de livres.*
Devant le pronom personnel, я, перед se transforme en передо et n'est pas accentué :
Вы передо мн**о**й *[piRidamnoï]* ? *Êtes-vous devant moi ?*

• к employée dans les expressions exprimant le temps, est suivie du datif et marque une limite, une échéance :
Всё б**у**дет гот**о**во к сред**е**. *Tout sera prêt pour mercredi.*
Он**а** сказ**а**ла, что прид**ё**т на раб**о**ту к трём.
Elle a dit qu'elle arriverait au travail pour trois heures.

А что ты хочешь приготовить?

Заключительный диалог

1 – Как мне надоело его слушать!
2 Он всем объясняет, как надо готовить,
3 а сам толком ничего не знает и не умеет.
4 Хотя... вчера он впервые сказал мне «спасибо» за помощь.
5 – Да, теперь он почти золото!
6 – Не смейся, я не шучу!
7 Вот я и решила: приглашу-ка я всех друзей
8 и одна приготовлю шикарный стол!
9 – А что ты хочешь приготовить?
10 – Какая разница? Разные вкусные блюда...
11 – Тогда ограничься каким-нибудь салатом и фруктами...

85 Восемьдесят пятый урок

С при**е**здом!

1 – Вот **э**то сюрпр**и**з! Добр**о** пож**а**ловать!
2 Знал бы я, что вы прилет**и**те так п**о**здно,
3 я бы обяз**а**тельно при**е**хал за в**а**ми [1] в аэроп**о**рт!
4 Во ск**о**лько вы приземл**и**лись?

Remarques de prononciation

Titre : С при**е**здом *[spRï-**ié**zdam]*.
(3) обяз**а**тельно *[abiza**ti**lnᵃ]*.

Note

1 La préposition **за** suivie de l'instrumental peut se traduire par *aller chercher qqn ou qqch*. Observez :

Traduction

1 Qu'est-ce que j'en ai marre de l'écouter ! **2** Il explique à tout le monde comment il faut cuisiner, **3** mais lui-même *(clairement)*, il ne connaît rien et ne sait rien faire. **4** Quoique... hier, il m'a dit merci pour mon aide pour la première fois. **5** Oui, maintenant, il est presque idéal ! **6** Ne te moque pas, je ne plaisante pas ! **7** Et voilà ce que j'ai décidé : je pourrais inviter tous mes amis **8** et préparer une magnifique table toute seule ! **9** Et que veux-tu préparer ? **10** Quelle importance *(différence)* ? Divers plats délicieux... **11** Dans ce cas, contente-toi d'une salade et de fruits...

Deuxième vague : 35e leçon

85

Quatre-vingt-cinquième leçon

Bienvenue *(Avec l'arrivée)* !

1 – Ça, c'est une surprise ! Soyez les bienvenus !
2 Si j'avais su *(Aurais-je su)* que vous arriveriez *(arriverez en avion)* si tard,
3 je serais *(obligatoirement)* venu *(en voiture)* vous chercher à l'aéroport !
4 À quelle heure avez-vous atterri ?

– Куд**а** ты ид**ё**шь? – Я в магаз**и**н за молок**о**м.
– Où vas-tu ? – Au magasin chercher du lait.
– А Н**а**дя где? – Он**а** по**е**хала за детьм**и** в шк**о**лу.
– Mais où est Nadia ? – Elle est allée ("en transport") *chercher les enfants à l'école.*

5 – По расписанию [2] должны были прилететь [3] без четверти восемь,
6 а самолёт приземлился лишь около девяти.
7 Мы и вылетели с большим опозданием.
8 Больше ни за что на свете [4] не полечу этой компанией!
9 Вы уж извините за беспокойство [5];
10 уже поздно, мы вас разбудили?
11 – Да не извиняйтесь вы!
12 Мы ещё и не думали ложиться!
13 Мы так счастливы вас видеть!
14 Завтра обязательно поедем на экскурсию по городу!

Remarque de prononciation

(13) счастливы *[chtchaslivy]*.

Notes

2 Vous avez déjà vu la préposition **по** suivie du datif dans les expressions **говорить по телефону**, *parler au téléphone* ; **смотреть по телевизору**, *regarder* ("à") *la télé*. Vous savez que **по** + datif peut également exprimer un mouvement sur la surface de quelque chose. Ici, **по** suivie du datif prend le sens de *d'après*, *selon*.

3 Si vous observez bien les verbes **прилететь**, **вылететь**, et **полететь** (phrases 5, 7 et 8), vous constaterez qu'ils ont la même racine – **лететь**, *voler*. et que seuls les préfixes changent. Or, ce sont les préfixes qui modifient le sens du verbe. Vous retrouverez les significations les plus importantes des préfixes des verbes de mouvement à la prochaine leçon de révision.

4 Le masculin **свет** se traduit par *monde*, *lumière* :
На свете много разных стран.
Dans le monde, il y a beaucoup de pays différents.

5 – D'après les horaires *(l'horaire)*, **[nous] aurions dû arriver à huit heures moins le quart,**
6 mais l'avion n'a atterri qu'aux environs de neuf heures.
7 Nous sommes déjà partis avec beaucoup de *(un grand)* **retard.**
8 Pour rien au monde je ne repartirai avec cette compagnie *(Plus ni pour quoi au monde ne je-volerai cette compagnie)* **!**
9 Vraiment *(déjà)* **excusez[-nous] pour le dérangement ;**
10 il est déjà tard, est-ce que nous vous avons réveillés ?
11 – Mais ne vous excusez pas !
12 Nous étions encore loin de *(Nous encore et ne pensions)* **[nous] coucher !**
13 Nous sommes si heureux de vous voir !
14 Demain, il faut que nous allions *(obligatoirement nous-irons)* **faire une excursion en ville** *(pour excursion à-travers ville)* **!**

Я не мог**у** чит**а**ть: здесь сл**и**шком м**а**ло св**е**та.
Je ne peux pas lire : il y a trop peu de lumière ici.

5 Le neutre беспок**о**йство, *dérangement, anxiété*, est souvent utilisé dans ce genre de phrase :
Прост**и**те за беспок**о**йство! М**о**жно?
Excusez[-moi] pour le dérangement ! Puis-je ?
Извин**и** за беспок**о**йство, я ищ**у** С**а**шу.
Excuse[-moi] pour le dérangement, je cherche Sacha. Mais aussi :
Почем**у** ты сег**о**дня так**о**й н**е**рвный? Что **э**то за беспок**о**йство?
Pourquoi es-tu si nerveux aujourd'hui ? Qu'est-ce que c'est que cette anxiété ?

15 – Ну, з**а**втра посм**о**трим.
16 **У**тро в**е**чера мудрен**е**е. [6]
17 А сейч**а**с мы хот**е**ли бы прин**я**ть душ, **е**сли м**о**жно.
18 – Ну, что за вопр**о**с!
19 Я сейч**а**с покаж**у** [7] вам в**а**нную.
20 Вот шамп**у**нь, гель для д**у**ша и полот**е**нца.
21 А мы пошл**и** лож**и**ться спать. До з**а**втра!

Notes

6 **Утро вечера мудренее**, *La nuit porte conseil*. Il est curieux de constater que dans cette expression qui se traduit littéralement par "Le matin est plus compliqué que le soir", l'emploi du mot **мудренее** semble erroné, car cette phrase signifie au contraire qu'il est plus facile de prendre une décision le matin que le soir. **мудренее** est le comparatif de **мудрёный**, *compliqué*, *mystérieux*, *difficile*. Mais peut-être s'agit-il d'une forme déformée (populaire) du comparatif de **мудрый**, *sage* (**мудрее** *plus sage*), et dans ce cas, l'expression retrouve son sens : *Le matin est plus sage que le soir*.

***

Упражнение 1 – Читайте и переводите

❶ Больше ни за что на свете не буду его слушать! ❷ Во сколько приземлится наш самолёт? ❸ Я так счастлива тебя видеть! Проходи и чувствуй себя, как дома. ❹ После обеда мы едем на экскурсию по городу. ❺ Покажите, пожалуйста, нашим гостям, где ванная, и дайте им полотенца.

15 – Bon, on verra [ça] demain.
16 La nuit porte conseil *(matin [que-]soir plus-compliqué)*.
17 Et maintenant, nous voudrions prendre une douche, si [c'est] possible.
18 – Enfin, quelle question !
19 Je vais vous montrer *(tout-de-suite)* la salle de bains.
20 Voici le shampooing, le gel douche et des serviettes.
21 Et nous, nous allons nous coucher. À demain !

7 Pour exprimer le futur proche, on ajoute **сейчас**, *maintenant*, *tout de suite*, devant le verbe au futur :
Вы хотите мыть посуду? Я сейчас вам помогу!
Vous voulez faire la vaisselle ? Je vais vous aider !

***

Corrigé de l'exercice 1

❶ Dorénavant je ne l'écouterai pour rien au monde ! ❷ À quelle heure atterrit notre avion ? ❸ Je suis si heureuse de te voir ! Entre et fais comme chez toi. ❹ Après le déjeuner, nous irons faire un tour *(une excursion)* en ville. ❺ S'il vous plaît, montrez à nos invités où [se trouve] la salle de bains et donnez-leur des serviettes.

Упражнение 2 – Восстановите текст

❶ Il faut que j'achète un shampooing et un gel douche.
Мне надо купить .... и .... для .....

❷ Excusez pour le dérangement, auriez-vous une minute à m'accorder *(peut-on vous pour une minute)* ?
Извините за ...., можно вас на минуту?

❸ Bienvenue ! Nous sommes heureux de vous voir !
С ....! Мы .... вас видеть!

❹ – Il est arrivé *(à pied)* à la réunion avec beaucoup de retard. – Comme toujours !
– Он ...... на совещание с большим .... – Как всегда!

86 Восемьдесят шестой урок

Без п**а**ники!

1 Тур**и**ст, кот**о**рый путеш**е**ствует на самол**ё**те в п**е**рвый раз,
2 спр**а**шивает стюард**е**ссу:
3 – Вы не б**у**дете раздав**а**ть [1] параш**ю**ты [2]?
4 – Нет, кон**е**чно.

Remarque de prononciation

(3) параш**ю**ты *[paRach**ou**ty]*.

Notes

1 Le futur composé, que nous avons déjà rencontré plusieurs fois, est formé avec le futur du verbe **быть**, *être*, et l'infinitif imperfectif du verbe principal. La signification du futur des verbes perfectifs et imperfectifs diffère dans les mêmes nuances que le sens général de ces "aspects" (le perfectif, par exemple, exprime une action unique, tandis que l'imperfectif indique une action répétée, une habitude). Comparez :

❺ – Tu veux que je vienne *(Venir)* te chercher à l'aéroport ? – Non, merci, papa vient me chercher.
– . . . . за . . . . . в аэропорт? – Нет, спасибо, за . . . . приедет папа.

Corrigé de l'exercice 2
❶ – шампунь – гель – душа ❷ – беспокойство – ❸ – приездом – счастливы – ❹ – пришёл – опозданием – ❺ Приехать – тобой – мной –

Deuxième vague : 36e leçon

86

Quatre-vingt-sixième leçon

Pas de panique *(Sans panique)* !

1 Un touriste qui voyage en avion pour la première fois
2 demande à l'hôtesse de l'air :
3 – Vous n'allez pas distribuer des parachutes ?
4 – Bien sûr que non *(Non, bien-sûr)*.

– Х**о**чешь к**о**фе? – Нет, я л**у**чше съем **я**блоко.
– Veux-tu du café ? – Non, je mangerai plutôt une pomme (une seule pomme une fois).
Там**а**ра был**а** у врач**а**. Теп**е**рь он**а** на ди**е**те: он**а** б**у**дет есть **я**блоки к**а**ждое **у**тро.
Tamara est allée voir un médecin. Maintenant elle est au régime : elle mangera des pommes tous les matins (cela deviendra une habitude, l'action se répètera).

2 Après le ш (qui est toujours dur), on n'écrit jамais ю, mais у. Cependant, il existe quelques exceptions, comme параш**ю**т, *parachute*, où le ш se prononce dur : *[paRachout]*.

5 – А, м**о**жет быть, од**и**н для мен**я** найд**ё**тся?
6 – Беспол**е**зно наст**а**ивать: вы не пол**у**чите параш**ю**та!
7 И вообщ**е**, вы начин**а**ете д**е**йствовать мне на н**е**рвы!
8 Я уж**е** д**е**сять лет [3] раб**о**таю стюард**е**ссой, а так**о**го ещ**ё** не в**и**дела!
9 – Но ведь на корабл**я**х в м**о**ре да**ю**т спас**а**тельные круг**и** [4].
10 – Мы же не в м**о**ре!
11 – Стр**а**нно, ведь тех, кто ум**е**ет пл**а**вать [5], гор**а**здо б**о**льше [6],
12 чем тех, кто ум**е**ет лет**а**ть [7]...

Notes

3 Rappelez-vous qu'on emploie l'accusatif sans préposition pour exprimer la durée du temps passé :
Уже десять лет. *Cela fait déjà dix ans.*
Они вместе уже три недели. *Ils sont ensemble depuis déjà trois semaines.*

4 **круг**, *rond*, *bouée*, est un nom masculin. Il prend **-и** au pluriel en raison de la règle de l'incompatibilité orthographique : **круги**.

***

Упражнение 1 – Читайте и переводите

❶ Пожалуйста, без паники: мы обязательно дадим вам спасательный круг. ❷ В этой гостинице нет ни шампуня, ни геля для душа. Я такого ещё не видел! ❸ – Вы уже раздавали парашюты? – Ещё нет. ❹ Тех, кто умеет плавать больше, чем тех, кто умеет летать. ❺ Мне гораздо больше понравилось путешествовать на самолёте этой компании.

5 – **Mais peut-être en trouverez-vous un pour moi** *(un pour moi se-trouvera)* **?**
6 – **Inutile** *(Inutilement)* **d'insister : vous n'aurez** *(ne recevrez)* **pas de parachute !**
7 **Et puis** *(en général)*, **vous commencez à me taper** *(agir)* **sur les nerfs !**
8 **Cela fait déjà dix ans que je travaille comme hôtesse de l'air et je n'ai encore jamais vu ça !**
9 – **Mais pourtant, sur les bateaux en mer, on distribue** *(donne)* **[bien] des bouées de sauvetage.**
10 – **Mais nous ne sommes pas en mer !**
11 – **C'est étrange, car il y a beaucoup plus de gens** *(de ceux)* **qui savent nager**
12 **que de gens** *(de ceux)* **qui savent voler...**

5 пл**а**вать, *nager*, est un verbe de mouvement imperfectif et indéfini (pour revoir la notion des verbes de mouvement définis et indéfinis – ou déterminés et indéterminés –, référez-vous à la note 2 de la leçon 44 et au paragraphe 6 de la leçon 56).

6 On pourrait "retourner" cette phrase pour mieux détecter le cas employé : **б**о**льше тех, кто...** *il y a plus de ceux qui...* Ainsi, nous comprenons qu'il s'agit du génitif (qui s'emploie après **б**о**льше**, *plus de*) du démonstratif **тот**, *celui-là*, au pluriel : **те**, *ceux-là*. Pour réviser la déclinaison du démonstratif **тот**, référez-vous au paragraphe 2 de la leçon 63.

7 **лет**а**ть**, *voler*, est un verbe de mouvement imperfectif et indéfini.

***

Corrigé de l'exercice 1

❶ S'il vous plaît, pas de panique : nous vous donnerons obligatoirement une bouée de sauvetage. ❷ Dans cet hôtel, il n'y a ni shampooing ni gel douche. Je n'ai jamais vu ça ! ❸ – Avez-vous déjà distribué les parachutes ? – Pas encore. ❹ Il y a plus de gens qui savent nager que de personnes qui savent voler. ❺ J'ai vraiment préféré voyager avec *(dans l'avion de)* cette compagnie.

Упражнение 2 – Восстановите текст

1 – Avez-vous une cigarette pour moi *(Chez vous il ne se trouvera pas pour moi une cigarette)* ? – Oui, bien sûr.
– У вас не .... для .... сигареты? – Да, конечно.

2 Il est inutile d'insister : je ne vais pas t'aider.
.... настаивать: я не .... тебе помогать.

3 Calmez-vous et allez vous coucher : la nuit porte conseil.
Успокойтесь и ложитесь .....: .... вечера ....

4 Ils n'ont même pas pensé à distribuer des bouées de sauvetage.
Они и не думали .... спасательные ......

5 Leurs enfants me tapent *(agissent)* sur les nerfs.
Их дети .... мне на ......

87

Восемьдесят седьмой урок

В**ы**ход из полож**е**ния

1 – Ты что так**о**й к**и**слый?
2 – У мен**я** огр**о**мная пробл**е**ма.
3 – Что так**о**е?
4 – Мо**и** час**ы** не раб**о**тают, останов**и**лись [1]…
5 – **Э**то, кон**е**чно, непри**я**тно, но пробл**е**мой не назов**ё**шь.
6 Почем**у** ты так пережив**а**ешь?

Note

1 **останов**и**лись** est le verbe perfectif **останов**и**ться**, *s'arrêter*, au passé et au pluriel. La conjugaison des verbes réfléchis au passé est facile : on ajoute **-сь** après une voyelle (verbe au féminin, au neutre et au

Corrigé de l'exercice 2
❶ – найдётся – меня – ❷ Бесполезно – буду – ❸ – спать – утро – мудренее ❹ – раздавать – круги ❺ – действуют – нервы

Deuxième vague : 37e leçon

87

Quatre-vingt-septième leçon

Une solution *(La sortie de la situation)*

1 – Pourquoi fais-tu cette tête *(Tu-es quoi si acide)* ?
2 – J'ai un énorme problème.
3 – Qu'est-ce qu'il y a ?
4 – Ma montre ne marche pas, elle s'est arrêtée…
5 – Bien sûr, ce n'est pas agréable, mais on ne peut pas dire que ce soit un problème *(tu n'appelleras pas problème)*.
6 Pourquoi es-tu si inquiet ?

pluriel) et **-ся** après le masculin, car il y aura une consonne (**л**) à la fin du mot. Observez : **останови**лся, **останови**лась, **останови**лось, **останови**лись.

7 – Понимаешь, я встретил одну классную девчонку, Светку [2] Иванову [3]...
8 И завтра в девять утра у нас с ней встреча.
9 Сам я в девять никогда в жизни не проснусь.
10 Рассчитывал на мои часы, ведь [4] в них есть будильник.
11 А теперь мне что прикажешь делать?
12 – Не падай духом, что-нибудь придумаем [5]...
13 Да ведь у тебя есть будильник на мобильном телефоне.
14 Используй его.
15 – На нём звонок совсем не слышно [6], я боюсь проспать [7]...
16 – Ну, ладно, так и быть: уговорил.

Remarques de prononciation

(8) встреча *[fstRiétcha]*.
(10) рассчитывал *[RaschityvaL]*.

Notes

2 Светку est le diminutif de Светлана à l'accusatif. Eh oui, les prénoms se déclinent aussi. Remarquez que le diminutif proposé appartient à la langue parlée, car le diminutif "normal" serait Света (sans к dans la terminaison). Vous trouverez une explication plus détaillée de cette règle dans la leçon de révision.

3 Иванову est l'accusatif du nom de famille Иванова. Les noms de famille se déclinent et peuvent être au masculin, au féminin et également au pluriel. Pour en savoir plus, référez-vous au paragraphe 2 de la prochaine leçon de révision.

7 – Tu comprends, j'ai rencontré une chouette *(classe)* **nana, Svetka Ivanova…**
8 Et demain à neuf heures du matin, j'ai *(nous avons)* **un rendez-vous avec elle.**
9 Je ne me réveillerai jamais *(de la vie)* **tout seul à neuf heures.**
0 Je comptais sur ma montre, car elle a une alarme *(car dans eux, il-y-a un réveil-matin)*.
1 Et maintenant, que veux-tu que je fasse *(que m'ordonnes-tu de faire)* **?**
2 – Ne désespère pas, on va trouver une solution *(Ne tombe pas par-l'esprit, quelque-chose nous-inventerons)*…
3 Mais tu as bien une alarme sur [ton] téléphone mobile.
4 Utilise-la.
5 – On n'entend pas du tout sa sonnerie *(Sur lui sonnerie pas-du-tout ne on-entend)*, **j'ai peur de ne pas me réveiller** *(dormir-trop)*…
6 – Bon, d'accord *(soit)* **: tu as gagné** *(tu-as-convaincu)*.

Vous avez déjà rencontré la particule **ведь**, *car, puisque* (leçon 16), avec le sens de *pourtant*. Cette particule peut également exprimer la cause :
Ну и помог**а**й ем**у** сам, ведь ты так**о**й д**о**брый!
Eh bien, aide-le toi-même, ("car") *tu es si bon !*

прид**у**маем est la 1re personne du verbe perfectif прид**у**мать *inventer, trouver*.

Retenez la structure сл**ы**шно + accusatif, *on entend* + COD :
Говор**и**те гр**о**мче, вас не сл**ы**шно.
Parlez plus fort, on ne vous entend pas.

Nous avons déjà rencontré le préverbe **про-** dans des verbes de mouvement comme **проходить**, *passer*, où **про-** a un sens spatial : il exprime un mouvement devant quelque chose ou une progression. Dans **проспать**, *dormir trop longtemps*, **про-** exprime l'idée d'un résultat indésirable.

17 Я б**у**ду теб**е** звон**и**ть на моб**и**льник пок**а** [8] не разбуж**у**!

Note

8 Le mot **пока** peut se traduire par *jusqu'à ce que*, *pour le moment* o *avant que*. Observez :
Пок**а** не сд**е**лаешь ур**о**ки, не пойдёшь гул**я**ть!
Tu n'iras pas te promener tant que tu n'auras pas fait tes devoirs !
– Ем**у** нр**а**вится ег**о** н**о**вая раб**о**та? – Пок**а** нр**а**вится...
– Son nouveau travail lui plaît-il ? – Pour l'instant, oui.

***

Упражнение 1 – Читайте и переводите

❶ – Во сколько тебя разбудить? – Без четверти восемь. ❷ Ладно, так и быть: дам тебе телефон Тани. Она классная девчонка. ❸ – Ой, у меня часы остановились! – Ничего, у тебя ведь есть будильник на мобильнике. ❹ Уговорила! Можешь на меня рассчитывать. ❺ Ну, что прикажешь делать? Он меня совсем не слушает.

Упражнение 2 – Восстановите текст

❶ – Pourquoi fais-tu cette tête ? – J'ai perdu mon porte-monnaie – Quel ennui *(Comme [c'est] désagréable)* !
– Ты что такая . . . . . . ? – Я потеряла кошелёк.
– Как . . . . !

❷ – Tu as un nouveau téléphone mobile ? – Oui, l'ancien est tombé en panne.
– У тебя новый . . . . телефон? – Да, старый . . . .

❸ – Il me semble que vous avez d'énormes problèmes ! – Cela ne fait rien, on trouvera une solution *(nous inventerons quelque chose)* !
– Кажется, у вас . . . . проблемы! – Ничего страшного, что-нибудь . . . . !

17 **Je t'appellerai sur ton portable jusqu'à ce que tu te réveilles** *(tant que je ne réveillerai pas)* **!**

Перест**а**нь смотр**е**ть телев**и**зор, пок**а** глаз**а** не забол**е**ли!
Arrête de regarder la télé avant d'avoir mal aux yeux !

Corrigé de l'exercice 1

❶ – À quelle heure veux-tu qu'on te réveille ? – À huit heures moins le quart. ❷ D'accord, soit : je te donnerai le numéro *(téléphone)* de Tania. C'est une chouette fille. ❸ – Oh, ma montre s'est arrêtée ! – Cela ne fait rien, tu as bien une alarme sur le mobile. ❹ Tu m'as convaincu ! Tu peux compter sur moi. ❺ Et qu'est-ce que tu veux que j'y fasse ? Il ne m'écoute pas du tout.

❹ **On n'entend pas du tout ton réveil. Tu n'as pas peur de ne pas te réveiller** *(dormir trop)* **?**
Твой .... совсем не .... Ты не боишься .... ?

❺ **Ne perdez pas courage ! Il y a toujours une solution.**
Не .... духом! Всегда есть ..... из положения.

Corrigé de l'exercice 2

❶ – кислая – неприятно ❷ – мобильный – сломался ❸ – огромные – придумаем ❹ – будильник – слышно – проспать ❺ – падайте – выход –

Deuxième vague : 38e leçon

Восемьдесят восьмой урок

Остор**о**жно – пров**е**рка…

1 Милицион**е**р [1] сто**и**т на перекр**ё**стке [2].
2 М**и**мо **е**дет н**о**вая «дес**я**тка [3]».
3 Неож**и**данно милицион**е**р брос**а**ется остан**а**вливать маш**и**ну,
4 м**а**шет вод**и**телю ж**е**злом, оглуш**и**тельно свист**и**т,
5 и д**а**же выхв**а**тывает из кобур**ы** пистол**е**т.
6 Вод**и**тель р**е**зко нажим**а**ет на пед**а**ль [4] т**о**рмоза,
7 чуть не вылет**а**ет [5] через лобов**о**е стекл**о**,
8 вых**о**дит из маш**и**ны весь бл**е**дный,
9 с в**а**тными ног**а**ми и дрож**а**щими [6] кол**е**нями.
10 – Что так**о**е? Я чт**о**-то нар**у**шил?

Remarques de prononciation

(1) перекр**ё**стке *[piRikR**io**stk[ié]]*.
(6) р**е**зко *[R**ié**sk[a]]*.
(7) через лобов**о**е *[tchiRizL[a]bav**o**[ié]]*.

Notes

1 Même si le mot **мил*и*ция** a été remplacé par **пол*и*ция**, les personnes âgées disent toujours **милицион*е*р** plutôt que **полиц*е*йский**.

2 Attention à la voyelle mobile : **перекр*ё*сток** → **перекр*ё*стке**.

3 Il s'agit d'un des modèles de la marque russe Lada.

Quatre-vingt-huitième leçon

Attention : vérification…

1 Un policier est debout à un carrefour.
2 Une nouvelle [voiture Lada, modèle] "dix" *(nouvelle "dizaine")*, passe *(va)* devant [lui].
3 Soudain *(De-façon-inattendue)*, le policier se précipite *(se jette à)* [pour] arrêter la voiture,
4 agite son bâton en direction du *(au)* conducteur, siffle d'une manière assourdissante,
5 et sort même son pistolet de l'étui *(et même arrache de l'étui pistolet)*.
6 Le conducteur appuie brusquement sur la pédale de frein,
7 manque de passer *(voler)* à travers le pare-brise *(la vitre frontale)*,
8 sort de la voiture tout pâle,
9 *(avec)* les jambes en coton et les genoux tremblants.
10 – Qu'est-ce qui se passe ? Est-ce que j'ai enfreint une règle *(quelque-chose)* ?

4 On ne sait jamais de quel genre sont les mots se terminant par un signe mou **ь**, il faut donc les repérer au cas par cas. Le mot **педаль**, *pédale*, est du féminin.

5 **вылетает** est la 3e personne du singulier du verbe de mouvement imperfectif **вылетать**, *partir (en volant)*. Vous remarquez sans doute que ce verbe ressemble à l'imperfectif indéfini **летать**. La seule chose qui les distingue est le préfixe qui modifie le sens du verbe. Vous trouverez l'explication à la leçon de révision.

6 **дрожащими**, *tremblants* : voici le premier emploi du participe présent russe. Nous verrons la formation et l'emploi des participes plus tard.

11 Проехал на кр**а**сный свет?
12 Или не зам**е**тил как**о**го-нибудь дор**о**жного зн**а**ка?
13 Милицион**е**р зад**у**мчиво см**о**трит на [7] маш**и**ну:
14 – Да нет, ничег**о**...
15 Я вот хоч**у** себ**е** так**у**ю же [8] маш**и**ну куп**и**ть,
16 а говор**я**т, у неё тормоз**а** [9] сл**а**бые.
17 Хот**е**л пров**е**рить!

Notes

7 L'imperfectif **смотреть**, *regarder*, suivi de la préposition **на** + accusatif se traduit par *dévisager*, *regarder attentivement*.

8 **такую же** est l'accusatif féminin de **такой же**, *le même*. Il s'agit d'un comparatif d'égalité. Sa formation est assez facile : l'adjectif **такой** est accordé en genre et en nombre avec l'objet de la comparaison ; de plus, il est souvent renforcé par la particule **же** :
Как**о**й крас**и**вый пидж**а**к! Я хоч**у** так**о**й же.
Quelle belle veste ! Je veux la même.
Это в**а**ша маш**и**на? У мен**я** есть так**а**я же.
C'est votre voiture ? J'ai la même.

***

Упражнение 1 – Читайте и переводите

❶ Не надо так резко нажимать на педали! ❷ Я видел Виктора. Он был весь такой бледный, с дрожащими коленями... ❸ Что такое? Почему вы останавливаете все новые «десятки»? ❹ Я звонил Наде: хотел проверить, дома она или нет. ❺ Почему ты так задумчиво смотришь на меня?

11 Est-ce que je suis passé au *(à la lumière)* rouge ?
12 Ou est-ce que je n'ai pas remarqué un panneau routier *(signe routier)* ?
13 Le policier regarde pensivement la voiture :
14 – Mais non, ce n'est rien…
15 C'est que je veux m'acheter *(Ce voilà veux s'acheter)* la même voiture,
16 mais on dit qu'elle a des freins [un peu] faibles.
17 Je voulais vérifier !

– У нас больш**и**е пробл**е**мы. – Вы зн**а**ете, у нас так**и**е же больш**и**е пробл**е**мы (, как у вас)!
– Nous avons de gros problèmes. – Vous savez, nous avons d'aussi gros problèmes (que les vôtres) !

9 Le mot masculin т**о**рмоз, *frein*, a le pluriel en **-а** : тормоз**а**. Faites attention au changement d'accent.

***

Corrigé de l'exercice 1

❶ Il ne faut pas appuyer sur les pédales aussi brusquement ! ❷ J'ai vu Victor. Il était tout pâle, [il avait] les genoux tremblants… ❸ Qu'est-ce qui se passe ? Pourquoi arrêtez-vous toutes les nouvelles [Lada du modèle] dix ? ❹ J'ai téléphoné à Nadia : je voulais vérifier si elle était à la maison ou pas. ❺ Pourquoi me dévisages-tu d'un air si pensif ?

Упражнение 2 – Восстановите текст

❶ Pourquoi le policier me fait-il des signes *(agite à moi)* avec son bâton ? Est-ce que je n'ai pas remarqué un panneau routier ?
Почему милиционер ..... мне жезлом? Я не заметил какого-нибудь дорожного ..... ?

❷ Que fais-tu ? Au carrefour, tu es passé au rouge !
Что ты делаешь? На .... ты проехал на красный .... !

❸ Je ne peux pas rouler avec ma voiture : elle a les freins un peu faibles.
Я не .... ехать .. моей машине: у неё слабые ....

***

Qui ne connaît pas les voitures russes de la marque Lada ? Ces voitures sont fabriquées dans l'usine d'automobiles la plus connue en Russie, AvtoVAZ. L'usine (qui date de 1966) est implantée dans une belle région, sur la Volga, à Togliatti, une ville où beaucoup de choses tournent autour de l'automobile. Les modèles de Lada sont numérotés et souvent désignés par leurs deux derniers chiffres : le premier modèle, 2101, est appelé коп**е**йка, la Kopeck *; le dixième modèle, 2110, est appelé* дес**я**тка, la dizaine, etc. *Aujourd'hui, Lada propose une gamme importante d'automobiles. Et même si le Russe moyen rêve souvent d'une* иним**а**рка, voiture étrangère, *il reste assez fidèle à cette marque.*
Les blagues sur les Lada sont nombreuses. En voici une : une belle Ferrari roule à 200 km/h quand soudain elle se fait dépasser par une Lada... Quelle honte ! Peu après, l'occupant de la Ferrari voit la Lada sur le bas-côté, et le chauffeur qui tape dans le moteur avec un marteau.
Le conducteur de la Ferrari décide de rouler à 250 km/h, pour ne plus se

❹ Tu appuies si brusquement sur la pédale du frein qu'à chaque fois, je manque de passer à travers le pare-brise.
Ты так ..... нажимаешь на ...... тормоза, что каждый раз я чуть не вылетаю ..... лобовое стекло.

❺ Je veux le même mobile, mais on dit qu'il a une sonnerie faible.
Я хочу такой же ...., но говорят, у него ....

Corrigé de l'exercice 2
❶ – машет – знака ❷ – перекрёстке – свет ❸ – могу – на – тормоза ❹ – резко – педаль – через – ❺ – мобильник – слабый звонок

***

faire dépasser, car il est vraiment humiliant de se faire dépasser quand on a une Ferrari… 5 km plus loin, la Lada le dépasse à nouveau…
Peu après, il voit de nouveau la Lada sur le bas-côté, le capot ouvert et le chauffeur qui tape encore avec un marteau dans le moteur…
Le conducteur de la Ferrari décide d'augmenter sa vitesse jusqu'à 300 km/h, mais la Lada le dépasse encore une fois !
Un peu plus loin, il voit de nouveau le type à la Lada sur le bas-côté qui frappe sous le capot comme un fou. Le conducteur de la Ferrari s'arrête et, intrigué, se dirige vers la Lada.
"Qu'est-ce que vous faites ?" demande-t-il au chauffeur de la Lada, "Elle roule bien votre voiture, plus de 300 km/h pour un tel modèle, c'est fantastique ! Moi, je la cajolerais, au lieu de frapper le moteur !"
Et là, le type à la Lada relève la tête de derrière le capot et lui dit : "Elle ne marche pas cette voiture… je n'arrive même pas à passer la seconde…"

Deuxième vague : 39e leçon

Восемьдесят девятый урок

Как**о**е сч**а**стье!

1 – Мы переезж**а**ем!
2 – Вы б**у**дете сним**а**ть кварт**и**ру?
3 – Нет, мы покуп**а**ем дом [1] н**а**шей мечт**ы**!
4 – Ой, ну рассказывай скор**е**е!
5 – Мне сейч**а**с н**е**когда:
6 бег**у** [2] к нот**а**риусу оформл**я**ть докум**е**нты.
7 – Ну, пож**а**луйста, хот**я** бы вкр**а**тце.
8 – Л**а**дно, сл**у**шай. **Э**то двухэт**а**жный особн**я**к.
9 Там есть терр**а**са, два балк**о**на, черд**а**к и подв**а**л.
10 Влад**е**лец д**о**ма – б**ы**вший архит**е**ктор,
11 по**э**тому планир**о**вка, сам поним**а**ешь, пр**о**сто восхит**и**тельная.
12 Д**а**же ступ**е**ньки на л**е**стнице как**и**е-то необ**ы**чные.

Remarques de prononciation

(1) мы переезж**а**ем *[mypiRi-ijja*[ié]*m]*.
(11) восхит**и**тельная *[vasHititilna*[ia]*]*.
(12) на л**е**стнице *[nali**é**snits*[ê]*]*.

Notes

1 Le mot masculin **дом**, *maison*, que vous avez déjà rencontré à plusieurs reprises, par exemple dans **дома**, *à la maison* (sans mouvement) et **домой**, *à la maison* (avec mouvement), peut aussi se traduire par *immeuble*. Ainsi, si on vous dit **Мой дом здесь рядом**, *Ma maison*

Quatre-vingt-neuvième leçon

Quelle chance *(Quel bonheur)* !

1 – Nous déménageons !
2 – Allez-vous louer un appartement ?
3 – Non, nous achetons la maison de nos rêves *(de notre rêve)* !
4 – Ah, *(mais)* raconte *(plus)* vite !
5 – Je n'ai pas le temps maintenant :
6 je cours chez le notaire signer *(légaliser)* les papiers *(documents)*.
7 – Allez, s'il te plaît, au moins brièvement *(en bref)*.
8 – D'accord, écoute. C'est un hôtel particulier à un étage.
9 Il y a une terrasse, deux balcons, un grenier et une cave.
10 Le propriétaire de la maison est un ancien architecte,
11 c'est pourquoi l'agencement, comme tu peux le deviner *(toi-même tu comprends)*, est tout simplement ravissant.
12 Même les marches de *(sur)* l'escalier sont inhabituelles.

(mon immeuble) est à côté, il ne s'agit pas forcément d'une maison particulière, mais plus probablement de l'immeuble dans lequel la personne habite…

2 **бегу** est la 1re personne du singulier du verbe de mouvement imperfectif et défini **бежать**, *courir*. Faites attention au changement de consonne dans la racine du verbe (phénomène de la palatalisation) ж → г. Vous trouverez la conjugaison de ce verbe dans la leçon de révision.

13 В д**о**ме выс**о**кие потолк**и** и белосн**е**жные ст**е**ны.
14 У к**а**ждого из нас б**у**дет сво**я** к**о**мната [3]!
15 – А я жив**у** в н**а**шей двухк**о**мнатной кварт**и**ре на седьм**о**м этаж**е**...
16 В н**а**шем д**о**ме посто**я**нно лом**а**ется лифт,
17 и прих**о**дится поднім**а**ться по л**е**стнице [4] пешк**о**м!
18 – Да, в так**о**м сл**у**чае л**у**чше жить на п**е**рвом этаж**е**.

Notes

3 En utilisant le mot **к**о**мната**, le russe ne fait pas la distinction comme le fait le français entre *une pièce* et *une chambre*. Comparez :

Это моя** к**о**мната.** *C'est ma chambre.*

У нас в кварти**ре три к**о**мнаты.** *Dans notre appartement, il y a trois pièces.*

4 Et encore une fois la préposition **по** suivie du datif qui exprime l'idée d'un mouvement sur la surface de quelque chose/le long de quelque chose : **идт**и** по **у**лице**, *marcher dans une rue* ; **подним**а**ться по л**е**стнице**, *monter un escalier*.

***

Упражнение 1 – Читайте и переводите

❶ Они переезжают. Думаю, они купили новую квартиру. ❷ Ему приходится подниматься по лестнице каждое утро. ❸ Они живут на пятом этаже в доме без лифта. ❹ – Я ищу Тамару. – В таком случае вам надо на седьмой этаж. ❺ Вы покупаете этот восхитительный особняк? Какое счастье!

13 Dans la maison, [il y a] des plafonds hauts et des murs tout blancs *(blancs-neige)*.

14 Chacun d'entre *(de)* nous aura sa chambre !

15 – Et moi, je vis dans notre appartement de deux pièces au sixième étage…

16 Dans notre immeuble, l'ascenseur tombe en panne tout le temps *(en-permanence se-casse ascenseur)*,

17 et nous sommes obligés de monter *(par l'escalier)* à pied !

18 – Oui, dans ce cas, il vaut mieux vivre au rez-de-chaussée.

***

Corrigé de l'exercice 1

❶ Ils déménagent. Je pense qu'ils ont acheté un nouvel appartement. ❷ Il est obligé de monter l'escalier chaque matin. ❸ Ils vivent au quatrième étage dans un immeuble sans ascenseur. ❹ – Je cherche Tamara. – Dans ce cas, il vous faut [monter] au sixième étage. ❺ Vous achetez ce magnifique hôtel particulier ? Quelle chance !

Упражнение 2 – Восстановите текст

❶ Là *(maintenant)*, je n'ai pas le temps de t'écouter : je cours au travail.
Мне сейчас .... тебя слушать: я .... на работу.

❷ Dans cet immeuble, l'ascenseur tombe en panne tout le temps, c'est pourquoi on doit monter à pied.
В этом доме постоянно ломается ...., поэтому .... подниматься пешком.

❸ Chacun d'entre eux a sa propre chambre et sa salle de bains.
У каждого .. них есть своя комната и ....

90 Девяностый урок

Св**а**дьба

1 – Г**о**споди! [1] Как же б**ы**стро [2] раст**у**т д**е**ти!
2 Представл**я**ешь, мой плем**я**нник реш**и**л жен**и**ться [3]!

Notes

1 L'expression **Г**о**споди !**, *Seigneur !*, *Mon Dieu !*, vient du singulier masculin **Госп**о**дь**, *Dieu*. Il existe plusieurs variantes de cette expression. Vous connaissez déjà **Б**о**же мой!**, *Mon Dieu !* En réunissant les deux, nous obtenons : **Г**о**споди, Б**о**же мой!**, qui exprime la même chose.

2 Il existe une hypothèse selon laquelle le mot russe **б**ы**стро**, *vite*, aurait été à l'origine du mot français "bistrot". La raison de ce "rapprochement linguistique" serait que les Cosaques (soldats russes) qui occupèrent Paris entre 1816 et 1818 n'avaient pas le droit de boire, car ils devaient laisser une bonne image de l'armée russe. Alors, en entrant dans les bars, ils criaient au serveur "Donne-nous du vin, vite, vite !", car

❹ Bien, je raconte en bref tout ce qui s'est passé la semaine dernière.
Хорошо, рассказываю . . . . всё, что
. . . . на прошлой неделе.

❺ Avant, mon frère louait un appartement dans un immeuble [situé] à côté d'un hôtel particulier chic.
Раньше мой брат . . . . . . квартиру в . . . .
рядом с шикарным особняком.

Corrigé de l'exercice 2

❶ – некогда – бегу – ❷ – лифт – приходится – ❸ – из – ванная ❹ – вкратце – случилось – ❺ – снимал – доме –

Deuxième vague : 40e leçon

90

Quatre-vingt-dixième leçon

Le mariage

1 – Seigneur ! Comme *(donc)* les enfants grandissent vite !

2 Tu t'imagines, mon neveu a décidé de se marier !

ils avaient peur d'être pris en flagrant délit par leur hiérarchie. L'oreille française n'aurait retenu que le dernier mot, "bistrot", qui n'est autre que l'adverbe russe transformé. Plusieurs autres interprétations de l'étymologie du mot "bistrot" existent et il faut savoir que cette hypothèse, bien que très connue, est considérée comme fantaisiste par les lexicographes.

3 Pour traduire le verbe français *se marier*, il faut faire attention : le russe fait la différence selon que l'on parle d'un homme ou d'une femme. Pour une fille, ce sera в**ы**йти з**а**муж, tandis que pour un garçon (ou pour un couple), on dira жен**и**ться.

3 – А р**а**зве [4] не плем**я**нница тво**я** з**а**муж выход**о**ит [3]?
4 – Да что ты! Он**а** уж**е** давн**о** в**ы**шла.
5 Уж**е** и шамп**а**нское п**и**ли, и через мост**ы** **её** перенос**и**ли [5],
6 и т**у**флю **её** кр**а**ли…
7 Теп**е**рь [6] вот **о**чередь плем**я**нника…
8 Т**о**лько с ег**о** нев**е**стой б**у**дет сложн**е**е [7]…
9 Плем**я**нница-то мо**я** был**а** стр**о**йная, х**у**денькая,
10 а **э**та д**а**ма намн**о**го полн**е**е [7],
11 и я бо**ю**сь, он **её** ур**о**нит…
12 – А вы на мост**ы** не ход**и**те!
13 На п**а**мятники бук**е**ты возлож**и**те [8], да и в ресторан:

Remarque de prononciation

(5) через мост**ы** *[tchiRizmasty]*.

Notes

4 **разве** s'utilise dans une question qui exprime le doute, l'incrédulité ou la méfiance :
Разве ты не любишь чеснок? *Mais tu n'aimes pas l'ail ?* (sous-entendu J'étais persuadée du contraire !)
Разве он не в кино? *N'est-il pas au cinéma ?* (J'étais sûr qu'il y était !)

5 **переносить через мосты**, *porter sur les* ("à travers") *ponts* : il s'agit des ponts que le jeune marié doit traditionnellement passer en portant la mariée dans ses bras.

6 Vous avez déjà vu plusieurs fois **сейчас** et **теперь**. Tous les deux se traduisent par *maintenant*, mais avec une nuance de sens : **теперь** marque une nouvelle étape et se traduit par *maintenant* dans le sens de *par rapport à avant*. Comparez :

3 – Ce n'est pas ta nièce qui se marie *(derrière mari sort)* ?
4 – Mais non *(Oui quoi tu)* ! Elle s'est mariée il y a longtemps *(Elle déjà depuis-longtemps sortie)*.
5 On a déjà *(et)* bu le champagne, et on l'a portée sur les *(à travers)* ponts,
6 *(et)* on [lui] a volé sa chaussure...
7 Maintenant c'est au tour de mon neveu...
8 Seulement, avec sa fiancée, cela sera plus compliqué...
9 Ma nièce était svelte, menue,
10 mais cette dame[-là] est beaucoup plus forte,
11 et j'ai peur qu'il ne la fasse *(la fera)* tomber...
12 – Mais n'allez pas sur les ponts !
13 Déposez des bouquets au pied *(sur)* des monuments et ensuite [allez] au restaurant :

– Что сейч**а**с д**е**лает п**а**па? – Он к**у**рит.
– Que fait papa maintenant ? – Il fume.
Р**а**ньше п**а**па мн**о**го кур**и**л, пот**о**м бр**о**сил и теп**е**рь совс**е**м не к**у**рит.
Avant, papa fumait beaucoup, après il a arrêté, et maintenant, il ne fume pas du tout.

7 **сложнее** et **полнее** sont les comparatifs de supériorité des adjectifs **сложный**, *compliqué*, et **полный**, *fort, obèse*. Ils sont formés avec le suffixe **-ее**. Pour revoir la formation du comparatif, n'hésitez pas à relire le § 2 de la leçon 84.

8 Faites attention à l'accent. Le verbe perfectif **возложить**, *déposer*, à la 2e personne du pluriel, peut porter l'accent sur deux syllabes différentes, mais il s'agit de deux formes verbales différentes : **возложите!**, *déposez !*, est l'impératif, tandis que **возложите**, *vous déposerez*, est le futur.

14 и д**е**ло в шл**я**пе!
15 – А он**а** не об**и**дится?
16 – Гл**а**вное – такт**и**чно ей **э**то объясн**и**ть... □

***

Упражнение 1 – Читайте и переводите

❶ – Моя племянница выходит замуж. – Как здорово! А когда у неё свадьба? ❷ Простите, по-моему, сейчас моя очередь. Вы стоите за мной. ❸ У них в городе есть река и очень много мостов. ❹ Держите, эти цветы для вас. Осторожно, не уроните. ❺ – А разве твой брат ещё не женился? – Конечно женился, уже давно.

Упражнение 2 – Восстановите текст

❶ Comme les enfants grandissent vite : mon fils se marie et ma fille se marie [aussi].
Как . . . . . . дети . . . . . . : сын женится, а дочь выходит . . . . . .

❷ Je pense que si l'on explique *(si expliquer)* tout avec tact, personne ne se vexera.
Я думаю, что если всё . . . . объяснить, никто не . . . .

❸ Mon fils a décidé de se marier : il faut trouver une fiancée et l'affaire est dans le sac !
Сын решил . . . . : надо найти . . . . , и дело в . . . . . !

❹ – Est-ce que c'est ta fiancée, [la fille] si svelte ? – Non, c'est son amie. Ma fiancée est à côté, [la fille] si forte !
– Это твоя невеста: такая . . . . ? – Нет, это её подруга. Моя невеста рядом: такая . . . . . . !

14 et l'affaire est dans le sac *(chapeau)* !
15 – Mais elle ne se vexera pas ?
16 – Le principal, c'est de lui expliquer ça avec tact…

***

Corrigé de l'exercice 1

❶ – Ma nièce se marie. – C'est chouette ! Et quand a lieu son mariage ? ❷ Excusez-moi, [mais] à mon avis, c'est mon tour. Vous êtes *(debout)* derrière moi. ❸ Dans leur ville, il y a un fleuve et beaucoup de ponts. ❹ Tenez, ces fleurs sont pour vous. Attention, ne [les] faites pas tomber. ❺ – Mais ton frère ne s'est-il pas encore marié ? – Bien sûr [que si] *(il s'est marié)*, ça fait déjà longtemps.

Свадьба.

❺ Vous vous imaginez, son mariage est demain, et rien n'est encore prêt !
. . . . , у него завтра . . . . , а . . .
ничего не готово!

Corrigé de l'exercice 2

❶ – быстро – растут – замуж ❷ – тактично – обидится
❸ – жениться – невесту – шляпе ❹ – стройная – полная
❺ Представляете – свадьба – ещё –

La célébration des mariages russes s'accompagne de certains rituels qui prennent racine dans la nuit des temps et qui sont toujours respectés. Bien que les habitudes varient d'une région à l'autre, tout mariage traditionnel russe suit des règles bien précises. On parlera surtout de l'avant-mariage, du mariage religieux et de la fête elle-même, car la cérémonie à la mairie (désignée par l'abréviation ЗАГС *[zaks]* – Отд**е**л з**а**писи **а**ктов гражд**а**нского состо**я**ния, Bureau [d'enregistrement des actes] d'état civil*), reste assez proche de la cérémonie civile française.*
Avant d'aller au ЗАГС*, il arrive que l'on "achète" la mariée. C'est une tradition amusante selon laquelle le marié, son témoin et parfois quelques amis proches, doivent venir chercher la mariée chez ses parents pour l'amener ensuite à la cérémonie. Chaque marche de l'entrée, chaque porte franchie devient alors un bastion qu'il faut prendre d'assaut : le deuxième témoin (souvent la meilleure amie de la fiancée) annonce les gages à réussir ou le prix à payer pour que le fiancé puisse enfin découvrir la fiancée. Ensuite, les futurs époux vont au* ЗАГС *où sont présentés le passeport et les alliances, sans lesquels le mariage ne pourrait pas être enregistré.*
Après la cérémonie civile, il peut y avoir un mariage religieux, à l'église. Chez les orthodoxes, il se déroule en deux temps : on célèbre

91

Девяносто первый урок

Повтор**е**ние – **Révision**

1 Les prénoms

Les prénoms (et les noms patronymiques) se déclinent comme les substantifs.
Ils ont, pour la plupart, plusieurs diminutifs : un diminutif à connotation neutre et plusieurs diminutifs "affectifs". Pour В**и**ктор par exemple, le diminutif neutre est В**и**тя, et les diminutifs affectifs sont Вит**ё**к, В**и**тенька et Вит**ю**ша.
La plupart des prénoms ont également un diminutif qui appartient à la langue parlée. Il se forme à partir du diminutif "neutre" qui se termine par un -а ou -я, en intercalant un к devant cette terminaison : Алекс**а**ндр → С**а**ша → С**а**шка. Quand le diminutif

d'abord l'office des fiançailles, puis l'office du couronnement, qui s'accompagnent des chants d'une chorale (il ne doit pas y avoir de musique enregistrée).
S'il n'y a pas de mariage religieux, après la cérémonie civile et avant la noce, les jeunes mariés font un tour en voiture à travers la ville, suivis par un cortège de voitures. Ils s'arrêtent devant les monuments importants, notamment ceux qui rendent hommage aux soldats morts pour la patrie, et y déposent des fleurs. Ils s'arrêtent également devant les ponts, que le jeune marié doit franchir en portant la mariée dans ses bras. Traditionnellement, il faut en traverser sept.
La fête qui suit peut avoir lieu dans un restaurant. Il y a toujours un animateur, *le* тамад**а**, *qui rythme le déroulement de la fête. À un moment donné, une chaussure de la mariée va être volée par des enfants et rachetée par le témoin du marié. Parfois on vole la mariée elle-même ! Pour la récupérer, le* тамад**а** *propose des gages… Le mot qu'on entend le plus souvent est* г**о**рько!, Amer ! *Les invités le déclament en levant leur verre, et chaque fois qu'il est prononcé les jeunes mariés doivent s'embrasser pendant que les invités comptent : un, deux, trois, quatre… Le but étant – vous l'aurez deviné – de tenir le plus longtemps possible.*

Deuxième vague : 41e leçon

91

Quatre-vingt-onzième leçon

se termine par я, il faut obligatoirement le remplacer par un -a, à cause de la règle d'incompatibilité orthographique (jamais de я après le к). Dans ce cas, on ajoute un signe mou devant le к : Тать**я**на → Т**а**ня → Т**а**нька ; В**и**ктор → В**и**тя → В**и**тька. Dans les diminutifs à deux syllabes, l'accent tombe sur l'avant-dernière syllabe. Notez que ce type de diminutif familier en -ка, même s'il est très courant, est moins élégant que le "neutre" ; il porte souvent – mais pas toujours – une nuance négative. Les jeunes utilisent fréquemment les diminutifs, et cela sans aucune connotation négative. L'intonation compte aussi, bien évidemment.

2 Les noms de famille

Les noms de famille se terminant par -ов, -ин, -ский, -ый, -ой ont une forme du féminin (en -a, -ая), tandis que tous les autres (par exemple ceux qui se terminent par -ич et -о) n'en ont pas. Comparez :

– На вечер**и**нке б**ы**ло мн**о**го люд**е**й: В**и**ктор Гончар**о**в и Там**а**ра Гончар**о**ва, С**а**ша Купр**и**н и Т**а**ня Куприн**а**, Св**е**та Груш**и**нская и Ол**е**г Груш**и**нский.

– À la soirée, il y avait beaucoup de monde : Victor Gontcharov (m.) et Tamara Gontcharova (f.), Sacha Kouprine (m.) et Tania Kouprina (f.), Sveta Grouchinskaïa (f.) et Oleg Grouchinskiï (m.).

– А Петр**о**вы т**о**же б**ы**ли?

– Et les Pétrov étaient là aussi ?

– Нет, он**и** не пришл**и**. А вот Н**а**дя Зас**у**лич, **И**горь Зас**у**лич и Ковал**е**нко пришл**и**.

– Non, ils ne sont pas venus. Mais Nadia Zassoulitch (f.), Igor Zassoulitch (m.) et les Kovalenko sont venus.

En l'absence de prénom ou d'accord verbal, ces derniers noms de famille peuvent être considérés comme masculin, féminin ou même pluriel. Les noms en -ский, -ый et -ой se déclinent comme des adjectifs :

Я **о**чень любл**ю** чит**а**ть кн**и**ги Толст**о**го.

J'aime beaucoup lire les livres de Tolstoï.

Les noms de familles en -ов et -ин ont une déclinaison "mixte" (rappelant celle des adjectifs et des substantifs) :

	Masculin	Féminin	Pluriel
Nominatif	Иван**о**в	Иван**о**ва	Иван**о**вы
Génitif	Иван**о**ва	Иван**о**вой	Иван**о**вых
Datif	Иван**о**ву	Иван**о**вой	Иван**о**вым
Accusatif	Иван**о**ва	Иван**о**ву	Иван**о**вых
Instrumental	Иван**о**вым	Иван**о**вой	Иван**о**выми
Locatif	Иван**о**ве	Иван**о**вой	Иван**о**вых

3 Les mois de l'année

Vous connaissez déjà *octobre* – окт**я**брь. Complétons (c'est tout simple) : янв**а**рь, *janvier* ; февр**а**ль, *février* ; март, *mars* ; апр**е**ль, *avril* ; май, *mai* ; и**ю**нь, *juin* ; и**ю**ль, *juillet* ; **а**вгуст, *août* ; сент**я**брь, *septembre* ; окт**я**брь, *octobre* ; но**я**брь, *novembre* ; дек**а**брь, *décembre*.

Dans les leçons 83 et 84, nous avons vu comment indiquer un moment dans le présent (ou le futur), et dans le passé. Rappelez-vous qu'on met le mois au génitif. Ainsi, on obtient toujours la même terminaison -я, sauf pour март, *mars*, et **а**вгуст, *août*, qui sont des masculins durs et qui, par conséquent, prendront la terminaison -а au génitif. Observez :
Мы пожен**и**лись тр**е**тьего м**а**я, а вы од**и**ннадцатого **а**вгуста.
Nous nous sommes mariés le 3 mai, et vous le 11 août.

4 Les préverbes

Nous avons parlé des préverbes à plusieurs reprises. Nous avons vu que souvent les verbes de mouvement avaient la même racine (в**ы**лететь, полет**е**ть et прилет**е**ть sont des dérivés de лет**е**ть, *voler*). Les préverbes qui modifient le sens du verbe peuvent être classés. Voici leurs significations les plus importantes :
• вы, *sortie, extraction* : выход**и**ть, в**ы**йти, *sortir (à pied)* ; выезж**а**ть, *partir, sortir (en moyen de locomotion)* ; вылет**а**ть, в**ы**лететь, *partir (en volant)*.
• до, *action menée jusqu'à son terme, sa limite* : дойт**и**, *arriver (à pied)* ; довезт**и**, *transporter, emmener (en transport)*.
• за, *mouvement conduisant vers une limite en changeant la trajectoire prévue* : заход**и**ть, *entrer, passer (chez qqn)*.
• об, *action circulaire* : объ**е**хать, *faire le tour de, contourner*.
• пере, *traversée (espace, temps)* : перейт**и**, *traverser (à pied)* ; перенос**и**ть, *porter (à travers) en marchant* ; перевод**и**ть, *traduire* ; переезж**а**ть, *déménager*.
• при, *arriver, approcher du but (avec contact)* : приход**и**ть, *venir, arriver (à pied)* ; принос**и**ть, принест**и**, *apporter* ;
• про, *passage* : проход**и**ть, *passer, entrer* ; пройт**и**, *passer (à pied)* ; про**е**хать, *passer (en voiture)* ;
• про, peut également indiquer le résultat indésirable d'une action : просп**а**ть, *dormir trop longtemps*.
Il est très important et utile d'apprendre ces préverbes et leur signification, car ils permettent de déchiffrer une quantité considérable de mots. Cherchez d'abord la racine, puis le préverbe viendra préciser le sens !

5 Les verbes de cette semaine

• бежать (imperf., défini), *courir* : бегу, бежишь, бегут ;
• возложить (perf.), *déposer* : возложу, возложишь, возложат ;
• вылетать (imperf., indéfini), *partir (en volant)* : вылетаю, вылетаешь, вылетают (comme летать) ;
• летать (imperf., indéfini), *voler* : летаю, летаешь, летают ;
• остановиться (perf.), *s'arrêter* : остановлюсь, остановишься, остановятся ;
• плавать (imperf., indéfini), *nager* : плаваю, плаваешь, плавают ;
• придумать (perf.), *inventer, trouver* : придумаю, придумаешь, придумают.

***

Заключительный диалог

1 – Ты что такой кислый?
2 – Мне сейчас некогда рассказывать; я опаздываю.
3 – Ну, хотя бы вкратце, а то странно тебя видеть таким грустным.
4 – Ладно, слушай!
5 Представляешь, у меня была встреча с одной классной девчонкой,
6 такой стройной, худенькой.
7 Но я проспал, потому что мой будильник сломался.
8 – Ты хотел проверить, хорошо ли он работает?
9 – Это не смешно...
10 – Я такого ещё не видел!
11 Я бы ни за что на свете не заснул перед такой встречей!

6 Les prépositions

• за suivie de l'instrumental peut signifier *aller chercher qqn ou qqch.* :
Ты ещ**ё** здесь? А кто пош**ё**л за шамп**а**нским для вечер**и**нки?
Tu es encore là ? Mais qui est allé chercher le champagne pour la soirée ?
• по suivie du datif signifie *d'après, selon* :
По распис**а**нию, мы уезж**а**ем р**о**вно в пять.
D'après l'horaire, nous partons exactement à cinq heures.
Il rend aussi l'idée d'un *mouvement sur la surface / le long de / à travers quelque chose (en passant sur la surface de qqch.)* : поднимм**а**ться по л**е**стнице, *monter un escalier* ; плыть по м**о**рю, *nager dans la mer* ; идт**и** п**о** лесу, *marcher à travers la forêt* ; лет**е**ть п**о** небу, *voler dans le ciel.*

***

Traduction

1 Pourquoi fais-tu cette tête ? **2** Je n'ai pas le temps de raconter [ça] maintenant ; je suis en retard. **3** Mais au moins en bref, car c'est étrange de te voir si triste. **4** D'accord, écoute ! **5** Tu t'imagines, j'avais un rendez-vous avec une chouette fille, **6** toute svelte et menue. **7** Mais je ne me suis pas réveillé, car mon réveil est tombé en panne. **8** Tu voulais vérifier s'il marchait bien ? **9** Ce n'est pas drôle... **10** Je n'ai jamais vu ça ! **11** Je ne me serais jamais endormi avant un tel rendez-vous !

Deuxième vague : 42e leçon

Девяносто второй урок

Болезнь

1 – Неважно [1] выглядишь [2].
2 – Да мне что-то [3] плохо.
3 У меня кашель и очень острая боль в горле.
4 – А температура [4] есть?
5 – Думаю, да, но не очень высокая.
6 – Скорее всего, у тебя грипп.

Remarque de prononciation

(1) выглядишь *[vygl^{ié}dich']*.

Notes

1 Selon le contexte, **неважно** peut se traduire par *mal*, *pas bien*, *insignifiant* ou *pas important*. Observez :
Неважно, где ты будешь, я тебя найду!
Peu importe où tu seras, je te trouverai !
– Как дела? – Неважно.
– Comment ça va ? – Pas bien.
– Ты хотела красный свитер? А я купила зелёный... – Это неважно! Мне он очень нравится.
– Tu voulais un pull rouge ? Et moi, j'en ai acheté un vert... – Ce n'est pas grave ! Il me plaît beaucoup.

2 **выглядишь** est la 2e personne du singulier du verbe imperfectif **выглядеть**, *paraître*, *avoir l'air*.

3 Vous connaissez déjà les indéfinis **что-нибудь**, *quelque chose*, *n'importe quoi* et **что-то**, *quelque chose*. Cependant, ces deux indéfinis ont une différence de sens : avec **что-нибудь**, il s'agit de quelque chose d'indéfini et d'inconnu pour celui qui parle, tandis que **что-то** indique

Quatre-vingt-douzième leçon

La maladie

1 – Tu as mauvaise mine *(mal tu-parais)*.
2 – Oui, je me sens mal.
3 Je tousse *(J'ai la toux)* et [j'ai] une douleur très aiguë dans la gorge.
4 – Et as-tu de la fièvre ?
5 – Je pense que oui, mais pas beaucoup *(pas très haute)*.
6 – Il y a de fortes chances *(Le-plus-vite de-tout)* [que] tu aies *(as)* la grippe.

un objet précis, mais dont celui qui parle ne peut se souvenir ou dont il ne connaît pas la nature exacte. Observez les exemples :
Он**а** чт**о**-то мне говор**и**ла о теб**е**, но я не п**о**мню, что.
Elle m'a raconté quelque chose sur toi, mais je ne me rappelle pas quoi (je le savais, mais je ne me rappelle plus).
Скаж**и** мне чт**о**-нибудь хор**о**шее. *Dis-moi quelque chose de bien* (je ne sais pas quoi exactement ; n'importe quoi de bien).
Mais dans l'expression Мне чт**о**-то пл**о**хо, *Je me sens mal*, чт**о**-то n'est pas un complément d'objet direct. Il ne se traduit pas, mais apporte la nuance "je ne sais pas pourquoi, et j'en suis étonné". Comparez :
Он дал мне чт**о**-то. *Il m'a donné quelque chose* (COD).
Чт**о**-то он дал мне сл**и**шком мн**о**го д**е**нег. *Il m'a donné trop d'argent* (cela m'étonne, je ne sais pas pourquoi il m'en a donné autant).

4 температ**у**ра se traduit par *température, fièvre* :
– Как**а**я у нег**о** температ**у**ра? – **О**коло тридцат**и** восьм**и**.
– Combien de température ("Quelle température") *a-t-il ? – Près de trente-huit.*

7 Теб**е** н**а**до полеж**а**ть [5] в пост**е**ли хот**я** бы [6] три дня!

8 А ещ**ё** теб**е** н**а**до б**о**льше пить,

9 наприм**е**р, чай с мал**и**ной или с м**ё**дом.

10 Я сб**е**гаю в апт**е**ку за аспир**и**ном.

11 Б**у**дешь приним**а**ть ег**о** по [7] одн**о**й табл**е**тке до **и**ли во вр**е**мя ед**ы**.

12 Сег**о**дня посид**и**шь д**о**ма, а з**а**втра сх**о**дишь к врач**у**.

13 Не расстр**а**ивайся!

14 С н**а**шими р**у**сскими мор**о**зами прост**у**да – с**а**мое об**ы**чное д**е**ло!

15 Выздор**а**вливай!

16 – Ну, с так**о**й заб**о**той я обяз**а**тельно попр**а**влюсь!

Remarque de prononciation

(11) ед**ы** *[iédy]*.

Notes

5 Nous avons déjà vu à la leçon 60 (note 2) le verbe de position **лежать** (imperf.), *être allongé/couché*. Le verbe perfectif **полежать**, *rester couché*, est également un verbe de position. Le préverbe **по-** limite l'action : "rester couché un moment". Souvent, vous trouverez un indicateur de temps après ce verbe. Observez ces exemples :
У меня болела голова, но я полеж**а**ла немн**о**го, и теп**е**рь он**а** не бол**и**т, *J'avais mal à la tête, mais je suis restée couchée un peu et maintenant, je n'ai plus mal.*
– Ты так д**о**лго спал! – Я не спал, я полеж**а**л час**а** два, но не смог засн**у**ть, *– Tu as dormi si longtemps ! – Je n'ai pas dormi, je suis resté couché près de deux heures, mais je n'ai pas pu m'endormir.*
Vous rencontrerez certainement d'autres verbes de position avec le même préfixe qui aura la même notion de limitation.

6 **хотя бы** a une variante orthographique **хоть**, *au moins* : **Дай мне хотя бы (хоть) три рубля**, *Donne-moi au moins trois roubles.*

7 Il faut que tu restes *(à-toi il-faut rester-couché-un-peu)* au lit au moins trois jours !
8 Et aussi, tu dois boire plus,
9 par exemple du thé avec de la [confiture de] framboise ou avec du miel.
10 Je cours à la pharmacie chercher *(pour)* de l'aspirine.
11 Tu vas en prendre un comprimé avant ou pendant le *(dans temps du)* repas.
12 Aujourd'hui, tu resteras *(assis)* à la maison, et demain tu iras chez le médecin.
13 Ne t'en fais pas !
14 Avec le froid qu'il fait en Russie *(Avec nos russes froids)*, les refroidissements sont une affaire banale *(la-plus habituelle)* !
15 Rétablis-toi [vite] !
16 – Eh bien, avec de tels soins *(un-tel soin)* je ne peux que guérir *(obligatoirement je-guérirai)* !

7 Nous avons déjà vu la préposition **по** suivie du datif (leçon 70). La voici avec un nouveau sens, celui de la distribution :
Дайте к**а**ждому по корз**и**не, мы ид**ё**м в сад за **я**блоками и гр**у**шами,
Donnez un panier à chacun, nous allons dans le jardin chercher des pommes et des poires.

Упражнение 1 – Читайте и переводите

❶ – Не люблю я русские морозы. – А мне они нравятся! ❷ Скорее всего, у него высокая температура. ❸ Не расстраивайся, всё будет хорошо! ❹ – Неважно выглядишь. – Просто сильно устал на работе. ❺ Врач сказал, что тебе надо полежать в постели дня два.

Упражнение 2 – Восстановите текст

❶ Il faut prendre ces comprimés pendant le repas.
Эти . . . . надо принимать . . . . еды.

❷ Elle a la grippe ? Il faut qu'elle boive *(Il lui faut boire)* du thé avec du miel.
У неё . . . . . ? Ей надо пить чай с . . . . . .

❸ Reste *(un peu assis)* à la maison au moins un soir !
. . . . . . дома . . . . . . один вечер!

❹ Je me sens mal. Est-ce que tu peux courir à la pharmacie chercher des comprimés ?
Мне плохо. Можешь . . . . в аптеку за . . . . ?

***

Un samovar, de la confiture et du miel, des crêpes, des pirojkis, des tartes et du citron, tels étaient traditionnellement les éléments indispensables à la cérémonie du thé. Malheureusement, on ne prend plus guère le thé de cette manière aujourd'hui. Cependant, même si on boit de plus en plus de café, le thé a toujours une place importante. On en boit pendant les pauses au travail, quand on reçoit des amis le dimanche, et parfois même à table, pour accompagner le repas. Et savez-vous comment préparer un thé à la manière russe ? On fait

Corrigé de l'exercice 1

❶ – Je n'aime pas le froid qu'il fait en Russie *(les russes froids)*. – Et moi, si *(à-moi eux plaisent)*. ❷ Il y a de fortes chances qu'il ait beaucoup de fièvre. ❸ Ne t'en fais pas, tout ira *(sera)* bien ! ❹ – Tu as mauvaise mine. – Je me suis tout simplement épuisé *(fortement fatigué)* au travail. ❺ Le médecin a dit qu'il fallait que tu restes au lit deux jours.

❺ – Remets-toi [vite] ! – Eh bien, comment ne pas guérir, avec de pareils soins ?
– . . . . ! – Да как с такой . . . . не поправиться?

Corrigé de l'exercice 2

❶ – таблетки – во время – ❷ – грипп – мёдом ❸ Посиди – хотя бы – ❹ – сбегать – таблетками ❺ Выздоравливай – заботой –

***

*d'abord un thé très fort (*зав**а**рка*) dans une théière ; ensuite, on en verse un peu dans les tasses, puis on y ajoute de l'eau bouillante. Souvent, on prépare la théière le matin et on la laisse sur la table toute la journée. Ainsi, on peut se resservir du thé en ajoutant de l'eau bouillante jusqu'au lendemain.*

Deuxième vague : 43e leçon

93

Девяносто третий урок

Dans cette leçon, faites attention à la formation du pluriel. Vous le connaissez très bien, mais il est toujours utile de faire une petite révision. Si vous rencontrez encore quelques difficultés, relisez les paragraphes concernés dans les leçons de révision 28 et 35, et la leçon 56 pour le pluriel des adjectifs.

Как**а**я крас**и**вая к**у**хня!

1 У б**а**бушки, как у люб**о**й хор**о**шей хоз**я**йки, на к**у**хне – пор**я**док и чистот**а**.
2 Все кастр**ю**ли и сковор**о**дки сто**я**т на отд**е**льной п**о**лке в шкаф**у** [1].
3 Тар**е**лки, ч**а**шки, бл**ю**дца и пр**о**чая пос**у**да – в навесн**о**м шк**а**фчике.
4 Бок**а**лы, р**ю**мки [2] и обыкнов**е**нные стак**а**ны – за стекл**о**м в буф**е**те,
5 а все стол**о**вые приб**о**ры – стол**о**вые л**о**жки, в**и**лки, нож**и**,
6 а т**а**кже коф**е**йные и дес**е**ртные приб**о**ры –
7 леж**а**т в **я**щике в специ**а**льной с**е**кции буф**е**та.
8 Помог**а**ть ей гот**о**вить – одн**о** удов**о**льствие:
9 всё леж**и**т на сво**ё**м м**е**сте, не н**а**до тр**а**тить вр**е**мя на п**о**иски.

Remarques de prononciation

(2) на отд**е**льной *[naaddeln^{aï}]*.
(3) бл**ю**дца *[bl**iou**ts^{a}]*.
(7) в **я**щике *[v^{y}**ia**chtchik^{ié}]*.

Quatre-vingt-treizième leçon

Quelle belle cuisine !

1 Chez grand-mère, comme chez toute bonne maîtresse de maison, [règnent] l'ordre et la propreté dans la cuisine.

2 Toutes les casseroles et les poêles sont*(-debout)* sur une étagère à part *(séparée)* dans l'armoire.

3 Les assiettes, les tasses, les soucoupes et le reste de la vaisselle *(autre vaisselle)* sont dans un placard *(petite armoire)* mural.

4 Les coupes, les petits verres à pied et les verres ordinaires sont derrière la vitre dans le buffet,

5 et tous les couverts *(de table)* – les cuillères à soupe *(de table)*, les fourchettes, les couteaux

6 et également les couverts à dessert et à café –

7 sont*(-couchés)* dans un tiroir, dans un rayon spécial du buffet.

8 L'aider à cuisiner est un véritable *(seul)* plaisir :

9 tout est*(-couché)* à sa place, on n'est pas obligé de passer son temps à chercher *(dépenser temps pour les recherches)*.

Notes

1 Nous savons que certains noms masculins ont leur locatif en **у** (toujours accentué) : **в шкафу**, *dans l'armoire*. Pour revoir la formation du locatif (prépositionnel), référez-vous aux leçons 21 § 3, et 77 § 2.

2 Le mot **рюмочка**, que nous avons vu dans la leçon 83, est le diminutif de **рюмка**, *petit verre à pied*. Ce diminutif est formé à l'aide du suffixe diminutif des noms féminins **-очка**. Autre exemple, **дама**, *dame* + **очка** → **дамочка**, *(petite) dame*.

10 Я **о**чень любл**ю**, когд**а** б**а**бушка доста**ё**т из д**а**льнего шк**а**фа стар**и**нный самов**а**р.
11 **Э**то зн**а**чит [3], что он**а** приготовила вк**у**сные пирог**и** и бл**и**нчики [4] с вар**е**ньем,
12 а их я пр**о**сто обож**а**ю!
13 На пр**а**здники он**а** угощ**а**ет [5] нас блин**а**ми с икр**о**й.
14 Но **э**то, ест**е**ственно [6], деликат**е**с,
15 кот**о**рый р**у**сские не м**о**гут себ**е** позв**о**лить к**а**ждый день. □

Notes

3 Ce mot, que vous connaissez déjà, est la 3e personne du singulier du verbe imperfectif **знaчить**, *signifier* :

– **Что это знaчит? – Не могу сказaть тoчно…**
– Qu'est-ce que ça signifie ? – Je ne peux pas dire exactement…

4 Dans cette leçon, nous rencontrons beaucoup de diminutifs : **блинчик**, *petite crêpe*, est le diminutif de **блин**, *crêpe*, et **шкaфчик**, *petite armoire*, celui de **шкаф**, *armoire*. Comme vous pouvez le constater, ils sont formés à l'aide du suffixe **-чик**, caractéristique des diminutifs du masculin. Son usage ne signifie pas forcément que les objets désignés sont plus petits. Il peut y avoir une connotation affective, comme quand en français on dit "je prendrais bien un petit café". D'ailleurs, souvent, on ne traduira pas du tout le diminutif.

5 **угощaет** est la 3e personne du verbe imperfectif **угощaть**, *offrir, inviter*. Dans le sens *offrir qqch. à qqn* (nourriture, boisson), la personne à qui on offre une boisson ou de la nourriture est à l'accusatif, et l'objet proposé est à l'instrumental. Observez :
Я всегдa угощaю гостeй бананами.
J'offre toujours des bananes à mes invités.

10 J'aime beaucoup quand grand-mère sort son vieux samovar [du fond] d'un placard oublié *(d'un lointain placard)*.

11 Cela signifie qu'elle a préparé de délicieuses tartes et des crêpes à *(petites-crêpes avec)* la confiture,

12 et [moi], je les adore [tout] simplement !

13 Les jours de fête, elle nous offre des blinis avec du caviar.

14 Mais c'est *(ce sont)*, bien entendu, un mets délicat

15 que les Russes ne peuvent pas se permettre tous les jours *(chaque jour)*.

6 Observez l'emploi du mot **естественно**, *naturellement*, *évidemment* :
Я сто**я**л **о**коло окн**а**, когд**а** кт**о**-то ч**е**м-то разб**и**л ег**о**. Ест**е**ственно, все под**у**мали, что **э**то был я!
J'étais debout à côté de la fenêtre quand quelqu'un l'a cassée avec quelque chose. Bien évidemment, tout le monde a pensé que c'était moi !
С ним при**я**тно им**е**ть д**е**ло: д**а**же когд**а** он помог**а**ет вам, он **э**то д**е**лает так ест**е**ственно. Так**о**е ощущ**е**ние, что ем**у** нр**а**вится помог**а**ть л**ю**дям!
Il est agréable d'avoir affaire à lui : même quand il vous aide, il le fait d'une manière très naturelle ("si naturellement"). *On a l'impression que cela lui plaît d'aider les gens !*

Упражнение 1 – Читайте и переводите

❶ Приходи к нам в гости! Бабушка приготовила блинчики с вареньем. ❷ – Где мои джинсы? – Посмотри на нижней полке в шкафу. ❸ У меня на кухне порядок, чистота и всё на своём месте. ❹ Это слишком дорогое удовольствие, я не могу себе этого позволить. ❺ Дай, пожалуйста, две чашки и два блюдца. Будем пить чай.

Упражнение 2 – Восстановите текст

❶ J'adore les crêpes, mais je ne sais pas les préparer.
Я . . . . . . блинчики, но не умею . . готовить.

❷ Les cuillères, les fourchettes et les couteaux sont *(couchés)* dans le tiroir du haut du buffet.
. . . . . , ... и ножи . . . . . в верхнем . . . . . в буфете.

❸ – Et qu'est-ce que tu as dans le placard mural ? – Toutes sortes de vaisselle.
– А что у тебя в навесном . . . . ? – Разная . . . .

❹ – Alors, quand allez-vous nous proposer du caviar russe ? – Pas maintenant ; pour les fêtes !
– Ну, когда будете . . . . нас русской . . . . . ?
– Не сейчас; . . праздники!

***

Si les Français déclarent volontiers que les crêpes sont un de leurs plats nationaux, les Russes, eux, pensent que ce plat est le leur – et ils en sont très friands ! En Russie, les crêpes se préparent avec du froment, de l'avoine, du sarrasin, de l'orge, avec ou sans levain.
Vous ne partirez jamais de chez une vraie grand-mère, б**а**бушка, *sans avoir goûté ses* блин**ы** (crêpes *faites avec une pâte au levain),*

Corrigé de l'exercice 1

❶ Viens nous voir *(chez nous dans invités)* ! Mamie a préparé des crêpes à la confiture. ❷ – Où est mon jean ? – Regarde sur l'étagère du bas de l'armoire. ❸ Dans ma cuisine règnent l'ordre et la propreté, et tout est à sa place. ❹ C'est un plaisir trop cher, je ne peux pas me le permettre. ❺ Donne[-moi] deux tasses et deux soucoupes, s'il te plaît. Nous allons prendre le thé.

❺ **Dans ta cuisine, je passe** *(dépense)* **mon temps à chercher les** *(pour les recherches des)* **casseroles et les poêles. En voilà, une maîtresse de maison !**

На твоей кухне я . . . . . всё время на поиски . . . . и . . . . Ну и . . . . !

Corrigé de l'exercice 2

❶ – обожаю – их – ❷ Ложки, вилки – лежат – ящике – ❸ – шкафчике – посуда ❹ – угощать – икрой – на – ❺ – трачу – кастрюлей – сковородок – хозяйка

***

ses бл**и**нчики (crêpes *préparées avec de la pâte sans levain et souvent fourrées) ou bien ses* пирог**и** (tartes *fourrées ou non). Pour les Russes, il est très important de nourrir ses invités, et surtout de les nourrir bien !*

Deuxième vague : 44e leçon

Девяносто четвёртый урок

Всё **я**сно, как дв**а**жды два!

1 – Прив**е**т, Иль**я** [1]!
2 Я вот [2] хоч**у** подгот**о**вить маш**и**ну к езд**е** зим**о**й,
3 но не зн**а**ю, что для **э**того н**у**жно сд**е**лать.
4 Я ведь молод**о**й вод**и**тель!
5 А ты, **е**сли мне не измен**я**ет [3] п**а**мять,
6 раб**о**таешь на ст**а**нции [4] техобсл**у**живания.
7 Так вот, мне н**у**жен твой сов**е**т.
8 – П**а**мять у теб**я** великол**е**пная;
9 я, действ**и**тельно, раб**о**таю мех**а**ником.
10 В п**е**рвую **о**чередь, теб**е** необход**и**мо пройт**и** [5] техосм**о**тр [6].

Remarques de prononciation

(2) к езд**е** *[k iézdié]*.
(6) техобсл**у**живания *[tiéHapsLoujyvani^ia]*.

Notes

1 Certains prénoms n'ont pas de diminutif "neutre". C'est par exemple le cas des prénoms **Илья** et **И**горь.

2 вот est ce qu'on appelle une particule parasite : elle se rajoute souvent dans la langue parlée sans changer le sens de la phrase.

3 измен**я**ет est la 3e personne du verbe imperfectif измен**я**ть, *tromper*. Attention, ici le complément d'objet direct français se traduit par le datif en russe. Comparez :
– Я д**у**маю, что её муж измен**я**ет ей. – Как**о**й **у**жас!
– Je pense que son mari la trompe. – Quelle horreur !

4 ст**а**нция est aussi une station de métro ou de train.

Quatre-vingt-quatorzième leçon

C'est aussi clair que deux et deux font quatre !

(Tout clair comme deux-fois deux !)

1 – Salut Ilia !
2 Je *(voilà)* veux préparer ma voiture pour l'hiver *(pour circulation en-hiver)*
3 mais je ne sais pas ce qu'il faut faire pour cela.
4 [Tu sais,] je suis *(Moi car)* un jeune conducteur !
5 Et toi, si ma mémoire est bonne *(si ne me trompe pas mémoire)*,
6 tu travailles dans un garage *(à une-station de-service-technique)*.
7 Eh bien voilà, j'ai besoin de tes conseils *(ton conseil)*.
8 – Ta mémoire est excellente *(parfaite)* ;
9 en effet, je suis *(travaille-en-tant-que)* mécanicien.
10 En premier lieu *(tour)*, il faut que tu passes *(il t'est nécessaire de passer)* un contrôle technique.

5 Dans **необходимо пройти**, *il est nécessaire de passer*, l'accord est au neutre avec l'infinitif **пройти**, mais **необходимо** peut également s'accorder au masculin, au féminin, et au pluriel :
Вам необходим (masculin) **отпуск, так как вы сильно устали.** *Vous avez besoin d'un congé* ("un congé vous est nécessaire") *car vous êtes très fatigués.*
Тане просто необходима (féminin) **встреча с этим человеком.**
Tania a vraiment ("simplement") *besoin de rencontrer cette personne.*
В этом деле нам необходимы (pluriel) **ваши советы.**
Dans cette affaire, vos conseils nous sont nécessaires.

6 Deux nouveaux mots composés : **техобслуживание** (**техническое обслуживание**), *service technique*, et **техосмотр** (**технический осмотр**), *contrôle technique*.

11 С зажиг**а**нием, с тормоз**а**ми и со сцепл**е**нием всё норм**а**льно?

12 – А кто ег**о** зн**а**ет! По-м**о**ему, да.

13 Все контр**о**льные л**а**мпочки в н**о**рме.

14 Аккумул**я**тор вр**о**де не барахл**и**т [7].

15 Маш**и**на всегд**а** зав**о**дится без пробл**е**м.

16 – Не заб**у**дь, что зим**о**й перед т**е**м, как **е**хать,

17 н**а**до прогр**е**ть маш**и**ну, а то [8]он**а** загл**о**хнет.

18 И **о**чень в**а**жно дол**и**ть [9] антифр**и**за и пост**а**вить [10] на кол**ё**са з**и**мние ш**и**ны.

19 А ещ**ё** н**у**жно запр**а**вить п**о**лный бак,

20 а то зим**о**й маш**и**на потребл**я**ет намн**о**го б**о**льше бенз**и**на.

21 – Ну, мог бы и не говор**и**ть [11] так**и**х очев**и**дных вещ**е**й! □

Remarque de prononciation

(14) Аккумул**я**тор *[акоumоuli**a**m^{a}R]* (mais vous entendrez souvent aussi *[акамоuli**a**m^{a}R]*).

Notes

7 Attention ! **барахл**и**ть** (imperf.), *fonctionner mal*, appartient au registre familier.

8 **а то**, *sinon*, exprime souvent une légère menace, mais peut également se traduire par *car* :
Помоги** мне на к**у**хне, а то ск**о**ро уж**е** прид**у**т г**о**сти!**
Aide-moi dans la cuisine, car les invités arrivent vraiment ("déjà") *bientôt !*
На**до дол**и**ть бенз**и**на, а то маш**и**на загл**о**хнет.**
Il faut ajouter de l'essence, sinon la voiture va caler.

11 Au niveau de *(Avec)* l'allumage, des freins et de l'embrayage, tout va bien *(normalement)* ?
12 – Qui sait *(Et qui le sait)* ! D'après moi, oui.
13 Tous les voyants de contrôle sont éteints *(Toutes ampoules de-contrôle en norme)*.
14 L'accumulateur n'a pas l'air de mal fonctionner.
15 La voiture démarre toujours sans problème.
16 – N'oublie pas qu'en hiver, avant de [commencer à] rouler,
17 il faut [faire] chauffer la voiture, sinon elle risque de *(va)* caler.
18 Et il est très important d'ajouter *(de verser)* de l'antigel et de mettre*(-verticalement sur les roues)* les pneus d'hiver.
19 Et aussi *(Et encore)* il faut faire le plein *(faire le réservoir plein)*,
20 car en hiver la voiture consomme beaucoup plus d'essence.
21 – Eh bien, tu n'étais pas obligé de dire *(tu pouvais et ne-pas dire)* des choses aussi évidentes !

9 Le préverbe **до-** transmet l'idée d'ajout ou d'accomplissement d'une action : **долить воды в стакан**, *remplir un verre d'eau* ; **доделать упражнения**, *finir les exercices*.

10 Le verbe *mettre* peut se traduire de différentes façons, en russe, car on distingue *mettre horizontalement* et *mettre verticalement*. Notez déjà **поставить**, *mettre [verticalement]*.

11 **не говорить**, comme certains autres verbes négatifs, est suivi du génitif quand il s'agit de la négation totale :
Не говори ерунды! *Ne dis pas d'absurdités* ("aucune absurdité").
Не делай глупостей. *Ne fais pas de bêtises* ("aucune bêtise").

Упражнение 1 – Читайте и переводите

❶ Где находится ближайшая станция техобслуживания? Мне надо проверить колёса. ❷ – У тебя хорошая память? – Думаю, да. ❸ Давай сразу заправим полный бак, чтобы потом этим не заниматься. ❹ Что ты опять не понял? Всё ясно, как дважды два! ❺ – У тебя хорошо заводится машина? – Да вроде, хорошо.

Упражнение 2 – Восстановите текст

❶ C'est bientôt l'hiver. Il faut mettre les pneus d'hiver *(aux roues)*.
Скоро зима. Надо ставить на . . . . . . зимние . . . . .

❷ Si tu ne chauffes pas la voiture, elle va caler.
Если ты не прогреешь . . . . . . , она . . . .

❸ À mon avis, ma voiture ne fonctionne pas bien : elle consomme trop d'essence.
По-моему, моя машина . . . . : потребляет слишком много . . . .

❹ Premièrement, tu dois te calmer et après, nous trouverons *(inventerons)* quelque chose.
Во- . . . . . . , тебе надо успокоиться, а потом что-нибудь . . . .

❺ Tu demandes toujours mes conseils, mais tu ne les écoutes jamais !
Ты всегда просишь моих . . . . , но никогда их не . . . . !

Corrigé de l'exercice 1

❶ Où se trouve la station-service la plus proche ? Je dois vérifier les pneus *(les roues)*. ❷ – As-tu une bonne mémoire ? – Je pense que oui. ❸ Faisons le plein tout de suite pour ne pas [avoir à] nous en occuper après. ❹ Qu'est-ce que tu n'as pas compris encore ? Tout est clair comme deux et deux font quatre ! ❺ – Ta voiture démarre-t-elle bien ? – Eh bien, apparemment, oui.

Corrigé de l'exercice 2

❶ – колёса – шины ❷ – машину – заглохнет ❸ – барахлит – бензина ❹ – первых – придумаем ❺ – советов – слушаешь

Я ведь молодой водитель!

Deuxième vague : 45e leçon

Девяносто пятый урок

Пот**е**ря

1 – Как**о**й **у**жас: у мен**я** укр**а**ли с**у**мку!
2 – Не крич**и**те, **э**то д**е**лу не пом**о**жет.
3 Л**у**чше ид**и**те поскор**е**е в ближ**а**йшее [1] отдел**е**ние мил**и**ции.
4 Н**а**до заяв**и**ть о [2] кр**а**же.
5 – Да, действ**и**тельно. Вы д**у**маете, с**у**мку найд**у**т?
6 – Не зн**а**ю, **э**то, кон**е**чно, тр**у**дно, но… б**у**дем над**е**яться.
7 А при [3] как**и**х обсто**я**тельствах у вас е**ё** укр**а**ли?
8 – Не мог**у** сказ**а**ть т**о**чно, я ведь не ср**а**зу зам**е**тила.
9 У мен**я** ещ**ё** рюкз**а**к, п**а**кет и зонт в рук**а**х.
10 Скор**е**е всег**о** в метр**о**:
11 в час п**и**к ст**о**лько люд**е**й, толк**а**ют со всех стор**о**н.

Notes

1 **ближ<u>а</u>йшее**, *le plus proche*, est ce qu'on appelle un superlatif suffixal. Il est formé avec le suffixe **-айший**, mais évidemment accordé au neutre. Vous trouverez l'explication détaillée de la formation de ce type de superlatif dans la leçon de révision.

2 **заяв**и**ть о**, *déclarer*, est suivi du locatif (prépositionnel) : **заяв**и**ть о чём-нибудь ком**у**-нибудь**, *déclarer quelque chose à quelqu'un*.

Quatre-vingt-quinzième leçon

Une perte

1 – Quelle horreur : on m'a volé mon sac !
2 – Ne criez pas, cela ne va pas arranger *(n'aidera pas)* l'affaire.
3 Allez plutôt *(Mieux allez plus-vite)* au poste de police le plus proche.
4 Il faut déclarer le vol *(au-sujet-du vol)*.
5 – Oui, en effet. Pensez-vous qu'on [re]trouvera mon sac ?
6 – Je ne sais pas, bien sûr, c'est difficile mais... on [peut l']espérer.
7 Et dans quelles circonstances vous l'a-t-on volé ?
8 – Je ne peux pas le dire exactement, car je ne [l']ai pas remarqué tout de suite.
9 J'avais *(J'ai)* encore un sac à dos, un sac en plastique et un parapluie dans les mains.
10 Le plus probable *(Plus vite que tout)*, c'est [que ce soit arrivé] dans le métro :
11 à l'heure de pointe, il y a tant de gens, on [vous] pousse de tous les côtés.

3 La préposition **при**, *devant*, *sous*, *dans*, est suivie du locatif (prépositionnel). Comparez ses différents sens :
При мне он ведёт себя отлично.
Devant moi, il se comporte parfaitement bien.
При каких обстоятельствах вы встретились?
Dans quelles circonstances vous êtes-vous rencontrés ?
При царе... *Du temps du* ("sous") *tsar*...

12 – А что у вас б**ы**ло [4] в с**у**мке?
13 – Да стр**а**шно под**у**мать!
14 В ней б**ы**ли и ключ**и** от кварт**и**ры, и д**е**ньги, и перч**а**тки [5]...
15 а с**а**мое гл**а**вное – докум**е**нты!
16 – Да, п**а**спорт восстан**а**вливать прид**ё**тся [6] д**о**лго,
17 а с вод**и**тельским удостовер**е**нием ск**о**лько мор**о**ки б**у**дет!
18 Ну, поспеш**и**те же в мил**и**цию!

Notes

4 Le verbe est accordé au neutre avec что : что б**ы**ло?

5 Une règle d'or à bien retenir : on n'écrit jamais de я après ч. Quelques exemples : ч**а**сто, *souvent* ; встр**е**ча, *rencontre* ; перч**а**тка, *gant*.

6 прид**ё**тся est la 3e personne du singulier du verbe perfectif прийт**и**сь, qui exprime l'idée d'obligation :
У мен**я** слом**а**лась маш**и**на, а я оп**а**здываю. (Мне) прид**ё**тся **е**хать на раб**о**ту на такс**и**! *Ma voiture est tombée en panne et je suis en retard. Je vais être obligé d'aller au travail en taxi !*
Чт**о**бы хорош**о** сдать экз**а**мены, теб**е** прид**ё**тся мн**о**го раб**о**тать. *Pour bien passer les examens, tu vas devoir travailler beaucoup.*

***

Упражнение 1 – Читайте и переводите

❶ Не плачь, это делу не поможет! ❷ В сумке у меня всегда лежат ключи от квартиры, кошелёк с деньгами и документы. ❸ – Хочу подарить жене на день рождения хорошие перчатки и зонт. – Отличная идея! ❹ – У Светы украли машину. – Будем надеяться, что её найдут. ❺ Зачем ты взял рюкзак? У тебя же есть сумка.

12 – **Et qu'aviez-vous dans le sac ?**
13 – **Je ne veux même pas y penser** *(Mais cela-fait-peur [y] penser)* **!**
14 **Dedans** *(Dans elle)* **il y avait et les clés de l'appartement, et l'argent, et les gants…**
15 **et le plus important** *(principal)* **– les papiers !**
16 – **Oui, il faudra du temps [pour] refaire le passeport** *(passeport reconstituer il-faudra longtemps)*,
17 **et quel tracas pour** *(et avec permis de-conduire combien tracas il-sera)* **le permis de conduire !**
18 **Alors, allez vite au poste de police** *(dépêchez donc à la police)* **!**

Я не знал **э**ту д**е**вушку и мне пришл**о**сь спрос**и**ть у неё, как **её** зов**у**т, чт**о**бы нач**а**ть разгов**о**р. *Je ne connaissais pas cette jeune fille et il m'a fallu lui demander comment elle s'appelait pour entamer la conversation.*

Corrigé de l'exercice 1

❶ Ne pleure pas, cela ne va pas arranger *(aider)* l'affaire ! ❷ Dans le sac, j'ai toujours *(sont couchés)* les clés de l'appartement, un portefeuille avec de l'argent et mes papiers. ❸ – Pour son anniversaire, je veux offrir de bons gants et un parapluie à ma femme. – Excellente idée ! ❹ – On a volé la voiture de Svéta. – Espérons *(Nous-allons espérer)* qu'on la retrouvera. ❺ Pourquoi as-tu pris un sac à dos ? Tu as bien un sac à main [non ?].

Упражнение 2 – Восстановите текст

❶ – Qu'est-ce que tu as dans le sac à dos ? – Des livres et un parapluie.
– Что у тебя в . . . . ? – Книги и . . . . .

❷ Je n'ose pas y penser *(Effrayant penser)* : perte après perte. D'abord, le passeport, ensuite, le portefeuille et maintenant, les clés de l'appartement !
. . . . подумать: . . . . . . за потерей. Сначала паспорт, потом кошелёк, а теперь и . . . . . от квартиры!

❸ – Votre permis de conduire [, s'il vous plaît]. – Le voici *(Voilà, s'il-vous-plaît)*.
– . . . . водительское . . . . – Вот, пожалуйста.

96

Девяносто шестой урок

В аэропорт**у** [1]

1 – Ты не заб**ы**ла бил**е**ты и паспорт**а** [2]?
2 – Нет, не волн**у**йся, я уж**е** пять раз пров**е**рила.
3 – А где твой баг**а**ж [3]? Ег**о** н**а**до взв**е**сить!
4 Вдруг твой чемод**а**н в**е**сит сл**и**шком мн**о**го?

Notes

1 В аэропорт**у** est le locatif irrégulier (en -у) de аэроп**о**рт, *aéroport*.

2 п**а**спорт, *passeport*, a le pluriel en -а : паспорт**а**.

3 баг**а**ж, *bagage(s)*, est toujours au singulier en russe :
– У вас мн**о**го багаж**а**? – Нет, од**и**н чемод**а**н. – *Avez-vous beaucoup de bagages ?– Non, une valise*.

❹ À l'heure de pointe, dans le métro, il y a tant de monde *(gens)* !
В час . . . в . . . . . так много . . . . . !

❺ Si l'on vous a volé quelque chose, il faut déclarer le vol immédiatement à la police.
Если у вас . . . . . . что-нибудь, надо сразу . . . . о . . . . . в милицию.

Corrigé de l'exercice 2
❶ – рюкзаке – зонт ❷ Страшно – потеря – ключи – ❸ Ваше – удостоверение – ❹ – пик – метро – людей ❺ – украли – заявить – краже –

Deuxième vague : 46e leçon

96

Quatre-vingt-seizième leçon

À l'aéroport

1 – Tu n'as pas oublié les billets et les passeports ?
2 – Non, ne t'inquiète pas, j'ai déjà vérifié cinq fois.
3 – Et où sont tes bagages ? Il faut les peser !
4 Et si *(Soudain)* ta valise pèse trop lourd *(trop beaucoup)* ?

5 Надо будет платить за [4] перевес...
6 – Мам, не беспокойся, я уже всё взвесила:
7 весь мой багаж весит не более двадцати килограммов!
8 – Почему не объявляют твой рейс?
9 – Регистрация начинается [5] за два часа до вылета,
10 ещё слишком рано.
11 – А куда ты положишь [6] все документы и портативный компьютер?
12 – Я возьму их в ручную кладь.
13 – Достань [7] паспорт, чтобы он был у тебя под рукой.
14 – Да не переживай ты так!
15 Паспортный [8] контроль ещё не скоро. □

Remarques de prononciation

(11) компьютер *[ka-mpiout^{ê}R]*.
(12) кладь *[kLat^{s}]*.

Notes

4 Nous avons déjà vu la préposition **за** dans le sens de *pour* :
Они волнуются за вас. *Ils s'inquiètent pour vous.*
Ici, il s'agit d'un autre **за**, souvent utilisé après le verbe **платить** : **платить за** + accusatif, *payer pour (en échange de, en règlement, en remboursement, à la place de quelqu'un).*
– Я ещё не заплатила за вино. – Не волнуйся, я уже заплатил за тебя.
– Je n'ai pas encore payé pour le vin. – Ne t'inquiète pas, j'ai déjà payé pour toi ("à ta place").
Он сделал за меня все упражнения по английскому!
Il a fait tous les exercices d'anglais à ma place !

5 Attention, alors que le verbe *commencer*, n'est pas réfléchi en français, son équivalent russe, **начинаться**, l'est dans certains cas. Comparez :

5 Il faudra payer pour l'excédent de poids...
6 – Maman, ne te tracasse pas, j'ai déjà tout pesé :
7 tous [ensemble,] mes bagages ne pèsent pas plus de vingt kilos !
8 – Pourquoi n'annonce-t-on pas ton vol ?
9 – L'enregistrement *(se-)*commence deux heures avant le départ *(en avion)*,
10 [Il est] encore trop tôt.
11 – Et où mettras-tu*(-horizontalement)* tous tes documents et l'ordinateur portable ?
12 – Je les prendrai comme bagage à main *(manuelle charge)*.
13 – Sors le passeport, pour l'avoir *(qu'il soit à toi)* sous la main.
14 – Mais ne t'inquiète pas comme ça !
15 Le contrôle des passeports n'est pas pour tout de suite *(encore ne-pas bientôt)*.

Он начин**а**ет раб**о**тать в д**е**вять утр**а**.
Il commence à travailler à neuf heures du matin.
Фильм начин**а**ется в шесть.
Le film ("se-")commence à six heures.

6 Vous vous rappelez que le russe distingue le positionnement horizontal et le vertical, et à la leçon 94 nous avons rencontré le verbe perfectif пост**а**вить, *poser* ("verticalement"). Voici maintenant le verbe perfectif полож**и**ть, *poser* ("horizontalement"). Cette distinction est importante, car il vaut mieux par exemple «пост**а**вить» откр**ы**тую бут**ы**лку, *poser verticalement une bouteille ouverte* que «полож**и**ть», la *poser horizontalement* !

7 Si vous voulez réviser la formation de l'impératif en -ь signe mou, référez-vous à la leçon 84.

8 L'adjectif п**а**спортный a été formé sur la base du nom п**а**спорт, avec le suffixe н et l'ajout de la terminaison adjectivale normale (-ый). Autre exemple : мор**о**з, *froid* + н + ый → мор**о**зный день, *une journée froide*.

Упражнение 1 – Читайте и переводите

❶ Я возьму эту сумку в ручную кладь, чтобы она была у меня под рукой. ❷ – Во сколько начинается регистрация? – Через двадцать минут. ❸ – Вы уже взвесили ваш багаж? – Ещё нет, а где это можно сделать? ❹ – Ваши билеты и паспорта, пожалуйста. – Вот они. ❺ Ой, по-моему, объявляют мой рейс. Мне надо идти.

Упражнение 2 – Восстановите текст

❶ Rencontrons-nous à l'aéroport deux heures avant le départ.
Давай встретимся в . . . . за два часа до . . . .

❷ N'oublie pas de prendre le passeport dans la valise et de le mettre dans le bagage à main.
Не забудь взять в . . . . паспорт и . . . . его в ручную . . . . . .

❸ – Combien pèse votre valise ? – Pas trop, j'espère (*J'espère, pas trop*).
– Сколько . . . . . ваш чемодан? – . . . . , не слишком много.

❹ D'abord, il faut que vous passiez [au] contrôle des passeports, et après commencera l'enregistrement.
Сначала вам надо . . . . . . паспортный . . . . , а потом . . . . регистрация.

Corrigé de l'exercice 1

❶ Je prendrai ce sac comme bagage à main, pour l'avoir sous la main. ❷ – À quelle heure commence l'enregistrement ? – Dans vingt minutes. ❸ – Avez-vous déjà pesé votre bagage ? – Pas encore, et où peut-on le faire ? ❹ – Vos billets et vos passeports, s'il vous plaît. – Les voilà. ❺ Oh, si je ne me trompe pas *(à mon avis)*, on annonce mon vol. Il faut que j'y aille.

❺ – Prendras-tu [ton] ordinateur portable comme bagage à main ? – Bien sûr.
– Ты . . . . портативный . . . . в . . . . . . кладь? – Конечно.

Corrigé de l'exercice 2

❶ – аэропорту – вылета ❷ – чемодане – положить – кладь ❸ – весит – Надеюсь – ❹ – пройти – контроль – начнётся – ❺ – возьмёшь – компьютер – ручную –

Deuxième vague : 47e leçon

97

Девяносто седьмой урок

Шашл**ы**к [1]

1 – Как при**я**тно в**ы**браться на прир**о**ду [2]!
2 – Да, мы уже давн**о** не выезж**а**ли з**а**город.
3 Так**а**я чуд**е**сная пол**я**нка [3], л**а**сковое с**о**лнце… и ни **о**блачка!
4 **Э**то пр**о**сто иде**а**льное м**е**сто для н**а**шего пикник**а**.
5 – М**и**ша, дост**а**нь [4], пож**а**луйста, из баг**а**жника больш**у**ю с**е**рую с**у**мку.
6 Найд**и** в ней шт**о**пор, открыв**а**лку для конс**е**рвных б**а**нок и нож.
7 Я пок**а** расст**а**влю однор**а**зовые стак**а**нчики и тар**е**лочки [5].
8 – Ух ты! Уж**е** п**а**хнет шашлык**а**ми…

Remarque de prononciation

(2) не выезж**а**ли *[nivyïjjali]*.

Notes

1 Il est impensable de faire un pique-nique sans prévoir des **шашл**ы**к**, délicieuses *brochettes* de viande ou de poulet (et plus rarement, de poisson). On laisse généralement mariner la viande toute une nuit dans un mélange d'oignons et de vinaigre, et le lendemain on fait cuire les brochettes à la braise accompagnées d'innombrables salades.

2 Le mot **прир**о**да**, *nature*, comme certains autres mots que nous avons vus à la leçon 84, exige l'emploi de la préposition **на** au locatif (prépositionnel) ou à l'accusatif :
З**а**втра мы **е**дем на прир**о**ду.
Demain, nous irons en pleine nature.
Д**е**ти гул**я**ли на прир**о**де ц**е**лый день.
Les enfants se sont promenés en pleine nature toute la journée.

Quatre-vingt-dix-septième leçon

Les chachlyks

1 – Qu'il est agréable d'être *(de-pouvoir-sortir)* en [pleine] nature *(sur la nature)* !

2 – Oui, cela faisait déjà longtemps que l'on n'était pas allés *(sortis-en-voiture)* à la campagne *(en-dehors-de-la-ville)*.

3 Quelle merveilleuse petite clairière, [quel] doux soleil… et pas un [seul] nuage *(petit-nuage)* !

4 C'est vraiment un endroit idéal pour notre pique-nique.

5 – Micha, sors le grand sac gris du coffre, s'il te plaît.

6 Sors *(Trouve dedans)* le tire-bouchon, l'ouvre-boîte *(pour les boîtes de conserve)* et un couteau.

7 Et moi, en attendant, je disposerai *(mettrai debout en distribuant)* les *(petits)* verres et les *(petites)* assiettes jetables *(d'une fois)*.

8 – Waouh ! Ça sent déjà [bon] les chachlyks…

---

3 Le suffixe -**ка** est un suffixe diminutif du féminin : **морщ**и**на**, *ride* + **ка** → **морщ**и**нка**, *petite ride* ; **каб**и**на**, *cabine* + **ка** → **каб**и**нка**, *petite cabine* ; **д**а**ча**, *datcha* + **ка** → **д**а**чка**, *petite datcha*.

4 Et voici encore un impératif avec le signe mou (voir leçon 84).

5 Nous avons déjà vu le suffixe diminutif du masculin, -**чик**, dans la leçon 93.
Observez : **стак**а**н**, *verre* + **чик** → **стак**а**нчик**, *petit verre* ; **карм**а**н**, *poche* + **чик** → **карм**а**нчик**, *petite poche* ; **лим**о**н**, *citron* + **чик** → **лим**о**нчик**, *petit citron*.
À la leçon 93, nous avons également vu le suffixe diminutif des noms féminins -**очка** : **тар**е**лка**, *assiette* + **очка** → **тар**е**лочка**, *petite assiette* ; **ош**и**бка**, *erreur* + **очка** → **ош**и**бочка**, *petite erreur*.

9 Откр**ы**ть [6] бут**ы**лку вин**а**?
10 **И**ли вы б**у**дете п**и**во?
11 – Откр**о**й бут**ы**лочку [7] кр**а**сного вин**а**.
12 С м**я**сом он**о** – в с**а**мый раз.
13 – Н**а**дя, ты уж**е** пор**е**зала огурц**ы** и помид**о**ры для овощн**о**го [8] сал**а**та?
14 – Да, ост**а**лось [9] доб**а**вить л**у**ка и с**о**ли.
15 – Отл**и**чно, а то шашлык**и** уж**е** почт**и** гот**о**вы.
16 – Смотр**и** за [10] пл**а**менем [11], а то тво**и** шашлык**и** сгор**я**т!
17 – А ты смотр**и** [12] с с**о**лью не перестар**а**йся,
18 а то пересо**о**лишь, как в пр**о**шлый раз... □

Notes

6 Quand on fait une proposition, on emploie souvent l'infinitif :
Я ид**у** на р**ы**нок. Вам куп**и**ть виногр**а**да?
Je vais au marché. [Voulez-vous que je] vous achète du raisin ?
– Дать теб**е** д**е**нег? – Нет, м**а**ма, спас**и**бо, у мен**я** ещ**ё** ост**а**лись д**е**ньги.
– [Veux-tu que je] te donne de l'argent ? – Non, maman, merci, j'en ai encore ("m'est resté encore l'argent").

7 бут**ы**лочка est le diminutif de бут**ы**лка, *bouteille*, formé avec le suffixe diminutif du féminin -очка.

8 овощн**о**го est le génitif de l'adjectif овощн**о**й, qui est formé sur la base d'un nom, à l'aide du suffixe н, mais cette fois-ci, avec la terminaison ой, car l'accent tombe sur la fin du mot. овощ, *légume* + н + ой → овощн**о**й сал**а**т, *salade de légumes*.

9 ост**а**лось, du verbe perf. ост**а**ться, est accordé au neutre, 3e personne du singulier. C'est presque comme en français : *il ne reste que…*, le verbe *rester* est accordé à la 3e personne du singulier.

10 Vous connaissez le verbe imperfectif смотр**е**ть, *regarder*. Quand il est suivi de la préposition за avec l'instrumental, il signifie *surveiller quelqu'un ou quelque chose* :

9 J'ouvre *(Ouvrir)* une bouteille de vin ?
10 Ou est-ce que vous allez [boire] de la bière ?
11 – Ouvre une *(petite-)*bouteille de vin rouge.
12 Avec la viande, c'est impeccable.
13 – Nadia, as-tu déjà coupé les concombres et les tomates pour la salade de légumes ?
14 – Oui, il [ne] reste [qu']à ajouter de l'oignon et du sel.
15 – Parfait, car les chachlyks sont quasiment prêts.
16 – Surveille la flamme, sinon tes chachlyks vont brûler !
17 – Et toi, fais attention avec le sel, *(n'en fais pas trop)*
18 sinon, tu en mettras trop *(trop-saleras)*, comme la dernière fois…

Природа, шашлыки – всё что нам нужно!

Смотр**и**, пож**а**луйста, за сво**и**ми детьм**и**; а мо**и**ми я займ**у**сь сам**а**!
Surveille tes propres enfants, s'il te plaît ; quant aux miens, je m'en occupe ("occuperai") *moi-même !*

11 пл**а**менем est l'instrumental de пл**а**мя, *flamme*. Ce mot appartient à la déclinaison des neutres en -мя. Vous pouvez réviser la déclinaison en vous référant au § 2 de la leçon 49.

12 Soyez attentif à la succession des deux impératifs de 2e personne : dans cet emploi, смотр**и**, l'impératif du verbe смотр**е**ть, *regarder*, est couramment employé pour mettre en garde contre un danger, dans le sens de "attention de ne pas" : Смотр**и** не упад**и**! *Attention de ne pas tomber !*

Упражнение 1 – Читайте и переводите

❶ Давайте поедем загород: природа, шашлыки – всё что нам нужно! ❷ Ух ты! Красивая полянка и солнце: в самый раз для пикника. ❸ – Ты купил вина? – Нет, давай возьмём пару бутылок пива. ❹ – Как вкусно пахнет! – Да, это моя мама готовит борщ. ❺ Ну, что будем делать? У нас пять консервных банок, но нет открывалки !

Упражнение 2 – Восстановите текст

❶ S'il te plaît, coupe des tomates, des concombres et l'oignon pour la salade de légumes.
Порежь, пожалуйста, ... , ... и . . . для овощного салата.

❷ S'il te plaît, sors le tire-bouchon du sac ; je veux ouvrir une bouteille de vin.
. . . . , пожалуйста, из сумки . . . . . . ; я хочу открыть . . . . вина.

❸ – Où est le grand sac bleu ? – Il est dans le coffre.
– А где большая . . . . . сумка? – Она в . . . .

❹ – Tania, as-tu déjà ajouté du sel dans la salade ? – Oui et j'ai peur de l'avoir trop salée.
– Таня, ты уже . . . . соли в . . . . . ? – Да, и боюсь, я его . . . .

Corrigé de l'exercice 1

❶ Allons *(en transport)* à la campagne *(hors de la ville)* : la nature, les brochettes – [c'est] tout ce qu'il nous faut ! ❷ Waouh ! Une belle clairière et du soleil : c'est exactement ce qu'il faut pour un pique-nique. ❸ – As-tu acheté du vin ? – Non, prenons deux bouteilles de bière. ❹ – Comme ça sent bon ! – Oui, c'est ma mère qui est en train de préparer le borchtch. ❺ Alors, qu'allons-nous faire ? Nous avons cinq boîtes de conserves, mais pas d'ouvre-boîte !

❺ – Je vais aller voir papa et je vais lui dire toute la vérité ! – N'en fais pas trop !

– Сейчас пойду к папе и ..... ему ... правду! – Смотри не ....!

Corrigé de l'exercice 2

❶ – помидоры, огурцы – лук – ❷ Достань – штопор – бутылку – ❸ – синяя – багажнике ❹ – добавила – салат – пересолила ❺ – скажу – всю – перестарайся

Deuxième vague : 48e leçon

Девяносто восьмой урок

Повторение – **Révision**

1 Les diminutifs

Le russe utilise beaucoup de suffixes diminutifs. Pour l'instant, nous n'en avons rencontré que quelques-uns.

1.1 Pour le féminin :

• -ка : каб**и**на, *cabine* + ка → каб**и**нка, *petite cabine*.
• -очка : р**о**за, *rose* + очка → р**о**зочка, *petite rose* ; après les chuintantes, ce suffixe prend la forme -ечка : л**о**жка, *cuillère* + ечка → л**о**жечка, *petite cuillère*.

1.2 Pour le masculin :

• -чик : фонт**а**н, *fontaine* + чик → фонт**а**нчик. Remarquez que quand le mot se termine par un л, on rajoute un signe mou ь : сканд**а**л, *scandale* + чик → сканд**а**льчик.
Il en existe beaucoup d'autres, mais vous les connaîtrez plus tard.

2 Le superlatif

Vous avez déjà rencontré le superlatif avec с**а**мый, *le plus*, + l'adjectif (parfois suivi de из вс**е**х, *de tous*) : с**а**мый интер**е**сный из вс**е**х, *le plus intéressant de tous*. Un autre superlatif est formé avec le suffixe -ейший, -ая, -ее. C'est le superlatif absolu, et il n'est donc pas suivi de из вс**е**х, *de tous* : интер**е**сный, *intéressant* → интер**е**снейший (attention à l'accent), *très intéressant* ; вк**у**сный, *délicieux* → вкусн**е**йший, *vraiment délicieux*. Après une chuintante, le suffixe prend les formes -айший, -ая, -ее et la consonne change assez régulièrement : д**и**кий, *sauvage* → дич**а**йший, *très sauvage* (к alterne avec ч) ; бл**и**зкий, *proche* → ближ**а**йший, *très proche* (la suite de consonnes зк alterne avec ж). Remarquez que le suffixe -**а**йш- est toujours accentué sur l'avant-dernière syllabe.

Quatre-vingt-dix-huitième leçon

3 Les suffixes de formation des adjectifs

Beaucoup de noms forment des adjectifs à l'aide de suffixes. Pour l'instant, nous avons rencontré le suffixe -н suivi des terminaisons adjectivales -ый (ou ой), -ая, -ое. Par exemple : **о**вощ, *légume* → овощной, *de légume* ; вкус, *goût* → вк**у**сный, *délicieux* ; интер**е**с, *intérêt* → интер**е**сный, *intéressant*. Si le mot se termine par un л, on ajoute un signe mou ь : ид**е**ал, *idéal* (m.) → ид**е**альный, *idéal* (adj.).

4 Les verbes de position

Apprenez à bien employer ces verbes. Il est important de savoir les manier avec aisance.

• полеж**а**ть (perf.), *rester couché* : (cf. l'imperfectif леж**а**ть) полеж**у**, полеж**и**шь, полеж**а**т.

• пост**а**вить (perf.), *mettre verticalement* : (cf. l'imperfectif ст**а**вить) пост**а**влю, пост**а**вишь, пост**а**вят.

• полож**и**ть (perf.), *mettre horizontalement* : полож**у**, пол**о**жишь, пол**о**жат.

5 Les autres verbes de la semaine

• в**ы**глядеть (imperf.), *paraître* : в**ы**гляжу, в**ы**глядишь, в**ы**глядят.

• заяв**и**ть (perf.), *déclarer* : заявл**ю**, за**я**вишь, за**я**вят.

• зн**а**чить (imperf.), *signifier* : зн**а**чу, зн**а**чишь, зн**а**чат.

• измен**я**ть (imperf.), *tromper* : измен**я**ю, измен**я**ешь, измен**я**ют.

• начин**а**ться (imperf.) (utilisé pour des choses), *commencer* : начин**а**ется, начин**а**ются.

• ост**а**ться (perf.), *rester* : ост**а**нусь, ост**а**нешься, ост**а**нутся.

• прийт**и**сь (perf.) (idée de l'obligation), *être obligé* : прид**ё**тся, прид**у**тся, пришл**о**сь, пришл**и**сь.

• угощ**а**ть (imperf.), *offrir, inviter* : угощ**а**ю, угощ**а**ешь, угощ**а**ют.

6 Les prépositions

• по suivie du datif exprime la distribution :
На раб**о**те, мы подар**и**ли к**а**ждой ж**е**нщине по бук**е**ту цвет**о**в. *Au travail, nous avons offert à chaque femme un bouquet de fleurs.*

• за dans le sens de *pour, en paiement, en échange de*, est suivie de l'accusatif :
Н**а**до б**у**дет плат**и**ть за перев**е**с. *Il faudra payer pour l'excédent de poids.*

• о suivie du locatif (prépositionnel) est employée après certains verbes :

***

Заключительный диалог

1 – Каждый раз, когда я хочу выбраться на природу, идёт дождь...
2 – Ну, сегодня тебе повезло: чудесная погода и ни облачка.
3 – Нет, сегодня нет дождя, но у меня температура и кашель.
4 Теперь я должен сидеть дома и пить чай с малиной.
5 Хочешь, бери мою машину: и сам отдохнёшь, и моих на природу отвезёшь.
6 Я уже заправил полный бак бензина и приготовил всё для шашлыков.
7 Только не забудь, чтобы паспорт и водительское удостоверение всегда были под рукой,
8 а то, если мне не изменяет память, ты их всегда оставляешь дома...
9 – Не волнуйся ты так, а лучше скажи, что ещё надо взять.

Он рассказ**а**л нам всё о сво**и**х друзь**я**х. *Il nous a tout raconté sur ses amis.*
– О ком ты д**у**маешь? – О твоё**м** бр**а**те. – *À qui penses-tu ? – À ton frère.*
О чём вы говор**и**те? Я не совс**е**м поним**а**ю. *De quoi parlez-vous ? Je ne comprends pas tout à fait.*

• при, *devant, sous, dans*, est suivie du locatif (prépositionnel) :
При как**и**х обсто**я**тельствах вы вперв**ы**е оказ**а**лись в **э**том д**о**ме? *Dans quelles circonstances vous êtes-vous trouvés dans cette maison pour la première fois ?*

***

10 – Не забудьте вилки, ножи и стаканы.
11 Всё остальное уже в багажнике, я лично пять раз проверил!

Traduction

1 Chaque fois que je veux faire une sortie en pleine nature, il pleut… **2** Eh bien, aujourd'hui, tu as de la chance : il fait un temps merveilleux et il n'y a pas un nuage. **3** Non, aujourd'hui, il ne pleut pas, mais j'ai de la fièvre et je tousse *(et la toux)*. **4** Maintenant, je dois rester à la maison et boire du thé avec [de la confiture de] framboise. **5** [Si] tu veux, prends ma voiture : toi-même, tu te reposeras et tu emmèneras ma famille *(les miens)* se mettre au vert *(dans nature)*. **6** J'ai déjà fait le plein d'essence et j'ai tout préparé pour les chachlyks. **7** Seulement, n'oublie pas d'avoir toujours ton passeport et ton permis de conduire sous la main, **8** car si ma mémoire est bonne, tu les laisses toujours à la maison… **9** Ne t'inquiète pas comme ça, dis plutôt ce qu'il faut prendre d'autre *(encore)*. **10** N'oubliez pas les fourchettes, les couteaux et les verres. **11** Tout le reste est déjà dans le coffre, j'ai vérifié personnellement cinq fois !

Deuxième vague : 49e leçon

99

Девяносто девятый урок

Vous allez découvrir une vraie poésie russe. Le texte est un peu difficile dans la version originale ! Si vous en avez la possibilité, écoutez bien les enregistrements et répétez à haute voix ; ensuite, essayez de relire les vers en conservant le rythme poétique. Faites attention à la prononciation de tous les sons modifiés par le signe mou. Observez l'ordre des mots : souvent, le sujet de la phrase arrive derrière le verbe.

Р**о**дина

1 Любл**ю** отч**и**зну [1] я, но стр**а**нною люб**о**вью!
2 Не побед**и**т е**ё** расс**у**док мой.
3 Ни сл**а**ва, к**у**пленная [2] кр**о**вью,
4 Ни п**о**лный г**о**рдого дов**е**рия пок**о**й,
5 Ни т**ё**мной старин**ы** зав**е**тные пред**а**нья [3]
6 Не шевел**я**т во мн**е** отр**а**дного мечт**а**нья.
7 Но я любл**ю** – за что [4], не зн**а**ю сам –
8 Е**ё** степ**е**й хол**о**дное молч**а**нье [3],
9 Е**ё** лес**о**в безбр**е**жных колых**а**нье [3],

Notes

1 **Р**о**дина** et **отч**и**зна** signifient tous les deux *patrie*, mais le second appartient à un registre beaucoup plus soutenu.

2 **к**у**пленная**, *achetée*, est le participe passé passif du verbe **куп**и**ть**, *acheter*. Il est formé avec le suffixe **-енн-** auquel on accole les désinences des adjectifs (**-ый** pour le masculin, **-ая** pour le féminin, **-ое** pour le neutre et **-ые** pour le pluriel). Il existe d'autres suffixes pour former les participes passés, mais nous ne les étudierons pas ici.

3 Dans la langue actuelle, les mots neutres **пред**а**нье**, *légende*, **молч**а**нье**, *silence*, **колых**а**нье**, *balancement*, *ondulation* ont changé le signe mou **ь** en **и** : **пред**а**ние**, **молч**а**ние**, **колых**а**ние**.

Quatre-vingt-dix-neuvième leçon

La Patrie

1 J'aime ma patrie, mais d'un amour étrange !
2 Ma raison ne le vaincra pas.
3 Ni la gloire achetée par le sang,
4 Ni la paix emplie d'orgueilleuse assurance *(confiance)*,
5 Ni des sombres vieux temps les légendes sacrées *(les plus chères)*
6 Ne remuent en moi de rêve *(rêverie)* agréable.
7 Mais j'aime – pourquoi, je ne le sais moi-même –
8 Le froid silence de ses steppes,
9 Le balancement *(l'ondulation)* de ses forêts sans limites,

У меня есть одна заветная мечта: поехать на каникулы в Африку.

4 люб**и**ть за (чт**о**-то), *aimer pour / en raison de (quelque chose)*, est suivi de l'accusatif :
Я так любл**ю** жизнь за все **её** сюрпр**и**зы (accusatif)!
J'aime tellement la vie pour toutes ses surprises !
La forme négative est également suivie de l'accusatif :
Он**а** не л**ю**бит твоег**о** др**у**га за ег**о** гл**у**пость (accusatif).
Elle n'aime pas ton ami parce qu'elle le trouve bête ("pour sa bêtise").

10 Разл**и**вы рек е**ё**, под**о**бные мор**я**м;
11 Прос**ё**лочным пут**ё**м любл**ю** скак**а**ть в тел**е**ге
12 И, вз**о**ром м**е**дленным пронз**а**я [5] н**о**чи тень,
13 Встреч**а**ть по сторон**а**м, вздых**а**я [5] о ночл**е**ге,
14 Дрож**а**щие огн**и** [6] печ**а**льных дерев**е**нь [7]...
15 Миха**и**л Л**е**рмонтов

Remarques de prononciation

(13) встреч**а**ть *[fstRitchat^{s}]*.
(15) Миха**и**л Л**е**рмонтов *[miHaïL l**ié**Rma-nt^{a}f]*.

Notes

5 **пронз<u>а</u>я**, *en perçant*, et **вздых<u>а</u>я**, *en soupirant*, sont les gérondifs présents des verbes **пронз<u>а</u>ть**, *percer*, et **вздых<u>а</u>ть**, *soupirer*. Le gérondif peut être imperfectif (présent) ou perfectif (passé). Dans nos exemples, il s'agit du gérondif imperfectif. Il se forme sur la base (le mot sans terminaison) du présent des verbes imperfectifs en ajoutant la terminaison **-я** (**-ясь** pour les verbes pronominaux). Par exemple, **делать** (imperfectif), *faire* : **делаю**, *je fais*, **дела** + **я** → **делая**, *en*

***

Упражнение 1 – Читайте и переводите

❶ За что ты любишь этого человека? Я этого никогда не пойму! ❷ Ты просишь моего доверия? Как я могу доверять тебе после всего, что случилось? ❸ Нам не нужна его слава, купленная кровью! ❹ Не вздыхай о прошлых успехах. Всё будет хорошо. ❺ У меня есть одна заветная мечта: поехать на каникулы в Африку.

10 **Les débordements de ses rivières semblables à des mers ;**

11 **J'aime galoper en télègue par les chemins vicinaux** *(le chemin vicinal)*

12 **Et, scrutant lentement l'ombre de la nuit** *(Et d'un-regard lent en-perçant de-la-nuit l'ombre)*,

13 **Trouver** *(Rencontrer)* **sur les côtés, en soupirant après** *(au-sujet-du)* **le gîte,**

14 **Les feux** *(lumières)* **tremblants des villages tristes...**

15 **Mikhaïl Lermontov**

faisant ; **устраиваться** (imperfectif), *s'installer* : **устраиваюсь**, *je m'installe*, **устраива + ясь → устраиваясь**, *en s'installant*. Après une chuintante, le **-я** se transforme en **-а** (**-ясь** en **-ась**). Par exemple, **мычать** (imperfectif), *mugir* : **мычу,** *je mugis*, **мыч + а → мыча**, *en mugissant* ; **ложиться**, *se coucher* : **ложусь**, *je me couche*, **лож + а → ложась**, *en se couchant*. Comme vous pouvez le constater, le gérondif garde l'accent de l'infinitif, sauf quelques exceptions : **лежать → лёжа** ; **сидеть → сидя** ; **стоять → стоя** et quelques autres. Attention, certains verbes n'ont pas de gérondif présent.

6 **огни** est l'accusatif de **огонь** (m.), *feu, lumière*. Faites attention à la voyelle mobile.

7 Attention à la voyelle mobile et un signe mou à la fin. Retenez le génitif pluriel de **деревня**, *village* : **деревень**.

***

Corrigé de l'exercice 1

❶ Pourquoi aimes-tu cette personne ? Je ne comprendrai jamais ! ❷ Tu demandes ma confiance ? Comment puis-je te faire confiance après tout ce qui s'est passé ? ❸ Nous n'avons pas besoin de sa gloire achetée par le sang ! ❹ Ne soupire pas sur les succès passés. Tout ira bien. ❺ Mon rêve *(J'ai un rêve)* le plus cher est d'aller en vacances en Afrique.

Упражнение 2 – Восстановите текст

❶ Ils sont si fiers qu'ils n'accepteront jamais votre aide.
Они такие ......, что никогда не ...... вашей помощи.

❷ Tu es comme toujours : complètement [pris] dans tes rêveries !
Ты – как ......: весь в своих ....!

❸ Il m'a transpercé de son regard sombre, et j'ai eu très peur.
Он .... меня своим ...... взором, и мне стало страшно.

❹ J'aime ma patrie pour ses steppes et ses forêts sans limites.
Я люблю свою ...... за её безбрежные ..... и .....

***

Mikhaïl Lermontov (1814-1841), poète russe né à Moscou, a fait ses études dans une école militaire à Saint-Pétersbourg. De nature sceptique et rebelle, il est déçu par la réalité ; il se sent seul, et cette solitude le déchire et pèse sur sa vie. Tous ces sentiments s'expriment dans ses premiers poèmes.
En 1837, bouleversé par la mort d'Alexandre Pouchkine, Lermontov écrit le poème "La mort du poète", ce qui lui vaut l'exil dans le Caucase. Malgré cela, le poème est recopié et appris par cœur par des centaines de gens. Ses œuvres les plus marquantes sont le poème

❺ – Pourquoi a-t-il les yeux si tristes ? – À coup sûr, quelque chose s'est passé…
– Почему у него такие . . . . глаза?
– Наверное, что-то . . . .

Corrigé de l'exercice 2
❶ – гордые – примут – ❷ – всегда – мечтаниях ❸ – пронзил – тёмным – ❹ – родину – степи – леса ❺ – печальные – случилось

***

"Le Démon", où Lermontov se révolte contre le monde contemporain, et le roman psychologique "Un héros de notre temps", qui dresse le portrait d'une génération entière. Le poète meurt à 27 ans à la suite d'un duel provoqué par son compagnon d'étude Martynov, en laissant derrière lui un héritage incroyable de près de 400 poésies, 30 poèmes lyriques ainsi que des drames et des œuvres épiques inachevées.

Deuxième vague : 50e leçon

Сотый урок

До новых встреч!

1 Вот мы и подошли [1] к последнему уроку нашего учебника.
2 Путь был нелёгким [2], вам понадобилось много терпения и трудолюбия [3].
3 Но, как говорится, без труда не вынешь [4] и рыбку [5] из пруда!
4 У вас всё получилось, и если вам захотелось поехать в Россию,
5 мы только можем пожелать вам «Счастливого пути!»
6 Язык – это наилучший [6] способ познания стран и народов,

Remarques de prononciation

(2) нелёгким *[nilioHki-m]*.
(3) без труда *[bistRouda]*.
(5) Счастливого *[chislivav^{a}]*.
(6) наилучший *[naïLoutch^{yï}]*.

Notes

1 **подошли** : le préverbe **под (о)** transmet le sens de *s'approcher de quelque chose*. **подойти**, *s'approcher à pied*, est suivi par la préposition **к** + le datif :
Он подошёл к столу и что-то взял. *Il s'est approché* (sous-entendu "à pied") *de la table et a pris quelque chose*.

2 Nous avons déjà vu qu'après certains verbes il fallait employer l'instrumental (pour réviser la règle, allez voir la leçon 77, § 6). Ainsi, après le verbe **быть**, *être*, au passé, on met l'adjectif à l'instrumental : **упражнение было нелёгким**, *l'exercice n'était pas facile* ; **ты был грустным**, *tu étais triste* ; **девочка была странной**, *la fillette était étrange*.

Centième leçon

À la prochaine rencontre !
(À nouvelles rencontres !)

1 Nous voici arrivés à *(Voilà nous-nous-sommes-approchés vers)* la dernière leçon de notre manuel.
2 Le chemin n'était pas facile, il vous a fallu beaucoup de patience et d'assiduité.
3 Mais, comme on dit *(il-se-dit)*, on n'a rien sans mal *(sans labeur ne tu-sortiras même poisson de l'étang)* !
4 Vous avez tout réussi *(À vous tout s'est-obtenu)*, et si cela vous a donné envie *(vous avez-eu-envie)* d'aller en Russie,
5 nous pouvons seulement vous souhaiter "Bon voyage !"
6 La langue est le meilleur moyen d'apprendre à connaître *(d'apprentissage)* les pays et les peuples,

3 N'oubliez pas qu'après **много**, *beaucoup*, on utilise le génitif. S'il s'agit d'une notion abstraite, on met le génitif singulier : **много терпения и трудолюбия**, *beaucoup de patience et d'assiduité*.

4 Ici, la 2e personne du singulier est une forme impersonnelle : **не вынешь**, *Tu ne sortiras pas = on ne peut pas sortir (qu'on le veuille ou non) !*

5 **рыбка** est le diminutif de **рыба**, *poisson*, formé avec le suffixe féminin **-ка**. C'est également un petit mot doux par lequel on peut appeler son enfant ou son amoureux !

6 Le préfixe **наи-** renforce le sens d'un superlatif. Avec certains superlatifs, il est employé couramment, sinon, avec d'autres, il ne s'emploie pas souvent. **наилучший** est le superlatif "renforcé" de **лучший**, *le meilleur*.

7 с их культ**у**рой и трад**и**циями.
8 Откр**ы**тие [7] многовеков**о**й р**у**сской культ**у**ры, вел**и**кой литерат**у**ры,
9 всё **э**то ждёт вас, **е**сли вы пойд**ё**те д**а**льше.
10 Говор**и**те по-р**у**сски! Чит**а**йте! Откр**о**йте для себ**я** р**у**сский кинемат**о**граф!
11 А мы не прощ**а**емся с в**а**ми, а говор**и**м вам «До свид**а**ния»!
12 Всег**о** д**о**брого и усп**е**хов во всём!

Remarque de prononciation

(8) многовеков**о**й *[mnogavikavoï]*.

Note

7 Le mot **откр**ы**тие** peut s'employer dans le sens d'*ouverture* ou de *découverte*. Observez : **откр**ы**тие магаз**и**на**, *l'ouverture d'un magasin* ; **откр**ы**тие н**о**вых стран**, *la découverte de nouveaux pays*.

***

Упражнение 1 – Читайте и переводите

❶ Без труда не вынешь и рыбку из пруда! ❷ Не ходите туда: вы не знаете, что вас там ждёт… ❸ Они учат русский язык, чтобы говорить по-русски и читать русскую литературу. ❹ Ура! У нас всё получилось! ❺ – Опять в Россию захотелось… – Вы там уже были? – Нет, но вчера тоже хотелось!

7 avec leur culture et leurs traditions.
8 La découverte de la culture séculaire russe, de la grande littérature,
9 tout cela vous attend si vous allez *(irez)* plus loin.
10 Parlez russe ! Lisez ! Découvrez *(Ouvrez pour vous)* le cinéma russe !
11 Et nous, nous ne vous disons pas adieu, mais *(disons à-vous)* "Au revoir" !
12 [Nous vous souhaitons] bonne chance *(tout bien)* et du *(des)* succès en tout !

***

Corrigé de l'exercice 1

❶ On n'a rien sans mal ! ❷ N'allez pas là-bas : vous ne savez pas ce qui vous y attend… ❸ Ils apprennent la langue russe pour parler russe et lire la littérature russe. ❹ Hourra ! Nous avons tout réussi ! ❺ – De nouveau, j'ai envie d'aller en Russie… – Vous y êtes déjà allé ? – Non, mais hier, j'en avais déjà *(aussi)* envie !

Упражнение 2 – Восстановите текст

❶ – Nous vous souhaitons bonne chance *(tout le meilleur)* (forme renforcée) ! – Merci.

– . . . . . . вам всего . . . . ! – Спасибо.

❷ La langue est le meilleur moyen d'apprentissage de la culture et des traditions.

Язык – наилучший . . . . . . познания . . . . и . . . .

❸ – Bon, nous ne nous disons pas adieu ! – Bien sûr, à une nouvelle rencontre !

– Ну, не . . . . ! – Конечно, до новой . . . . !

***

Le peuple russe a un solide sens de l'humour. Peut-être lui permet-il de relativiser une vie assez dure dans une société en mutation. Les Russes n'hésitent pas à se moquer d'eux-mêmes, de leurs héros préférés, des différents aspects de la vie en société, des défauts du genre humain, etc. Voici quelques exemples pour terminer cette dernière leçon avec le sourire !

– Тов**а**рищ милицион**е**р, скаж**и**те, по **э**той **у**лице ход**и**ть не оп**а**сно?

– Б**ы**ло бы оп**а**сно, **я** бы здесь не ход**и**л!

– Monsieur l'agent *(Camarade policier)*, dites, est-il dangereux d'aller dans cette rue ?

– Si c'était dangereux, je ne serais pas là *(je n'irais pas là)* !

– П**а**па, угад**а**й, как**о**й п**о**езд б**о**льше всех оп**а**здывает?

– Как**о**й, сын**о**к?

– Тот, кот**о**рый ты обещ**а**л мне подар**и**ть ещ**ё** на пр**о**шлый Н**о**вый год...

– Papa, devine quel est le train le plus en retard ?

– Lequel, mon garçon ?

– Celui que tu m'as promis l'année dernière pour le Jour de l'an...

❹ Ce peuple a des traditions séculaires très intéressantes.
У этого . . . . . . очень интересные . . . . традиции.

❺ Bon voyage ! N'oubliez pas de nous téléphoner quand vous arriverez à la maison.
Счастливого . . . . ! Не . . . . позвонить нам, как . . . . домой.

Corrigé de l'exercice 2
❶ – Желаем – наилучшего – ❷ – способ – культуры – традиций ❸ – прощаемся – встречи ❹ – народа – многовековые – ❺ – пути – забудьте – приедете –

***

На р**ы**нке:
– Скаж**и**те, пож**а**луйста, ск**о**лько ст**о**ит **э**та л**о**шадь?
– Но **э**то не л**о**шадь! Это к**у**рица.
– А... прост**и**те : я смотр**е**л на ц**е**ну.
Au marché :
– Dites-moi, s'il vous plaît, combien coûte ce cheval ?
– Mais ce n'est pas un cheval ! C'est un poulet.
– Ah... pardon : je regardais le prix.

– Д**о**ктор, у мен**я** грипп. Что вы мне посов**е**туете?
– Вст**а**ньте от мен**я** под**а**льше!
– Docteur, j'ai la grippe. Que me conseillez-vous ?
– Écartez-vous de moi !

La dernière leçon s'achève, mais tout n'est pas fini ! Pensez à continuer quotidiennement votre étude de deuxième vague jusqu'à la 100e leçon...

Deuxième vague : 51e leçon

Appendice grammatical

Cet appendice reprend – en les complétant parfois – l'ensemble des éléments de prononciation et de grammaire rencontrés au fil des leçons. Pour retrouver les différentes explications dans le contexte des leçons, reportez-vous à l'index grammatical.

Sommaire

1 Retour sur l'alphabet et la prononciation

1.1 L'alphabet et la prononciation des lettres

Lettre russe	Lettre manuscrite	Nom de la lettre	Transcription Assimil
А а	*А а*	a	*a*
Б б	*Б б*	bê	*b*
В в	*В в*	vê	*v*
Г г	*Г г*	guê	*g / gu*
Д д	*Д д*	dê	*d*
Е е	*Е е*	ié	*ié* / $^{\textit{ié}}$, *i*, *y* (en position non accentuée)
Ё ё	*Ё ё*	io	*io*
Ж ж	*Ж ж*	jê	*j*
З з	*З з*	zê	*z*
И и	*И и*	i	*i*, *y* (après ж et ш)
Й й	*Й й*	i bref	*ï*
К к	*К к*	ka	*k*
Л л	*Л л*	èl	*l*, *L*
М м	*М м*	èm	*m*
Н н	*Н н*	èn	*n*
О о	*О о*	o	*o* / *a* (en position non accentuée)
П п	*П п*	pê	*p*
Р р	*Р р*	èr	*R* (roulé)

С с	С с	ès	*s/ss*
Т т	Т т	tê	*t*
У у	У у	ou	*ou*
Ф ф	Ф ф	èf	*f*
Х х	Х х	ha	*H*
Ц ц	Ц ц	tsê	*ts*
Ч ч	Ч ч	tché	*tch*
Ш ш	Ш ш	cha	*ch*
Щ щ	Щ щ	chtcha	*chtch*
ъ	ъ	signe dur	°
ы	ы	i dur	*y* (entre *ou* et *i*)
ь	ь	signe mou	^{i} / ^{gne}/ $^{'}$ / ^{s} selon le contexte
Ээ	Ээ	ê	*ê* / *i* (en position non accentuée)
Юю	Юю	iou	*iou*
Яя	Яя	ia	*ia* / *i* (en position non accentuée)

1.2 "Sonorité" et "surdité" des consonnes

Les consonnes sonores б, в, г, д, ж, з se prononcent à l'aide de la voix tandis que les consonnes sourdes ne "sonnent" pas (elles se prononcent, en quelque sorte, sans la voix). Ces consonnes fonctionnent par paires car elles se forment de la même manière, et seule la présence ou l'absence de voix les distingue.
Les consonnes б, в, г, д, ж, з s'assourdissent en position finale ou devant une consonne sourde et se prononcent alors comme leurs équivalents sourds :

sonore	б *[b]*	в *[v]*	г *[gu]*	д *[d]*	ж *[g]*	з *[z]*
↓	↓	↓	↓	↓	↓	↓
sourde	п *[p]*	ф *[f]*	к *[k]*	т *[t]*	ш *[ch]*	с *[s]*

Quelques exemples : Ка**в**к**а**з *[kafk**a**ss], Caucase* ; в**о**дка *[v**o**tka], vodka* ; кладь *[kLat^s], bagage* ; зуб *[zoup], dent* ; без *[biéss], sans* ; сап**о**г *[sap**o**k], botte* ; муж *[mouch], mari.*

Certaines consonnes sont toujours sonores : л, м, н, р et d'autres toujours sourdes : х, ц, ч, щ.

1.3 Consonnes dures et consonnes molles

De même qu'il existe des consonnes sourdes et sonores, il en existe des dures et des molles.
On parle de consonne molle quand on est en présence d'une prononciation particulière : pour émettre le son, la partie médiane de la langue se rapproche du palais dur. La position de la langue ressemble à sa position dans les voyelles i et j. Les consonnes dures n'ont pas cette prononciation.
Les consonnes sont dures à la fin des mots et devant une voyelle dure (voir le paragraphe sur les voyelles) et se ramollissent devant une voyelle molle (voir le paragraphe sur les voyelles).

Mais certaines consonnes sont toujours dures : ж, ш et ц, même quand elles sont suivies d'une voyelle molle (qui normalement rend la consonne précédente molle) :
д**о**лжен *[d**o**Ljên], il doit* ; маш**и**на *[mach**y**na], voiture* ; цен**а** *[ts^y n**a**], prix.*

D'autres consonnes – ч et щ – sont toujours molles :
чит**а**ть *[tchit**a**t^s], lire* ; **я**щик *[**ia**chtchik], tiroir.*
Les consonnes б, в, д, з, м, н, п, с, т, ф et ш ne posent pas de problème particulier ; elles se prononcent comme en français : зло *[zLo], méchamment,* ком**е**та *[kam**ié**ta], comète,* пос**у**да *[pass**ou**da], vaisselle,* etc.

к et г se prononcent de manière plus dure qu'en français :
акт *[akt], acte,* ног**а** *[nag**a**], jambe, pied.*

La lettre л peut donner deux sons : le л mou ressemble au son *[l]* français que nous transcrivons par *[l]* (плеч**о** *[plitch**o**] épaule*) ; le л dur a un son bien particulier que nous avons choisi de transcrire *[L]* (х**о**лод *[H**o**Lat], froid*).
Le х représente un son difficile à prononcer car il n'a pas d'équivalent en français. Il se prononce comme le ***doch*** allemand ou ***Juan*** espagnol. Nous l'avons transcrit *[H]* : хот**е**ть *[Hat**ié**t^{s}], vouloir.*
Le р russe est roulé comme celui de l'italien (***buongiorno***, ***pronto***). Pour le prononcer, il faut faire vibrer la pointe de la langue contre le palais. Nous le transcrivons *[R]* : хорош**о** *[HaRach**o**], bien.*

1.4 Voyelles et accent tonique

Les voyelles russes se distinguent elles aussi d'après le critère de mollesse et dureté. Les voyelles dites molles, "ramollissent" la consonne qui les précède :

dure	а *[a]*	о *[o]*	э *[ê]*	ы *[y]*	у *[ou]*
↓	↓	↓	↓	↓	↓
molle	я *[ia]*	ё *[io]*	е *[ié]*	и *[i]*	ю *[iou]*

Le е se prononce comme *[ié]* dans **lé**na : от**е**ц *[at**ié**t^{s}], père.*
La voyelle molle я ressemble au début du mot **ia**mbe : **я**сно *[**ia**sn^{a}], clair.*
Dans la position non accentuée, le я et le е sont quasiment identiques : les deux se prononcent comme un i atténué, mais parfois le е est un peu plus prononcé au milieu des mots qu'à la fin : **о**пера *[**o**p^{i}Ra], opéra*, п**о**сле *[p**o**sl^{ié}], après*. Dans notre transcription phonétique, nous avons marqué les sons atténués par les signes en exposant : *[m**o**r^{ié}], [spassib^{a}].*
La voyelle dure э ressemble au ê français de *être* : **э**то *[**ê**t^{a}], cela, c'est* ; non accentuée, cette voyelle se rapproche plutôt d'un i : экз**а**мен *[ikz**a**mi-n], examen.*

Les voyelles ы, и, у et ю gardent toujours la même prononciation.
Le son ы n'existe pas en français. Pour le prononcer, il faut dire "ou" en étirant les lèvres comme pour dire "i". Nous avons transcrit ce son *[y]* : быть *[byt^{s}], être.*
La lettre russe у correspond au *[ou]* de *boule.*

ё est toujours accentué et se prononce comme dans ionique : кошел**ё**к *[kachyl**io**k], porte-monnaie.*
и ressemble au *[i]* de *ivre* : нос**и**ть *[nass**i**t^s], porter.*
ю est proche du *[iou]* de *pioupiou* : кастр**ю**ля *[kastR**iou**lia], casserole.*

2 Le nom

2.1 Les cas et les trois genres

Le russe ne possède pas d'article. Toute l'information sur le mot est donnée par sa terminaison. La terminaison d'un mot change selon sa fonction grammaticale dans la phrase. Les fonctions grammaticales correspondent à ce qu'on appelle des cas. Chaque cas se matérialise par différentes terminaisons notamment selon le genre du mot concerné. Il y a trois genres en russe – le masculin, le féminin et le neutre. Quant aux cas, ils sont au nombre de six :

• Le **nominatif** (N) est le cas du sujet ou de son attribut (il n'est jamais utilisé après une préposition) :
Мо**я** сестр**а** х**о**дит в шк**о**лу. *Ma sœur va à l'école.*
• Le **génitif** (G) est le cas du complément de nom, de la négation, de l'absence, du partitif, de la quantité et de la provenance :
Я ид**у** из те**а**тра. *Je reviens du théâtre.* Дай мне, пож**а**луйста, д**е**нег. *Donne-moi de l'argent, s'il te plaît.*
• Le **datif** (D) est le cas de l'attribution :
Он подар**и**л м**а**ме бук**е**т цвет**о**в. *Il a offert à maman un bouquet de fleurs.*
• L'**accusatif** (A) est le cas du complément d'objet direct :
Мы в**и**дим дет**е**й. *Nous voyons des enfants.*
• L'**instrumental** (I) est le cas du complément circonstanciel de moyen :
С**а**ша п**и**шет карандаш**о**м. *Sacha écrit avec un crayon.*
• Le **prépositionnel** ou **locatif** (P ou L) s'emploie seulement après une préposition :
Он**а** всё вр**е**мя д**у**мает о сво**ё**м жених**е**. *Elle pense tout le temps à son fiancé.*

On définit le genre des mots d'après leur terminaison au nominatif et on les répartit en durs et mous :

- **Masculins**

Les durs se terminent par une consonne : долг, *dette* ; проспект, *avenue* ; отец, *père*.

Les mous se terminent en -й et -ь (signe mou) : музей, *musée* ; водитель, *chauffeur*.

- **Féminins**

Les durs se terminent en -а : дорога, *route*, жена, *épouse* ; литература, *littérature*.

Les mous se terminent en -я, -ия et -ь (signe mou) : семья, *famille* ; регистрация, *enregistrement* ; любовь, *amour*.

- **Neutre**

Les durs se terminent en -о : лето, *été* ; окно, *fenêtre*.

Les mous se terminent en -е, -ие et un petit groupe de mots en -мя : море, *mer* ; платье, *robe* ; совпадение, *coïncidence* ; пламя, *flamme* ; время, *temps*.

Remarques :

Certains noms se terminant par un -а ou un -я sont masculins. Il s'agit des noms logiquement du genre masculin et des diminutifs des prénoms masculins : папа, *papa* ; Витя le diminutif de *Victor*. Ces mots se déclinent comme les féminins mais s'accordent au masculin (avec les adjectifs, par exemple).

Comme les noms se terminant par un signe mou (-ь) peuvent être du genre masculin ou du féminin, il faut les retenir.

2.2 La déclinaison

Tous les noms russes se subdivisent en animés (êtres vivants) et inanimés (objets). Il est important de retenir que l'accusatif des noms masculins prend la forme du nominatif si le nom est inanimé et du génitif s'il est animé. Pour le féminin, cette règle est valable seulement au pluriel.

- **Masculins**

– Type dur : проспект (inanimé), *avenue*, кот (animé), *chat*

	Singulier		Pluriel	
N	проспект	кот	проспекты	коты
G	проспекта	кота	проспектов	котов

D	проспекту	коту	проспектам	котам
A	проспект	кота	проспекты	котов
I	проспектом	котом	проспектами	котами
L	проспекте	коте	проспектах	котах

Remarquez que si la base du nom masculin se termine par une chuintante (ж, ч, ш, щ), le génitif pluriel se transforme en -ей (comme un mou) : врач, *médecin* → врачей ; нож, *couteau* → ножей.

– Type mou en -й : мавзолей (inanimé), *mausolée* ; type mou en -ь : гель (inanimé), *gel*

	Singulier		Pluriel	
N	мавзолей	гель	мавзолеи	гели
G	мавзолея	геля	мавзолеев	гелей
D	мавзолею	гелю	мавзолеям	гелям
A	мавзолей	гель	мавзолеи	гели
I	мавзолеем	гелем	мавзолеями	гелями
L	мавзолее	геле	мавзолеях	гелях

• **Féminin**

– Type dur : норма (inanimé), *norme* ; дама (animé), *dame*

	Singulier		Pluriel	
N	норма	дама	нормы	дамы
G	нормы	дамы	норм	дам
D	норме	даме	нормам	дамам
A	норму	даму	нормы	дам
I	нормой	дамой	нормами	дамами
L	норме	даме	нормах	дамах

– Type mou en -я : потеря (inanimé), *perte* ; type mou en -ь : боль (inanimé), *douleur*

	Singulier		Pluriel	
N	потеря	боль	потери	боли
G	потери	боли	потерь	болей

D	пот**е**ре	б**о**ли	пот**е**рям	б**о**лям
A	пот**е**рю	боль	пот**е**ри	б**о**ли
I	пот**е**рей	б**о**лью	пот**е**рями	б**о**лями
L	пот**е**ре	б**о**ли	пот**е**рях	б**о**лях

Les féminins en -ия ont le datif et locatif singulier en -ии et le génitif pluriel en -ий : регистр**а**ция, *enregistrement* → регистр**а**ции (D), регистр**а**ции (L), регистр**а**ций (Ϛ pl.).

• **Neutre**
(toujours inanimé ; l'accusatif aura donc toujours la forme du nominatif)
– Type dur en -о : окн**о**, *fenêtre* ; type mou en -е : м**о**ре, *mer*

	Singulier		Pluriel	
N	окн**о**	м**о**ре	**о**кна	мор**я**
Ϛ	окн**а**	м**о**ря	**о**кон	мор**е**й
D	окн**у**	м**о**рю	**о**кнам	мор**я**м
A	окн**о**	м**о**ре	**о**кна	мор**я**
I	окн**о**м	м**о**рем	**о**кнами	мор**я**ми
L	окн**е**	м**о**ре	**о**кнах	мор**я**х

Les neutres en -ие (tout à fait comme les féminins en ont le locatif singulier en -ия) ont le locatif singulier en -ии et le génitif pluriel en -ий : знач**е**ние, *signification* → знач**е**нии (L), знач**е**ний (Ϛ pl.).
Neutre en -мя : вр**е**мя *temps*

	Singulier	Pluriel
N	вр**е**мя	времен**а**
Ϛ	вр**е**мени	врем**ё**н
D	вр**е**мени	времен**а**м
A	вр**е**мя	времен**а**
I	вр**е**менем	времен**а**ми
L	вр**е**мени	времен**а**х

2.3 Les noms indéclinables

Certains mots empruntés sont indéclinables, c'est-à-dire qu'ils ont toujours la même forme. Quelques exemples : кин**о**, *cinéma* (de l'allemand ***Kino***) ; пальт**о**, *manteau* (de *paletot*) ; метр**о**, *métro* ; такс**и**, *taxi*.

2.4 Les cas particuliers

• La règle de l'incompatibilité orthographique

Souvenez-vous qu'après г, ж, к, х, ч, ш, щ il ne peut pas y avoir de -ы en raison d'une incompatibilité orthographique. Par conséquent, la terminaison est -и. Ainsi on aura : вечер**и**нка, *une soirée* → вечер**и**нки, *les soirées* ; долг, *une dette* → долги, *les dettes*.

• Voyelle mobile

Si le radical du mot se termine par deux consonnes et que la terminaison est "zéro", une voyelle dite mobile apparaît. Elle disparaît dès que la désinence contient une voyelle : от**е**ц (nominatif singulier) → отц**а** (génitif/accusatif singulier). Au génitif pluriel, cette voyelle est о si le radical se termine par une consonne suivie de к : с**у**мка, *sac* → с**у**мок (G pl.). Après les molles et les consonnes chuintantes, c'est toujours un е : ч**а**шка, *tasse* → ч**а**шек (G pl.), письм**о**, *lettre* → п**и**сем (G pl.).

2.5 Les noms irréguliers

• Le locatif (prépositionnel) en -у

Certains noms masculins forment leur locatif (ou prépositionnel) en -у (toujours accentué) après les prépositions в et на : на берег**у**, *sur la rive* ; в **э**том год**у**, *cette année* ; в лес**у**, *dans la forêt* ; на мост**у**, *sur le pont* ; на нос**у**, *sur le nez* ; на пол**у**, *sur le sol (par terre)* ; в сад**у**, *dans le jardin* ; в шкаф**у**, *dans l'armoire*. Avec d'autres prépositions, la forme reste "normale" (en -е) : я говор**ю** о л**е**се / о с**а**де, *je parle de la forêt / du jardin*.

• Le pluriel irrégulier en -а

Beaucoup de masculins forment leur pluriel en -а accentué (-я pour les mous). Voici les plus courants :

адрес, *adresse* → адрес**а**

б**е**рег, *rive* → берег**а**

в**е**чер, *soir* → вечер**а**

глаз, *œil* → глаз**а**

г**о**род, *ville* → город**а**

д**о**ктор, *médecin* → доктор**а**
дом, *maison* → дом**а**
лес, *forêt* → лес**а**
н**о**мер, *numéro* → номер**а**
остров, *île* → остров**а**
отпуск, *congé* → отпуск**а**
п**а**спорт, *passeport* → паспорт**а**
п**о**езд, *train* → поезд**а**
т**о**рмоз, *frein* → тормоз**а**
уч**и**тель, *maître, instituteur* → учител**я**
х**о**лод, *froid* → холод**а**
цвет, *couleur* → цвет**а**

• Certains mots neutres ont un pluriel irrégulier :
кол**е**но, *genou* → кол**е**ни
н**е**бо, *ciel* → небес**а**
плеч**о**, *épaule* → пл**е**чи
ч**у**до, *miracle* → чудес**а**.

• Le pluriel irrégulier en -ья du type братья

Certains noms masculins (comme лист, *feuille*, брат, *frère*) et neutres (д**е**рево, *arbre*, крыл**о**, *aile*, пер**о**, *plume*) ont le nominatif pluriel irrégulier en -ья et le génitif pluriel en -ьев. Le signe mou reste dans toutes les formes du pluriel :

	Singulier	Pluriel
N	брат	бр**а**тья
G	бр**а**та	бр**а**тьев
D	бр**а**ту	бр**а**тьям
A	бр**а**та (= G car animé)	бр**а**тьев
I	бр**а**том	бр**а**тьями
L	бр**а**те	бр**а**тьях

• Le pluriel irrégulier en -ья du type друзья

D'autres noms formant leur nominatif pluriel en -ья (друг, *ami*, муж, *mari*, сын, *fils*) ressemblent au type бр**а**тья mais ont le génitif pluriel en -ей. Souvent, la base du mot change. Ce sont les mots unisyllabiques (une voyelle) dans lesquels l'accent tombe sur la terminaison du pluriel. Malgré cette différence, ils gardent le signe mou dans les terminaisons du pluriel :

	Singulier	Pluriel
N	друг, муж, сын	друзья, мужья, сыновья
G	друга, мужа, сына	друзей, мужей, сыновей
D	другу, мужу, сыну	друзьям, мужьям, сыновьям
A	друга, мужа, сына (= G car animé)	друзей, мужей, сыновей
I	другом, мужем*, сыном	друзьями, мужьями, сыновьями
L	друге, муже, сыне	друзьях, мужьях, сыновьях

* -ем après les chuintantes ж, ш, ч, щ et la sifflante ц dans les terminaisons non accentuées : мужем mais карандашом.

• **Le génitif pluriel de certains masculins** a la terminaison zéro :
раз, *fois* → (много) раз, *(beaucoup de) fois*
волос, *cheveu* → (много) волос, *(beaucoup de) cheveux*
глаз, *œil* → (много) глаз, *(beaucoup d')yeux*
сапог, *botte* → (много) сапог, *(beaucoup de) bottes*

• **La déclinaison du féminin мать est irrégulière :**

	Singulier	Pluriel
N	мать	матери
G	матери	матерей
D	матери	матерям
A	мать	матерей
I	матерью	матерями
L	матери	матерях

L'accent est sur la première syllabe partout au singulier et à la 1re personne du pluriel. À toutes les autres personnes du pluriel, l'accent est final.

• **человек,** ***homme*****, est un masculin irrégulier :**

	Singulier	Pluriel
N	человек	люди
G	человека	людей

D	человеку	людям
A	человека	людей
I	человеком	людьми
L	человеке	людях

2.6 Les suffixes diminutifs des noms

Le russe utilise beaucoup de suffixes diminutifs. En voici quelques-uns.

• **Pour le féminin :**
-ка : кабина, *cabine* + ка → кабинка, *petite cabine* ;
-очка : роза, *rose* + очка → розочка, *petite rose* ; après les chuintantes ce suffixe se transforme en -ечка : ложка, *cuiller* + ечка → ложечка, *petite cuiller.*

• **Pour le masculin :**
-чик : фонтан, *fontaine* + чик → фонтанчик, *petite fontaine*. Notez que quand le mot se termine par un л, on rajoute un signe mou ь : скандал, *scandale* + чик → скандальчик.

3 L'adjectif

Comme les noms, les adjectifs se divisent en durs et en mous selon leur terminaison. Beaucoup d'adjectifs ont une forme longue et une forme courte. L'accent, dans les adjectifs, est fixe. Comme les noms, les adjectifs se déclinent. Ils ont la forme de l'accusatif égale à celle du nominatif quand l'adjectif se rapporte à un objet, et l'accusatif égal au génitif, quand l'adjectif se rapporte à un être animé. Les terminaisons des adjectifs mous et durs sont quasiment identiques. Certains adjectifs durs prennent l'accent sur la dernière syllabe, et dans ce cas, leur masculin se termine en -ой : большой, *grand*.

3.1 La forme longue et la déclinaison

Les adjectifs durs (бедный, -ая, -ое, *pauvre*) et les adjectifs mous (синий, -яя, -ее, *bleu*) :

Singulier				
	Masc., Neutre	Féminin	Masc., Neutre	Féminin
N	б**е**дный, б**е**дное	б**е**дная	с**и**ний, с**и**нее	с**и**няя
G	б**е**дного	б**е**дной	с**и**него	с**и**ней
D	б**е**дному	б**е**дной	с**и**нему	с**и**ней
A	N ou G	б**е**дную	N ou G	с**и**нюю
I	б**е**дным	б**е**дной	с**и**ним	с**и**ней
L	б**е**дном	б**е**дной	с**и**нем	с**и**ней

Pluriel (pour tous les genres)		
N	б**е**дные	с**и**ние
G	б**е**дных	с**и**них
D	б**е**дным	с**и**ним
A	N ou G	N ou G
I	б**е**дными	с**и**ними
L	б**е**дных	с**и**них

Les adjectifs так**о**й, *tel*, et как**о**й, *quel*, se déclinent comme tous les autres adjectifs avec l'accent tonique final, par exemple, больш**о**й.

La règle d'incompatibilité orthographique (voir 1.4) entraîne les changements de terminaisons suivants : -ый → -ий ; -яя → -ая ; -ое non accentué → -ее : выс**о**кий, выс**о**кая, выс**о**кое, выс**о**кие *haut* ; б**ы**вший, б**ы**вшая, б**ы**вшее, б**ы**вшие, *ancien*.

Singulier				
	Masc., Neutre	Féminin	Masc., Neutre	Féminin
N	б**ы**вший, б**ы**вшее	б**ы**вшая	выс**о**кий, выс**о**кое	выс**о**кая
G	б**ы**вшего	б**ы**вшей	выс**о**кого	выс**о**кой
D	б**ы**вшему	б**ы**вшей	выс**о**кому	выс**о**кой
A	N ou G	б**ы**вшую	N ou G	выс**о**кую
I	б**ы**вшим	б**ы**вшей	выс**о**ким	выс**о**кой
L	б**ы**вшем	б**ы**вшей	выс**о**ком	выс**о**кой

Pluriel (pour tous les genres)		
N	бывшие	высокие
G	бывших	высоких
D	бывшим	высоким
A	N ou G	N ou G
I	бывшими	высокими
P	бывших	высоких

3.2 La forme courte

La forme courte s'utilise en tant qu'attribut du sujet. Elle est utilisée avec le verbe *être* :
этот человек молод.
Cet homme est jeune. (le verbe *être* au présent est omis). молод est l'adjectif court de молодой.
L'adjectif court s'accorde en genre et nombre : он молод, она молода, оно молодо, они молоды. Cette forme s'utilise également dans des phrases exclamatives :
Как здесь красиво!
Comme c'est beau ici !
L'adjectif court exprime également une qualité passagère par rapport à une constante exprimée par l'adjectif long :
– Сегодня она слишком весела! *Aujourd'hui, elle est trop gaie !*
– По-моему, она всегда такая весёлая. *À mon avis, elle est toujours aussi gaie.*
Certains adjectifs n'ont que la forme courte : рад, *content*, рада, *contente*, рады, *content(e)s*.

3.3 Les degrés de comparaison

Les adjectifs et les adverbes possèdent la même forme du comparatif.

- Le **comparatif de supériorité composé** (analytique) se forme avec le mot более, *plus*, auquel s'ajoute l'adjectif ou l'adverbe : более молодой, *plus jeune* ; более интересный, *plus intéressant* ; более дорогой, *plus cher.*

- La formation du **comparatif simple** (par opposition au composé) se fait au moyen d'un suffixe. On ajoute le suffixe -ee à la base (le mot sans terminaison) de l'adjectif ou de l'adverbe :
длинный (adj.), *long* → длиннее, *plus long*

интересно (adv.) *intéressant* → интереснее, *plus intéressant*
новый, *neuf* → новее, *plus neuf*
Le comparatif des adjectifs ou des adverbes dont le radical se termine par г, к, х, д, т, et plus rarement з et с, est formé avec le suffixe -е qui n'est jamais accentué. Dans ce cas, nous avons affaire au phénomène de la palatalisation qui s'accompagne d'un changement de consonnes :
– les consonnes г, д, з se transforment en ж :
молодой, *jeune* → моложе, *plus jeune* ; дорогой, *cher* → дороже, *plus cher* ;
– les consonnes х et с se transforment en ш :
(говорить) тихо, *(parler) doucement, bas* → (говорить) тише, *(parler) plus doucement, plus bas* ;
– les consonnes к et т se transforment en ч :
богатый, *riche* → богаче, *plus riche* (mais pas toujours : жёлтый (adj.), *jaune* → желтее, *plus jaune*) легко, *facilement* → легче, *plus facilement* ;
– la combinaison ст devient щ :
просто, *simplement* → проще, *plus simple*.

Quelques exceptions :
большой, *grand* → больше, *plus grand*
высокий, *haut* → выше, *plus haut*
далеко, *loin* → дальше, *plus loin*
дешёвый, *bon marché, pas cher* → дешевле, *meilleur marché*
долгий, *long* → дольше, *plus long*
маленький, *petit* → меньше, *plus petit*
хороший, *bon*, хорошо, *bien* → лучше, *meilleur, mieux*.
Les comparatifs peuvent être accompagnés par la structure чем suivi de l'objet avec lequel on compare : эта книга интереснее, чем та, *ce livre-ci est plus intéressant que celui-là* ; ты говоришь тише, чем я, *tu parles plus bas que moi*. Il y a toujours une virgule devant чем.

3.4 Le superlatif

• Le superlatif analytique est formé avec самый, *le plus*, + l'adjectif (qui peut être suivi de из всех, *de tous*) :
самый интересный из всех, *le plus intéressant de tous*.

• Le superlatif absolu est formé avec le suffixe -ейший, -ая, -ее. Il ne peut pas être suivi de из всех, *de tous* :
интер**е**сный, *intéressant* → интер**е**снейший, *le plus intéressant*
б**е**дная, *pauvre* → бедн**е**йшая, *la plus pauvre*.
Après une chuintante, le suffixe se transforme en -айший, -ая, -ее et la consonne change assez régulièrement :
бл**и**зкий, *proche* → ближ**а**йший, *le plus proche* (la suite de consonnes зк s'est changée en ж)
д**и**кий, *sauvage* → дич**а**йший, *le plus sauvage* (le к a changé en ч). Le suffixe est toujours accentué sur l'avant-dernière syllabe.

• Le superlatif absolu peut également être formé avec le préfixe наи- qui s'ajoute à l'adjectif long : наил**у**чший, *le meilleur.*

4 Les nombres

	Cardinaux	Ordinaux
0	ноль	
1	од**и**н, одн**а**, одн**о**	п**е**рвый, п**е**рвая, п**е**рвое
2	два, две	втор**о**й, втор**а**я, втор**о**е
3	три	тр**е**тий, тр**е**тья, тр**е**тье
4	чет**ы**ре	четв**ё**ртый, четв**ё**ртая, четв**ё**ртое
5	пять	п**я**тый, п**я**тая, п**я**тое
6	шесть	шест**о**й
7	семь	седьм**о**й
8	в**о**семь	восьм**о**й
9	д**е**вять	дев**я**тый
10	д**е**сять	дес**я**тый
11	од**и**ннадцать	од**и**ннадцатый
12	двен**а**дцать	двен**а**дцатый
13	трин**а**дцать	трин**а**дцатый
14	чет**ы**рнадцать	чет**ы**рнадцатый
15	пятн**а**дцать	пятн**а**дцатый
16	шестн**а**дцать	шестн**а**дцатый
17	семн**а**дцать	семн**а**дцатый
18	восемн**а**дцать	восемн**а**дцатый

19	девятн**а**дцать	девятн**а**дцатый
20	дв**а**дцать	двадц**а**тый
21	дв**а**дцать од**и**н	дв**а**дцать п**е**рвый
22	дв**а**дцать два	дв**а**дцать втор**о**й
30	тр**и**дцать	тридц**а**тый
40	с**о**рок	сороков**о**й
50	пятьдес**я**т	пятидес**я**тый
60	шестьдес**я**т	шестидес**я**тый
70	с**е**мьдесят	семидес**я**тый
80	в**о**семьдесят	восьмидес**я**тый
90	девян**о**сто	девян**о**стый
100	сто	с**о**тый
101	сто од**и**н	сто п**е**рвый
200	дв**е**сти	двухс**о**тый
300	тр**и**ста	тр**ё**хс**о**тый
400	чет**ы**реста	четыр**ё**хс**о**тый
500	пятьс**о**т	пятис**о**тый
600	шестьс**о**т	шестис**о**тый
700	семьс**о**т	семис**о**тый
800	восемьс**о**т	восьмис**о**тый
900	девятьс**о**т	девятис**о**тый

4.1 Les cardinaux et leur déclinaison

L'accusatif a la même forme que le nominatif quand le cardinal se rapporte aux noms inanimés, et la même forme que le génitif quand il se rapporte aux noms désignant des animés.

• Le cardinal од**и**н a les terminaisons de la déclinaison du démonstratif **э**тот qui s'ajoutent à la base одн-. N'oubliez pas qu'il s'accorde en genre et nombre avec le substantif. L'accent tombe sur la dernière syllabe.

	Masc., Neutre	Féminin	Pluriel
N	од**и**н, одн**о**	одн**а**	одн**и**
G	одног**о**	одн**о**й	одн**и**х
D	одном**у**	одн**о**й	одн**и**м

A	N ou G	одн**у**	N ou G
I	одн**и**м	одн**о**й	одн**и**ми
L	одн**о**м	одн**о**й	одн**и**х

• Le cardinal два, две n'a pas de forme de pluriel spécifique, car c'est déjà un pluriel, mais il s'accorde en genre au nominatif et à l'accusatif. Il est à noter que le choix entre la forme du génitif et celle du nominatif, selon que le mot désigne un objet animé ou inanimé, a lieu également pour l'accusatif féminin, mais il n'est pas exclusivement réservé aux animés. Ainsi, on dira obligatoirement Я в**и**жу две кн**и**ги (féminin inanimé), *Je vois deux livres*, et Я в**и**жу двух д**е**вушек (féminin animé), *Je vois deux jeunes filles* (revoir leçon 70 § 5).

Два et две sont suivis de noms au génitif singulier, tandis que le nom qui suit двух se met au même cas que cet adjectif, c'est-à-dire à l'accusatif pluriel. Toute la déclinaison de *deux*, два, *trois*, три et *quatre*, чет**ы**ре porte l'accent sur la dernière syllabe, sauf au nominatif singulier de чет**ы**ре.

	Masculin, Féminin		
N	два, две	три	чет**ы**ре
G	двух	трёх	четыр**ё**х
D	двум	трём	четыр**ё**м
A	N ou G	N ou G	N ou G
I	двум**я**	трем**я**	четырьм**я**
L	двух	трёх	четыр**ё**х

• Les cardinaux de 5 à 30 ont la déclinaison des féminins en signe mou ь. La terminaison du G, du D et du L est -и ; l'A = N ou G ; le L (P) est en -ью. Dans les cardinaux de 50 à 80 les deux parties se déclinent comme les féminins en signe mou : пят**и**десяти (G, D, L), пять**ю**десятью.

• Les dizaines 40, 90, 100 ont la terminaison -а dans tous les cas sauf l'accusatif des inanimés qui a la forme du nominatif.

• 200, 300, 400 se déclinent en deux parties dont la première perd son accent (même si le mot contenait un ё) :

N	дв**е**сти	тр**и**ста	чет**ы**реста
G	двухс**о**т	тр**ё**хс**о**т	четыр**ё**хс**о**т
D	двумст**а**м	тр**ё**мст**а**м	четыр**ё**мст**а**м
A	N ou G	N ou G	N ou G
I	двумяст**а**ми	тремяст**а**ми	четырьмяст**а**ми
L	двухст**а**х	тр**ё**хст**а**х	четыр**ё**хст**а**х

• Les centaines de 500 à 900 se déclinent en deux parties dont la première se décline comme les féminins en signe mou et la deuxième comme celle des 200 :

N	пятьс**о**т	девятьс**о**т
G	пятис**о**т	девятис**о**т
D	пятист**а**м	девятист**а**м
A	N	N
I	пятьюст**а**ми	девятьюст**а**ми
L	пятист**а**х	девятист**а**х

4.2 L'accent des cardinaux

Les cardinaux de 5 à 10, de 20, de 30 ont l'accent final ; les cardinaux de 11 à 19 ont l'accent du nominatif ; les dizaines de 50 à 80 ont l'accent médian : шест**и**десяти, восьм**и**десяти. Les autres cardinaux prennent l'accent final.

4.3 Les ordinaux et leur déclinaison

Les numéraux ordinaux s'accordent avec le nom en genre et en nombre, et comme ils ont les terminaisons adjectivales, ils se déclinent comme des adjectifs. Cependant, il y a une particularité dans la déclinaison de l'ordinal тр**е**тий, тр**е**тья, тр**е**тье, тр**е**тьи, *troisième(s)*. Cet adjectif a la déclinaison des adjectifs mous et les désinences des adjectifs courts au Nominatif et à l'Accusatif pluriel.

	Masculin, Neutre	Féminin	Pluriel
N	тр**е**тий, тр**е**тье	тр**е**тья	тр**е**тьи
G	тр**е**тьего	тр**е**тьей	тр**е**тьих

D	третьему	третьей	третьим
A	N ou G, третье	третью	N ou G
I	третьим	третьей	третьими
L	третьем	третьей	третьих

4.4 Les constructions avec les nombres

L'accord des cardinaux avec les noms ou adjectifs qui les suivent est assez spécial.

• **Accord avec les noms**

• 1 et tous les nombres composés qui se terminent par 1 sont suivis du nominatif singulier. 1 s'accorde en genre : одно дерево, *un arbre* ; двадцать одна подруга, *vingt-et-une amies* ; сто пятьдесят одна книга, *cent cinquante et un livres* ; девятьсот тридцать один дом, *neuf cent trente et une maisons*.

• 2, 3, 4 et tous les nombres composés qui se terminent par 2, 3 et 4 sont suivis du génitif singulier. Attention, 2, два, a une forme spécifique au féminin, две : две китаянки, *deux Chinoises* ; тридцать три депутата, *trente-trois députés* ; сто четыре дерева, *cent quatre arbres*.

• de 5 à 20 inclus, les noms de nombres sont suivis du génitif pluriel : пять врачей, *cinq médecins* ; одиннадцать водителей, *onze chauffeurs* ; семнадцать детей, *dix-sept enfants* ; двадцать мужчин, *vingt hommes*.

• Les indéfinis du genre мало, *peu* ou много, *beaucoup*, sont suivis d'un génitif singulier dans le cas des noms abstraits ou indénombrables, et du génitif pluriel pour les concrets et dénombrables : мало воды, *peu d'eau* ; много книг, *beaucoup de livres*.

Cette règle s'applique quand le cardinal est au nominatif ou à l'accusatif. Dans tous les autres cas, le nom et le cardinal se mettent au même cas :

Пять (nominatif) девочек (génitif pluriel) гуляют в парке.
Cinq filles se promènent dans le parc.

Я вижу пять (accusatif) девочек (génitif pluriel).
Je vois cinq filles.

Я даю книгу пяти (datif) девочкам (datif pluriel).
Je donne le livre aux cinq filles.

Au nominatif et à l'accusatif inanimé, la forme des cardinaux ne change pas pour le masculin et le neutre, excepté один.

• **Accord avec les adjectifs**
• Après les cardinaux од**и**н, одн**а**, одн**о**, одн**и**, à tous les cas, le nom et l'adjectif s'accordent en nombre, en genre et en cas avec le cardinal qui les précède : од**и**н м**а**ленький м**а**льчик, *un petit garçon* ; одн**и**м хор**о**шим ф**и**льмом, *par un bon film* ; одн**о**й крас**и**вой д**е**вушке, *à une belle jeune fille*.
• Après 2, 3 et 4, au nominatif et à l'accusatif, le nom est au génitif singulier et l'adjectif au génitif pluriel (les adjectifs féminins peuvent se mettre au nominatif pluriel, mais le génitif pluriel est préférable) :
Два крас**и**вых м**а**льчика, *deux beaux garçons* ;
Я в**и**жу двух крас**и**вых д**е**вочек, *Je vois deux belles filles*.
Si le cardinal lui-même est à un cas autre que le nominatif et l'accusatif (la règle est valable pour tous les cardinaux), le nom et l'adjectif s'accordent logiquement avec le cardinal :
Я да**ю** кн**и**гу двум крас**и**вым д**е**вочкам (tout est accordé au datif pluriel), *Je donne le livre à deux belles filles*.
• Pour 5 et plus, on accorde les adjectifs et les noms au génitif pluriel :
Я в**и**жу пять м**а**леньких м**а**льчиков, *Je vois cinq petits garçons*.
Et au datif :
Я да**ю** кн**и**гу пят**и** м**а**леньким м**а**льчикам (tout est accordé au datif pluriel), *Je donne le livre à cinq petits garçons*.

5 Les pronoms

5.1 Les pronoms personnels

	Singulier	Pluriel
1re personne		
N	я	мы
G	мен**я**	нас
D	мне	нам
A	G	G
I	мной	н**а**ми
L	(обо) мне	(о) нас
2e personne		
N	ты	вы
G	теб**я**	вас

D	теб**е**	вам
A	G	G
I	тоб**о**й	в**а**ми
L	(о) теб**е**	(о) вас
3e personne		
N	он, он**о**, он**а**	он**и**
G	(н)ег**о**, (н)е**ё**	(н)их
D	(н)ем**у**, (н)ей	(н)им
A	G	G
I	(н)им, (н)ей	(н)**и**ми
L	(о) нём, ней	(о) них

Le н s'ajoute aux pronoms de la 3e personne s'ils suivent une préposition :
Я подар**и**л ей цвет**ы**, *Je lui ai offert des fleurs.*
mais :
Я ид**у** к ней, *Je vais chez elle.*

5.2 Les pronoms/adjectifs possessifs

Les possessifs se déclinent.
• Les possessifs мой, *mon*, твой, *ton*, свой, *son* se déclinent de la même façon :

	Masc., Neutre	Féminin	Pluriel
N	мой, мо**ё**	мо**я**	мо**и**
G	моег**о**	мо**е**й	мо**и**х
D	моем**у**	мо**е**й	мо**и**м
A	N ou G	мо**ю**	N ou G
I	мо**и**м	мо**е**й	мо**и**ми
L	мо**ё**м	мо**е**й	мо**и**х

Leur déclinaison ressemble beaucoup à celle du cardinal од**и**н. Le pronom possessif свой indique l'appartenance à toutes les personnes (1re, 2e et 3e). Ce pronom s'utilise quand il se rapporte au sujet de l'action. Attention, on n'utilise pas ce possessif au nominatif :
Л**е**том ег**о** сестр**а** уезж**а**ет на д**а**чу.

En été, sa sœur part à la datcha. (C'est sa sœur qui est l'agent de l'action)
Он уезж**а**ет на д**а**чу к сво**е**й сестр**е**.
Il part à la datcha chez sa sœur. (C'est lui qui est l'agent de l'action et sa sœur est le complément d'objet indirect)

• Les possessifs pluriels, наш, *notre* et ваш, *votre*, ont également la même déclinaison :

	Masc., Neutre	Féminin	Pluriel
N	наш, н**а**ше	н**а**ша	н**а**ши
G	н**а**шего	н**а**шей	н**а**ших
D	н**а**шему	н**а**шей	н**а**шим
A	N ou G	н**а**шу	N ou G
I	н**а**шим	н**а**шей	н**а**шими
L	н**а**шем	н**а**шей	н**а**ших

• Les possessifs de la 3e personne sont les mêmes pour tous les genres et tous les cas : ег**о**, е**ё**, их. Ils s'accordent toujours avec le sujet :
это ег**о** кастр**ю**ля, *c'est sa casserole* (le possesseur est une personne du sexe masculin car ег**о** est du masculin ; le genre de l'objet possédé, ici le féminin кастр**ю**ля, n'a pas d'influence sur le possessif) ;
у теб**я** е**ё** ключ**и**, *tu as ses clés* (le possesseur des clés est une personne du sexe féminin car е**ё** est du féminin et du singulier ; le genre de l'objet possédé, ici ключ**и** qui est masculin pluriel, n'a pas d'incidence sur le possessif) ;
мы их д**е**ти, *nous sommes leurs enfants* (le sujet est au pluriel car их est du pluriel).

5.3 Les interrogatifs et les relatifs

• **La déclinaison des pronoms** что **et** кто
Ils n'ont que le singulier. Le pronom кто se rapporte aux êtres animés tandis que что, aux objets. La déclinaison de кто, *qui*, est semblable à celle de тот, *celui-là*. Le pronom что, *quoi*, *que*, a la même déclinaison avec les terminaisons du type mou :

N	кто	что
G	ког**о**	чег**о**
D	ком**у**	чем**у**
A	G	N
I	кем	чем
L	ком	чём

• Le pronom-adjectif interrogatif как**о**й, **а**я, **о**е, **и**е, *quel*, a la déclinaison des adjectifs (voir le paragraphe concernant les adjectifs).
• Le pronom-adjectif interrogatif et relatif кот**о**рый, -ая, -ое, -ые, *lequel*, se décline comme un adjectif.

5.4 Le démonstratif

Les démonstratifs **э**тот, *celui-ci*, et тот, *celui-là*, s'opposent d'après leur sens – Не **э**тот, а тот. *Pas celui-ci, mais celui-là.* –, mais leur déclinaison est quasiment identique : en enlevant le э du début de **э**тот, on obtient la déclinaison de тот. Il y a tout de même une petite différence : là où il y a un и dans la déclinaison de **э**тот, il y a un е pour la déclinaison de тот.

	Masc., Neutre	Féminin	Pluriel
N	**э**тот, **э**то / тот, то	**э**та / та	**э**ти / те
G	**э**того / тог**о**	**э**той / той	**э**тих / тех
D	**э**тому / тому**у**	**э**той / той	**э**тим / тем
A	N ou G	**э**ту / ту	N ou G
I	**э**тим / тем	**э**той / той	**э**тими / т**е**ми
L	**э**том / том	**э**той / той	**э**тих / тех

5.5 Les indéfinis

On les forme en accolant des particules indéfinies devant ou derrière les pronoms/adjectifs interrogatifs :
• не- : н**е**который, -ая, -ое, *certain* ; н**е**сколько, *quelques-uns* ; н**е**кто, *quelqu'un* ; н**е**что, *quelque chose*.
Ces deux derniers ne s'emploient qu'au nominatif et à l'accusatif :
Сейч**а**с я расскаж**у** вам н**е**что отр**а**дное!
Je vais vous raconter quelque chose d'agréable !

Teb**е** звон**и**л н**е**кто Петр**о**в. *Un certain Pétrov t'a téléphoné.*
• -нибудь : гд**е**-нибудь, кт**о**-нибудь, чт**о**-нибудь, ск**о**лько-нибудь.
• -то : гд**е**-то, кт**о**-то, чт**о**-то, ск**о**лько-то.
нибудь et то s'écrivent toujours avec un trait d'union.

5.6 Всё

Il s'accorde avec le nom en genre et en nombre : весь, *tout* ; всё, *tout* ; вся, *toute* ; все, *tous*.
Il a la même déclinaison que le démonstratif тот, mais avec la base вс-, et il est du type mou. Leur accent est identique :

	Masc., Neutre	Féminin	Pluriel
N	тот, то/весь, всё	та/вся	те/все
G	тог**о**/всег**о**	той/всей	тех/всех
D	тому**у**/всем**у**	той/всей	тем/всем
A	N ou G	ту/всю	N ou G
I	тем/всем	той/всей	т**е**ми/вс**е**ми
L	том/всём	той/всей	тех/всех

5.7 Le pronom сам

сам, *soi-même*, s'emploie avec des noms animés ou inanimés. Il s'accorde en genre et en nombre avec le nom auquel il se rapporte : он сам, *lui-même* ; он**а** сам**а**, *elle-même* ; он**о** сам**о** (neutre) ; он**и** с**а**ми, *eux-mêmes* ou *elles-mêmes* (pour tous les genres). Retenez que dans sa déclinaison, le pronom garde l'accent final, sauf au nominatif et à l'instrumental pluriel.

	Masc., Neutre	Féminin	Pluriel
N	сам, сам**о**	сам**а**	с**а**ми
G	самог**о**	сам**ой**	сам**и**х
D	самом**у**	сам**ой**	сам**и**м
A	N ou G	сам**у**	N ou G
I	сам**и**м	сам**ой**	сам**и**ми
L	сам**о**м	сам**ой**	сам**и**х

• сам se place derrière le nom ou le pronom personnel pour souligner que le sujet accomplit l'action tout seul sans aucune aide :
Он**и** с**а**ми в**ы**брали свой н**о**вый дом.
Ils ont choisi leur nouvelle maison eux-mêmes.
• Il se place devant le nom ou après le pronom personnel décliné quand il souligne l'importance de ces derniers :
Т**о**лько он**а** сам**а** м**о**жет реш**и**ть, кто ей нр**а**вится б**о**льше.
Elle est la seule à pouvoir décider qui lui plaît le plus.
Вчер**а** мы разгов**а**ривали с сам**и**м Презид**е**нтом!
Hier, nous avons parlé avec le Président lui-même !

6 Les noms de famille

Les noms de familles en -ов, -ин, -ский, -ый et -ой ont une forme du féminin – on rajoute -а à la terminaison –, tandis que tous les autres (par exemple ceux qui se terminent par -ич et -о) n'en ont pas. Comparez :
– На вечер**и**нке б**ы**ло мн**о**го люд**е**й: В**и**ктор Гончар**о**в и Там**а**ра Гончар**о**ва, С**а**ша Купр**и**н и Т**а**ня Куприн**а**, Св**е**та Груш**и**нская и Ол**е**г Груш**и**нский.
– À la soirée, il y avait beaucoup de monde : Victor Gontcharov (m.) et Tamara Gontcharova (f.), Sacha Kouprine (m.) et Tania Kouprina (f.), Sveta Grouchinskaïa (f.) et Oleg Grouchinskiï (m.).

– А Петр**о**вы т**о**же б**ы**ли?
– Et les Pétrov, ils étaient là aussi ?

– Нет, он**и** не пришл**и**. А вот Н**а**дя Зас**у**лич, **И**горь Зас**у**лич и Ковал**е**нко пришл**и**.
– Non, ils ne sont pas venus. Mais Nadia Zassoulitch (f.), Igor Zassoulitch (m.) et Kovalenko sont venus (en l'absence de prénom ou d'accord verbal, le nom peut être considéré comme masculin, féminin ou même pluriel).

En ce qui concerne la déclinaison des noms de famille, les noms en -ский, -ый et -ой se déclinent comme des adjectifs :
Я **о**чень любл**ю** чит**а**ть кн**и**ги Толст**о**го.
J'aime beaucoup lire les livres de Tolstoï.

Les noms de famille en -ов et -ин ont une déclinaison "mixte" (rappelant celle des adjectifs et des substantifs) :

	Masculin	Féminin	Pluriel
N	Иван**о**в	Иван**о**ва	Иван**о**вы
G	Иван**о**ва	Иван**о**вой	Иван**о**вых
D	Иван**о**ву	Иван**о**вой	Иван**о**вым
A	Иван**о**ва	Иван**о**ву	Иван**о**вых
I	Иван**о**вым	Иван**о**вой	Иван**о**выми
L	Иван**о**ве	Иван**о**вой	Иван**о**вых

7 Le verbe

7.1 Les particularités du verbe russe

Le russe possède un présent, un passé et un futur, ainsi qu'un conditionnel (très simple, formé sur la base du passé) et un impératif. Il n'y a qu'un seul passé et un seul futur. Le russe compense cette "pauvreté temporelle" avec ce qu'on appelle l'aspect (perfectif ou imperfectif). L'infinitif russe peut être perfectif ou imperfectif et se termine toujours en -ть, -т**и** (toujours accentuée) ou -чь. Les verbes russes se subdivisent en deux conjugaisons qui se définissent non pas en fonction de la terminaison de l'infinitif comme dans beaucoup de langues européennes, mais par la terminaison du présent et plus exactement par la "voyelle thématique" qui relie la terminaison à la base verbale. Pour pouvoir conjuguer les verbes russes, il faut apprendre l'infinitif et ses trois autres formes verbales : la 1re personne du singulier (car elle peut être irrégulière), la 2e personne du singulier (qui nous montre la voyelle thématique) et la 3e personne du pluriel.

7.2 Le présent des verbes réguliers et les terminaisons des deux conjugaisons

Pour former le présent, on ajoute les terminaisons suivantes à l'infinitif sans terminaison :

• **Première conjugaison**
д**е**ла - ть, *faire*

я	д**е**ла + ю
ты	д**е**ла + ешь
он	д**е**ла + ет
он**а**	
он**о**	
мы	д**е**ла + ем
вы	д**е**ла + ете
он**и**	д**е**ла + ют

ид - т**и**, *aller (à pied)*

я	ид + **у**
ты	ид + **ё**шь
он	ид + **ё**т
он**а**	
он**о**	
мы	ид + **ё**м
вы	ид + **ё**те
он**и**	ид + **у**т

La voyelle "thématique" pour la première conjugaison est е sans accent (**ё** avec accent), car elle se rencontre dans toutes les terminaisons (sauf deux) ; c'est cette voyelle qui fait la différence entre la première et la deuxième conjugaison.
Pour la première conjugaison, la voyelle de la terminaison de la 1re pers. du singulier (ю ou у) apparaîtra dans la terminaison de la 3e personne du pluriel : д**е**лаю – д**е**лают ; ид**у** – ид**у**т.

• **Deuxième conjugaison**
сл**ы**ша - ть, *entendre*

я	сл**ы**ш + у
ты	сл**ы**ш + ишь

он	
он**а**	сл**ы**ш + ит
он**о**	
мы	сл**ы**ш + им
вы	сл**ы**ш + ите
он**и**	сл**ы**ш + ат

говор - **и**ть, *parler*

я	говор + **ю**
ты	говор + ишь
он	
он**а**	говор + ит
он**о**	
мы	говор + им
вы	говор + ите
он**и**	говор + **я**т

La voyelle “thématique” de la deuxième conjugaison est и. Pour la deuxième conjugaison, la voyelle de la terminaison de la 1re pers. du singulier influencera la terminaison de la 3e personne du pluriel. Ainsi, si elle est molle (ю), à la 3e personne du pluriel il y aura une molle : говор**ю** – говор**я**т ; et si elle est dure (у), il y aura une dure : сл**ы**шу – сл**ы**шат. Attention, la règle d’incompatibilité orthographique ne permet pas d’avoir un -я ou un -ю après ш et certaines autres consonnes (voir 1.4).

7.3 Les verbes pronominaux

La conjugaison des verbes pronominaux est la même que celle des autres verbes sauf qu’il faut ajouter -сь après une voyelle ou -ся après une consonne, derrière les terminaisons habituelles. Exemple :

сме**я**ться, *rire*
я сме**ю**сь
ты сме**ё**шься
он/он**а** сме**ё**тся

мы сме**ё**мся
вы сме**ё**тесь
он**и** сме**ю**тся

7.4 Le présent et la palatalisation

Plusieurs verbes changent la consonne de la base quand ils se conjuguent au présent. Il s'agit du phénomène de la palatalisation (la consonne changée se prononce avec la participation du palais). Pour la première conjugaison, le changement concerne toutes les formes de la conjugaison, tandis que pour la deuxième conjugaison, on observe le changement seulement à la première personne du singulier. Sachez que la palatalisation concerne certaines consonnes qui ont leur consonne paire.

• **Première conjugaison**
• Le д change en ж : **е**здить → я **е**зжу, ты **е**здишь, он**и** **е**здят.
• Les verbes de la première conjugaison en -чь vont changer г en ж :
бер**е**чь, *garder, veiller sur* : я берег**у**, ты береж**ё**шь, он**и** берег**у**т ;
мочь, *pouvoir* : я мог**у**, ты м**о**жешь, он м**о**жет, мы м**о**жем, вы м**о**жете, он**и** м**о**гут.
• пис**а**ть, *écrire*, change le с en ш à toutes les personnes : я пиш**у**, ты п**и**шешь, он**и** п**и**шут.
Quand l'accent n'est pas fixe, il tombe sur la dernière syllabe à la 1re personne du singulier, et à toutes les autres personnes, il tombe sur la première syllabe.

• **Deuxième conjugaison**
в**и**деть, *voir* : я в**и**жу, ты в**и**дишь, он**и** в**и**дят
люб**и**ть, *aimer* : я любл**ю**, ты л**ю**бишь, он**и** л**ю**бят
плат**и**ть, *payer* : я плач**у**, ты пл**а**тишь, он**и** пл**а**тят

7.5 L'aspect

Le verbe russe a deux aspects : l'imperfectif et le perfectif. Ainsi, à un verbe français vont correspondre deux verbes russes et par conséquent, pour bien apprendre les verbes russes, il faut les retenir par paires : imperfectif / perfectif. Les perfectifs se forment

avec un préverbe, un suffixe, ou prennent une forme modifiée ou même complètement nouvelle par rapport au verbe imperfectif :
знак**о**миться – познак**о**миться, *faire connaissance*
дав**а**ть – дать, *donner*
говор**и**ть – сказ**а**ть, *parler – dire*

Le choix de l'aspect est conditionné par le point de vue avec lequel on envisage l'action :

• **L'imperfectif** exprime une action en mettant l'accent sur son caractère répétitif ou sur son déroulement sans se préoccuper de son résultat.

• **Le perfectif** décrit plutôt une action ponctuelle, circonstanciée, et qui a un résultat. Ainsi, au présent, on utilise l'imperfectif, car le perfectif ne peut pas décrire un déroulement actuel (il n'a pas de présent mais un "futur-présent").

• **L'aspect et le présent**
Les verbes perfectifs n'ont pas de présent.
• Avec l'imperfectif, il s'agit :
– d'une action linéaire qui se déroule au présent :
М**а**ма зов**ё**т (imperf.) С**а**шу. *Maman appelle Sacha.*
– d'une caractéristique permanente :
Л**ю**ди не ум**е**ют (imperf.) лет**а**ть. *Les gens ne savent pas voler.*
– d'une action qui se répète :
Вы так ч**а**сто х**о**дите (imperf.) в те**а**тр. *Vous allez au théâtre si souvent !*

• **L'aspect et le futur**
• Avec l'imperfectif, il s'agit :
– d'une action qui se déroule sans faire attention au résultat :
Н**а**дя б**у**дет чит**а**ть (imperf.) кн**и**гу. *Nadia va lire le livre* (on ne sait pas si elle le terminera, on s'intéresse seulement à l'action).
– d'une action qui se répétera :
Он б**у**дет приход**и**ть (imperf.) к нам к**а**ждый день. *Il viendra chez nous tous les jours.*
– d'une action qui dure ou d'une action qui se passe en même temps qu'une autre :

Я его знаю: он будет читать (imperf.) целый час! *Je le connais : il va lire une heure entière !*
Таня будет готовить ужин (imperf.), а я буду мыть (imperf.) посуду. *Tania va préparer le dîner et moi, je vais faire la vaisselle.*

• Avec le perfectif, il s'agit :
– d'une action qui sera achevée et qui aura un résultat :
Надя прочитает (perf.) книгу. *Nadia lira le livre* (elle le lira entièrement, on s'intéresse au résultat de l'action).
– d'une action unique :
Следующим летом мы поедем на море. *L'été prochain, nous irons à la mer.*
Завтра ты примешь лекарство в девять. *Demain, tu prendras le médicament à neuf heures.*
– d'actions qui vont se dérouler l'une après l'autre :
Сначала ты сделаешь то, что я просила, а потом пойдёшь гулять. *D'abord, tu feras ce que je t'ai demandé, et après tu iras te promener.*

• **L'aspect et l'impératif**
• Avec l'imperfectif, il s'agit :
– d'un ordre ou d'une invitation à faire quelque chose à plusieurs reprises :
Приходите (imperf.) к нам по вечерам! *Venez chez nous le soir !*
– d'une demande de ne pas faire quelque chose :
Не оставляйте (imperf.) детей одних дома! *Ne laissez pas les enfants seuls à la maison !*
– d'une autorisation :
– Могу я посмотреть (perf.) эти брюки? *Puis-je regarder ce pantalon ?*
– Пожалуйста, смотрите (imperf.)! *Je vous en prie, regardez[-le] !*
– de la mise en valeur de la manière d'exécuter l'action :
Говорите (imperf.), пожалуйста, не так тихо. *S'il vous plaît, ne parlez pas si bas.*

• Avec le perfectif, il s'agit :
– d'un ordre qui va être exécuté tout de suite et/ou une fois :
Откр**о**й (perf.), пож**а**луйста, окн**о**, мне ж**а**рко! *Ouvre la fenêtre, s'il te plaît, j'ai chaud !*
– d'une mise en garde :
Не опозд**а**й на совещ**а**ние! *Ne sois pas en retard pour la réunion !*
– d'une exigence :
Сд**е**лайте (perf.) всё к трём час**а**м! *Faites tout pour trois heures !*

• **L'aspect et le passé**
• Avec l'imperfectif, il s'agit :
– d'une action qui se déroulait sans faire attention au résultat :
Н**а**дя чит**а**ла (imperf.) кн**и**гу. *Nadia lisait le livre* (on ne sait pas si elle l'avait terminé, on s'intéresse seulement à l'action).
– d'une action qui se répétait :
М**а**ма чит**а**ла (imperf.) мне кн**и**ги к**а**ждый в**е**чер. *Maman me lisait des livres tous les soirs.*
– d'une action qui durait (on s'intéresse au déroulement de l'action) :
Он мыл (imperf.) пос**у**ду ц**е**лый час! *Il a fait la vaisselle pendant une heure entière !*

• Avec le perfectif, il s'agit :
– d'une action qui est achevée et qui a un résultat :
Ты уж**е** пом**ы**л (perf.) пос**у**ду? *Tu as déjà fait la vaisselle ?* (La vaisselle est faite, je vois le résultat de l'action).
– d'une action unique :
Мы познак**о**мились у друз**е**й. *Nous nous sommes rencontrés chez des amis.*
– des actions qui se sont déroulées l'une après l'autre :
Снач**а**ла ты потер**я**л ключ**и**, пот**о**м у теб**я** укр**а**ли кошел**ё**к... Что б**у**дет д**а**льше? *D'abord, tu as perdu les clés, ensuite on t'a volé le porte-monnaie... Qu'est-ce qui se passera après ?*

7.6 Les verbes de mouvement et les préverbes

On distingue 14 paires de verbes de déplacement et chaque paire correspond à un moyen précis de déplacement (à pied, en voiture, en avion, etc.). Ces verbes se divisent en déterminés (ils ont une direction et un but précis) et indéterminés (indiquant la répétition de l'action ou une action sans direction précise). Les huit premières paires sont actives, tandis que les six dernières expriment une action effectuée par l'agent de l'action sur un complément d'objet direct :

Déterminés	Indéterminés	
идт**и**	ход**и**ть	*aller à pied*
ехать	**е**здить	*aller avec moyen de locomotion*
беж**а**ть	б**е**гать	*courir*
плыть	пл**а**вать	*nager*
лет**е**ть	лет**а**ть	*voler*
брест**и**	брод**и**ть	*roder*
ползт**и**	п**о**лзать	*ramper*
лезть	л**а**зить	*grimper, escalader*
нест**и**	нос**и**ть	*porter*
вест**и**	вод**и**ть	*conduire*
везт**и**	воз**и**ть	*transporter par un moyen de locomotion*
тащ**и**ть	таск**а**ть	*transporter, traîner*
кат**и**ть	кат**а**ть	*rouler (qqch.)*
гнать	гон**я**ть	*faire courir, chasser*

Le sens des verbes peut être modifié par des préfixes : лет**е**ть, *voler* → в**ы**лететь, полет**е**ть, прилет**е**ть. En voici quelques-uns parmi les plus courants :

• вы apporte une notion de *sortie*, d'*extraction* : выход**и**ть (imperf.) / в**ы**йти (perf.), *sortir (à pied)* ; выезж**а**ть, *partir, sortir (avec un moyen de locomotion)* ; вылет**а**ть (imperf.) / в**ы**лететь (perf.), *partir (en volant)* ;

• до apporte l'idée d'une *action menée jusqu'à son terme, sa limite* : дойт**и**, *arriver (à pied)* ; довезт**и**, *transporter, emmener (en transport)* ;

• за indique un *mouvement conduisant vers une limite en changeant la trajectoire prévue* : заход**и**ть, *entrer, passer (chez qqn)* ;

• о, об indique une *action circulaire (autour de qqch.)* : объ**е**хать *faire le tour de, contourner* ;

• пере, notion de *traversée (espace, temps)* : перейт**и**, *traverser (à pied)* ; перенос**и**ть, *porter (à travers un lieu) en marchant* ; перевод**и**ть, *traduire* ; переезж**а**ть, *déménager* ;
• при pour *arriver, approcher du but avec contact* : приход**и**ть, *venir, arriver (à pied)* ; принос**и**ть (imperf.) / принест**и** (perf.), *apporter* ;
• про, notion de *passage* : проход**и**ть, *passer, entrer* ; пройт**и**, *passer (à pied)* ; про**е**хать, *passer (en voiture)* ;
• у indique *l'éloignement* : уход**и**ть, *partir à pied* ; уезж**а**ть, *partir en moyen de locomotion* ; улет**е**ть, *partir en avion*.

7.7 Le passé

Pour former le passé, on ajoute à la base de l'infinitif les terminaisons -л, -ла, -ло et -ли, communes aux verbes de tous les groupes.
д**е**лать, *faire* : д**е**лал, д**е**лала, д**е**лало, д**е**лали ;
сл**ы**шать, *entendre* : сл**ы**шал, сл**ы**шала, сл**ы**шало, сл**ы**шали ;
говор**и**ть, *parler* : говор**и**л, говор**и**ла, говор**и**ло, говор**и**ли.

Il existe également des verbes irréguliers. Souvent, c'est la forme entière qui change mais la terminaison reste la même :
вест**и**, *amener (à pied)* : вёл, вел**а**, вел**о**, вел**и** (везт**и** et нест**и** se conjugent de la même manière mais en gardant respectivement "з" et "с" de la racine) ;
идт**и**, *aller (à pied)* : шёл, шла, шло, шли ;
мочь, *pouvoir* : мог, могл**а**, могл**о**, могл**и** ;
умер**е**ть, *mourir* : **у**мер, умерл**а**, **у**мерло, **у**мерли.

7.8 Le futur

Il existe deux formes du futur en russe : le futur des verbes perfectifs (forme simple) et le futur des imperfectifs (forme composée).
• <u>Le futur des verbes perfectifs</u> s'intéresse au résultat de l'action dans le futur, à l'accomplissement absolu de l'action. La forme est celle du présent perfectif.
• <u>Le futur des verbes imperfectifs</u> se forme avec le verbe быть, *être*, au futur auquel on ajoute l'infinitif du verbe imperfectif. Ce futur-là exprime une action qui se prolonge ou se répète dans le futur.

• Le futur du verbe быть a les terminaisons de la première déclinaison :
я б**у**ду, *je serai*
ты б**у**дешь, *tu seras*
он б**у**дет, *il sera*
мы б**у**дем, *nous serons*
вы б**у**дете, *vous serez*
он**и** б**у**дут, *ils seront*

7.9 Le conditionnel

Le conditionnel est très facile à former. La particule бы se place devant ou derrière le verbe au passé :
Я (бы) хот**е**л бы поп**и**ть к**о**фе. *Je voudrais* ("j'aurais voulu") *boire du café.*
Dans une phrase complexe, les deux parties contiennent cette forme :
Если бы он**и** могл**и**, он**и** бы по**е**хали с н**а**ми. *S'ils pouvaient, ils viendraient* ("seraient venus") *avec nous.*

7.10 L'impératif

• L'impératif se forme à partir du radical du présent de la 2e personne du singulier avec le suffixe -й si le verbe se termine par une voyelle, ou -и s'il se termine par une consonne :
узнав**а**ть, *reconnaître* → узна - **ё**шь + й → узн**а**й!, *Reconnais !* ;
идт**и**, *aller à pied* → ид - **ё**шь + и → ид**и**!, *Va !*
Pour former l'impératif pluriel, on ajoute le -те au singulier : ид**и** + те → ид**и**те!, *Allez !* L'accentuation reste la même qu'à la 1re personne du singulier.

• L'impératif avec signe mou
Les verbes dont le radical, au présent, se termine par une consonne à la 1re personne du singulier, avec accent non final, forment leur impératif avec le signe mou :
взв**е**сить, *peser* → взв**е**шу, взв**е**сишь → взвес + ь → взвесь! (взв**е**сьте! pour le pluriel).
• Pour les verbes pronominaux la formation est la même mais il faut rajouter en plus le -сь après й et -ся après une voyelle ou un signe mou : успок**о**йтесь!, *calmez-vous !* ; см**е**йся!, *ris !* ; взв**е**сься!, *pèse-toi !* ; взв**е**сьтесь!, *pesez-vous !*

7.11 Les verbes irréguliers

• **Les verbes en** -овать (se transformant en -евать après les chuintantes) ont une conjugaison particulière : avant de rajouter les terminaisons de la première conjugaison, on remplace -овать (ou -евать) par -у : попр**о**бовать (perf.), *essayer* : попр**о**бую, попр**о**буешь, попр**о**буют.
Les verbes suivants se conjuguent de la même manière : паникова́ть (imperf.), *paniquer* ; зав**и**довать (imperf.), *envier* ; волнов**а**ть (imperf.), *inquiéter, émouvoir* ; восп**о**льзоваться (perf.), *profiter* ; встав**а**ть (imperf.), *se lever* ; зааплод**и**ровать (perf.), *se mettre à applaudir* ; танцев**а**ть (imperf.), *danser.*
Attention ! Certains verbes semblent appartenir à ce groupe mais n'ont pas de chuintante juste devant -евать et donc, n'appartiennent pas au groupe. Par exemple, успев**а**ть (imperf.), *avoir le temps (pour faire qqch)* : успев**а**ю, успев**а**ешь, успев**а**ют.

• **Les verbes en** -авать ne perdent que le suffixe ва. Ainsi, pour les conjuguer, il faut enlever вать. Tous les verbes de ce groupe se conjuguent comme le verbe продав**а**ть (imperf.), *vendre* : прода**ю**, прода**ё**шь, прода**ют**.
De la même manière se conjuguent donc les verbes suivants : дав**а**ть (imperf.), *donner* ; сдав**а**ть (imperf.), *passer (un examen)* ; узнав**а**ть (imperf.), *reconnaître*.
Attention, ces suffixes sont conservés au passé :
паников**а**ть, *paniquer* → паников**а**л, *il paniquait* ;
танцев**а**ть, *danser* → танцев**а**л, *il dansait* ;
продав**а**ть, *vendre* → продав**а**л, *il vendait*.

• **Les verbes en** -т**и** :
идт**и**, *aller à pied* → ид**у**, ид**ё**шь, ид**у**т ;
везт**и**, *transporter, emmener (en transport)* → вез**у**, вез**ё**шь, вез**у**т ;

• **Les dérivés de** идт**и**, *aller à pied* en -йт**и** :
-йд**у**, -йд**ё**шь, -йд**у**т (пойт**и** : пойд**у**, пойд**ё**шь, пойд**у**т) ;

• **Les verbes en** -ст**и**, -сть :
вест**и** себ**я**, *se comporter* → вед**у** себ**я**, вед**ё**шь себ**я**, вед**у**т себ**я** ;

красть, *voler* → краду, крадёшь, крадут ;
класть, *mettre horizontalement* → кладу, кладёшь, кладут ;

• **Les verbes en** -ереть : умереть, *mourir* → умру, умрёшь, умрут ;

• **Les verbes en** -ать : начать, *commencer* → начну, начнёшь, начнёт, начнут ;

• **Verbes isolés** :
бежать, *courir* : бегу, бежишь, бегут ;
брать, *prendre* : беру, берёшь, берут ;
дать, *donner* : даю, даёшь, дают ;
есть, *manger* : ем, ешь, ест, едим, едите, едят ;
ехать, *aller (au moyen de locomotion)* : еду, едешь, едут ;
ждать, *attendre* : жду, ждёшь, ждут ;
жить, *vivre* : живу, живёшь, живут ;
звать, *appeler* : зову, зовёшь, зовут ;
пить, *boire* : пью, пьёшь, пьют ;
плакать, *pleurer* : плачу, плачешь, плачут ;
сесть, *s'asseoir* : сяду, сядешь, сядут ;
стать, *devenir* et ses composés : стану, станешь, станут ;
спать, *dormir* : сплю, спишь, спят ;
хотеть, *vouloir* : хочу, хочешь, хочет, хотим, хотите, хотят.

7.12 L'emploi de l'instrumental après certains verbes

Certains verbes nécessitent l'emploi de l'instrumental.
• On met l'instrumental après le verbe быть, *être*, à l'infinitif, au passé et au futur quand le mot qui le suit exprime une occupation, une profession, un état émotionnel, une caractéristique, etc. :
Её брат всегда был жадным! *Son frère a toujours été radin.*
Раньше он был нотариусом. *Avant, il était notaire.*
• Après le verbe стать, *devenir* :
Если я стану богатым, я куплю себе большую дачу. *Si je deviens riche, j'achèterai une grande maison de campagne.*
• Le mot qui signifie la profession après le verbe работать, *travailler*, est à l'instrumental également :
– Кем ты работаешь? *Que fais-tu dans la vie* ("en tant que quoi travailles-tu") ?
– (Я работаю) Врачом.*(Je travaille comme) médecin.*

7.13 Les structures impersonnelles et l'emploi particulier de la 2e personne du singulier et de la 3e personne du pluriel

Il existe plusieurs moyens de formation des structures impersonnelles :

• Avec la 3e personne du pluriel sans sujet :

Говор**я**т, ск**о**ро б**у**дет **о**чень х**о**лодно. *On dit que bientôt il fera très froid.*

Так об**ы**чно и д**е**лают. *C'est ainsi qu'on fait d'habitude.*

• Avec le verbe au neutre au passé :

На вечер**и**нке б**ы**ло в**е**село. *C'était gai à la soirée.*

• Avec la 3e personne du singulier d'un verbe pronominal. L'agent de l'action dans ce type de phrase est au datif :

Мне х**о**чется пить. *J'ai soif.*

Au passé, le verbe s'accorde au neutre.

Нам всегд**а** хот**е**лось по**е**хать в **А**нглию. *Nous avons toujours voulu aller en Angleterre.*

• L'adjectif court / l'adverbe avec le datif de la personne concernée :

Мне х**о**лодно, а вам смешн**о**. *J'ai froid et cela vous fait rire.*

7.14 Le verbe "être"

• Le verbe *être* ne s'utilise pas au présent, mais au passé et au futur dans des phrases avec des noms, des adjectifs courts ou des adverbes.

Il s'accorde en genre et en nombre avec le sujet de l'action ; pour les structures impersonnelles indiquant le temps, l'heure, etc. le verbe est accordé à la 3e personne du singulier.

Он**и** должн**ы** гот**о**виться к экз**а**менам всю нед**е**лю. *Ils doivent se préparer aux examens toute la semaine.*

Он**и** должн**ы** б**ы**ли гот**о**виться к экз**а**менам всю нед**е**лю. *Ils étaient obligés de se préparer aux examens toute la semaine.*

Он**и** должн**ы** б**у**дут гот**о**виться к экз**а**менам всю нед**е**лю. *Ils seront obligés de se préparer aux examens toute la semaine.*

Сег**о**дня х**о**лодно. *Aujourd'hui, il fait froid.*

Вчер**а** б**ы**ло х**о**лодно. *Hier, il a fait froid.*

З**а**втра б**у**дет х**о**лодно. *Demain, il fera froid.*

Два час**а**. *Il est deux heures.*

Когд**а** он пришёл, б**ы**ло два час**а**. *Quand il est arrivé il était deux heures.*
Когд**а** мы всё сд**е**лаем, б**у**дет уж**е** два час**а**. *Quand nous aurons tout fini il sera déjà deux heures.*

• Le verbe *être* dans les structures d'absence :
Pour exprimer l'absence de quelque chose au présent, on utilise le mot нет accompagné d'un génitif :
Их нет д**о**ма. *Ils ne sont pas à la maison.*
У мен**я** нет д**е**нег. *Je n'ai pas d'argent.*
Е**ё** нет. *Elle n'est pas là.*
En revanche, au passé, le verbe *être* intervient dans la formation de la structure négative : la particule négative не, toujours accentuée dans cette forme, s'ajoute au neutre du verbe быть au passé. Par exemple :
Их н**е** было д**о**ма. *Ils n'étaient pas à la maison.*
У мен**я** н**е** было д**е**нег. *Je n'avais pas d'argent.*
Е**ё** н**е** было. *Elle n'était pas là.*

• Au passé, le verbe *être* s'emploie dans le sens d'*aller* :
Мы б**ы**ли в те**а**тре. *Nous sommes allés* ("nous étions") *au théâtre.*
Attention, l'action d'*être* est suivie d'un prépositionnel (sans mouvement) tandis que l'action d'*aller* est suivie d'un accusatif (avec mouvement) :
Мы ход**и**ли в те**а**тр. *Nous sommes allés au théâtre.*

8 Les prépositions

Les prépositions sont suivies de cas différents, et la même préposition introduit souvent plusieurs cas.

8.1 Les prépositions introduisant le positionnement dans l'espace

Retenez une notion très importante : il peut s'agir d'un positionnement avec mouvement (répondant à la question *où ?* – куд**а**? : le lieu vers lequel on se dirige), ou sans mouvement (répondant à la question *où ?* – где? : le lieu où l'on est).

• **Sans mouvement :**

• в et на s'utilisent avec *le prépositionnel* si elles indiquent le lieu où on est – *à, dans* :

в Москв**е**, *à Moscou* ; на стол**е**, *sur la table* (sans mouvement : il y a quelque chose sur la table) ;

• вдоль, *le long*, est suivie *du génitif* :

Вдоль стен**ы** сто**я**т пуст**ы**е бут**ы**лки. *Le long du mur sont alignées les bouteilles vides.*

• за, *derrière*, est suivie de *l'instrumental* :

Возьм**и** корз**и**ну для м**у**сора за стол**о**м. *Prends la corbeille à papier derrière la table.*

• перед, *devant*, est suivi de *l'instrumental* :

Перед д**е**вочками леж**а**ло мн**о**го книг. *Devant les filles, il y avait beaucoup de livres.*

Devant le pronom personnel я, перед se transforme en передо. Il n'est jamais accentué dans une phrase :

Вы передо мн**о**й? *Êtes-vous devant moi ?*

• под, *sous*, est suivie de *l'instrumental* :

Очк**и** леж**а**т под стол**о**м. *Les lunettes sont sous la table.*

• у, *chez quelqu'un*, est suivie *du génitif* :

Я был**а** у подр**у**ги. *J'étais chez une copine.*

• **Avec mouvement :**

• в et на s'utilisent avec *l'accusatif* si elles indiquent le lieu vers lequel on se dirige – *à, dans* :

в Москв**у**, *à Moscou* ; на стол, *sur la table* (mettre quelque chose) ;

• вдоль, *le long*, est suivie *du génitif* :

По утр**а**м он б**е**гает вдоль рек**и**. *Le matin il court le long du fleuve.*

• до, *jusqu'à*, est suivie *du génitif* :

Я **е**ду на п**о**езде до Москв**ы**. *Je vais en train juqu'à Moscou.*

• за, *derrière*, est suivie de *l'accusatif* :

Он**и** ушл**и** за д**о**м. *Ils sont partis derrière la maison.*

• из, *de*, suivie *du génitif*, exprime l'idée de provenance de l'intérieur de quelque chose ou de quelque part :

Я из Москв**ы**. *Je suis de Moscou.*

Д**е**ти ид**у**т из шк**о**лы. *Les enfants rentrent de l'école.*

• к, *chez quelqu'un*, est suivie *du datif* :
Я ид**у** к подр**у**ге. *Je vais chez une copine.*
• м**и**мо, *(en passant) devant*, est suivie *du génitif* :
Он прош**ё**л м**и**мо мен**я** и д**а**же не зам**е**тил! *Il est passé devant moi et ne m'a même pas remarqué !*
• от et с s'utilisent avec *le génitif* et indiquent la provenance d'un objet ou le lieu d'où l'on vient :
от бр**а**та, *de chez mon frère* ; от мен**я**, *de ma part* (ou *de chez moi*) ; с п**о**чты, *de la poste.*
• под, *sous*, est suivie de *l'accusatif* :
Он**и** ид**у**т под мост. *Ils vont sous le pont.*

8.2 Prépositions introduisant la notion du temps

• до, *jusqu'à*, est suivie *du génitif* :
Он дал мне кн**и**гу до понед**е**льника. *Il m'a donné le livre jusqu'à lundi.*
• за, *en*, est suivie de *l'accusatif* et exprime la notion du temps nécessaire pour faire quelque chose :
Он**а** в**ы**брала н**о**вую маш**и**ну за два дня. *Elle a choisi une nouvelle voiture en deux jours.*
• к, *pour, vers*, suivie *du datif*, est employé dans les locutions exprimant le temps et marque une limitation :
Всё б**у**дет гот**о**во к сред**е**. *Tout sera prêt pour mercredi.*
Он**а** сказ**а**ла, что прид**ё**т на раб**о**ту к трём. *Elle a dit qu'elle arriverait au travail vers trois heures.*
• на suivie de *l'accusatif* indique une durée ou le temps qu'on va passer quelque part :
Он дал мне кн**и**гу на нед**е**лю. *Il m'a prêté* ("donné") *le livre pour une semaine.*
Вы в Росс**и**и н**а** год. *Vous êtes en Russie pour un an.*
• через, *dans*, est suivie de *l'accusatif* : через ч**а**с *dans une heure.*

8.3 Prépositions introduisant le but ou la cause

• для, *pour*, s'utilise avec *le génitif* et indique le destinataire ou le but d'une action :
для мен**я**, *pour moi*, для вечер**и**нки, *pour la soirée* ;
• за est suivie de *l'instrumental* et signifie *aller chercher qqn ou qqch.* :

Ты ещ**ё** здесь? А кто пош**ё**л за шамп**а**нским для вечер**и**нки? *Tu es encore là ? Mais qui est allé chercher le champagne pour la soirée ?*

• из-за, *à cause de*, est suivie du *génitif* :

Из-за теб**я** мы опозд**а**ли в те**а**тр. *À cause de toi nous étions en retard au théâtre.*

• р**а**ди, *à cause de, pour*, est suivie *du génitif* :

Если теб**е** всё равн**о**, сд**е**лай **э**то р**а**ди мен**я**! *Si cela t'est égal, fais-le pour moi !*

8.4 Autres prépositions

• без, *sans*, est suivie *du génitif* :

Я не смог**у** сд**е**лать **э**то без в**а**шей п**о**мощи. *Je ne pourrai pas faire cela sans votre aide.*

• в suivie *du prépositionnel* exprime l'état d'une personne :

в п**а**нике, *en panique, paniqué.*

• за, *pour, à la place de*, est suivi de *l'accusatif* :

Сег**о**дня я плач**у** за теб**я**, так как вчер**а** ты заплат**и**л за мен**я**. *Aujourd'hui, je paie pour toi car hier tu as payé pour moi.*

– Ты д**у**маешь, он сам **э**то сд**е**лал? – Нет! Я ув**е**рена, что ег**о** от**е**ц сд**е**лал **э**то за нег**о**! – *Tu penses qu'il l'a fait lui-même ? – Non ! Je suis sûre que son père l'a fait à sa place !*

• на suivie *du locatif* (prépositionnel) s'utilise pour indiquer le moyen de locomotion :

на маш**и**не, *en voiture* ; на самол**ё**те, *en avion* ; на такс**и**, *en taxi*.

• о suivie *du locatif* (prépositionnel) est employé après certains verbes :

Он рассказ**а**л нам вс**ё** о сво**и**х друзь**я**х. *Il nous a tout raconté sur ses amis.*

– О ком ты д**у**маешь? – О тво**ё**м бр**а**те. – *À qui penses-tu ? – À ton frère.*

О чём вы говор**и**те? Я не совс**е**м поним**а**ю. *De quoi parlez-vous ? Je ne comprends pas très bien* (ou *vraiment*).

• по suivi *du datif* :

1) signifie *d'après, selon* :

По расписанию, мы уезж**а**ем р**о**вно в пять. *D'après les horaires, nous partons exactement à cinq heures.*

2) exprime l'idée d'un *mouvement sur la surface de qqch., le long de, à travers quelque chose (en traversant la surface de qqch.)* : подним**а**ться по л**е**стнице, *monter un escalier* ; плыть по м**о**рю, *nager dans la mer* ; идт**и** по лес**у**, *marcher à travers la forêt* ; лет**е**ть по н**е**бу, *voler dans le ciel*. Dans les contes et les vieilles histoires, l'accent est le plus souvent placé sur la préposition. Exemple : п**о** лесу, п**о** морю.

3) exprime le sens de *distribution* :

На раб**о**те, мы подар**и**ли к**а**ждой ж**е**нщине по бук**е**ту цвет**о**в. *Au travail, nous avons offert à chaque femme un bouquet de fleurs.*

4) est utilisé dans quelques expressions :

говор**и**ть по телеф**о**ну, *parler au téléphone* ; смотр**е**ть чт**о**-то по телев**и**зору, *regarder qqch. à la télé* ; сл**у**шать чт**о**-то по р**а**дио, *écouter qqch. à la radio* ;

• при *devant, sous, dans*, est suivie *du locatif* (prépositionnel) :

При как**и**х обсто**я**тельствах вы вперв**ы**е оказ**а**лись в **э**том д**о**ме? *Dans quelles circonstances vous êtes-vous trouvés dans cette maison pour la première fois ?*

• пр**о**тив, *contre*, est suivie *du génitif* :

Я не поним**а**ю: ты игр**а**ешь пр**о**тив нас? *Je ne comprends pas : tu joues contre nous ?*

• с, *avec*, est suivie de *l'instrumental* :

со мн**о**й, *avec moi* ; в**о**дка с икр**о**й, *la vodka avec du caviar*

• у suivie d'un *génitif* signifie l'appartenance :

У мен**я** (есть) хор**о**шая ид**е**я. *J'ai une bonne idée.* У моег**о** м**у**жа есть брат. *Mon mari a un frère.*

• через, *dans* (avec une distance), *à travers*, est suivie de *l'accusatif* :

Через сто м**е**тров есть магаз**и**н. *À* ("Dans") *cent mètres, il y a un magasin.*

Через окн**о** я в**и**жу лес. *Par* ("À travers") *la fenêtre, je vois la forêt.*

Он**и** перешл**и** через мост. *Ils ont traversé le pont.*

9 La négation

La particule négative не se place directement devant le mot sur lequel porte la négation :
Это не мо**я** кн**и**га. *Ce n'est pas mon livre.*
- Вы ид**ё**те в те**а**тр? - Нет, не в те**а**тр, а в кин**о**. – *Allez-vous au théâtre ? – Non, pas au théâtre, mais au cinéma.*
Мо**ё** пл**а**тье не с**и**нее. *Ma robe n'est pas bleue.*

Index grammatical

Le premier chiffre renvoie au n° de la leçon, le second à la note ou au paragraphe de la leçon. Les nombres en gras font référence aux leçons de révision.

Bibliographie

Et voici une sélection d'ouvrages (les préférés de l'auteur) pour compléter votre apprentissage du russe. Bonne lecture !

Dictionnaires

• Гак В.Г., Ганшина К.А. Новый французско-русский словарь. – М.: Рус. яз. ISBN 5-200-01409-1.
• Dictionnaire Russe, Assimil-Kernerman, 2009 ; ISBN 2-7005-0602-0
• Petit dictionnaire Français-russe / Russe-français, Collectif, Larousse, Paris 2006 ; ISBN 2-0354-0273-5
Ce dictionnaire compte 55 000 mots essentiels et actuels. Il propose, en complément, des aides à la traduction.

Littérature

• Boulgakov (Mikhaïl) (1891-1940), *Cœur de chien*, Coll. Kiosque, Flammarion, Paris ; ISBN 2-0806-7596-6.
Le parti bolchevik est de plus en plus fort et la société russe en pleine mutation... Le docteur Preobrajenski et ses collaborateurs opèrent un chien en lui implantant l'hypophyse et les glandes génitales d'un prolétaire décédé. L'opération réussit, mais l'enthousiasme des premiers moments est de courte durée : l'homme né de l'opération est un être effrayant. Néanmoins, il réussit dans la nouvelle société soviétique parce qu'il a toutes les qualités requises pour faire un bon prolétaire... Un roman drôle qui illustre bien une époque terrible.

• Boulgakov (Mikhaïl), *Le Maître et Marguerite*, Livre de Poche. Collection Pocket, n° 4229 ; ISBN 2-2661-3437-X.
Dans ce magnifique et complexe roman qui se déroule dans le Moscou des années 30, le Diable en personne débarque avec une pittoresque suite, semant la panique dans le petit monde des bureaucrates et autres littérateurs. Parallèlement, un écrivain persécuté – le Maître – se voit contraint de brûler sa dernière œuvre... Mais l'amour est là en la personne de Marguerite. Marguerite va sauver le Maître et son œuvre en pactisant avec le diable. Nombre de surprises vous attendent dans ce chef-d'œuvre publié 26 ans

après la mort de l'auteur et qui va bien au-delà du plaidoyer contre les dérives totalitaires de la Russie des années 30.

• DOSTOÏEVSKI (Fedor) (1821-1881), *Le Joueur*, Coll. Babel n° 34 Actes Sud, Arles ; ISBN 2-7427-2821-X.
Ce chef-d'œuvre de la littérature russe, dont les thèmes principaux – à travers la descente aux enfers du jeune Alexeï, précepteur des enfants d'un général endetté et amoureux de l'inaccessible Pauline – sont la fièvre du jeu, l'amour et la passion, n'est pas sans rappeler la vie de l'auteur, lui-même joueur compulsif et passionné.

• ILF (Ilia) et PETROV (Eugène), *Les Douze chaises*, Paragon, Paris, 2002 ; ISBN 2-8419-0145-9.
Ce roman délicieux et plein d'humour décrit de manière satyrique et mordante la nouvelle réalité soviétique du début du stalinisme. Tout commence avec la mort de la tante d'Hippolyte Matviéiévitch, ancien aristocrate qui mène une vie paisible. Avant de mourir, sa tante lui confie avoir caché les diamants de la famille dans une des chaises du salon. Sa joie est infinie, mais les chaises ont été dispersées dans toute la Russie ! Hyppolite se met en quête du trésor, mais pas tout seul : le pope (prêtre russe) a entendu le dernier aveu de la tante, et un jeune escroc sympathique se rajoute à l'affaire… Ce livre a battu des records de tirage en langue russe, et on en entend fréquemment des citations, car les Russes connaissent certains passages par cœur !

• MAKINE (Andreï), *Le Testament français*, Coll. Folio n° 2934, Gallimard, Paris ; ISBN 2-0704-0187-1.
Le petit Aliocha écoute sa grand-mère raconter un pays qui était le sien – la France. À mesure qu'il en entend parler, ce pays prend forme aux yeux du garçon qui en tombe amoureux et devient obsédé par la culture et la langue de sa grand-mère.
Andreï Makine est né en Sibérie et vit aujourd'hui à Paris. Il écrit ici un roman autobiographique très attachant qui a reçu le Prix Goncourt des Lycéens en 1995.

• ZAMIATINE (Evgueni) (1884-1938), *Nous autres*, Coll. Imaginaire n° 39, Gallimard, Paris ; ISBN 2-0702-8648-7.
Écrit en 1920 mais publié pour la première fois en Russie en 1988, ce tout petit livre décrit tout le cauchemar d'une société totalitaire. Dans un monde fantaisiste, les gens vivent dans des cubes en

verre, surveillés en permanence et autorisés à tirer un rideau qui leur donne un peu d'intimité avec un partenaire sexuel qui remplace l'amour et la famille. Les citoyens de cette société n'ont pas de nom ; on leur attribue un identifiant. Toute leur vie doit être consacrée à la construction de l'Intégral, une société uniforme, où la pensée n'est plus unique et personnelle. Le narrateur, D-503, n'a plus de personnalité et n'en veut d'ailleurs pas, car il admire "la non-liberté idéale". Mais un jour, l'ordre de sa vie au service de l'Intégral est bouleversé par l'apparition d'une femme pas comme les autres...

Et une dernière recommandation : Il existe un large choix de livres en Collection "Folio bilingue". C'est une excellente occasion pour commencer à lire en russe !

Locutions et expressions russes

Les chiffres qui précèdent la traduction française renvoient au numéro de la leçon.

Parler de la pluie et du beau temps

(там) в**е**тер (5) *il y a du vent*
(там) дождь (5) *il pleut*
(там) тепл**о** (5) *il fait bon*

Donner son avis et exprimer son accord / son désaccord

В с**а**мый раз. (97) *[C'est] (exactement) ce qu'il faut !*
Вам (мне/теб**е**/ей/ем**у**...) ст**ы**дно. (58) *Vous avez (j'ai/tu as/elle a/il a) honte.*
Да чт**о** ты! (90) *Mais non !*
Ест**е**ственно! (93) *Bien entendu !, Évidemment !*
Ни в к**о**ем сл**у**чае (75) *En aucun cas !*
По-м**о**ему... (30) *À mon avis, ...*
По-м**о**ему... (94) *D'après moi, ...*
Сам**о** соб**о**й разум**е**ется! (15) *Bien entendu !, Cela va de soi !* (Mais dans la langue parlée, on entend souvent seulement Сам**о** соб**о**й!)

Exprimer la surprise, l'enthousiasme

Б**о**же мой! (83) / г**о**споди! (90) *Mon dieu !*
Вот **э**то сюрпр**и**з! (85) *Ça, c'est une surprise !*
Вс**ё** норм**а**льно! (94) *Tout va bien !*
Как**о**е сч**а**стье! (89) *Quelle chance !*
Након**е**ц-то! (67) *Enfin !*
Ничег**о** себ**е**! (78) *Dis/Dites donc !*
У вас всё получ**и**лось *(perf.)* (100) *Vous avez tout réussi !*
Ур**а**! (67) *Hourra !*

Manifester son énervement, son exaspération

Здесь ц**е**ны кус**а**ются (30) *Ici, c'est le coup de massue !*
Мне надо**е**ло! (79) *J'en ai assez !*
Н**е** было печ**а**ли! (48) *Il ne manquait plus que ça !*

Compatir, exprimer le regret

Как**о**е г**о**ре! (54) *Quel malheur !*
Как**о**й **у**жас! (48) *Quelle horreur !*
Мне жаль теб**я**! (*datif* + жаль + *accusatif*) (34) *Je te plains ! (avoir pitié de qqn / plaindre qqn)*
Мне жаль! (34) *Je suis désolé !*

Se repérer dans le temps

за два час**а** до в**ы**лета (96) *deux heures avant le départ (en avion)*
Ск**о**лько вр**е**мени? (41) / Кот**о**рый час? (66) *Quelle heure est-il ?*

Expressions usuelles

Всег**о** д**о**брого! (73) *Bonne continuation !*
Всег**о** д**о**брого! (100) *Bonne chance !*
За ст**о**л! (15) *À table !*
Как дел**а**? (1) *Comment ça va ?*
Мне х**о**чется пить. (24) *J'ai soif.*
Очень прия**т**но! (3) *Enchanté !*
С днём рожд**е**ния! (25) *Bon anniversaire !*
Спас**и**бо больш**о**е! (25) *Merci beaucoup !*
Спок**о**йной н**о**чи! (6) *Bonne nuit !*
Ты говор**и**шь по-р**у**сски? (12) *Tu parles russe ?*
Чем мог**у** пом**о**чь? (40) *Que puis-je pour vous ?* (Dans un magasin.)
Счастл**и**вого пут**и**! (100) *Bon voyage !*
Я хоч**у** есть. (15) *J'ai faim.*
Я хоч**у** спать. (6) *J'ai sommeil.*

Divers

дв**а**жды два (94) *deux fois deux*
Если м**о**жно. (85) *Si c'est possible.*
к том**у** же (10) *de plus*
как говор**и**тся *(imperf.)* (100) *comme on dit*
Мне сн**и**тся, что... (23) *Je rêve que...*
на с**а**мом д**е**ле (78) *en fait*
пор**а**! (66) *il est temps !*
Это зн**а**чит, что... (93) *Cela veut dire que...*

Lexiques

• Mode d'emploi du lexique

Vous trouverez dans les lexiques l'ensemble des mots employés tout au long de cet ouvrage. Chaque mot est accompagné de sa traduction et du numéro de la leçon où il apparaît pour la première fois (même s'il n'est apparu que dans l'exercice d'écriture). Certains mots peuvent se traduire de différentes façons. Si un mot est apparu avec plusieurs traductions au fil des leçons, vous trouverez logiquement la référence à plusieurs numéros de leçons. Mais attention, toutes les traductions possibles ne sont pas forcément données.
Dans le lexique "français - russe" il nous a semblé utile de proposer des synonymes (ainsi, vous trouverez par exemple "achat : voir courses, 80").

• Les verbes, sauf cas particulier, vous sont donnés à l'infinitif ; dans le lexique "russe - français" chaque forme du verbe (perfectif / imperfectif) est donnée à la première lettre de cette forme, si vous avez besoin de retrouver l'autre forme, reportez-vous au lexique "français - russe".

• Pour les noms (au nominatif), nous vous indiquons systématiquement le genre.

• Les adjectifs russes sont donnés au masculin et sont suivis de leur terminaison au féminin et au neutre ; nous vous donnons également leur forme courte.

• Liste des abréviations utilisées dans les lexiques

acc.	accusatif	*imperf.*	imperfectif
adj.	adjectif	*indét.*	indéterminé (indéfini)
adv.	adverbe	*inf.*	infinitif
dat.	datif	*inst.*	instrumental
dét.	déterminé (défini)	*interj.*	interjection
f.	féminin	*inv.*	invariable
fam.	familier	*m.*	masculin
gén.	génitif	*n.*	neutre

nom.	nominatif	*pron.*	pronom
perf.	perfectif	*sing.*	singulier
pl.	pluriel	*v. i.*	verbe intransitif
prép.	prépositionnel (locatif)	*v. t.*	verbe transitif

Lexique russe - français

А, а

а	et 1
а то	car (parce que), sinon 94
абрикос *(m.)*	abricot 80
август *(m.)*	août 91
авиа/авиапочта	courrier par avion 82
Австралия *(f.)*	Australie 79
адрес *(m.)*	adresse 28
Азия *(f.)*	Asie 79
аккумулятор *(m.)*	accumulateur 94
акт *(m.)*	acte 26
актёр/актриса	acteur/actrice 74
алло	allô 19
Америка *(f.)*	Amérique 79
американец *(m.)*	Américain *(nom)* 47
амплуа *(inv.) (n.)*	emploi (d'un acteur) 17
ананас *(m.)*	ananas 3
английский/-ая/-ое	anglais/-e *(adj.)* 78
Англичанин *(m.)* / англичанка *(f.)*	Anglais/-e *(nom)* 47
Англия *(f.)*	Angleterre 47
анекдот *(m.)*	blague 80
антагонизм *(m.)*	antagonisme 17
антенна *(f.)*	antenne 18
антифриз *(m.)*	antigel 94
апельсин *(m.)*	orange (fruit) 27
апрель *(m.)*	avril 91
аптека *(f.)*	pharmacie 74
арабский/-ая/-ое	arabe 78
архитектор *(m.)*	architecte 89
аспирин *(m.)*	aspirine 92
Африка *(f.)*	Afrique 79
ах!	oh ! *(interj.)* 33
аэропорт *(m.)*	aéroport 85

Б, б

бабочка *(f.)*	papillon 76
бабушка *(f.)*	grand-mère 36
багаж *(m.)*	bagage(s) 97
багажник *(m.)*	coffre (voiture) 97
бак *(m.)*	réservoir 94
балкон *(m.)*	balcon 89
банан *(m.)*	banane 2
банка *(f.)* (консервная ~)	boîte (de conserve) 97
баранина *(f.)*	mouton (viande) 80
барахлить *(imperf.) (fam.)*	mal fonctionner 94
бас *(m.)*	basse (voix) 3
бассейн *(m.)*	piscine 64
бедный/-ая/-ое	pauvre 34
бежать *(imperf., dét.)*	courir 89
бежевый/-ая/-ое	beige 72
без	moins, sans 41
безбрежный/-ая/-ое	illimité (immense) 99
белоснежный/-ая/-ое	tout blanc / blanc comme neige 89
белый/-ая/-ое	blanc 30
бельё *(n.)*	linge 81
бензин *(m.)*	essence 94
беречь *(imperf.)*	préserver, protéger 38
Берлин	Berlin 47
беспокойство *(n.)*	anxiété, dérangement 85
беспокоить *(imperf.)*	déranger 38
беспокоиться *(imperf.)*	se tracasser 96
бесполезно	inutile de *(+ inf.)* 86
бессонница *(f.)*	insomnie 38
библиотека *(f.)*	bibliothèque 46
билет *(m.)*	billet 17
билет в один конец	billet aller simple 17
бланк *(m.)*	formulaire 82
бледный/-ая/-ое	pâle 88
ближайший/-ая/-ее	le plus proche 73
блин *(m.)*	crêpe 4
блинчик *(m.)*	crêpe 93
блузка *(f.)*	chemisette 81
блюдо *(n.)*	plat (cuisine) 54
блюдце *(n.)*	soucoupe 93
бобина *(f.)*	bobine 18
Бог *(m.)*	Dieu 47
богатый/-ая/-ое	riche 32
бокал *(m.)*	coupe (verre) 93
более	de plus en plus 67

болезнь *(f.)*	maladie 92
болеть *(imperf.)*	faire mal 27 ; être malade 37
боль *(f.)*	douleur 92
больше	davantage, plus 18
большой/-ая/-ое	grand 25
борщ *(m.)*	borchtch 18
ботаник *(m.)*	botaniste 76
ботанический/-ая/-ое	botanique 76
бояться *(imperf.)*	appréhender, craindre, avoir peur 22
брат *(m.)*	frère 16
брать *(imperf.)*	prendre 64
бросаться *(imperf.)*	se jeter, précipiter (se) 88
бросить *(perf.)*	arrêter (cesser de), jeter 59
брюки *(pl.)*	pantalon 29
будильник *(m.)*	réveil (appareil) 87
буква *(f.)*	caractère (lettre), lettre (de l'alphabet) 82
букет *(m.)*	bouquet 90
бутик *(m.)*	boutique 74
бутылка *(f.)*	bouteille 75
бутылочка *(f.)*	bouteille 97
буфет *(m.)*	buffet 93
бывший/-ая/-ее	ancien (passé) 89
быстро *(adv.)*	vite 90
быть *(imperf.)*	être 2

В, в

в	à / au, dans, en 6
важна/-о/-ы	important *(adj.)* 74
ванна *(f.)*	baignoire, bain 68
ванная *(f.)*	salle de bain 68
варенье *(n.)*	confiture 93
Ватикан	Vatican 13
ватный/-ая/-ое	en coton 88
ваш *(m.)*	votre 17
вдоль	le long de 73
вдруг	tout à coup 60 ; si... / et si..., soudain 96
ведро *(n.)*	seau 75
ведь	pourtant 16, 87 ; car (parce que) 78, 87 ; c'est que... 80 ; puisque 87
вежливый/-ая/-ое	poli 27
везде	partout 79
везти *(imperf.)*	emmener (en transport), transporter 62
великий/-ая/-ое	grand 100
великолепный/-ая/-ое	excellent, parfait 94
велосипед *(m.)*	vélo 67

вера *(f.)*	foi 60
верить в *(imperf.)*	croire (en / à) 60
верно	exactement 58
весело *(adj. court, n.)*	gai (gaiement) 26
весить *(imperf.)*	peser (une personne / un animal / un objet) 96
весна *(f.)*	printemps 51
весной	au printemps 51
вести себя *(imperf.)*	se comporter 76
весь *(f. вся)*	tout *(adj.)* 54
ветер *(m.)*	vent 5
вечер *(m.)*	soir 19 ; soirée 26
вечеринка *(f.)*	soirée (fête) 32
вечерний/-яя/-ее	de soirée (pour le soir) 29
вещь *(f.)*	affaire, chose 81
взвесить *(perf.)*	peser (qqch.) 80
вздыхать *(imperf.)*	soupirer 99
взор *(m.)*	regard 99
взрослый/-ая/-ое	adulte 76
взять *(imperf.)* себя в руки	se prendre en main 31
взять *(perf.)*	prendre 13
взять *(perf.)* себя в руки	se ressaisir 31
видеть *(imperf.)*	voir 11
виза *(f.)*	visa 6
вилка *(f.)*	fourchette 93
вино *(n.)*	vin 97
виноград *(m.)*	raisin 80
вкратце	en bref, brièvement 89
вкус *(m.)*	goût 48
вкусный/-ая/-ое	bon (au goût), délicieux 15
владелец *(m.)*	propriétaire 89
влюблён/влюблена/-о/-ы	amoureux/-se 76
вместе	ensemble 46
во время	pendant 92
вода *(f.)*	eau 18
водитель *(m.)*	chauffeur, conducteur 61
водительское удостоверение	permis de conduire 95
водить *(imperf.)*	conduire (voiture/bateau...) 61 ; mener (amener qqn quelque part) 71
водить за нос *(imperf.)*	mener en bateau 71
водка *(f.)*	vodka 15
возложить *(perf.)*	déposer 90
возрождаться *(imperf.)*	renaître 51
война *(f.)*	guerre 10
волновать *(imperf.)*	émouvoir, inquiéter 65
волноваться *(imperf.)*	s'inquiéter 59

волос *(m.)*	cheveu 39
волшебник *(m.)*	magicien 65
вообще	en général, généralement 30
вопрос *(m.)*	question 85
вор *(m.)*	voleur 58
воскресенье *(n.)*	dimanche 22
воспользоваться *(+ instr.)* *(perf.)*	profiter de 73
восстанавливать *(imperf.)*	refaire un papier d'identité 95
восхитительный/-ая/-ое	ravissant 89
вот	voici 23 ; voilà 40 ; c'est que… 59
впадать *(imperf.)*	tomber (en / dans) 37
впервые	pour la première fois 81
впечатление *(n.)*	impression 52
врач *(m.)*	médecin 37
время *(n.)*	temps (qui passe) 24
время *(n.)* года	saison de l'année 51
вроде	comme 57
вроде (бы)	apparemment 57
вроде не	ne pas avoir l'air 94
все	tout le monde 12
всё	tout (pron.) 1
всегда	toujours 74
всё-таки	tout de même 60
вставать *(imperf.)*	se lever 38
встать *(perf.)*	se lever 55
встретить *(perf.)*	rencontrer 87
встретиться *(perf.)*	se rencontrer 41
встреча *(f.)*	rendez-vous 87 ; rencontre 95
встречать *(imperf.)*	rencontrer 99
встречаться *(imperf.)*	se rencontrer, sortir ensemble 52
вторник *(m.)*	mardi 22
вчера	hier 26
вы	vous 7
выбрать *(perf.)*	choisir 48
выбраться *(perf.)*	sortir avec peine *(v. i.)* 97
выглядеть *(imperf.)*	paraître 57
выезжать *(imperf.)*	sortir / partir (en transport) *(v. i.)* 61
выезжать *(imperf.)* загород	aller à la campagne 97
выздоравливать *(imperf.)*	se rétablir 92 ; guérir 93
выйти *(perf.)* замуж	se marier (pour une femme) 90
вылет *(m.)*	départ (en avion) 96
вылетать *(imperf.)*	partir en avion 88
вылетать *(imperf.)* через	passer à travers (faire un vol plané) 88
вылететь *(perf.)*	voler (dans les airs) 85
вынуть *(perf.)*	sortir (tirer / extraire) 100

выручить *(perf.)*	dépanner (venir en aide à qqn) 62
высокий/-ая/-ое	élevé 68
высота *(f.)*	hauteur 71
выхватывать *(imperf.)*	sortir (tirer / arracher) 88
выход *(m.)*	solution, sortie 87
выходить *(imperf.)*	sortir (à pied) *(v. i.)* 88
выходные *(m. pl.)*	week-end 22

Г, г

габарит *(m.)*	gabarit 19
гав-гав!	ouah-ouah ! 36
гавкать *(imperf.)*	aboyer 36
газ *(m.)*	gaz 1
газетный киоск *(m.)*	kiosque à journaux 73
галстук *(m.)*	cravate 40
где	où (sans mouvement) 13
где-нибудь	quelque part (sans mouvement) 29
где-то *(fam.)*	aux environs de, près de (dans les… / vers les…) 82
гель *(m.)*	gel 85
гель *(m.)* для душа	gel douche 85
Германия *(f.)*	Allemagne 47
гимнастика *(f.)*	gymnastique 64
главное	le principal (l'essentiel) 10
главное (самое ~)	le plus important 10
глаз *(m.)*	œil 72
глупость *(f.)*	bêtise 74
говорить *(imperf.)*	parler 12 ; dire 20
говориться *(imperf.)*	se dire 100
говядина *(f.)*	bœuf (viande) 80
год *(m.)*	an 39
голова *(f.)*	tête 37
голос *(m.)*	voix 60
голубой/-ая/-ое	bleu 72
гораздо больше	beaucoup plus 86
гордый/-ая/-ое	orgueilleux 99
горе *(n.)*	chagrin, malheur 54
горло *(n.)*	gorge 92
город *(m.)*	ville 68
господи!	Mon dieu !, Seigneur ! 90
господин *(m.)*	monsieur 58
гостиница *(f.)*	hôtel 68
гость *(m.)* / гости *(pl.)*	invité/s 66
гостях (в ~)	en visite chez qqn 66
готов/-а/-о/-ы	prêt 82
готовить *(imperf.)*	cuisiner, préparer 54

график *(m.)*	planning 41
Греция *(f.)*	Grèce 82
грипп *(m.)*	grippe 92
грустный/-ая/-ое	triste 44
груша *(f.)*	poire 80
гулять *(imperf.)*	se promener 5

Д, д

да	oui 4
да нет!	mais non ! 78
давать *(imperf.)*	donner 3
давно	depuis longtemps 90 ; cela fait longtemps que 97
даже	même *(adv.)* 30
далеко	loin 67
дальний/- яя/-ее	lointain 93
дальше	plus loin 100
дама *(f.)*	dame 90
дата *(f.)*	date 83
дать *(perf.)*	donner 27
дача *(f.)*	datcha (maison de campagne) 52
дважды	deux fois 94
двоюродная сестра *(f.)*	cousine 74
двухкомнатная *(adj.)*	deux-pièces (appartement) 89
двухместный/-ая/-ое	à deux places 68
двухэтажный	à / de deux étages 89
девочка *(f.)*	fille 27 ; fillette 100
девушка *(f.)*	jeune fille, mademoiselle 40
девчонка *(f.)* *(fam.)*	nana 87
дед *(m.)*	grand-père 48
Дед *(m.)* Мороз	Père Noël 48
дедушка *(m.)*	grand-père 36
действительно	vraiment 81 ; en effet 94
действовать на нервы *(imperf.)*	taper sur les nerfs 86
декабрь *(m.)*	décembre 91
делать *(imperf.)*	faire 6, 28
деликатес *(m.)*	mets délicat 93
дело *(n.)*	affaire 1
день *(m.)*	jour 1, 22
день *(m.)* рождения	anniversaire 21
деньги *(pl.)*	argent (monnaie) 75
депрессия *(f.)*	dépression 37
депутат *(m.)*	député 74
деревня *(f.)*	village 99
дерево *(n.)*	arbre 76

держать *(imperf.)*	tenir 39
дети *(pl.) (sing. :* ребёнок*)*	enfants 8
дёшево	bon marché *(adv.)* 30
дешёвый/-ая/-ое	bon marché 82
джинсы *(m. pl.)*	jean (vêtement) 30
джип *(m.)*	jeep 62
диета *(f.)*	régime 4
дикий/-ая/-ое	terrible 61
дилемма *(f.)*	dilemme 60
дискета *(f.)*	disquette 5
дискотека *(f.)*	discothèque 12
длинный/-ая/-ое	long (dans l'espace) 67
для	pour 40
до	jusque 17
до свидания	au revoir 100
добавить *(perf.)*	ajouter 97
добро пожаловать	bienvenue 85
добрый вечер	bonsoir 19
добрый день	bonjour 1
добрый/-ая/-ое	bon *(adj.)* 1 ; généreux, sympa (dans ce contexte) 16
довезти *(perf.)*	emmener (en transport), transporter 62
доверие *(n.)*	assurance, confiance 99
доверять *(imperf.)*	avoir confiance en, se fier 52
дождь *(m.)*	pluie 5
дойти *(perf.)*	arriver (à pied) 82
доктор *(m.)*	docteur 23
документ *(m.)*	document 89
документы *(pl.)*	papiers (d'identité) 95
долг *(m.)*	dette 75
долгий, ая/-ое	long (dans le temps) 55
долго	longtemps 38
должен *(m.)*	devoir *(v. = adj. en russe)* 43
должна *(f.)*	devoir *(v. = adj. en russe)* 43
должны *(pl.)*	devoir *(v. = adj. en russe)* 43
долить *(perf.)*	ajouter / remettre (un liquide) 94
дом *(m.)*	immeuble, maison 89
дома	à la maison (sans mouvement) 66
домашний/-яя/-ее	domestique *(adj.)* (de maison), familial 50
домой	à la maison (avec mouvement) 73
домосед *(m.)*	casanier 79
дорога *(f.)*	route 62
дорогой/-ая/-ое	cher 57
дорожный знак *(m.)*	panneau routier 88
доставать *(imperf.)*	sortir (tirer) 93
доступно *(adj. court, n.)*	abordable, accessible 78

дремать *(imperf.)*	somnoler 61
дрожащий/-ая/-ее	tremblant 99
друг *(m.)* / подруга *(f.)*	ami/e 26
другой/-ая/-ое	autre 22
думать *(imperf.)*	croire, penser, réfléchir 11
душ *(m.)*	douche 68
дыня *(f.)*	melon 27
дядя *(m.)*	oncle 66

Е, е

Европа *(f.)*	Europe 78
еда *(f.)*	nourriture, repas 54
езда *(f.)*	circulation 94
ездить *(imperf., indét.)*	aller en véhicule 51
ерунда *(f.)*	absurdité 75
если	si 17
естественно	évidemment, naturellement 93
есть	il y a 8
есть *(imperf.)*	manger 15
есть (у меня есть)	avoir (j'ai) 9
ехать *(imperf., dét.)*	aller en véhicule 62 ; rouler (en voiture) 94
ехать обратно *(imperf. défini)*	revenir (en transport) 62
ещё	encore 13, 16 ; si (aussi) 55

Ж, ж

жадина *(m.)(f.)*	pingre 45
жадный/-ая/-ое	avare 45
жалоба *(f.)*	plainte 71
жаловаться *(imperf.)*	se plaindre 37
жаль	dommage 22
жара *(f.)*	chaleur 24
жарко	il fait chaud *(adv.)* 24
ждать *(imperf.)*	attendre 74
же	donc 37, 39 ; mais 41, 86
жезл *(m.)*	bâton 88
желать *(imperf.)*	désirer 72 ; souhaiter 83
железный/-ая/-ое	en / de fer, implacable 53
жёлтый/-ая/-ое	jaune 72
желудок *(m.)*	estomac 37
жена *(f.)*	femme (épouse) 54
жениться *(imperf. et perf.)*	se marier (pour un homme) 90
жених *(m.)* / невеста *(f.)*	fiancé/e 32
женщина *(f.)*	femme 43
живот *(m.)*	ventre 27
животное *(n.)*	animal 43

жизнь *(f.)*	vie 51
жираф *(m.)*	girafe 1
жить *(imperf.)*	habiter, vivre 33
журналист *(m.)*	journaliste 2
жюри *(inv.) (n.)*	jury 19

З, з

за	à / au, derrière 15 ; après 48 ; pour 59
за ... часа до	x heures avant 96
зааплодировать *(perf.)*	se mettre à applaudir 44
забавный/-ая/-ое	drôle (amusant) 43
заболеть *(perf.)*	tomber malade 27
забота *(f.)*	soin 92
забытый/-ая/-ое	oublié 29
забыть *(perf.)*	oublier 94
заветный/-ая/-ое	sacré 99
завидовать *(imperf.)*	envier 76
заводиться *(imperf.)*	démarrer 94
завтра	demain 23
завтрак *(m.)*	petit-déjeuner 4
завтракать *(imperf.)*	prendre le petit-déjeuner 41
заглохнуть *(perf.)*	caler (moteur) 94
задание *(n.)*	devoir *(nom)* 50
задний/-яя/-ее	arrière 61
задумчиво	pensivement 88
зажигание *(n.)*	allumage 94
заказ *(m.)*	commande 82
заказной/-ая/-ое	recommandé (courrier) 82
заканчивать *(imperf.)*	terminer (de faire qqch.) 41
закончиться *(perf.)*	finir (se terminer), se terminer 53
закоренелый/-ая/-ое	endurci, invétéré 54
закрыт/-а/-о/-ы	fermé 73
закрыть *(perf.)*	enfermer, fermer 76
зал *(m.)*	salle 44
заметить *(perf.)*	remarquer 65
замечательный/-ая/-ое	exceptionnel, remarquable 26
замечать *(imperf.)*	remarquer 54
заниматься *(imperf.)*	s'occuper de 64
занят/-а/-о	occupé 41
заняться *(perf.)*	s'occuper de 46
заплакать *(perf.)*	pleurer 39
заполнить *(perf.)*	remplir 82
заправить полный бак	faire le plein d'essence 94
заснуть *(perf.)*	s'endormir 26
заставлять *(+ inf.) (imperf.)*	faire faire (obliger à), forcer / obliger (à faire qqch.) 66

заходить *(imperf.)*	entrer, passer chez qqn 33
захотеться *(perf.)*	avoir envie 100
зачем	pourquoi (à quoi bon) 11
заявить *(perf.)*	déclarer 95
звать *(imperf.)*	appeler qqn 3
звонить *(imperf.)*	téléphoner 71 ; appeler (au téléphone) 87
звонок *(m.)*	sonnerie 87
здесь	ici 8
здорово	chouette ! 73
здоровый/-ая/-ое	sain 38
здоровье *(n.)*	santé 38
здравствуй(те)	bonjour 2
зелёный/-ая/-ое	vert 72
зеркало *(n.)*	miroir 75
зима *(f.)*	hiver 51
зимний/-яя/-ее	d'hiver 29
зимой	en hiver 51
зло	méchamment 36
знак *(m.)*	signe 88
знакомиться *(imperf.)*	faire connaissance 3
знать *(imperf.)*	connaître, savoir 19
значение *(n.)*	importance, sens, signification 53
значит	alors, donc 50
значить *(imperf.)*	signifier 93
зовут *(pron. à l'acc. + ~)*	s'appeler 3
золото *(n.)*	or 81
золотой/-ая/-ое	doré, en or 72
зонт *(m.)*	parapluie 95
зоопарк *(m.)*	zoo 62
зрение *(n.)*	vue (yeux) 38
зуб *(m.)*	dent 39
зубная паста *(f.)*	dentifrice 71

И, и

и	et 2
и вообще	et puis 30
играть *(imperf.)*	jouer 23
идеальный/-ая/-ое	idéal 40
идея *(f.)*	idée 5
идти *(imperf.)*	aller à pied 6
идти за покупками	faire des courses 80
из	de (provenance) 16
извинить *(perf.)*	excuser 19
извиняться *(imperf.)*	s'excuser 85
из-за	à cause de 54

измениться *(perf.)*	changer *(v. i.)* 71
изменять *(imperf.)*	tromper 94
изображать *(imperf.)* из себя	feindre d'être, passer pour 65
икона *(f.)*	icône 13
икра *(f.)*	caviar 15
или	ou 15
именно	exactement, justement 50
иметь *(perf.)*	avoir (posséder) 43
иммунитет *(m.)*	immunité 24
импрессионизм *(m.)*	impressionnisme 22
инициалы *(m. pl.)*	initiales 23
иногда	parfois 81
иностранец *(m.)*	étranger *(nom)* 12
интерес *(m.)*	intérêt 43
интересно *(adj. court et adv.)*	intéressant 10
интересный/-ая/-ое	intéressant 10
интернет *(m.)*	Internet 73
интернет-кафе *(n.)*	cybercafé 73
искать	chercher 40
испанец *(m.)*	Espagnol *(nom)* 47
Испания *(f.)*	Espagne 78
испанский/-ая/-ое	espagnol/e *(adj.)* 78
использовать *(imperf.)*	utiliser 87
история *(f.)*	histoire 43
Италия *(f.)*	Italie 78
итальянец *(m.)*	Italien *(nom)* 47
итальянский/-ая/-ое	italien/ne 78
их	leur 42
июль *(m.)*	juillet 91
июнь *(m.)*	juin 91

К, к

к	chez (avec mouvement) 9
к тому же	de plus / en plus 10
кабина *(f.)*	cabine 73
Кавказ *(m.)*	Caucase 8
каждый из нас	chacun d'entre nous 89
каждый/-ая/-ое	chacun, chaque 23
казаться *(imperf.)*	avoir l'impression, sembler 65
как	comment 1 ; comme 3, 10
какой/-ая/-ое	quel 9
какой-нибудь/-ая/-ое *(indéfini)*	un 76
какой-то/-ая/-ое *(indéfini)*	un (certain / quelconque) 74
как-то	tout de même 55
канал *(m.)*	canal, chaîne 64
каникулы *(pl.)*	vacances 67

карандаш *(m.)*	crayon 50
карман *(m.)*	poche 58
картофель *(m.)*	pomme de terre 80
картошка *(f.)*	patate 80
кастрюля *(f.)*	casserole 93
кататься *(imperf.)* на лыжах	faire du ski 51
катафалк *(m.)*	corbillard 61
каток *(m.)*	patinoire 64
качать *(imperf.)*	agiter, balancer, remuer 31
кашель *(m.)*	toux 92
квартира *(f.)*	appartement 81
квитанция *(f.)*	un reçu 82
кенгуру *(inv.)* *(m.)*	kangourou 16
киви *(n.)*	kiwi 80
килограмм *(m.)*	kilo 80
кинематограф *(m.)*	cinéma 100
кино *(inv.)* *(n.)*	cinéma 22
кислый/-ая/-ое	acide 87
китаец *(m.)* / китаянка *(f.)*	Chinois/-e *(nom)* 47
класс *(m.)*	classe, groupe 55
классный *(fam.)*	chouette *(adj.)* 87
клиника *(f.)*	clinique 17
ключ *(m.)*	clé 95
книга *(f.)*	livre 10
кобура *(f.)*	étui (de pistolet) 88
когда	quand 36
код *(m.)*	code 5
колесо *(n.)*	roue 94
колбаса *(f.)*	saucisson 80
колготки *(pl.)*	collants 81
колено *(n.)*	genou 88
колыханье (колыхание) *(n.)*	balancement, ondulation 99
коляска *(f.)*	landau 31
командировка *(f.)*	mission (voyage d'affaires) 48
комета *(f.)*	comète 20
комната *(f.)*	chambre, pièce (dans un appartement) 89
компре/сс *(m.)*	compresse 26
компьютер *(m.)*	ordinateur 50
конверт *(m.)*	enveloppe 82
кондиционер *(m.)*	climatisation 62
конец *(m.)*	bout, extrémité, fin 17
конечно	bien sûr 17
консервная банка *(f.)*	boîte de conserve 97
конституция *(f.)*	constitution 25
контроль *(m.)*	contrôle 96

контрольный/-ая/-ое	de contrôle *(adj.)* 94
концерт *(m.)*	concert 5
корабль *(m.)*	bateau 86
корзина *(f.)*	corbeille 40
коридор *(m.)*	corridor 20
коричневый/-ая/-ое	marron 72
корова *(f.)*	vache 36
короче	bref *(adv.)* 83
коррупция *(f.)*	corruption 26
корсар *(m.)*	corsaire 27
костюм *(m.)*	costume 6
кот *(m.)*	chat 36
который	que *(pron. relatif)* 93
который/-ая/-ое *(f.)*	lequel 58
кофе *(inv.) (m.)*	café (boisson) 4
кошелёк *(m.)*	porte-monnaie 58
кошмар *(m.)*	cauchemar 23
краб *(m.)*	crabe 4
кража *(f.)*	vol (acte frauduleux) 95
красиво	beau 46
красивый/-ая/-ое	beau *(adj.)* 29
красный свет *(m.)*	feu rouge 88
красный/-ая/-ое	rouge 72
красть *(imperf.)*	voler (dérober) 90
кресло *(n.)*	fauteuil 81
крик *(m.)*	cri 61
кричать *(imperf.)*	crier 36
кровь *(f.)*	sang 99
кроссовок *(m.) (pl. : -вки)*	basket (chaussure) 81
круглая дата *(f.)*	anniversaire 83
круглый/-ая/-ое	rond 83
крыло *(n.)*	aile 76
крыса *(f.)*	rat 23
кстати	à propos 76
кто	qui 2 ; celui qui 86
кто-нибудь	quelqu'un 29
кто-то	quelqu'un 56
куда	où (avec mouvement) 9
куда-нибудь	quelque part (avec mouvement) 79
куда-то	quelque part (avec mouvement) 53
кукареку	cocorico 36
кулинарный/-ая/-ое	culinaire 54
культура *(f.)*	culture (usages / art) 100
купе *(inv.) (n.)*	compartiment 17
купить *(perf.)*	acheter 29

купленный/-ая/-ое *(part. passé)*	acheté 99
курить *(imperf.)*	fumer 38
курица *(f.)*	poule(t) 80
куртка *(f.)*	blouson, veste 30
кусаться *(imperf.)*	mordre 30
кухня *(f.)*	cuisine 81

Л, л

ладно	d'accord 87, 89
лампочка *(f.)*	ampoule, voyant (lumineux) 94
ласковый/-ая/-ое	doux 97
лаять *(imperf.)*	aboyer 36
лёгкий/-ая/-ое	facile, léger 78
легко	facilement 78
лежать *(imperf.)*	être couché 60, 93
лекарство *(n.)*	médicament 23
лес *(m.)*	forêt 8
лестница *(f.)*	escalier 89
летать *(imperf., indét.)*	voler (dans les airs) 86
лететь *(imperf., dét.)*	aller en avion 67
летний/-яя/-ее	d'été 52
лето *(n.)*	été 51
летом	en été 51
лимон *(m.)*	citron 80
лира *(f.)*	lyre 18
лист *(m.)*	feuille 76
литература *(f.)*	littérature 100
лифт *(m.)*	ascenseur 89
лично	personnellement 60
лишь	ne… que, seulement 81
лобби *(inv.)*	lobby 19
лобовое стекло *(n.)*	pare-brise 88
ловить *(imperf.)*	attraper 61
логика *(f.)*	logique 53
лодка *(f.)*	barque 67
ложиться *(imperf.)*	se coucher 38
ложка *(f.)*	cuillère 72
ломаться *(imperf.)*	tomber en panne 89
Лондон	Londres 15
лошадь *(f.)*	cheval 79
лук *(m.)*	oignon 80
луна *(f.)*	lune 6
лучше	mieux 13 ; plutôt 95
лыжи (f. pl.)	ski (matériel) 51
лыжный спорт *(m.)*	ski (sport) 64

любимый/-ая/-ое	favori, préféré 16
любить *(imperf.)*	aimer 34
любоваться *(imperf.)*	admirer 79
любовь *(f.)*	amour 99
любой/-ая/-ое	n'importe quel 73 ; tout *(adj.)* 93
люди *(pl.)*	gens 60, 95

М, м

мавзолей *(m.)*	mausolée 25
маг *(m.)*	mage 22
магазин *(m.)*	magasin 29
май *(m.)*	mai 91
маленький/-ая/-ое	petit *(adj.)* 65
малина *(f.)*	framboise 92
мало	peu 69
малыш *(m.)*	petit (garçon) 65
мальчик *(m.)*	garçon 69
мам	maman 96
мама *(f.)*	maman 16
марка *(f.)*	timbre 82
маркиз *(m.)*	marquis 22
март *(m.)*	mars 91
масло *(n.)*	beurre 80
масса *(f.)*	masse 4
математика *(f.)*	mathématiques 9
матч *(m.)*	match 15
мать *(f.)*	mère 78
махать *(imperf.)*	agiter la main (pour faire signe) 88
машина *(f.)*	voiture 61
мебель *(f.)*	meubles 20
мегаватт *(m.)*	mégawatt 18
мёд *(m.)*	miel 92
медицинский/-ая/-ое	médical 38
медленный/-ая/-ое	lent 99
между прочим	d'ailleurs / par ailleurs, entre autres 76
международный/-ая/-ое	international 43
меньше	plus petit 78
местный/-ая/-ое	local (du coin) 73
место *(n.)*	place 39, 55 ; endroit 81
месяц *(m.)*	mois 82
метро *(n.) (inv.)*	métro 95
механик *(m.)*	mécanicien 94
мечта *(f.)*	rêve 43
мечтание *(n.)*	rêve, rêverie 99
мечтать *(imperf.)*	rêver 52
мешать *(imperf.)*	déranger, embêter, empêcher 60

милиционер *(m.) (ancien usage)*	policier 88
милиция *(f.)*	police 95
милый/-ая/-ое	agréable, aimable, gentil, mignon 52
мимо	en passant devant 88
мимоза *(f.)*	mimosa 9
мимолётный/-ая/-ое	éphémère, passager *(adj.)* 52
минус *(m.)*	défaut, inconvénient, moins 20
минута *(f.)*	minute 41
мир *(m.)*	monde (planète), paix 10
мне жаль	je suis désolé 34
мне нужно	j'ai besoin de 29 ; j'ai besoin de 94
многие	beaucoup 79
много	beaucoup 40
многовековой/-ая/-ое	séculaire 100
мобилизация *(f.)*	mobilisation 19
мобильник *(m.)*	portable (téléphone) (langage parlé) 87
мобильный/-ая/-ое	portable (téléphone) *(adj.)* 87
мода *(f.)*	mode 74
модельер *(m.)*	grand couturier 74
модный/-ая/-ое	à la mode 74
может быть	peut-être 20
можно	possible 17
мой, моя, моё	mon / ma / le mien / la mienne 35
мой/моя/моё	ma, mon 16
молод/-а/-о/-ы *(adj. court)*	jeune 32
молодёжь *(f.)*	jeunesse (ensemble des jeunes) 75
молодец!	bravo ! 36
молодой/-ая/-ое	jeune 31
молоко *(n.)*	lait 80
молочный/-ая/-ое	laitier *(adj.)* 80
молчанье (молчание) *(n.)*	silence 99
монастырь *(m.)*	monastère 79
море *(n.)*	mer 8
морковь *(f.)*	carotte 80
мороженое *(n.)*	glace (crème glacée) 24
мороз *(m.)*	froid *(nom)* 92
морока *(f.)*	tracas 95
морщина *(f.)*	ride 38
Москва	Moscou 17
мост *(m.)*	pont 90
мотоцикл *(m.)*	moto 67
мочь *(imperf.)*	pouvoir *(v.)* 22, 28
му!	meuh ! 36
мудрёный/-ая/-ое	compliqué 85
муж *(m.)*	mari 43
мужчина *(m.)*	homme 61

музей *(m.)* musée 22
музыка *(f.)* musique 61
мука *(f.)* farine 80
мусор *(m.)* ordure 40
мучить *(imperf.)* tourmenter 38
мы nous 6
мыло *(n.)* savon 71
мыть *(imperf.)* laver 36
мычать *(imperf.)* meugler 36
мясо *(n.)* viande 15
мяу miaou 36
мяукать *(imperf.)* miauler 36

Н, н

на à / au, sur 4
наверно probablement 45
наверное sûrement 73
наверняка sûrement 73
навесной/-ая/-ое mural 93
навести порядок *(perf.)* ranger 71
надеть *(perf.)* mettre (sur soi) 57
надеяться *(imperf.)* espérer 95
надо il faut 92
надоесть *(perf.)* en avoir marre 79
надоесть *(perf.)* en avoir assez, embêter, ennuyer 79
нажимать *(imperf.)* на appuyer sur 88
назад en arrière (avec mouvement) 83
назло exprès (pour contrarier qqn) 62
называться *(imperf.)* s'appeler 71
наилучший/-ая/-ее le meilleur 100
найти *(perf.)* trouver 29
найтись *(perf.)* se trouver 86
наконец-то finalement 67
налево à gauche (avec mouvement) 13
намного *(+ adj. au comparatif)* beaucoup plus 90
намного больше beaucoup plus 94
написать *(perf.)* écrire 48
направо à droite (avec mouvement) 13
например par exemple 40
напряжённый/-ая/-ое serré, tendu 41
наркотик *(m.)* drogue 64
народ *(m.)* peuple 100
нарушить *(perf.)* enfreindre 88
настаивать *(imperf.)* insister 18, 86
настоящий/-яя/-ее véritable 64
находиться *(imperf.)* se trouver 73

начать *(perf.)*	commencer 83
начаться *(perf.)*	commencer 53
начинать *(v. t., imperf.)*	commencer 61
начинаться *(v. i., imperf.)*	commencer 96
наш/-а/-е/-и	le nôtre, notre / le nôtre 35 ; notre 42
не	ne… pas 6
не за что	il n'y a pas de quoi ! 73
небо *(n.)*	ciel 72
неважно *(adv., adj. court, n.)*	insignifiant, mal *(adv.)* 92
неделя *(f.)*	semaine 22
недопустимо	inacceptable 71
недоразумение *(n.)*	malentendu 31
недорогой/-ая/-ое	bon marché 30
недоумение *(n.)*	perplexité 61
неинтересный/-ая/-ое	inintéressant 11
некогда (мне ~)	je n'ai pas le temps 89
некоторый/-ая/-ое	certain 61
некрасивый/-ая/-ое	pas beau 30
нелёгкий/-ая/-ое	difficile *(adj.)* 100
неловко	gênant, maladroitement 55
нельзя *(+ inf.) (imperf.)*	il ne faut pas / on ne peut pas 52
немец *(m.)*	Allemand *(nom)* 47
немного	peu 12
необходим/-а/-о/-ы *(adj. court)*	nécessaire 94
необычный/-ая/-ое	inhabituel 89
неожиданно	soudainement 88
неправильно	incorrect 64
неприятно	désagréable *(adv.)* 87
нерв *(m.)*	nerf 86
нервно	nerveusement 59
нервный/-ая/-ое	nerveux 37
несчастье *(n.)*	malheur 75
нет	non 2, 36 ; il n'y a pas 37
неудача *(f.)*	malchance 75
неудобно	gênant, incommode, inconfortable 81
нечаянно	par mégarde 75
нечего	rien 46
ни *(+ gén.)*	pas un seul 97
ни (ни… ни…)	ni (ni… ni…) 9
ни/жний/-яя/-ее	bas *(adj.)* 17
нижнее бельё *(n.)*	lingerie (sous-vêtements) 81
нижний/-яя/-ее	inférieur 17
низкий/-ая/-ое	bas *(adj.)* 68
низко	bas *(adv.)* 68
никакой/-ая/-ое	aucun 53
никогда	jamais 38

никто personne *(pron.)* 45
ничего rien 18
но mais 10
новый/-ая/-ое neuf, nouveau 29
нога *(f.)* jambe, pied 39
нож *(m.)* couteau 93
номер *(m.)* numéro 19, 68 ; chambre (d'hôtel) 68
норма *(f.)* norme 94
нормально normal 94
норме (в ~) normal 94
нос *(m.)* nez 71
носить *(imperf., indét.)* porter 40
носок *(m.)* chaussette 81
нотариус *(m.)* notaire 89
ночлег *(m.)* gîte 99
ночь *(f.)* nuit 6
ноябрь *(m.)* novembre 91
нравиться *(imperf.)* plaire 8
ну alors, eh bien 6
ну так alors, eh bien 20
нужен *(adj. court)* nécessaire 43
нужно il faut 29
нужный/-ая/-ое nécessaire, utile 40
ням-ням miam-miam 15

О, о

о! oh ! *(interj.)* 13
оба les deux 57
обед *(m.)* déjeuner 41
обидеться *(perf.)* se vexer 90
облачко *(n.)* petit nuage 96
обожать *(imperf.)* adorer 93
обочина *(f.)* bas-côté 61
обратно contrairement, inversement 17
обстановка *(f.)* situation 43
обстоятельство *(n.)* circonstance 95
обувь *(f.)* *(sing.)* chaussures 29
общежитие *(n.)* foyer (logement) 47
объехать *(perf.)* faire le tour de (en véhicule) 79
объявлять *(imperf.)* annoncer 96
объяснить *(perf.)* expliquer 55
объяснять *(imperf.)* expliquer 43
объясняться *(imperf.)* s'expliquer 78
обыкновенный/-ая/-ое ordinaire 93
обычный/-ая/-ое ordinaire 30
обязательно obligatoirement 85, 92

овощ *(m.)*	légume 74
овощной салат *(m.)*	salade de légumes 97
овощной/-ая/-ое	de / aux légumes 97
оглушительно	assourdissant 88
огонь *(m.)*	feu 99
ограничиться *(perf.)*	se borner à, se contenter de, se restreindre 80
огромный/-ая/-ое	immense 79 ; énorme 87
огурец *(m.)*	concombre 80
одежда *(f.) (sing.)*	vêtements 29
одеяло *(n.)*	couverture 71
один *(m.)*	un / une 4
один и тот же	le même 54
одинаково	même manière, pareil 54
одна	une 59
одно *(n.)*	un / une 69
одноместный/-ая/-ое	à une place 68
одноразовая тарелочка *(f.)*	assiette jetable 97
одноразовый стаканчик *(m.)*	verre jetable 97
одноразовый/-ая/-ое	jetable 97
одолжить *(perf.)*	prêter 75
ой!	oh ! *(interj.)* 19
оказаться *(perf.)*	se retrouver (se trouver) 58
окно *(n.)*	vitre 62 ; fenêtre 62, 82 ; guichet 82
около	environ *(adv.)*, près de 82
окрестности *(pl.)*	les environs 67
окрошка *(f.)*	okrochka (soupe froide) 15
октябрь *(m.)*	octobre 83
он	il, lui 2
она	elle 5
они	eux, ils 7, 12
оно *(n.)*	il 2
опаздывать *(imperf.)*	être en retard 83
опера *(f.)*	opéra (œuvre) 1
оперный театр *(m.)*	opéra (lieu) 44
опоздание *(n.)*	retard 85
опоздать *(perf.)*	être en retard 53
оранжевый/-ая/-ое	orange *(adj.)* 72
осень *(f.)*	automne 51
осенью	en automne 51
осмотр *(m.)*	inspection 38
осмотр (медицинский ~)	examen médical 38
особняк *(m.)*	hôtel particulier 89
оставить *(perf.)*	laisser 76
оставлять *(imperf.)*	laisser 33
останавливать *(imperf.)*	arrêter (qqn / qqch.) 88

остановиться *(perf.)* s'arrêter 87
остаться *(perf.)* rester 97
осторожно! attention ! 88
остров *(m.)* île 79
острый/-ая/-ое aigu 92
от de (provenance) 46
отвезти *(perf.)* emmener (en transport), transporter 62
отводить *(imperf.)* amener 83
отдел *(m.)* rayon 80
отделение *(n.)* милиции poste de police 95
отдельный/-ая, ое à part, séparé 93
отель *(m.)* hôtel 68
отец *(m.)* père 78, 80
отказать *(perf.)* refuser, repousser 44
отказаться *(perf.)* refuser 27
открывалка *(f.)* ouvre-boîte 97
открытие *(n.)* découverte, ouverture 100
открыть *(perf.)* découvrir, ouvrir 76
откуда d'où (provenance / origine) 44
отличный/-ая/-ое parfait ! 40 ; excellent 77
отправитель *(m.)* expéditeur 82
отправить *(perf.)* envoyer 82
отправлять *(imperf.)* envoyer 46
отправляться *(imperf.)* aller, se rendre à 67
отпуск *(m.)* congé 67
отрадный/-ая/-ое agréable 99
оттуда de là..., de (provenance) 67
отчизна *(f.)* patrie 99
офис *(m.)* bureau 53
официант *(m.)* serveur 74 ; garçon de café 80
оформлять *(imperf.)* légaliser (les documents) 89
охотник *(m.)* chasseur 72
очевидный/-ая/-ое évident 94
очень bien 3 ; beaucoup, très 3, 14
очень приятно! enchanté ! 3
очередь *(f.)* tour (succession) 90
очки *(pl.)* lunettes 76
ошибиться *(perf.)* se tromper 19
ошибка *(f.)* erreur 97
ошибка *(f.)* faute 50
ощущение *(n.)* sensation 74

П, п

падать *(imperf.)* tomber 61
падать *(imperf.)* духом désespérer 87
падать *(imperf.)* в обморок s'évanouir 61

пакет *(m.)*	sac en plastique 95
пальто *(inv.) (n.)*	manteau 16
памятник *(m.)*	monument 90
память *(f.)*	mémoire 94
паника *(f.)*	panique 62
паниковать *(imperf.)*	paniquer 31
папа *(m.)*	papa 16
парень *(m.)*	jeune homme 32
пара *(f.)*	deux, paire 80
парашют *(m.)*	parachute 86
Париж	Paris 3
парикмахер *(m.)*	coiffeur 74
парк *(m.)*	parc 46
пароход *(m.)*	paquebot 67
паспорт *(m.)*	passeport 17
паспортный контроль *(m.)*	contrôle des passeports 96
пассажир *(m.)*	passager *(nom)* 61
пауза *(f.)*	pause 55
пахнуть *(+ instr.) (imperf.)*	sentir (dégager une odeur) 97
певец / певица	chanteur/-euse 74
педаль *(f.)*	pédale 88
педаль *(f.)* тормоза	pédale de frein 88
пельмень *(m.)*	pelménis 80
первую (в ~ очередь)	en premier lieu 94
первый этаж *(m.)*	rez-de-chaussée 68
перебивать *(imperf.)*	interrompre (qqn qui parle) 43
перевес *(m.)*	excédent de poids 96
переводить *(imperf.)*	traduire 1
перед	devant 81
переезжать *(imperf.)*	déménager 89
переживать *(imperf.)*	s'inquiéter, se tourmenter 59
перейти *(perf.)*	traverser (à pied) 75
переключать *(imperf.)*	changer de chaîne 64
перекрёсток *(m.)*	carrefour 88
переносить *(imperf.)*	porter (en traversant qqch.) 90
переселить *(perf.)*	reloger, transférer 71
пересолить *(perf.)*	trop saler 97
перестараться *(imperf.)*	en faire trop 97
перестать *(perf.)*	arrêter (cesser de) 71
перо *(n.)*	plume 9
перчатка *(f.)*	gant 95
петух *(m.)*	coq 36
печаль*(f.)*	chagrin 48
печальный/-ая/-ое	triste 99
печатать *(imperf.)*	imprimer, publier, taper (à l'ordinateur) 50

печатная буква *(f.)*	caractère d'imprimerie 82
печатный/-ая/-ое	d'imprimerie 82
пешком	à pied 89
пиво *(n.)*	bière 18, 97
пиджак *(m.)*	veste 81
пикник *(m.)*	pique-nique 97
пингвин *(m.)*	pingouin 62
пирог *(m.)*	tarte 93
пирожок *(m.)*	pirojok (petit pâté) 4
писатель *(m.)*	écrivain 40
писать *(imperf.)*	écrire 50
пистолет *(m.)*	pistolet 88
письмо *(n.)*	lettre (courrier) 46
Питер (voir aussi Санкт-Петербург)	Saint-Pétersbourg 33
пить *(imperf.)*	boire 24
пища *(f.)*	nourriture 38
пищеварение *(n.)*	digestion 37
плавание *(n.)*	natation 64
плавать *(imperf., indét.)*	nager 86
плакать *(imperf.)*	pleurer 31
пламя *(n.)*	flamme 97
план *(m.)*	projet 46
планировка *(f.)*	agencement 89
платить *(imperf.)*	payer 96
платье *(n.)*	robe 29
плацкарта (билет ~)	billet de train de 3e classe 17
плащ *(m.)*	imperméable *(nom)* 81
племянник *(m.)*	neveu 90
племянница *(f.)*	nièce 90
плечо *(n.)*	épaule 61
плохо	mal *(adv.)* 92
плохой/-ая/-ое	mauvais 5
плыть *(imperf., dét.)*	aller à la nage, aller en bateau 67
по	selon 9 ; sur 61 ; à travers 79
по-(моему)	quant à (moi) 30
победить *(perf.)*	vaincre 99
повезти *(perf.)*	avoir de la chance 39
поговорить *(perf.)*	parler 79
погода *(f.)*	temps (météo) 5
под	sous, sur (au son de / au rythme de) 61
подарить *(perf.)*	offrir 25
подарок *(m.)*	cadeau 25
подвал *(m.)*	cave 89
подготовить *(perf.)*	préparer 94
поделать *(perf.)*	faire 34

поделиться с *(+ instr.) (perf.)*	partager avec 45
подниматься *(imperf.)*	se lever, monter 55
подобный/-ая/-ое	semblable 99
подозрение *(n.)*	suspicion 65
подозрительный/-ая/-ое	suspect 65
подойти *(perf.)*	arriver (s'approcher à pied) 100
подруга *(f.)*	copine 46
подсказать *(perf.)*	souffler (dire discrètement) 73
подумать *(perf.)*	réfléchir 50
подушка *(f.)*	oreiller 71
подходить *(imperf.)*	convenir 68
поезд *(m.)*	train 17
поехать *(perf.)*	aller / partir en véhicule 67, 79
пожалуйста	s'il te / vous plaît 4
пожелать *(perf.)*	souhaiter 100
пожениться *(perf.)*	se marier (pour un couple) 83
пожилой/-ая/-ое	âgé 75
позвать *(perf.)*	appeler qqn 34
позвать к *(perf.)*	inviter pour (une certaine heure) 83
позволить *(perf.)*	permettre 51
позвонить *(perf.)*	téléphoner / appeler (au téléphone) 34
поздно	tard 75
познакомить *(perf.)*	présenter (qqn) 32
познакомиться *(perf.)*	faire connaissance 32
познание *(n.)*	connaissance (processus) 100
поиск *(m.)*	recherche 93
поискать *(perf.)*	chercher un peu 29
пойти *(perf.)*	aller à pied 5
пока	pendant ce temps-là 97
пока не	jusqu'à ce que 87
показывать *(imperf.)*	montrer 64
покой *(m.)*	paix 99
покупать *(imperf.)*	acheter 48
покупки *(f. pl.)*	courses 80
пол-	demi 80
пол *(m.)*	sol 81
полгода *(f.)*	six mois 52
полежать *(perf.)*	rester couché 92
полежать *(perf.)* в постели	rester au lit 92
полезен/-на/-но	utile 73
полезный/-ая/-ое	utile 74
полететь *(perf.)*	aller en avion 67 ; voler (dans les airs) 85
полиглот *(m.)*	polyglotte 78
полицейский *(m.) (nouvel usage)*	policier 88

полка *(f.)*	place, planche, tablette, rayon 17 ; étagère 60, 93
полкило	livre (500 g) 80
полный/-ая/-ое	entier 29 ; complet 55 ; fort *(adj.)* (corpulent) 90 ; plein *(adj.)* 94 ; empli 99
половина *(f.)*	demie 41 ; moitié 80
положение *(n.)*	situation 87
положить *(perf.)*	mettre horizontalement 96
полотенце *(n.)*	serviette de toilette 71, 85
полтора	un et demi 53
получить *(perf.)*	recevoir 86
получиться *(perf.)*	réussir 100
полчаса	demi-heure 53
полянка *(f.)*	clairière 97
поменять *(perf.)*	changer *(v. t.)* 71
помидор *(m.)*	tomate 80
помнить *(imperf.)*	se rappeler 44
помогать *(imperf.)*	aider 36
по-моему	à mon avis 30 ; d'après moi 94
помочь *(perf.)*	aider 40
помощь *(f.)*	aide 62
понадобиться *(imperf.)*	falloir 100
понедельник *(m.)*	lundi 22
понимать *(imperf.)*	comprendre 10
понравиться *(perf.)*	plaire 44
понятно	compréhensible 78
понять *(perf.)*	comprendre 55
попить *(perf.)*	boire 53
поправиться *(perf.)*	guérir 92
по-прежнему	comme avant 71
попробовать *(perf.)*	essayer 73
попросить *(perf.)*	demander 71
пора	il est temps 66
порезать *(perf.)*	couper 97
портативный компьютер *(m.)*	ordintateur portable 96
портативный/-ая/-ое	portable *(adj.)* 96
порядок *(m.)*	ordre 93
посидеть *(perf.)*	rester assis 92
посидеть дома	rester à la maison 92
поскорее	vite 66
послать *(perf.)*	envoyer 82
после	après 13
последний/-ая/-ое	dernier 61
послушать *(perf.)*	écouter 31
посмотреть *(perf.)*	regarder 30

поспешить *(perf.)*	se dépêcher 95
поставить *(perf.)*	mettre / poser verticalement 94
постель *(f.)*	lit 81
постирать *(perf.)*	faire la lessive 81
постойте! *(perf.)*	attendez ! (dans une conversation) 71
постоянно	constamment 50
постоять *(perf.)*	rester debout / sur place 71
посуда *(f.)*	vaisselle 36
посылка *(f.)*	colis 82
потеря *(f.)*	perte 95
потолок *(m.)*	plafond 89
потом	après 9 ; ensuite 13 ; puis 14
потому что	parce que 23
потреблять *(imperf.)*	consommer 94
потрясающе	époustouflant 57
почему	pourquoi (pour quelle raison) 11
почистить *(perf.)*	nettoyer 81
почта *(f.)*	poste *(nom f.)* 46
почтамт *(m.)*	bureau de poste 73
почти	presque 12
почти не	pratiquement / presque pas 40
поэма *(f.)*	poème 4
поэтому	c'est pourquoi 54
правда *(f.)*	vérité, vraiment 15
правило *(n.)*	règle 34
праздник *(m.)*	fête 38
праздновать *(imperf.)*	fêter 83
преданье (предание) *(n.)*	légende 99
предложить *(perf.)*	proposer 22
предпочитать *(imperf.)*	préférer 51
президент *(m.)*	président 13
прекрасно	super 48
прекратить *(perf.)*	arrêter (cesser de) 31
прекратиться *(perf.)*	cesser 23
преподаватель *(m.)*	professeur (de l'enseignement supérieur) 74
при	devant, sous 95
прибор *(m.)*	couvert (vaisselle) 93
привести *(perf.)*	amener 58
привет	salut 1
пригласить *(perf.)*	inviter 26
приготовить *(perf.)*	préparer 80
придумать *(imperf.)*	trouver (inventer) 87
приём *(m.)*	accueil, consultation (médecin), réception 37
приехать *(perf.)*	venir (en véhicule) 85

приземлиться *(perf.)*	atterrir 85
прийтись *(perf.)*	falloir 95
прилететь *(perf.)*	arriver en avion 85
примерно	environ *(adv.)* 82
примета *(f.)*	présage, signe 75
принести *(perf.)*	apporter 71
принимать *(imperf.)*	prendre 82
принимать ванну/душ	prendre un bain 81 ; prendre une douche 85
приносить *(imperf.)*	apporter 81
принять *(perf.)*	prendre 23
природа *(f.)*	nature 51
приходиться *(imperf.)*	être obligé de 89
приходить *(imperf.)*	venir (à pied) 22
приходить в себя *(imperf.)*	retrouver ses esprits, revenir à soi 61
приятель *(m.)*	copain 76
приятно *(adj. court, n.)*	agréablement 3
приятный/-ая/-ое	agréable 16
проблема *(f.)*	problème 23
проверить *(perf.)*	vérifier 45, 88
проверка *(f.)*	vérification 88
прогноз *(m.)*	pronostic 20
прогноз *(m.)* погоды	météo 20
прогреть *(perf.)* машину	faire chauffer la voiture 94
продавец / продавщица	vendeur/-euse 74
продавать *(imperf.)*	vendre 74
проехать *(perf.)*	passer (en véhicule) 88
пройти *(perf.)*	passer (à pied) 13
пройти техосмотр *(perf.)*	passer un contrôle technique 94
пронзать *(imperf.)*	percer 99
пронзать *(imperf.)* взглядом	scruter 99
просёлочный/-ая/-ое	vicinal 99
проснуться *(perf.)*	se réveiller 87
проспать *(perf.)*	dormir trop longtemps 87
проспект *(m.)*	avenue 33
простить *(perf.)*	excuser 13 ; pardonner 71
просто	simple 13 ; simplement 39
просто так	comme ça 79
простуда *(f.)*	refroidissement (maladie) 92
простыня *(f.)*	drap 71
просыпать *(perf.)*	renverser 75
просыпаться *(imperf.)*	se réveiller 51
против	contre 74
профессионально	professionnellement 66
профессия *(f.)*	profession 74
проходить *(imperf.)*	entrer / passer (à pied) chez qqn 33, 83

прохожий *(m.)*/-ая *(f.)*	passant 31
прочий/-ая/-ее	autre 93
прочий/-ая/-ое	le reste 93
прошлый/-ая/-ое	ancien, dernier, passé 52
прощаться *(imperf.)*	dire adieu 100
пруд *(m.)*	étang 100
прямо	carrément, directement, tout droit 13
птица *(f.)*	oiseau 76
пульт *(m.)*	télécommande 64
пунктуация *(f.)*	ponctuation 27
пустой/-ая/-ое	vide 75
путешествие *(n.)*	voyage 67
путешествовать *(imperf.)*	voyager 78
путь *(m.)*	chemin 99
пух *(m.)*	duvet 9
пятница *(f.)*	vendredi 22

Р, р

работа *(f.)*	travail 40
работать *(imperf.)*	travailler 40, 94 ; marcher (fonctionner) 87 ; être (+ profession) 94
равно	égal 74
рад/-а/-о/-ы	enchanté 73
ради	à cause de, pour 71
радио *(n.)*	radio 11
радуга *(f.)*	arc-en-ciel 72
раз	alors, fois, puisque 18
разбежаться *(perf.)*	courir dans toutes les directions 66
разбить *(perf.)*	casser 75
разбудить *(perf.)*	réveiller 85
разве	est-ce que ? (doute / incrédulité) 90
развестись с *(perf.)*	divorcer de 54
разговаривать *(imperf.)*	discuter 59
разговор *(m.)*	conversation 19
раздавать *(imperf.)*	distribuer 86
раздеваться *(imperf.)*	se déshabiller 83
раздражённый/-ая/-ое	irrité 60
разлив *(m.)*	débordement 99
разница *(f.)*	différence 82
разносторонний/- яя/-ее	varié 43
разный/-ая/-ое	différent, toute sorte de 75
разочарование *(n.)*	déception 34
разумный/-ая/-ое	raisonnable 59
разъяснять *(imperf.)*	expliquer (élucider) 43
рано	tôt 96
раньше	auparavant, avant, plus tôt 33

расписание *(n.)*	planning 41 ; horaire 85
рассказать *(perf.)*	raconter 65
рассказывать *(imperf.)*	raconter 43
расставить *(perf.)*	mettre (disposer, par ex. des assiettes) 96 ; disposer 97
расстраиваться *(imperf.)*	s'en faire 92
рассудок *(m.)*	raison 99
рассчитан/-а/-о *(adj. court)*	prévu 54
рассчитывать на *(imperf.)*	compter sur 87
растение *(n.)*	plante 76
расти *(imperf.)*	grandir 90
расшатанный/-ая/-ое	détraqué 37
ребёнок *(m.) (pl. :* дети*)*	bébé, enfant 31
ревность *(f.)*	jalousie 76
регистрация *(f.)*	enregistrement 96
резко	brusquement 88
рейс *(m.)*	vol (en avion) 96
река *(f.)*	rivière 67 ; fleuve 73
рента *(f.)*	rente 23
реплика *(f.)*	réplique 25
ресторан *(m.)*	restaurant 18
рецепт *(m.)*	recette 54
решение *(n.)*	décision 59
решить *(perf.)*	décider 74
рис *(m.)*	riz 80
ритм *(m.)*	rythme 15
родина *(f.)*	patrie 99
родитель *(m.)*	parent 78
родиться *(perf.)*	naître 78
родственник *(m.)*	parent 16
рождение *(n.)*	naissance 25
Рождество *(n.)*	Noël 48
роза *(f.)*	rose *(nom)* 2
розовый/-ая/-ое	rose *(adj.)* 72
роман *(m.)*	roman 52
Россия *(f.)*	Russie 3
рубашка *(f.)*	chemise 40
рубль *(m.)*	rouble 13
рука *(f.)*	bras, main 31
русский язык *(m.)*	russe (langue) 47
русский/-ая	Russe *(nom)* 47
русский/-ая/-ое	russe *(adj.)* 12
ручка *(f.)*	stylo 50
ручная кладь *(f.)*	bagage à main 96
ручной/-ая/-ое	à main 96
рыба *(f.)*	poisson 80

рыбка *(f.)*	poisson (petit) 100
рынок *(m.)*	marché 80
рюкзак *(m.)*	sac à dos 95
рюмка *(f.)*	verre à pied 93
рюмочка *(f.)*	verre à pied (petit) 83
рядом (с + *inst.)*	à côté de, côte à côte 33
рядом (с + *inst.)*	près de 33

С, с

с	à partir de 41
с(о)	avec 6
сад *(m.)*	jardin 76
салат *(m.)*	salade 15
сам	soi-même 50
самовар *(m.)*	samovar 93
самолёт *(m.)*	avion 67
самый раз (в ~)	impeccable 97
самый центр	plein centre 33
самый/-ая/-ое	le plus (+ adj.) 16
Санкт-Петербург	Saint-Pétersbourg 33
сапог *(m.)*	botte (chaussure) 30
сардина *(f.)*	sardine 19
сардонический/-ая/-ое	sardonique 27
сарказм *(m.)*	sarcasme 18
саркофаг *(m.)*	sarcophage 22
сатир *(m.)*	satyre 20
сахар *(m.)*	sucre 4
сбегать *(perf.)* за *(fam.)*	courir chercher 92
сборы *(m. pl.)*	préparatifs 57
св (бизнес-класс)	billet de train de 1re classe 17
свадьба *(f.)*	mariage 83
сверху	d'en haut 60
свет *(m.)*	lumière, monde 85
светло-	clair (dans les mots composés) 72
светло-зелёный	vert clair 72
светофор *(m.)*	feu (de signalisation) 13
свидетель *(m.)*	témoin 58
свинина *(f.)*	porc (viande) 80
свистеть *(imperf.)*	siffler 88
свитер *(m.)*	pull 29
свободный/-ая/-ое	libre 41
связаться *(perf.)*	contacter 73
сгореть *(perf.)*	brûler *(v. i.)* 97
сдавать экзамен *(imperf.)*	passer un examen 9
сдать экзамен *(perf.)*	réussir (à un examen) 79
сделать *(perf.)*	faire 73

сегодня	aujourd'hui 5
сейчас	maintenant 9, 85 ; tout de suite 35, 85
секрет *(m.)*	secret 69
секция *(f.)*	rayon 93
семья *(f.)*	famille 16
сентябрь *(m.)*	septembre 91
сервис *(m.)*	service (prestation) 71
серебряный/-ая/-ое	en argent, argenté 72
серый/-ая/-ое	gris 72
сестра *(f.)*	sœur 16
сибирский/-ая/-ое	sibérien 80
Сибирь *(f.)*	Sibérie 20
сигарета *(f.)*	cigarette 45
сидение *(n.)*	siège 61
сидеть *(imperf.)*	être assis 58
сильно	fortement 39
симметрия *(f.)*	symétrie 26
синий/-яя/-ее	bleu (foncé) 30
система *(f.)*	système 37
ситуация *(f.)*	situation 24
сказать *(perf.)*	dire 32
скакать *(imperf.)*	galoper 99
скандал *(m.)*	scandale 71
сковородка *(f.)*	poêle 93
сколько	combien 30
скорее	plutôt 44 ; vite 53, 89
скоро	bientôt 48
скороговорка *(f.)*	virelangue 72
скорый/-ая/-ое	rapide 79
скромный/-ая/-ое	modeste 67
скука *(f.)*	ennui 38
скучный/-ая/-ое	ennuyeux 26
слабый/-ая/-ое	faible, fragile 37
слава *(f.)*	gloire 99
слева от	à gauche (sans mouvement) 47
следующий/-ая/-ее	prochain *(adj.)* 48
слишком	trop 34
слишком много	trop 96
словарь *(m.)*	dictionnaire 45
слово *(n.)*	mot 60
сложный/-ая/-ое	compliqué 90
сломаться *(perf.)*	tomber en panne 62
случай *(m.)*	cas, occasion 43
случайно	par hasard 47
случиться *(perf.)*	arriver (se produire / survenir) 62
слушать *(imperf.)*	écouter 89

слушаться *(imperf.)*	obéir 39
слышать *(imperf.)*	entendre 19
смешно *(adj. court, n.)*	drôle (risible), ridicule 76
смеяться *(imperf.)*	rire 38
смеяться над *(+ instr.)*	se moquer de 76
смотреть *(imperf.)*	regarder 11
смотреть за *(+ instr.)*	surveiller 97
смотреть на *(imperf.)*	dévisager, regarder intensément 76
смотреть телевизор	regarder la télévision 38
смотри не *(+ impératif)*	attention de ne pas... *(+ inf.)* 97
смочь *(perf.)*	pouvoir *(v.)* 27
сначала	d'abord 9
снежок *(m.) (pl. :* снежки*)*	boule de neige 34
снимать *(imperf.)*	louer (prendre en location) 89
сниться *(imperf.)*	rêver 23
снять *(perf.)*	enlever 81
собака *(f.)*	chien 16
собственный/-ая/-ое	propre (à soi) 79
совершенно	absolument, parfaitement 41
совет *(m.)*	conseil 94
совещание *(n.)*	réunion 48
совпадение *(n.)*	coïncidence 61
совсем	vraiment 55
сойти *(perf.)*	descendre 71
солидарность *(f.)*	solidarité 55
солнце *(n.)*	soleil 97
соль *(f.)*	sel 15
сон *(m.)*	rêve 23
сосед *(m.)*/-ка *(f.)*	voisin/-e 33
сосиска *(f.)*	saucisse 80
состояние *(n.)*	état 65
спасательный круг *(m.)*	bouée de sauvetage 86
спасибо	merci 1
спать *(imperf.)*	dormir 6, 38
специальный/-ая/-ое	spécial 93
спешить *(imperf.)*	être pressé, se presser 53
спичка *(f.)*	allumette 45
спокойно	calme, calmement, paisible(ment), tranquillement 51
спокойный/-ая/-ое	calme, tranquille 6
спорт *(m.)*	sport 4
спортсмен *(m.)*	sportif 64
способ *(m.)*	moyen 100
способный/-ая/-ое	doué 76
справа	à droite (sans mouvement) 47
спрашивать *(imperf.)*	demander 57

спросить *(perf.)*	demander 13
сразу	immédiatement 26 ; tout de suite 95
сразу после	juste après 26
среда *(f.)*	mercredi 22
срочно	d'urgence 73
срочный/-ая/-ое	urgent 82
ссора *(f.)*	dispute 75
ставить *(imperf.)*	poser / mettre verticalement 75
стадион *(m.)*	stade 64
стакан *(m.)*	verre (pour boire) 18
станция *(f.)*	station 94
станция *(f.)* техобслуживания	garage (de réparation) 94
старина *(f.)*	temps anciens 99
старинный/-ая/-ое	ancien 79 ; vieux 93
старый/-ая/-ое	vieux 29
стать *(imperf.)*	devenir 74
стекло *(n.)*	vitre 88
стена *(f.)*	mur 89
степь *(f.)*	steppe 99
стирать *(imperf.)*	laver (du linge) 81
стих *(m.)*/-и *(pl.)*	poème (des vers) 66
сто	cent 58
стоить *(imperf.)*	coûter 30
стол *(m.)*	table 15
столовая *(f.)*	cantine, salle à manger 54
столовая ложка *(f.)*	cuillère à soupe 93
столовый/-ая/-ое	de table 93
столько	tellement 64
стоп *(m.)*	stop 1
сторона *(f.)*	côté 95
стоять *(imperf.)*	être debout 55
страна *(f.)*	pays 78
странно *(adj. court, n.)*	étrange 79
странный/-ая/-ое	étrange 99
страшно	cela fait peur 95
страшный/-ая/-ое	effrayant, épouvantable, horrible 19
стройный/-ая/-ое	élancé 90
студент/-ка	étudiant/-e 2
ступенька *(f.)*	marche (d'escalier) 89
стюардесса *(f.)*	hôtesse de l'air 86
суббота *(f.)*	samedi 22
суд *(m.)*	tribunal 58
суеверный/-ая/-ое	superstitieux 75
сумка *(f.)*	sac 95
сходить *(perf.)*	aller à pied (et revenir) 92
сцепление *(n.)*	embrayage 94

счастлив/-а/-ы *(adj. court)* heureux 85
счастливого пути! bon voyage ! 100
счастливый/-ая/-ое heureux 44
счастье *(n.)* bonheur 89
считать *(imperf.)* trouver 30 ; compter 69
считать (что) considérer (que) 55
съесть *(perf.)* manger 24
сын *(diminutif* сынок*)* *(m.)* fils 34
сыр *(m.)* fromage 80
сюрприз *(m.)* surprise 85

Т, т

таблетка *(f.)* comprimé 92
тайга *(f.)* taïga 20
так tant 15 ; alors 20, 50 ; comme ça 39
так и быть d'accord, soit ! 87
так как car (parce que) 22
также également 93
такой же le même 88
такой/-ая/-ое tel 43
таком случае (в ~) dans ce cas 43
такси *(inv.)* *(n.)* taxi 13
тактично avec tact 90
там là-bas (sans mouvement) 5
танцевать *(imperf.)* danser 26
тапочка *(f.)* pantoufle 81
тарелка *(f.)* assiette 54
тарелочка *(f.)* petite assiette 97
тариф *(m.)* tarif 68
твой, твоя, твоё ton / ta / le tien / la tienne 35
театр *(m.)* théâtre 6
телевизор *(m.)* télé (téléviseur) 20
телега *(f.)* télègue (voiture à cheval) 99
телеграмма *(f.)* télégramme 82
телефон *(m.)* téléphone 19
телефон-автомат *(m.)* cabine téléphonique 73
телефонная карта *(f.)* carte téléphonique 73
телефонный/-ая/-ое téléphonique 19
тёмно- foncé (dans les mots composés) 72
тёмный/-ая/-ое sombre 99
температура *(f.)* fièvre, température 92
тень *(f.)* ombre 99
теорема *(f.)* théorème 55
теория *(f.)* théorie 24
теперь maintenant 33
тепло bon (chaud) 5

тёплый/-ая/-ое	chaud *(adj.)* 29
терпение *(n.)*	patience 100
терпеть *(imperf.)*	supporter 66
терраса *(f.)*	terrasse 89
тетрадь *(f.)*	cahier 34
техобслуживание *(n.)*	service technique 94
техосмотр *(m.)*	contrôle technique 94
тип *(m.)*	type 3
тихий/-ая/-ое	calme 61
тихо	calmement, doucement, paisible(ment), tranquillement 51
то	alors 22
то есть	c'est-à-dire 41
товарищ *(m.)*	camarade 51
тогда	alors 5
тоже	aussi 2
Токио	Tokyo 17
толкать *(imperf.)*	pousser 95
толком	clairement 71
только	seulement 38 ; uniquement 42
тормоз *(m.)*	frein 88
торчать *(imperf.)*	dépasser 62
тот *(m.)*, та *(f.)*, то *(n.)*	celui-là, celle-là 57
точно	exactement, fidèlement, précisément, sûrement 18
традиция *(f.)*	tradition 100
транспорт *(m.)*	transport(s) 75
тратить *(imperf.)*	dépenser, perdre du temps / de l'argent 93
труд *(m.)*	labeur 100
трудно *(adj. court)*	difficile 95
трудолюбие *(n.)*	assiduité 100
туда	là-bas (avec mouvement) 17
туда-обратно	aller-retour 17
Тунис *(m.)*	Tunisie 78
тупица	imbécile 55
турист *(m.)*	touriste 86
туфля *(f.)*	chaussure 81
ты	tu 5
ты прав/-а *(adj. court)*	tu as raison 34

У, у

у	chez (sans mouvement) 1
убирать *(imperf.)*	ranger 81
уверен/-а/-о	sûr/-e 24
увы	hélas 71

уговорить *(perf.)*	convaincre 87
угощать *(imperf.)*	inviter, offrir 18 ; servir (un mets) 93
удача *(f.)*	chance 73
удивляться *(imperf.)*	s'étonner 47
удовольствие *(n.)*	plaisir 12
уезжать *(imperf.)*	partir (en véhicule) 22
уехать *(perf.)*	partir (en véhicule) 62
ужас *(m.)*	horreur 48
уже	déjà 22
ужин *(m.)*	dîner 41
узнавать *(imperf.)*	reconnaître 33
узнать *(perf.)*	reconnaître 76
украсть *(perf.)*	voler (dérober) 58
улица *(f.)*	rue 13
ум *(m.)*	esprit 65
умереть *(perf.)*	mourir 38
уметь *(imperf.) (+ infinitif)*	savoir faire qqch. 50
университет *(m.)*	université 62
упражнение *(n.)*	exercice 1
упрямство *(n.)*	entêtement 11
ура!	Hourra ! 67
уравнение *(n.)*	équation 34
урок *(m.)*	leçon 1
уронить *(perf.)*	faire tomber 90
успевать *(imperf.)*	avoir le temps 64
успех *(m.)*	succès 83
успокоиться *(perf.)*	se calmer 31
устать *(perf.)*	se fatiguer 6
устраиваться	s'installer 61
утверждать *(imperf.)*	affirmer 58
утро *(n.)*	matin 85
ух ты!	waouh ! (contentement) 97
учебник *(m.)*	manuel (livre) 34
ученик *(m.)*	élève 55
учитель *(m.)*	professeur (du primaire / du secondaire) 55
учить *(imperf.)*	apprendre 78

Ф, ф

фаза *(f.)*	phase 22
фазан *(m.)*	faisan 25
фамилия *(f.)*	nom de famille 82
фара *(f.)*	phare 12
фараон *(m.)*	pharaon 24
февраль *(m.)*	février 91
фигурное катание *(n.)*	patinage artistique 64

физика *(f.)*	physique 9
фильм *(m.)*	film 11
финал *(m.)*	finale *(nom)* 23
фиолетовый/-ая/-ое	violet 72
фонтан *(m.)*	fontaine 46
фотография *(f.)*	photographie 12
фраза *(f.)*	phrase 10
француз *(m.)* / француженка *(f.)*	Français/-e *(nom)* 47
французский/-ая/-ое	français 10
фрукт *(m.)*	fruit 80
футбол *(m.)*	football 23

Х, х

халат *(m.)*	peignoir 81
хамелеон *(m.)*	caméléon 27
хватать *(imperf.)*	suffire 74
хватить *(perf.)*	suffire 75
химический/-ая/-ое	chimique 81
химия *(f.)*	chimie 23
химчистка *(f.)*	pressing 81
хитрец *(m.)*	malin 66
хитрость *(f.)*	ruse 50
хлопать *(imperf.)*	taper (sur qqch. / dans les mains) 61
ходить *(imperf.)*	aller à pied (sans direction précise) 44 ; fonctionner 75
хозяйка *(f.)*	maîtresse de maison 93
хоккей *(m.)*	hockey 64
холод *(m.)*	froid *(nom)* 20
холодильник *(m.)*	frigo 62
холодно *(adj. court)*	froid *(adj.)* 34
холодный/-ая/-ое	froid *(adj.)* 80
холостяк *(m.)*	célibataire 54
хороший/-ая/-ее	bon *(adj.)* 5
хорошо	bien 1
хотеть *(imperf.)*	vouloir 4
хотеть *(imperf.)* спать	avoir sommeil 6
хотеть *(imperf.)* есть	avoir faim 15
хоть	au moins 73
хотя	bien que 44, 49 ; quoique 49
хотя бы	au moins 89
хочется (мне ~) *(imperf.)*	j'ai envie 15
хочется пить (мне ~) *(imperf.)*	j'ai soif 24
худенький/-ая/-ое	menu (svelte) 90

Ц, ц

царь *(m.)* tsar 9
цвет *(m.)* couleur 51
цветной/-ая/-ое en couleur / de couleur 72
цветок *(m.)* fleur 28
целый/-ая/-ое entier 29
цена *(f.)* prix 30
ценный/-ая/-ое précieux 62
центр *(m.)* centre 33
церковь *(f.)* église 79

Ч, ч

чай *(m.)* thé 4, 92
час *(m.)* heure 41
час пик *(m.)* heure de pointe 95
часто souvent 37
часы *(pl.)* montre *(nom)* 87
чашка *(f.)* tasse 93
человек *(m.)* homme 52 ; personne *(nom)* 54
чемодан *(m.)* valise 96
чердак *(m.)* grenier 89
через à travers 88 ; sur 90
через *(temporel)* dans 41
чернила *(pl.)* encre 72
чёрно-белый/-ая/-ое noir et blanc 72
чёрный/-ая/-ое noir 72
чёрт *(m.)* diable 9
чертёнок *(m.)* diablotin 72
чертить *(imperf.)* tracer 72
чеснок *(m.)* ail 80
четверг *(m.)* jeudi 22
четверть *(f.)* quart, trimestre 53
чипсы *(pl.)* chips 18
число *(n.)* date, nombre 83
чистить *(imperf.)* nettoyer 81
чистка *(f.)* nettoyage 81
чисто proprement 72
чистота *(f.)* propreté 93
чистый/-ая/-ое propre (non souillé) 54
читать *(imperf.)* lire 6
читать (стихи) *(imperf.)* réciter (des vers) 66
чрезвычайно extraordinairement 72
что que *(conj. de subordination)*, quoi 6
что за вопрос! quelle question ! 85
чтобы pour que, que *(conj. de subordination)* 66

что-нибудь	n'importe quoi, quelque chose 29
что-то	quelque chose 61
чувствовать *(imperf.)*	sentir (par intuition) 83
чудесный/-ая/-ое	merveilleux 97
чудо *(n.)*	merveille, miracle 44
чумазый/-ая/-ое	sale 72
чуть не *(+ verbe perfectif)*	faillir *(+ inf.)* 44
чуть не *(+ verbe perfectif)*	manquer *(+ inf.)* 88
чуть-чуть	un peu (à peine) 15

Ш, ш

шакал *(m.)*	chacal 20
шампанское *(n.)*	champagne 26
шампунь *(m.)*	shampooing 85
шанс *(m.)*	chance 6
шантаж *(m.)*	chantage 23
шарик *(m.)*	ballon (gonflable) 62
шашлык *(m.)*	chachlyk (brochette) 97
шевелить *(imperf.)*	remuer 99
шикарный/-ая/-ое	chic, magnifique 83
шимпанзе *(inv.) (m.)*	chimpanzé 15
шина *(f.)*	pneu 94
шкаф *(m.)*	armoire 29 ; placard 93
шкафчик *(m.)*	placard (petit) 93
школа *(f.)*	école 34
шляпа *(f.)*	chapeau 81
шок *(m.)*	choc 2
шофёр *(m.)*	chauffeur 12
штопор *(m.)*	tire-bouchon 97
шутить *(imperf.)*	plaisanter 5

Э, э

эгоист *(m.)*	égoïste 24
экзамен *(m.)*	examen 9
экземпляр *(m.)*	exemplaire 82
экономика *(f.)*	économie 26
экран *(m.)*	écran 23
экскурсия *(f.)*	excursion 85
эликсир *(m.)*	élixir 16
эмоция *(f.)*	émotion 27
эта *(f.)*	cette 23
этаж *(m.)*	étage 68
эти *(pl.)*	ces 23
это *(n.)*	ce 23
это (pronom)	c'est.../ce sont... 2
этот *(m.)*	ce 23

этот *(m.)*, эта *(f.)*, это *(n.)*	ce (cette…) 42
эх!	oh ! *(interj.)* 48

Ю, ю

юбка *(f.)*	jupe 30
юмор *(m.)*	humour 26
юрист *(m.)*	juriste 74

Я, я

я	je, moi 3
яблоко *(n.)*	pomme 27
язык *(m.)*	langue 10
яйцо *(n.)*	œuf 80
январь *(m.)*	janvier 91
японец *(m.)*	Japonais *(nom)* 47
ясно	clair 25
ящик *(m.)*	tiroir 93

Lexique français - russe

A

à / au	на 4 ; в 6 ; за 15
à gauche (sans mouvement)	слева от 47
à partir de	с 41
abord (d'~)	сначала 9
abordable	доступно *(adj. court, n.)* 78
aboyer	гавкать *(imperf.)*, лаять *(imperf.)* 36
abricot	абрикос *(m.)* 80
absolument	совершенно 41
absurdité	ерунда *(f.)* 75
accessible	доступно *(adj. court, n.)* 78
accord (d'~)	так и быть 87 ; ладно 87, 89
accueil	приём *(m.)* 37
accumulateur	аккумулятор *(m.)* 94
acheté	купленный/-ая/-ое *(part. passé)* 99
acheter	купить *(perf.)* 29 ; покупать *(imperf.)* 48
acide	кислый/-ая/-ое 87
acte	акт *(m.)* 26
acteur/actrice	актёр/актриса 74
adieu (dire ~)	прощаться *(imperf.)* 100
admirer	любоваться *(imperf.)* 79
adorer	обожать *(imperf.)* 93
adresse	адрес *(m.)* 28
adulte	взрослый/-ая/-ое 76
aéroport	аэропорт *(m.)* 85
affaire	дело *(n.)* 1 ; вещь *(f.)* 81
affirmer	утверждать *(imperf.)* 58
Afrique	Африка *(f.)* 79
âgé	пожилой/-ая/-ое 75
agencement	планировка *(f.)* 89
agiter	качать *(imperf.)* 31
agiter la main (pour faire signe)	махать *(imperf.)* 88
agréable	приятный/-ая/-ое 16 ; милый/-ая/-ое 52 ; отрадный/-ая/-ое 99
agréablement	приятно *(adj. court, n.)* 3
aide	помощь *(f.)* 62
aider	помогать *(imperf.)* 36 ; помочь *(perf.)* 40
aigu	острый/-ая/-ое 92
ail	чеснок *(m.)* 80
aile	крыло *(n.)* 76

ailleurs (d'~ / par ~)	между прочим 76
aimable	милый/-ая/-ое 52
aimer	любить *(imperf.)* 34
ajouter	добавить *(perf.)* 97
ajouter / remettre (un liquide)	долить *(perf.)* 94
Allemagne	Германия *(f.)* 47
Allemand *(nom)*	немец *(m.)* 47
aller	отправляться *(imperf.)* 67
aller / partir en véhicule	поехать *(perf.)* 67, 79
aller à la campagne	выезжать *(imperf.)* загород 97
aller à la nage	плыть *(imperf., dét.)* 67
aller à pied	пойти *(perf.)* 5 ; идти *(imperf.)* 6
aller à pied (et revenir)	сходить *(perf.)* 92
aller à pied (sans direction précise)	ходить *(imperf.)* 44
aller en avion	лететь *(imperf., dét.)*, полететь *(perf.)* 67
aller en bateau	плыть *(imperf., dét.)* 67
aller en véhicule	ездить *(imperf., indét.)* 51 ; ехать *(imperf., dét.)* 62
aller simple (billet ~)	билет в один конец 17
aller-retour	туда-обратно 17
allô	алло 19
allumage	зажигание *(n.)* 94
allumette	спичка *(f.)* 45
alors	тогда 5 ; ну 6 ; раз 18 ; ну так 20 ; так 20, 50 ; то 22 ; значит 50
amener	привести *(perf.)* 58 ; отводить *(imperf.)* 83
Américain *(nom)*	американец *(m.)* 47
Amérique	Америка *(f.)* 79
ami/e	друг *(m.)* / подруга *(f.)* 26
amour	любовь *(f.)* 99
amoureux/-se	влюблён/влюблена/-о/-ы 76
ampoule	лампочка *(f.)* 94
an	год *(m.)* 39
ananas	ананас *(m.)* 3
ancien	прошлый/-ая/-ое 52 ; старинный/-ая/-ое 79
ancien (passé)	бывший/-ая/-ее 89
anglais/-e *(adj.)*	английский/-ая/-ое 78
Anglais/-e *(nom)*	Англичанин *(m.)* / англичанка *(f.)* 47
Angleterre	Англия *(f.)* 47
animal	животное *(n.)* 43
anniversaire	день *(m.)* рождения 21 ; круглая дата *(f.)* 83

annoncer	объявлять *(imperf.)* 96
antagonisme	антагонизм *(m.)* 17
antenne	антенна *(f.)* 18
antigel	антифриз *(m.)* 94
anxiété	беспокойство *(n.)* 85
août	август *(m.)* 91
apparemment	вроде (бы) 57
appartement	квартира *(f.)* 81
appeler (au téléphone)	звонить *(imperf.)* 87
appeler (s'~)	называться *(imperf.)* 71
appeler qqn	звать *(imperf.)* 3 ; позвать *(perf.)* 34
applaudir (se mettre à ~)	зааплодировать *(perf.)* 44
apporter	принести *(perf.)* 71 ; приносить *(imperf.)* 81
appréhender	бояться *(imperf.)* 22
apprendre	учить *(imperf.)* 78
appuyer sur	нажимать *(imperf.)* на 88
après	потом 9 ; после 13 ; за 48
arabe	арабский/-ая/-ое 78
arbre	дерево *(n.)* 76
arc-en-ciel	радуга *(f.)* 72
architecte	архитектор *(m.)* 89
argent (en ~)	серебряный/-ая/-ое 72
argent (monnaie)	деньги *(pl.)* 75
argenté	серебряный/-ая/-ое 72
armoire	шкаф *(m.)* 29
arrêter (cesser de)	прекратить *(perf.)* 31 ; бросить *(perf.)* 59 ; перестать *(perf.)* 71
arrêter (qqn / qqch.)	останавливать *(imperf.)* 88
arrêter (s'~)	остановиться *(perf.)* 87
arrière	задний/-яя/-ее 61
arrière (en ~) (avec mouvement)	назад 83
arriver (à pied)	дойти *(perf.)* 82
arriver (s'approcher à pied)	подойти *(perf.)* 100
arriver (se produire / survenir)	случиться *(perf.)* 62
arriver en avion	прилететь *(perf.)* 85
ascenseur	лифт *(m.)* 89
Asie	Азия *(f.)* 79
aspirine	аспирин *(m.)* 92
assez (en avoir ~)	надоесть *(perf.)* 79
assiduité	трудолюбие *(n.)* 100
assiette	тарелка *(f.)* 54
assiette (petite ~)	тарелочка *(f.)* 97
assiette jetable	одноразовая тарелочка *(f.)* 97
assis (être ~)	сидеть *(imperf.)* 58
assourdissant	оглушительно 88

assurance	доверие *(n.)* 99
attendez ! (dans une conversation)	постойте! *(perf.)* 71
attendre	ждать *(imperf.)* 74
attention !	осторожно! 88
attention de ne pas... *(+ inf.)*	смотри не *(+ impératif)* 97
atterrir	приземлиться *(perf.)* 85
attraper	ловить *(imperf.)* 61
au revoir	до свидания 100
aucun	никакой/-ая/-ое 53
aujourd'hui	сегодня 5
auparavant	раньше 33
aussi	тоже 2
Australie	Австралия *(f.)* 79
automne	осень *(f.)* 51
automne (en ~)	осенью 51
autre	другой/-ая/-ое 22 ; прочий/-ая/-ее 93
avant	раньше 33
avant (comme ~)	по-прежнему 71
avare	жадный/-ая/-ое 45
avec	с(о) 6
avenue	проспект *(m.)* 33
avion	самолёт *(m.)* 67
avoir (j'ai)	есть (у меня есть) 9
avoir (posséder)	иметь *(perf.)* 43
avoir de la chance	повезти *(perf.)* 39
avril	апрель *(m.)* 91

B

bagage à main	ручная кладь *(f.)* 96
bagage(s)	багаж *(m.)* 97
baignoire	ванна *(f.)* 68
bain	ванна *(f.)* 68
balancement	колыханье (колыхание) *(n.)* 99
balancer	качать *(imperf.)* 31
balcon	балкон *(m.)* 89
ballon (gonflable)	шарик *(m.)* 62
banane	банан *(m.)* 2
barque	лодка *(f.)* 67
bas *(adj.)*	ни/жний/-яя/-ее 17 ; низкий/-ая/-ое 68
bas *(adv.)*	низко 68
bas-côté	обочина *(f.)* 61
basket (chaussure)	кроссовок *(m.)* *(pl. : -вки)* 81
basse (voix)	бас *(m.)* 3
bateau	корабль *(m.)* 86

bâton	жезл *(m.)* 88
beau	красиво 46
beau *(adj.)*	красивый/-ая/-ое 29
beaucoup	очень 3, 14 ; много 40 ; многие 79
beaucoup plus	намного *(+ adj. au comparatif)* 90 ; намного больше 94
bébé	ребёнок *(m.) (pl. :* дети*)* 31
beige	бежевый/-ая/-ое 72
Berlin	Берлин 47
besoin (j'ai ~ de)	мне нужно 29
bêtise	глупость *(f.)* 74
beurre	масло *(n.)* 80
bibliothèque	библиотека *(f.)* 46
bien	хорошо 1 ; очень 3
bien que	хотя 44, 49
bien sûr	конечно 17
bientôt	скоро 48
bienvenue	добро пожаловать 85
bière	пиво *(n.)* 18, 97
billet	билет *(m.)* 17
billet de train de 1re classe	св (бизнес-класс) 17
billet de train de 3e classe	билет плацкарта 17
blague	анекдот *(m.)* 80
blanc	белый/-ая/-ое 30
blanc (tout ~ / ~ comme neige)	белоснежный/-ая/-ое 89
bleu	голубой/-ая/-ое 72
bleu (foncé)	синий/-яя/-ее 30
blouson	куртка *(f.)* 30
bobine	бобина *(f.)* 18
bœuf (viande)	говядина *(f.)* 80
boire	пить *(imperf.)* 24 ; попить *(perf.)* 53
boîte de conserve	консервная банка *(f.)* 97
bon (au goût)	вкусный/-ая/-ое 15
bon (chaud)	тепло 5
bon *(adj.)*	добрый/-ая/-ое 1 ; хороший/-ая/-ее 5
bon marché	недорогой/-ая/-ое 30 ; дешёвый/-ая/-ое 82
bon marché *(adv.)*	дёшево 30
bonheur	счастье *(n.)* 89
bonjour	добрый день 1 ; здравствуй(те) 2
bonsoir	добрый вечер 19
borchtch	борщ *(m.)* 18
borner (se ~ à)	ограничиться *(perf.)* 80
botanique	ботанический/-ая/-ое 76
botaniste	ботаник *(m.)* 76

botte (chaussure)	сапог *(m.)* 30
bouée de sauvetage	спасательный круг *(m.)* 86
boule de neige	снежок *(m.)* *(pl. :* снежки*)* 34
bouquet	букет *(m.)* 90
bout	конец *(m.)* 17
bouteille	бутылка *(f.)* 75 ; бутылочка *(f.)* 97
boutique	бутик *(m.)* 74
bras	рука *(f.)* 31
bravo !	молодец! 36
bref (en ~)	вкратце 89
bref *(adv.)*	короче 83
brièvement	вкратце 89
brûler *(v. i.)*	сгореть *(perf.)* 97
brusquement	резко 88
buffet	буфет *(m.)* 93
bureau	офис *(m.)* 53
bureau de poste	почтамт *(m.)* 73

C

cabine	кабина *(f.)* 73
cabine téléphonique	телефон-автомат *(m.)* 73
cadeau	подарок *(m.)* 25
café (boisson)	кофе *(inv.)* *(m.)* 4
cahier	тетрадь *(f.)* 34
caler (moteur)	заглохнуть *(perf.)* 94
calme	спокойный/-ая/-ое 6 ; спокойно 51 ; тихий/-ая/-ое 61
calmement	спокойно, тихо 51
calmer (se ~)	успокоиться *(perf.)* 31
camarade	товарищ *(m.)* 51
caméléon	хамелеон *(m.)* 27
canal	канал *(m.)* 64
cantine	столовая *(f.)* 54
car (parce que)	так как 22 ; ведь 78, 87 ; а то 94
caractère (lettre)	буква *(f.)* 82
caractère d'imprimerie	печатная буква *(f.)* 82
carotte	морковь *(f.)* 80
carrefour	перекрёсток *(m.)* 88
carrément	прямо 13
carte téléphonique	телефонная карта *(f.)* 73
cas	случай *(m.)* 43
casanier	домосед *(m.)* 79
casser	разбить *(perf.)* 75
casserole	кастрюля *(f.)* 93
Caucase	Кавказ *(m.)* 8
cauchemar	кошмар *(m.)* 23

cause (à ~ de)	из-за 54 ; ради 71
cave	подвал *(m.)* 89
caviar	икра *(f.)* 15
ce	это *(n.)*, этот *(m.)* 23
ce (cette…)	этот *(m.)*, эта *(f.)*, это *(n.)* 42
célibataire	холостяк *(m.)* 54
celui qui	кто 86
celui-là, celle-là	тот *(m.)*, та *(f.)*, то *(n.)* 57
cent	сто 58
centre	центр *(m.)* 33
centre (plein ~)	самый центр 33
certain	некоторый/-ая/-ое 61
ces	эти *(pl.)* 23
cesser	прекратиться *(perf.)* 23
cette	эта *(f.)* 23
chacal	шакал *(m.)* 20
chachlyk (brochette)	шашлык *(m.)* 97
chacun	каждый/-ая/-ое 23
chacun d'entre nous	каждый из нас 89
chagrin	печаль*(f.)* 48 ; горе *(n.)* 54
chaîne	канал *(m.)* 64
chaleur	жара *(f.)* 24
chambre	комната *(f.)* 89
chambre (d'hôtel)	номер *(m.)* 68
champagne	шампанское *(n.)* 26
chance	шанс *(m.)* 6 ; удача *(f.)* 73
changer *(v. i.)*	измениться *(perf.)* 71
changer *(v. t.)*	поменять *(perf.)* 71
changer de chaîne	переключать *(imperf.)* 64
chantage	шантаж *(m.)* 23
chanteur/-euse	певец / певица 74
chapeau	шляпа *(f.)* 81
chaque	каждый/-ая/-ое 23
chasseur	охотник *(m.)* 72
chat	кот *(m.)* 36
chaud *(adj.)*	тёплый/-ая/-ое 29
chaud *(adv.)* (il fait ~)	жарко 24
chauffeur	шофёр *(m.)* 12 ; водитель *(m.)* 61
chaussette	носок *(m.)* 81
chaussure	туфля *(f.)* 81
chaussures	обувь *(f.)* *(sing.)* 29
chemin	путь *(m.)* 99
chemise	рубашка *(f.)* 40
chemisette	блузка *(f.)* 81
cher	дорогой/-ая/-ое 57

chercher	искать *(imperf.)* 40
chercher un peu	поискать *(perf.)* 29
cheval	лошадь *(f.)* 79
cheveu	волос *(m.)* 39
chez (avec mouvement)	к 9
chez (sans mouvement)	у 1
chic	шикарный/-ая/-ое 83
chien	собака *(f.)* 16
chimie	химия *(f.)* 23
chimique	химический/-ая/-ое 81
chimpanzé	шимпанзе *(inv.)* *(m.)* 15
Chinois/-e *(nom)*	китаец *(m.)* / китаянка *(f.)* 47
chips	чипсы *(pl.)* 18
choc	шок *(m.)* 2
choisir	выбрать *(perf.)* 48
chose	вещь *(f.)* 81
chouette *(adj.)*	классный *(fam.)* 87
chouette !	здорово 73
ciel	небо *(n.)* 72
cigarette	сигарета *(f.)* 45
cinéma	кино *(inv.)* *(n.)* 22 ; кинематограф *(m.)* 100
circonstance	обстоятельство *(n.)* 95
circulation	езда *(f.)* 94
citron	лимон *(m.)* 80
clair	ясно 25
clair (dans les mots composés)	светло- 72
clairement	толком 71
clairière	полянка *(f.)* 97
classe	класс *(m.)* 55
clé	ключ *(m.)* 95
climatisation	кондиционер *(m.)* 62
clinique	клиника *(f.)* 17
cocorico	кукареку 36
code	код *(m.)* 5
coffre (voiture)	багажник *(m.)* 97
coiffeur	парикмахер *(m.)* 74
coïncidence	совпадение *(n.)* 61
colis	посылка *(f.)* 82
collants	колготки *(pl.)* 81
combien	сколько 30
comète	комета *(f.)* 20
commande	заказ *(m.)* 82
comme	как 3, 10 ; вроде 57
comme ça	так 39 ; просто так 79

commencer	начаться *(perf.)* 53 ; начинать *(v. t., imperf.)* 61 ; начать *(perf.)* 83 ; начинаться *(v. i., imperf.)* 96
comment	как 1
compartiment	купе *(inv.)* *(n.)* 17
complet	полный/-ая/-ое 55
compliqué	мудрёный/-ая/-ое 85 ; сложный/-ая/-ое 90
comporter (se ~)	вести себя *(imperf.)* 76
compréhensible	понятно 78
comprendre	понимать *(imperf.)* 10 ; понять *(perf.)* 55
compresse	компре/сс *(m.)* 26
comprimé	таблетка *(f.)* 92
compter	считать *(imperf.)* 69
compter sur	рассчитывать на *(imperf.)* 87
concert	концерт *(m.)* 5
concombre	огурец *(m.)* 80
conducteur	водитель *(m.)* 61
conduire (voiture/bateau…)	водить *(imperf.)* 61
confiance	доверие *(n.)* 99
confiance (avoir ~ en)	доверять *(imperf.)* 52
confiture	варенье *(n.)* 93
congé	отпуск *(m.)* 67
connaissance (faire ~)	знакомиться *(imperf.)* 3 ; познакомиться *(perf.)* 32
connaissance (processus)	познание *(n.)* 100
connaître	знать *(imperf.)* 19
conseil	совет *(m.)* 94
considérer (que)	считать (что) 55
consommer	потреблять *(imperf.)* 94
constamment	постоянно 50
constitution	конституция *(f.)* 25
consultation (médecin)	приём *(m.)* 37
contacter	связаться *(perf.)* 73
contenter (se ~ de)	ограничиться *(perf.)* 80
contrairement	обратно 17
contre	против 74
contrôle	контроль *(m.)* 96
contrôle (de ~) *(adj.)*	контрольный/-ая/-ое 94
contrôle des passeports	паспортный контроль *(m.)* 96
contrôle technique	техосмотр *(m.)* 94
contrôle technique (passer un ~)	пройти техосмотр *(perf.)* 94
convaincre	уговорить *(perf.)* 87
convenir	подходить *(imperf.)* 68
conversation	разговор *(m.)* 19

copain	приятель *(m.)* 76
copine	подруга *(f.)* 46
coq	петух *(m.)* 36
corbeille	корзина *(f.)* 40
corbillard	катафалк *(m.)* 61
corridor	коридор *(m.)* 20
corruption	коррупция *(f.)* 26
corsaire	корсар *(m.)* 27
costume	костюм *(m.)* 6
côté	сторона *(f.)* 95
côté (à ~ de)	рядом (с + *inst.)* 33
côte à côte	рядом (с + *inst.)* 33
coton (en ~)	ватный/-ая/-ое 88
couché (être ~)	лежать *(imperf.)* 60, 93
coucher (se ~)	ложиться *(imperf.)* 38
couleur	цвет *(m.)* 51
couleur (en ~ / de ~)	цветной/-ая/-ое 72
coupe (verre)	бокал *(m.)* 93
couper	порезать *(perf.)* 97
courir	бежать *(imperf., dét.)* 89
courir dans toutes les directions	разбежаться *(perf.)* 66
courrier par avion	авиа/авиапочта 82
courses	покупки *(f. pl.)* 80
courses (faire des ~)	идти за покупками 80
cousine	двоюродная сестра *(f.)* 74
couteau	нож *(m.)* 93
coûter	стоить *(imperf.)* 30
couturier (grand ~)	модельер *(m.)* 74
couvert (vaisselle)	прибор *(m.)* 93
couverture	одеяло *(n.)* 71
crabe	краб *(m.)* 4
craindre	бояться *(imperf.)* 22
cravate	галстук *(m.)* 40
crayon	карандаш *(m.)* 50
crêpe	блин *(m.)* 4 ; блинчик *(m.)* 93
cri	крик *(m.)* 61
crier	кричать *(imperf.)* 36
croire	думать *(imperf.)* 11
croire (en / à)	верить в *(imperf.)* 60
cuillère	ложка *(f.)* 72
cuillère à soupe	столовая ложка *(f.)* 93
cuisine	кухня *(f.)* 81
cuisiner	готовить *(imperf.)* 54
culinaire	кулинарный/-ая/-ое 54
culture (usages / art)	культура *(f.)* 100
cybercafé	интернет-кафе *(n.)* 73

D

dame	дама *(f.)* 90
dans	в 6 ; через *(temporel)* 41
dans ce cas	в таком случае 43
danser	танцевать *(imperf.)* 26
datcha (maison de campagne)	дача *(f.)* 52
date	дата *(f.)*, число *(n.)* 83
davantage	больше 18
de (provenance)	из 16 ; от 46 ; оттуда 67
débordement	разлив *(m.)* 99
debout (être ~)	стоять *(imperf.)* 55
décembre	декабрь *(m.)* 91
déception	разочарование *(n.)* 34
décider	решить *(perf.)* 74
décision	решение *(n.)* 59
déclarer	заявить *(perf.)* 95
découverte	открытие *(n.)* 100
découvrir	открыть *(perf.)* 76
défaut	минус *(m.)* 20
déjà	уже 22
déjeuner	обед *(m.)* 41
délicieux	вкусный/-ая/-ое 15
demain	завтра 23
demander	спросить *(perf.)* 13 ; спрашивать *(imperf.)* 57 ; попросить *(perf.)* 71
démarrer	заводиться *(imperf.)* 94
déménager	переезжать *(imperf.)* 89
demi	пол- 80
demie	половина *(f.)* 41
demi-heure	полчаса 53
dent	зуб *(m.)* 39
dentifrice	зубная паста *(f.)* 71
dépanner (venir en aide à qqn)	выручить *(perf.)* 62
départ (en avion)	вылет *(m.)* 96
dépasser	торчать *(imperf.)* 62
dépêcher (se ~)	поспешить *(perf.)* 95
dépenser	тратить *(imperf.)* 93
déposer	возложить *(perf.)* 90
dépression	депрессия *(f.)* 37
député	депутат *(m.)* 74
dérangement	беспокойство *(n.)* 85
déranger	беспокоить *(imperf.)* 38 ; мешать *(imperf.)* 60
dernier	прошлый/-ая/-ое 52 ; последний/-ая/-ое 61

derrière	за 15
désagréable *(adv.)*	неприятно 87
descendre	сойти *(perf.)* 71
désespérer	падать *(imperf.)* духом 87
déshabiller (se ~)	раздеваться *(imperf.)* 83
désirer	желать *(imperf.)* 72
désolé (je suis ~)	мне жаль 34
détraqué	расшатанный/-ая/-ое 37
dette	долг *(m.)* 75
deux	пара *(f.)* 80
deux (les ~)	оба 57
deux-pièces (appartement)	двухкомнатная *(adj.)* 89
devant	перед 81 ; при 95
devant (en passant ~)	мимо 88
devenir	стать *(imperf.)* 74
dévisager	смотреть на *(imperf.)* 76
devoir *(nom)*	задание *(n.)* 50
devoir *(v. = adj. en russe)*	должен *(m.)*, должна *(f.)*, должны *(pl.)* 43
diable	чёрт *(m.)* 9
diablotin	чертёнок *(m.)* 72
dictionnaire	словарь *(m.)* 45
Dieu	Бог *(m.)* 47
différence	разница *(f.)* 82
différent	разный/-ая/-ое 75
difficile	трудно *(adj. court)* 95
difficile *(adj.)*	нелёгкий/-ая/-ое 100
digestion	пищеварение *(n.)* 37
dilemme	дилемма *(f.)* 60
dimanche	воскресенье *(n.)* 22
dîner	ужин *(m.)* 41
dire	говорить *(imperf.)* 20 ; сказать *(perf.)* 32
dire (se ~)	говориться *(imperf.)* 100
directement	прямо 13
discothèque	дискотека *(f.)* 12
discuter	разговаривать *(imperf.)* 59
disposer	расставить *(perf.)* 97
dispute	ссора *(f.)* 75
disquette	дискета *(f.)* 5
distribuer	раздавать *(imperf.)* 86
divorcer de	развестись с *(perf.)* 54
docteur	доктор *(m.)* 23
document	документ *(m.)* 89
domestique *(adj.)* (de maison)	домашний/-яя/-ее 50
dommage	жаль 22

donc же 37, 39 ; значит 50
donner давать *(imperf.)* 3 ; дать *(perf.)* 27
doré золотой/-ая/-ое 72
dormir спать *(imperf.)* 6, 38
dormir trop longtemps проспать *(perf.)* 87
doucement тихо 51
douche душ *(m.)* 68
doué способный/-ая/-ое 76
douleur боль *(f.)* 92
doux ласковый/-ая/-ое 97
drap простыня *(f.)* 71
drogue наркотик *(m.)* 64
droit (tout ~) прямо 13
droite (à ~) (avec mouvement) направо 13
droite (à ~) (sans mouvement) справа 47
drôle (amusant) забавный/-ая/-ое 43
drôle (risible) смешно *(adj. court, n.)* 76
duvet пух *(m.)* 9

E

eau вода *(f.)* 18
école школа *(f.)* 34
économie экономика *(f.)* 26
écouter послушать *(perf.)* 31 ; слушать *(imperf.)* 89
écran экран *(m.)* 23
écrire написать *(perf.)* 48 ; писать *(imperf.)* 50
écrivain писатель *(m.)* 40
effet (en ~) действительно 94
effrayant страшный/-ая/-ое 19
égal равно 74
également также 93
église церковь *(f.)* 79
égoïste эгоист *(m.)* 24
eh bien ну 6 ; ну так 20
élancé стройный/-ая/-ое 90
élève ученик *(m.)* 55
élevé высокий/-ая/-ое 68
élixir эликсир *(m.)* 16
elle она 5
embêter мешать *(imperf.)* 60 ; надоесть *(perf.)* 79
embrayage сцепление *(n.)* 94
emmener (en transport) везти *(imperf.)*, довезти *(perf.)*, отвезти *(perf.)* 62

émotion	эмоция *(f.)* 27
émouvoir	волновать *(imperf.)* 65
empêcher	мешать *(imperf.)* 60
empli	полный/-ая/-ое 99
emploi (d'un acteur)	амплуа *(inv.)* *(n.)* 17
en	в 6
enchanté	рад/-а/-о/-ы 73
enchanté !	очень приятно! 3
encore	ещё 13, 16
encre	чернила *(pl.)* 72
endormir (s'~)	заснуть *(perf.)* 26
endroit	место *(n.)* 81
endurci	закоренелый/-ая/-ое 54
enfant	ребёнок *(m.)* *(pl. :* дети*)* 31
enfants	дети *(pl.)* *(sing. :* ребёнок*)* 8
enfermer	закрыть *(perf.)* 76
enfreindre	нарушить *(perf.)* 88
enlever	снять *(perf.)* 81
ennui	скука *(f.)* 38
ennuyer	надоесть *(perf.)* 79
ennuyeux	скучный/-ая/-ое 26
énorme	огромный/-ая/-ое 87
enregistrement	регистрация *(f.)* 96
ensemble	вместе 46
ensuite	потом 13
entendre	слышать *(imperf.)* 19
entêtement	упрямство *(n.)* 11
entier	полный/-ая/-ое, целый/-ая/-ое 29
entre autres	между прочим 76
entrer	заходить *(imperf.)* 33
entrer / passer (à pied) chez qqn	проходить *(imperf.)* 33, 83
enveloppe	конверт *(m.)* 82
envie (avoir ~)	захотеться *(perf.)* 100
envier	завидовать *(imperf.)* 76
environ *(adv.)*	около, примерно 82
environs (aux ~ de)	где-то *(fam.)* 82
environs (les ~)	окрестности *(pl.)* 67
envoyer	отправлять *(imperf.)* 46 ; отправить *(perf.)*, послать *(perf.)* 82
épaule	плечо *(n.)* 61
éphémère	мимолётный/-ая/-ое 52
époustouflant	потрясающе 57
épouvantable	страшный/-ая/-ое 19
équation	уравнение *(n.)* 34
erreur	ошибка *(f.)* 97
escalier	лестница *(f.)* 89

Espagne	Испания *(f.)* 78
Espagnol *(nom)*	испанец *(m.)* 47
espagnol/e *(adj.)*	испанский/-ая/-ое 78
espérer	надеяться *(imperf.)* 95
esprit	ум *(m.)* 65
essayer	попробовать *(perf.)* 73
essence	бензин *(m.)* 94
est-ce que ? (doute / incrédulité)	разве 90
estomac	желудок *(m.)* 37
et	а 1 ; и 2
étage	этаж *(m.)* 68
étage (à / de deux ~s)	двухэтажный 89
étagère	полка *(f.)* 60, 93
étang	пруд *(m.)* 100
état	состояние *(n.)* 65
été	лето *(n.)* 51
été (d'~)	летний/-яя/-ее 52
été (en ~)	летом 51
étonner (s'~)	удивляться *(imperf.)* 47
étrange	странно *(adj. court, n.)* 79 ; странный/-ая/-ое 99
étranger *(nom)*	иностранец *(m.)* 12
être	быть *(imperf.)* 2
être (+ profession)	работать *(imperf.)* 94
étudiant/-e	студент/-ка 2
étui (de pistolet)	кобура *(f.)* 88
Europe	Европа *(f.)* 78
eux	они 7, 12
évanouir (s'~)	падать *(imperf.)* в обморок 61
évidemment	естественно 93
évident	очевидный/-ая/-ое 94
exactement	точно 18 ; именно 50 ; верно 58
examen	экзамен *(m.)* 9
examen médical	медицинский осмотр 38
excédent de poids	перевес *(m.)* 96
excellent	отличный/-ая/-ое 77 ; великолепный/-ая/-ое 94
exceptionnel	замечательный/-ая/-ое 26
excursion	экскурсия *(f.)* 85
excuser	простить *(perf.)* 13 ; извинить *(perf.)* 19
excuser (s'~)	извиняться *(imperf.)* 85
exemplaire	экземпляр *(m.)* 82
exemple (par ~)	например 40
exercice	упражнение *(n.)* 1
expéditeur	отправитель *(m.)* 82

expliquer	объяснять *(imperf.)* 43 ; объяснить *(perf.)* 55
expliquer (élucider)	разъяснять *(imperf.)* 43
expliquer (s'~)	объясняться *(imperf.)* 78
exprès (pour contrarier qqn)	назло 62
extraordinairement	чрезвычайно 72
extrémité	конец *(m.)* 17

F

facile	лёгкий/-ая/-ое 78
facilement	легко 78
faible	слабый/-ая/-ое 37
faillir *(+ inf.)*	чуть не *(+ verbe perfectif)* 44
faim (avoir ~)	хотеть *(imperf.)* есть 15
faire	делать *(imperf.)* 6, 28 ; поделать *(perf.)* 34 ; сделать *(perf.)* 73
faire (s'en ~)	расстраиваться *(imperf.)* 92
faire faire (obliger à)	заставлять *(+ inf.)* *(imperf.)* 66
faire le tour de (en véhicule)	объехать *(perf.)* 79
faire trop (en ~)	перестараться *(imperf.)* 97
faisan	фазан *(m.)* 25
falloir	прийтись *(perf.)* 95 ; понадобиться *(imperf.)* 100
familial	домашний/-яя/-ее 50
famille	семья *(f.)* 16
farine	мука *(f.)* 80
fatiguer (se ~)	устать *(perf.)* 6
faut (il ~)	нужно 29
faute	ошибка *(f.)* 50
fauteuil	кресло *(n.)* 81
favori	любимый/-ая/-ое 16
feindre d'être	изображать *(imperf.)* из себя 65
femme	женщина *(f.)* 43
femme (épouse)	жена *(f.)* 54
fenêtre	окно *(n.)* 62, 82
fer (en / de ~)	железный/-ая/-ое 53
fermé	закрыт/-а/-о/-ы 73
fermer	закрыть *(perf.)* 76
fête	праздник *(m.)* 38
fêter	праздновать *(imperf.)* 83
feu	огонь *(m.)* 99
feu (de signalisation)	светофор *(m.)* 13
feu rouge	красный свет *(m.)* 88
feuille	лист *(m.)* 76
février	февраль *(m.)* 91

fiancé/e	жених *(m.)* / невеста *(f.)* 32
fidèlement	точно 18
fier (se ~)	доверять *(imperf.)* 52
fièvre	температура *(f.)* 92
fille	девочка *(f.)* 27
fillette	девочка *(f.)* 100
film	фильм *(m.)* 11
fils	сын *(diminutif* сынок*)* *(m.)* 34
fin	конец *(m.)* 17
finale *(nom)*	финал *(m.)* 23
finalement	наконец-то 67
finir (se terminer)	закончиться *(perf.)* 53
flamme	пламя *(n.)* 97
fleur	цветок *(m.)* 28
fleuve	река *(f.)* 73
foi	вера *(f.)* 60
fois	раз 18
fois (deux ~)	дважды 94
fois (pour la première ~)	впервые 81
foncé (dans les mots composés)	тёмно- 72
fonctionner	ходить *(imperf.)* 75
fonctionner (mal ~)	барахлить *(imperf.)* *(fam.)* 94
fontaine	фонтан *(m.)* 46
football	футбол *(m.)* 23
forcer / obliger (à faire qqch.)	заставлять *(+ inf.)* *(imperf.)* 66
forêt	лес *(m.)* 8
formulaire	бланк *(m.)* 82
fort *(adj.)* (corpulent)	полный/-ая/-ое 90
fortement	сильно 39
fourchette	вилка *(f.)* 93
foyer (logement)	общежитие *(n.)* 47
fragile	слабый/-ая/-ое 37
framboise	малина *(f.)* 92
français	французский/-ая/-ое 10
Français/-e *(nom)*	француз *(m.)* / француженка *(f.)* 47
frein	тормоз *(m.)* 88
frère	брат *(m.)* 16
frigo	холодильник *(m.)* 62
froid *(adj.)*	холодно *(adj. court)* 34 ; холодный/-ая/-ое 80
froid *(nom)*	холод *(m.)* 20 ; мороз *(m.)* 92
fromage	сыр *(m.)* 80
fruit	фрукт *(m.)* 80
fumer	курить *(imperf.)* 38

G

gabarit	габарит *(m.)* 19
gai (gaiement)	весело *(adj. court, n.)* 26
galoper	скакать *(imperf.)* 99
gant	перчатка *(f.)* 95
garage (de réparation)	станция *(f.)* техобслуживания 94
garçon	мальчик *(m.)* 69
garçon de café	официант *(m.)* 80
gauche (à ~) (avec mouvement)	налево 13
gaz	газ *(m.)* 1
gel	гель *(m.)* 85
gel douche	гель *(m.)* для душа 85
gênant	неловко 55 ; неудобно 81
général (en ~)	вообще 30
généralement	вообще 30
généreux	добрый/-ая/-ое 16
genou	колено *(n.)* 88
gens	люди *(pl.)* 60, 95
gentil	милый/-ая/-ое 52
girafe	жираф *(m.)* 1
gîte	ночлег *(m.)* 99
glace (crème glacée)	мороженое *(n.)* 24
gloire	слава *(f.)* 99
gorge	горло *(n.)* 92
goût	вкус *(m.)* 48
grand	большой/-ая/-ое 25 ; великий/-ая/-ое 100
grandir	расти *(imperf.)* 90
grand-mère	бабушка *(f.)* 36
grand-père	дедушка *(m.)* 36 ; дед *(m.)* 48
Grèce	Греция *(f.)* 82
grenier	чердак *(m.)* 89
grippe	грипп *(m.)* 92
gris	серый/-ая/-ое 72
groupe	класс *(m.)* 55
guérir	поправиться *(perf.)* 92 ; выздоравливать *(imperf.)* 93
guerre	война *(f.)* 10
guichet	окно *(n.)* 82
gymnastique	гимнастика *(f.)* 64

H

habiter	жить *(imperf.)* 33
hasard (par ~)	случайно 47
haut (d'en ~)	сверху 60

hauteur	высота *(f.)* 71
hélas	увы 71
heure	час *(m.)* 41
heure de pointe	час пик *(m.)* 95
heureux	счастливый/-ая/-ое 44 ; счастлив/-а/-ы *(adj. court)* 85
hier	вчера 26
histoire	история *(f.)* 43
hiver	зима *(f.)* 51
hiver (d'~)	зимний/-яя/-ее 29
hiver (en ~)	зимой 51
hockey	хоккей *(m.)* 64
homme	человек *(m.)* 52 ; мужчина *(m.)* 61
horaire	расписание *(n.)* 85
horreur	ужас *(m.)* 48
horrible	страшный/-ая/-ое 19
hôtel	гостиница *(f.)*, отель *(m.)* 68
hôtel particulier	особняк *(m.)* 89
hôtesse de l'air	стюардесса *(f.)* 86
Hourra !	ура! 67
humour	юмор *(m.)* 26

I

ici	здесь 8
icône	икона *(f.)* 13
idéal	идеальный/-ая/-ое 40
idée	идея *(f.)* 5
il	он, оно *(n.)* 2
île	остров *(m.)* 79
illimité (immense)	безбрежный/-ая/-ое 99
ils	они 7, 12
imbécile	тупица 55
immédiatement	сразу 26
immense	огромный/-ая/-ое 79
immeuble	дом *(m.)* 89
immunité	иммунитет *(m.)* 24
impeccable	в самый раз 97
imperméable *(nom)*	плащ *(m.)* 81
implacable	железный/-ая/-ое 53
importance	значение *(n.)* 53
important (le plus ~)	самое главное 10
important *(adj.)*	важна/-о/-ы 74
impression	впечатление *(n.)* 52
impression (avoir l'~)	казаться *(imperf.)* 65
impressionnisme	импрессионизм *(m.)* 22
imprimer	печатать *(imperf.)* 50

imprimerie (d'~)	печатный/-ая/-ое 82
inacceptable	недопустимо 71
incommode	неудобно 81
inconfortable	неудобно 81
inconvénient	минус *(m.)* 20
incorrect	неправильно 64
inférieur	нижний/-яя/-ее 17
inhabituel	необычный/-ая/-ое 89
inintéressant	неинтересный/-ая/-ое 11
initiales	инициалы *(m. pl.)* 23
inquiéter	волновать *(imperf.)* 65
inquiéter (s'~)	волноваться *(imperf.)*, переживать *(imperf.)* 59
insignifiant	неважно *(adv., adj. court, n.)* 92
insister	настаивать *(imperf.)* 18, 86
insomnie	бессонница *(f.)* 38
inspection	осмотр *(m.)* 38
installer (s'~)	устраиваться 61
intéressant	интересно *(adj. court et adv.)*, интересный/-ая/-ое 10
intérêt	интерес *(m.)* 43
international	международный/-ая/-ое 43
Internet	интернет *(m.)* 73
interrompre (qqn qui parle)	перебивать *(imperf.)* 43
inutile de *(+ inf.)*	бесполезно 86
inversement	обратно 17
invétéré	закоренелый/-ая/-ое 54
invité/s	гость *(m.)* / гости *(pl.)* 66
inviter	угощать *(imperf.)* 18 ; пригласить *(perf.)* 26
inviter pour (une certaine heure)	позвать к *(perf.)* 83
irrité	раздражённый/-ая/-ое 60
Italie	Италия *(f.)* 78
Italien *(nom)*	итальянец *(m.)* 47
italien/ne	итальянский/-ая/-ое 78

J

jalousie	ревность *(f.)* 76
jamais	никогда 38
jambe	нога *(f.)* 39
janvier	январь *(m.)* 91
Japonais *(nom)*	японец *(m.)* 47
jardin	сад *(m.)* 76
jaune	жёлтый/-ая/-ое 72
je	я 3
jean (vêtement)	джинсы *(m. pl.)* 30

jeep	джип *(m.)* 62
jetable	одноразовый/-ая/-ое 97
jeter	бросить *(perf.)* 59
jeter (se ~)	бросаться *(imperf.)* 88
jeudi	четверг *(m.)* 22
jeune	молодой/-ая/-ое 31 ; молод/-а/-о/-ы *(adj. court)* 32
jeune fille	девушка *(f.)* 40
jeune homme	парень *(m.)* 32
jeunesse (ensemble des jeunes)	молодёжь *(f.)* 75
jouer	играть *(imperf.)* 23
jour	день *(m.)* 1, 22
journaliste	журналист *(m.)* 2
juillet	июль *(m.)* 91
juin	июнь *(m.)* 91
jupe	юбка *(f.)* 30
juriste	юрист *(m.)* 74
jury	жюри *(inv.) (n.)* 19
jusqu'à ce que	пока не 87
jusque	до 17
juste après	сразу после 26
justement	именно 50

K

kangourou	кенгуру *(inv.) (m.)* 16
kilo	килограмм *(m.)* 80
kiosque à journaux	газетный киоск *(m.)* 73
kiwi	киви *(n.)* 80

L

là-bas (avec mouvement)	туда 17
là-bas (sans mouvement)	там 5
labeur	труд *(m.)* 100
laisser	оставлять *(imperf.)* 33 ; оставить *(perf.)* 76
lait	молоко *(n.)* 80
laitier *(adj.)*	молочный/-ая/-ое 80
landau	коляска *(f.)* 31
langue	язык *(m.)* 10
laver	мыть *(imperf.)* 36
laver (du linge)	стирать *(imperf.)* 81
le nôtre	наш/-а/-е/-и 35
leçon	урок *(m.)* 1
légaliser (les documents)	оформлять *(imperf.)* 89
légende	преданье (предание) *(n.)* 99
léger	лёгкий/-ая/-ое 78

légume	овощ *(m.)* 74
légumes (de / aux ~)	овощной/-ая/-ое 97
lent	медленный/-ая/-ое 99
lequel	который/-ая/-ое *(f.)* 58
lessive (faire la ~)	постирать *(perf.)* 81
lettre (courrier)	письмо *(n.)* 46
lettre (de l'alphabet)	буква *(f.)* 82
leur	их 42
lever (se ~)	вставать *(imperf.)* 38 ; встать *(perf.)*, подниматься *(imperf.)* 55
libre	свободный/-ая/-ое 41
lieu (en premier ~)	в первую очередь 94
linge	бельё *(n.)* 81
lingerie (sous-vêtements)	нижнее бельё *(n.)* 81
lire	читать *(imperf.)* 6
lit	постель *(f.)* 81
lit (rester au ~)	полежать *(perf.)* в постели 92
littérature	литература *(f.)* 100
livre	книга *(f.)* 10
livre (500 g)	полкило 80
lobby	лобби *(inv.)* 19
local (du coin)	местный/-ая/-ое 73
logique	логика *(f.)* 53
loin	далеко 67
loin (plus ~)	дальше 100
lointain	дальний/- яя/-ее 93
Londres	Лондон 15
long (dans l'espace)	длинный/-ая/-ое 67
long (dans le temps)	долгий, ая/-ое 55
long (le ~ de)	вдоль 73
longtemps	долго 38
longtemps (cela fait ~ que)	давно 97
longtemps (depuis ~)	давно 90
louer (prendre en location)	снимать *(imperf.)* 89
lui	он 2
lumière	свет *(m.)* 85
lundi	понедельник *(m.)* 22
lune	луна *(f.)* 6
lunettes	очки *(pl.)* 76
lyre	лира *(f.)* 18

M

ma	мой/моя/моё 16
mademoiselle	девушка *(f.)* 40
magasin	магазин *(m.)* 29
mage	маг *(m.)* 22

magicien	волшебник *(m.)* 65
magnifique	шикарный/-ая/-ое 83
mai	май *(m.)* 91
main	рука *(f.)* 31
main (à ~)	ручной/-ая/-ое 96
maintenant	сейчас 9, 85 ; теперь 33
mais	но 10 ; же 41, 86
maison	дом *(m.)* 89
maison (à la ~) (avec mouvement)	домой 73
maison (à la ~) (sans mouvement)	дома 66
maîtresse de maison	хозяйка *(f.)* 93
mal (faire ~)	болеть *(imperf.)* 27
mal *(adv.)*	неважно *(adv., adj. court, n.)*, плохо 92
malade (être ~)	болеть *(imperf.)* 37
malade (tomber ~)	заболеть *(perf.)* 27
maladie	болезнь *(f.)* 92
maladroitement	неловко 55
malchance	неудача *(f.)* 75
malentendu	недоразумение *(n.)* 31
malheur	горе *(n.)* 54 ; несчастье *(n.)* 75
malin	хитрец *(m.)* 66
maman	мама *(f.)* 16 ; мам 96
manger	есть *(imperf.)* 15 ; съесть *(perf.)* 24
manière (même ~)	одинаково 54
manquer *(+ inf.)*	чуть не *(+verbe perfectif)* 88
manteau	пальто *(inv.)* *(n.)* 16
manuel (livre)	учебник *(m.)* 34
marché	рынок *(m.)* 80
marche (d'escalier)	ступенька *(f.)* 89
marcher (fonctionner)	работать *(imperf.)* 87
mardi	вторник *(m.)* 22
mari	муж *(m.)* 43
mariage	свадьба *(f.)* 83
marier (se ~) (pour un couple)	пожениться *(perf.)* 83
marier (se ~) (pour un homme)	жениться *(imperf. et perf.)* 90
marier (se ~) (pour une femme)	выйти *(perf.)* замуж 90
marquis	маркиз *(m.)* 22
marre (en avoir ~)	надоесть *(perf.)* 79
marron	коричневый/-ая/-ое 72
mars	март *(m.)* 91
masse	масса *(f.)* 4
match	матч *(m.)* 15
mathématiques	математика *(f.)* 9
matin	утро *(n.)* 85
mausolée	мавзолей *(m.)* 25

mauvais	плохой/-ая/-ое 5
mécanicien	механик *(m.)* 94
méchamment	зло 36
médecin	врач *(m.)* 37
médical	медицинский/-ая/-ое 38
médicament	лекарство *(n.)* 23
mégarde (par ~)	нечаянно 75
mégawatt	мегаватт *(m.)* 18
meilleur (le ~)	наилучший/-ая/-ее 100
melon	дыня *(f.)* 27
même (le ~)	один и тот же 54 ; такой же 88
même *(adv.)*	даже 30
mémoire	память *(f.)* 94
mener (amener qqn quelque part)	водить *(imperf.)* 71
mener en bateau	водить за нос *(imperf.)* 71
menu (svelte)	худенький/-ая/-ое 90
mer	море *(n.)* 8
merci	спасибо 1
mercredi	среда *(f.)* 22
mère	мать *(f.)* 78
merveille	чудо *(n.)* 44
merveilleux	чудесный/-ая/-ое 97
météo	прогноз *(m.)* погоды 20
métro	метро *(n.) (inv.)* 95
mets délicat	деликатес *(m.)* 93
mettre (disposer, par ex. des assiettes)	расставить *(perf.)* 96
mettre (sur soi)	надеть *(perf.)* 57
mettre / poser verticalement	поставить *(perf.)* 94
mettre horizontalement	положить *(perf.)* 96
meubles	мебель *(f.)* 20
meugler	мычать *(imperf.)* 36
meuh !	му! 36
miam-miam	ням-ням 15
miauler	мяукать *(imperf.)* 36
miel	мёд *(m.)* 92
mieux	лучше 13
mignon	милый/-ая/-ое 52
mimosa	мимоза *(f.)* 9
minute	минута *(f.)* 41
miracle	чудо *(n.)* 44
miroir	зеркало *(n.)* 75
mission (voyage d'affaires)	командировка *(f.)* 48
mobilisation	мобилизация *(f.)* 19
mode	мода *(f.)* 74
mode (à la ~)	модный/-ая/-ое 74

modeste	скромный/-ая/-ое 67
moi	я 3
moins	минус *(m.)* 20 ; без 41
moins (au ~)	хоть 73 ; хотя бы 89
mois	месяц *(m.)* 82
moitié	половина *(f.)* 80
mon	мой/моя/моё 16
mon / ma / le mien / la mienne	мой, моя, моё 35
monastère	монастырь *(m.)* 79
monde	свет *(m.)* 85
monde (planète)	мир *(m.)* 10
monsieur	господин *(m.)* 58
monter	подниматься *(imperf.)* 55
montre *(nom)*	часы *(pl.)* 87
montrer	показывать *(imperf.)* 64
monument	памятник *(m.)* 90
moquer (se ~ de)	смеяться над *(+ instr.)* 76
mordre	кусаться *(imperf.)* 30
Moscou	Москва 17
mot	слово *(n.)* 60
moto	мотоцикл *(m.)* 67
mourir	умереть *(perf.)* 38
mouton (viande)	баранина *(f.)* 80
moyen	способ *(m.)* 100
mur	стена *(f.)* 89
mural	навесной/-ая/-ое 93
musée	музей *(m.)* 22
musique	музыка *(f.)* 61

N

n'importe quel	любой/-ая/-ое 73
n'importe quoi	что-нибудь 29
nager	плавать *(imperf., indét.)* 86
naissance	рождение *(n.)* 25
naître	родиться *(perf.)* 78
nana	девчонка *(f.) (fam.)* 87
natation	плавание *(n.)* 64
nature	природа *(f.)* 51
naturellement	естественно 93
ne... pas	не 6
ne... que	лишь 81
nécessaire	нужный/-ая/-ое 40 ; нужен *(adj. court)* 43 ; необходим/-а/-о/-ы *(adj. court)* 94
nerf	нерв *(m.)* 86
nerveusement	нервно 59

nerveux	нервный/-ая/-ое 37
nettoyage	чистка *(f.)* 81
nettoyer	почистить *(perf.)*, чистить *(imperf.)* 81
neuf	новый/-ая/-ое 29
neveu	племянник *(m.)* 90
nez	нос *(m.)* 71
ni (ni... ni...)	ни (ни... ни...) 9
nièce	племянница *(f.)* 90
Noël	Рождество *(n.)* 48
noir	чёрный/-ая/-ое 72
noir et blanc	чёрно-белый/-ая/-ое 72
nom de famille	фамилия *(f.)* 82
nombre	число *(n.)* 83
non	нет 2, 36
normal	нормально, в норме 94
norme	норма *(f.)* 94
notaire	нотариус *(m.)* 89
notre	наш/-а/-е/-и 42
notre / le nôtre	наш/-а/-е/-и 35
nourriture	пища *(f.)* 38 ; еда *(f.)* 54
nous	мы 6
nouveau	новый/-ая/-ое 29
novembre	ноябрь *(m.)* 91
nuage (petit ~)	облачко *(n.)* 96
nuit	ночь *(f.)* 6
numéro	номер *(m.)* 19, 68

O

obéir	слушаться *(imperf.)* 39
obligatoirement	обязательно 85, 92
obligé (être ~ de)	приходиться *(imperf.)* 89
occasion	случай *(m.)* 43
occupé	занят/-а/-о 41
occuper (s'~ de)	заняться *(perf.)* 46 ; заниматься *(imperf.)* 64
octobre	октябрь *(m.)* 83
œil	глаз *(m.)* 72
œuf	яйцо *(n.)* 80
offrir	угощать *(imperf.)* 18 ; подарить *(perf.)* 25
oh ! *(interj.)*	о! 13 ; ой! 19 ; ах! 33 ; эх! 48
oignon	лук *(m.)* 80
oiseau	птица *(f.)* 76
okrochka (soupe froide)	окрошка *(f.)* 15
ombre	тень *(f.)* 99

oncle	дядя *(m.)* 66
ondulation	колыханье (колыхание) *(n.)* 99
opéra (lieu)	оперный театр *(m.)* 44
opéra (œuvre)	опера *(f.)* 1
or	золото *(n.)* 81
or (en ~)	золотой/-ая/-ое 72
orange (fruit)	апельсин *(m.)* 27
orange *(adj.)*	оранжевый/-ая/-ое 72
ordinaire	обычный/-ая/-ое 30 ; обыкновенный/-ая/-ое 93
ordinateur	компьютер *(m.)* 50
ordintateur portable	портативный компьютер *(m.)* 96
ordre	порядок *(m.)* 93
ordure	мусор *(m.)* 40
oreiller	подушка *(f.)* 71
orgueilleux	гордый/-ая/-ое 99
ou	или 15
où (avec mouvement)	куда 9
où (d'~) (provenance / origine)	откуда 44
où (sans mouvement)	где 13
oublié	забытый/-ая/-ое 29
oublier	забыть *(perf.)* 94
oui	да 4
ouverture	открытие *(n.)* 100
ouvre-boîte	открывалка *(f.)* 97
ouvrir	открыть *(perf.)* 76

P

paire	пара *(f.)* 80
paisible(ment)	спокойно, тихо 51
paix	мир *(m.)* 10 ; покой *(m.)* 99
pâle	бледный/-ая/-ое 88
panique	паника *(f.)* 62
paniquer	паниковать *(imperf.)* 31
panneau routier	дорожный знак *(m.)* 88
pantalon	брюки *(pl.)* 29
pantoufle	тапочка *(f.)* 81
papa	папа *(m.)* 16
papiers (d'identité)	документы *(pl.)* 95
papillon	бабочка *(f.)* 76
paquebot	пароход *(m.)* 67
parachute	парашют *(m.)* 86
paraître	выглядеть *(imperf.)* 57
parapluie	зонт *(m.)* 95
parc	парк *(m.)* 46
parce que	потому что 23

pardonner	простить *(perf.)* 71
pare-brise	лобовое стекло *(n.)* 88
pareil	одинаково 54
parent	родственник *(m.)* 16 ; родитель *(m.)* 78
parfait	великолепный/-ая/-ое 94
parfait !	отличный/-ая/-ое 40
parfaitement	совершенно 41
parfois	иногда 81
Paris	Париж 3
parler	говорить *(imperf.)* 12 ; поговорить *(perf.)* 79
part (à ~)	отдельный/-ая, ое 93
partager avec	поделиться с (+ *instr.)* *(perf.)* 45
partir (en véhicule)	уезжать *(imperf.)* 22 ; уехать *(perf.)* 62
partir en avion	вылетать *(imperf.)* 88
partout	везде 79
pas beau	некрасивый/-ая/-ое 30
passager *(adj.)*	мимолётный/-ая/-ое 52
passager *(nom)*	пассажир *(m.)* 61
passant	прохожий *(m.)*/-ая *(f.)* 31
passé	прошлый/-ая/-ое 52
passeport	паспорт *(m.)* 17
passer (à pied)	пройти *(perf.)* 13
passer (en véhicule)	проехать *(perf.)* 88
passer à travers (faire un vol plané)	вылетать *(imperf.)* через 88
passer chez qqn	заходить *(imperf.)* 33
passer pour	изображать *(imperf.)* из себя 65
passer un examen	сдавать экзамен *(imperf.)* 9
patate	картошка *(f.)* 80
patience	терпение *(n.)* 100
patinage artistique	фигурное катание *(n.)* 64
patinoire	каток *(m.)* 64
patrie	отчизна *(f.)*, родина *(f.)* 99
pause	пауза *(f.)* 55
pauvre	бедный/-ая/-ое 34
payer	платить *(imperf.)* 96
pays	страна *(f.)* 78
pédale	педаль *(f.)* 88
pédale de frein	педаль *(f.)* тормоза 88
peignoir	халат *(m.)* 81
pelménis	пельмень *(m.)* 80
pendant	во время 92
penser	думать *(imperf.)* 11
pensivement	задумчиво 88

percer	пронзать *(imperf.)* 99
perdre du temps / de l'argent	тратить *(imperf.)* 93
père	отец *(m.)* 78, 80
Père Noël	Дед *(m.)* Мороз 48
permettre	позволить *(perf.)* 51
permis de conduire	водительское удостоверение 95
perplexité	недоумение *(n.)* 61
personne *(nom)*	человек *(m.)* 54
personne *(pron.)*	никто 45
personnellement	лично 60
perte	потеря *(f.)* 95
peser (qqch.)	взвесить *(perf.)* 80
peser (une personne / un animal / un objet)	весить *(imperf.)* 96
petit (garçon)	малыш *(m.)* 65
petit (plus ~)	меньше 78
petit *(adj.)*	маленький/-ая/-ое 65
petit-déjeuner	завтрак *(m.)* 4
petit-déjeuner (prendre le ~)	завтракать *(imperf.)* 41
peu	немного 12 ; мало 69
peu (un ~) (à peine)	чуть-чуть 15
peuple	народ *(m.)* 100
peur (avoir ~)	бояться *(imperf.)* 22
peut-être	может быть 20
pharaon	фараон *(m.)* 24
phare	фара *(f.)* 12
pharmacie	аптека *(f.)* 74
phase	фаза *(f.)* 22
photographie	фотография *(f.)* 12
phrase	фраза *(f.)* 10
physique	физика *(f.)* 9
pièce (dans un appartement)	комната *(f.)* 89
pied	нога *(f.)* 39
pied (à ~)	пешком 89
pingouin	пингвин *(m.)* 62
pingre	жадина *(m.)(f.)* 45
pique-nique	пикник *(m.)* 97
pirojok (petit pâté)	пирожок *(m.)* 4
piscine	бассейн *(m.)* 64
pistolet	пистолет *(m.)* 88
placard	шкаф *(m.)* 93
placard (petit)	шкафчик *(m.)* 93
place	полка *(f.)* 17 ; место *(n.)* 39, 55
place (à une ~)	одноместный/-ая/-ое 68
places (à deux ~)	двухместный/-ая/-ое 68
plafond	потолок *(m.)* 89

plaindre (se ~)	жаловаться *(imperf.)* 37
plainte	жалоба *(f.)* 71
plaire	нравиться *(imperf.)* 8 ; понравиться *(perf.)* 44
plaisanter	шутить *(imperf.)* 5
plaisir	удовольствие *(n.)* 12
plaît (s'il te / vous ~)	пожалуйста 4
planche	полка *(f.)* 17
planning	график *(m.)*, расписание *(n.)* 41
plante	растение *(n.)* 76
plat (cuisine)	блюдо *(n.)* 54
plein (faire le ~ d'essence)	заправить полный бак 94
plein *(adj.)*	полный/-ая/-ое 94
pleurer	плакать *(imperf.)* 31 ; заплакать *(perf.)* 39
pluie	дождь *(m.)* 5
plume	перо *(n.)* 9
plus	больше 18
plus (beaucoup ~)	гораздо больше 86
plus (de ~ / en ~)	к тому же 10
plus (de ~ en ~)	более 67
plus (le ~) (+ adj.)	самый/-ая/-ое 16
plutôt	скорее 44 ; лучше 95
pneu	шина *(f.)* 94
poche	карман *(m.)* 58
poêle	сковородка *(f.)* 93
poème	поэма *(f.)* 4
poème (des vers)	стих *(m.)*/-и *(pl.)* 66
poire	груша *(f.)* 80
poisson	рыба *(f.)* 80
poisson (petit)	рыбка *(f.)* 100
poli	вежливый/-ая/-ое 27
police	милиция *(f.)* 95
policier	милиционер *(m.)* *(ancien usage)*, полицейский *(m.)* *(nouvel usage)* 88
polyglotte	полиглот *(m.)* 78
pomme	яблоко *(n.)* 27
pomme de terre	картофель *(m.)* 80
ponctuation	пунктуация *(f.)* 27
pont	мост *(m.)* 90
porc (viande)	свинина *(f.)* 80
portable (téléphone) *(adj.)*	мобильный/-ая/-ое 87
portable (téléphone) (langage parlé)	мобильник *(m.)* 87
portable *(adj.)*	портативный/-ая/-ое 96
porte-monnaie	кошелёк *(m.)* 58
porter	носить *(imperf., indét.)* 40

porter (en traversant qqch.)	переносить *(imperf.)* 90
poser / mettre verticalement	ставить *(imperf.)* 75
possible	можно 17
poste *(nom f.)*	почта *(f.)* 46
poste de police	отделение *(n.)* милиции 95
poule(t)	курица *(f.)* 80
pour	для 40 ; за 59 ; ради 71
pour que	чтобы 66
pourquoi (à quoi bon)	зачем 11
pourquoi (c'est ~)	поэтому 54
pourquoi (pour quelle raison)	почему 11
pourtant	ведь 16, 87
pousser	толкать *(imperf.)* 95
pouvoir *(v.)*	мочь *(imperf.)* 22, 28 ; смочь *(perf.)* 27
pratiquement / presque pas	почти не 40
précieux	ценный/-ая/-ое 62
précipiter (se)	бросаться *(imperf.)* 88
précisément	точно 18
préféré	любимый/-ая/-ое 16
préférer	предпочитать *(imperf.)* 51
prendre	взять *(perf.)* 13 ; принять *(perf.)* 23 ; брать *(imperf.)* 64 ; принимать *(imperf.)* 82
prendre (se ~ en main)	взять *(imperf.)* себя в руки 31
prendre un bain	принимать ванну/душ 81
prendre une douche	принимать ванну/душ 85
préparatifs	сборы *(m. pl.)* 57
préparer	готовить *(imperf.)* 54 ; приготовить *(perf.)* 80 ; подготовить *(perf.)* 94
près de	рядом *(с + inst.)* 33 ; около 82
près de (dans les... / vers les...)	где-то *(fam.)* 82
présage	примета *(f.)* 75
présenter (qqn)	познакомить *(perf.)* 32
préserver	беречь *(imperf.)* 38
président	президент *(m.)* 13
presque	почти 12
pressé (être ~)	спешить *(imperf.)* 53
presser (se ~)	спешить *(imperf.)* 53
pressing	химчистка *(f.)* 81
prêt	готов/-а/-о/-ы 82
prêter	одолжить *(perf.)* 75
prévu	рассчитан/-а/-о *(adj. court)* 54
principal (le ~) (l'essentiel)	главное 10
printemps	весна *(f.)* 51
printemps (au ~)	весной 51

prix	цена *(f.)* 30
probablement	наверно 45
problème	проблема *(f.)* 23
prochain *(adj.)*	следующий/-ая/-ее 48
proche (le plus ~)	ближайший/-ая/-ее 73
professeur (de l'enseignement supérieur)	преподаватель *(m.)* 74
professeur (du primaire / du secondaire)	учитель *(m.)* 55
profession	профессия *(f.)* 74
professionnellement	профессионально 66
profiter de	воспользоваться *(+ instr.) (perf.)* 73
projet	план *(m.)* 46
promener (se ~)	гулять *(imperf.)* 5
pronostic	прогноз *(m.)* 20
propos (à ~)	кстати 76
proposer	предложить *(perf.)* 22
propre (à soi)	собственный/-ая/-ое 79
propre (non souillé)	чистый/-ая/-ое 54
proprement	чисто 72
propreté	чистота *(f.)* 93
propriétaire	владелец *(m.)* 89
protéger	беречь *(imperf.)* 38
publier	печатать *(imperf.)* 50
puis	потом 14
puis (et ~)	и вообще 30
puisque	раз 18 ; ведь 87
pull	свитер *(m.)* 29

Q

quand	когда 36
quant à (moi)	по-(моему) 30
quart	четверть *(f.)* 53
que *(conj. de subordination)*	что 6 ; чтобы 66
que *(pron. relatif)*	который 93
quel	какой/-ая/-ое 9
quelqu'un	кто-нибудь 29 ; кто-то 56
quelque chose	что-нибудь 29 ; что-то 61
quelque part (avec mouvement)	куда-то 53 ; куда-нибудь 79
quelque part (sans mouvement)	где-нибудь 29
question	вопрос *(m.)* 85
question (quelle ~ !)	что за вопрос! 85
qui	кто 2
quoi	что 6
quoique	хотя 49

R

raconter	рассказывать *(imperf.)* 43 ; рассказать *(perf.)* 65
radio	радио *(n.)* 11
raisin	виноград *(m.)* 80
raison	рассудок *(m.)* 99
raison (tu as ~)	ты прав/-а *(adj. court)* 34
raisonnable	разумный/-ая/-ое 59
ranger	навести порядок *(perf.)* 71 ; убирать *(imperf.)* 81
rapide	скорый/-ая/-ое 79
rappeler (se ~)	помнить *(imperf.)* 44
rat	крыса *(f.)* 23
ravissant	восхитительный/-ая/-ое 89
rayon	полка *(f.)* 17 ; отдел *(m.)* 80 ; секция *(f.)* 93
réception	приём *(m.)* 37
recette	рецепт *(m.)* 54
recevoir	получить *(perf.)* 86
recherche	поиск *(m.)* 93
réciter (des vers)	читать (стихи) *(imperf.)* 66
recommandé (courrier)	заказной/-ая/-ое 82
reconnaître	узнавать *(imperf.)* 33 ; узнать *(perf.)* 76
reçu (un ~)	квитанция *(f.)* 82
réfléchir	думать *(imperf.)* 11 ; подумать *(perf.)* 50
refroidissement (maladie)	простуда *(f.)* 92
refuser	отказаться *(perf.)* 27 ; отказать *(perf.)* 44
regard	взор *(m.)* 99
regarder	смотреть *(imperf.)* 11 ; посмотреть *(perf.)* 30
regarder intensément	смотреть на *(imperf.)* 76
regarder la télévision	смотреть телевизор 38
régime	диета *(f.)* 4
règle	правило *(n.)* 34
reloger	переселить *(perf.)* 71
remarquable	замечательный/-ая/-ое 26
remarquer	замечать *(imperf.)* 54 ; заметить *(perf.)* 65
remplir	заполнить *(perf.)* 82
remuer	качать *(imperf.)* 31 ; шевелить *(imperf.)* 99

renaître	возрождаться *(imperf.)* 51
rencontre	встреча *(f.)* 95
rencontrer	встретить *(perf.)* 87 ; встречать *(imperf.)* 99
rencontrer (se ~)	встретиться *(perf.)* 41 ; встречаться *(imperf.)* 52
rendez-vous	встреча *(f.)* 87
rendre (se ~ à)	отправляться *(imperf.)* 67
rente	рента *(f.)* 23
renverser	просыпать *(perf.)* 75
repas	еда *(f.)* 54
réplique	реплика *(f.)* 25
repousser	отказать *(perf.)* 44
réservoir	бак *(m.)* 94
ressaisir (se ~)	взять *(perf.)* себя в руки 31
restaurant	ресторан *(m.)* 18
reste (le ~)	прочий/-ая/-ое 93
rester	остаться *(perf.)* 97
rester à la maison	посидеть дома 92
rester assis	посидеть *(perf.)* 92
rester couché	полежать *(perf.)* 92
rester debout / sur place	постоять *(perf.)* 71
restreindre (se ~)	ограничиться *(perf.)* 80
rétablir (se ~)	выздоравливать *(imperf.)* 92
retard	опоздание *(n.)* 85
retard (être en ~)	опоздать *(perf.)* 53 ; опаздывать *(imperf.)* 83
retrouver (se ~) (se trouver)	оказаться *(perf.)* 58
retrouver ses esprits	приходить в себя *(imperf.)* 61
réunion	совещание *(n.)* 48
réussir	получиться *(perf.)* 100
réussir (à un examen)	сдать экзамен *(perf.)* 79
rêve	сон *(m.)* 23 ; мечта *(f.)* 43 ; мечтание *(n.)* 99
réveil (appareil)	будильник *(m.)* 87
réveiller	разбудить *(perf.)* 85
réveiller (se ~)	просыпаться *(imperf.)* 51 ; проснуться *(perf.)* 87
revenir (en transport)	ехать обратно *(imperf. défini)* 62
revenir à soi	приходить в себя *(imperf.)* 61
rêver	сниться *(imperf.)* 23 ; мечтать *(imperf.)* 52
rêverie	мечтание *(n.)* 99
rez-de-chaussée	первый этаж *(m.)* 68
riche	богатый/-ая/-ое 32
ride	морщина *(f.)* 38

ridicule	смешно *(adj. court, n.)* 76
rien	ничего 18 ; нечего 46
rire	смеяться *(imperf.)* 38
rivière	река *(f.)* 67
riz	рис *(m.)* 80
robe	платье *(n.)* 29
roman	роман *(m.)* 52
rond	круглый/-ая/-ое 83
rose *(adj.)*	розовый/-ая/-ое 72
rose (nom)	роза *(f.)* 2
rouble	рубль *(m.)* 13
roue	колесо *(n.)* 94
rouge	красный/-ая/-ое 72
rouler (en voiture)	ехать *(imperf., dét.)* 94
route	дорога *(f.)* 62
rue	улица *(f.)* 13
ruse	хитрость *(f.)* 50
russe (langue)	русский язык *(m.)* 47
russe *(adj.)*	русский/-ая/-ое 12
Russe *(nom)*	русский/-ая 47
Russie	Россия *(f.)* 3
rythme	ритм *(m.)* 15

S

s'appeler	*pron. à l'acc.* + зовут 3
sac	сумка *(f.)* 95
sac à dos	рюкзак *(m.)* 95
sac en plastique	пакет *(m.)* 95
sacré	заветный/-ая/-ое 99
sain	здоровый/-ая/-ое 38
Saint-Pétersbourg	Питер (voir aussi Санкт-Петербург), Санкт-Петербург 33
saison de l'année	время *(n.)* года 51
salade	салат *(m.)* 15
salade de légumes	овощной салат *(m.)* 97
sale	чумазый/-ая/-ое 72
saler (trop ~)	пересолить *(perf.)* 97
salle	зал *(m.)* 44
salle à manger	столовая *(f.)* 54
salle de bain	ванная *(f.)* 68
salut	привет 1
samedi	суббота *(f.)* 22
samovar	самовар *(m.)* 93
sang	кровь *(f.)* 99
sans	без 41
santé	здоровье *(n.)* 38

sarcasme	сарказм *(m.)* 18
sarcophage	саркофаг *(m.)* 22
sardine	сардина *(f.)* 19
sardonique	сардонический/-ая/-ое 27
satyre	сатир *(m.)* 20
saucisse	сосиска *(f.)* 80
saucisson	колбаса *(f.)* 80
savoir	знать *(imperf.)* 19
savoir faire qqch.	уметь *(imperf.)* *(+ infinitif)* 50
savon	мыло *(n.)* 71
scandale	скандал *(m.)* 71
scruter	пронзать *(imperf.)* взглядом 99
seau	ведро *(n.)* 75
secret	секрет *(m.)* 69
séculaire	многовековой/-ая/-ое 100
sel	соль *(f.)* 15
selon	по 9
semaine	неделя *(f.)* 22
semblable	подобный/-ая/-ое 99
sembler	казаться *(imperf.)* 65
sens	значение *(n.)* 53
sensation	ощущение *(n.)* 74
sentir (dégager une odeur)	пахнуть *(+ instr.)* *(imperf.)* 97
sentir (par intuition)	чувствовать *(imperf.)* 83
séparé	отдельный/-ая, ое 93
septembre	сентябрь *(m.)* 91
serré	напряжённый/-ая/-ое 41
serveur	официант *(m.)* 74
service (prestation)	сервис *(m.)* 71
service technique	техобслуживание *(n.)* 94
serviette de toilette	полотенце *(n.)* 71, 85
servir (un mets)	угощать *(imperf.)* 93
seulement	только 38 ; лишь 81
shampooing	шампунь *(m.)* 85
si	если 17
si (aussi)	ещё 55
si... / et si...	вдруг 96
Sibérie	Сибирь *(f.)* 20
sibérien	сибирский/-ая/-ое 80
siège	сидение *(n.)* 61
siffler	свистеть *(imperf.)* 88
signe	примета *(f.)* 75 ; знак *(m.)* 88
signification	значение *(n.)* 53
signifier	значить *(imperf.)* 93
silence	молчанье (молчание) *(n.)* 99
simple	просто 13

simplement	просто 39
sinon	а то 94
situation	ситуация *(f.)* 24 ; обстановка *(f.)* 43 ; положение *(n.)* 87
ski (faire du ~)	кататься *(imperf.)* на лыжах 51
ski (matériel)	лыжи (f. pl.) 51
ski (sport)	лыжный спорт *(m.)* 64
sœur	сестра *(f.)* 16
soi-même	сам 50
soin	забота *(f.)* 92
soir	вечер *(m.)* 19
soirée	вечер *(m.)* 26
soirée (de ~) (pour le soir)	вечерний/-яя/-ее 29
soirée (fête)	вечеринка *(f.)* 32
soit !	так и быть 87
sol	пол *(m.)* 81
soleil	солнце *(n.)* 97
solidarité	солидарность *(f.)* 55
solution	выход *(m.)* 87
sombre	тёмный/-ая/-ое 99
sommeil (avoir ~)	хотеть *(imperf.)* спать 6
somnoler	дремать *(imperf.)* 61
sonnerie	звонок *(m.)* 87
sorte (toute ~ de)	разный/-ая/-ое 75
sortie	выход *(m.)* 87
sortir (à pied) *(v. i.)*	выходить *(imperf.)* 88
sortir (tirer / arracher)	выхватывать *(imperf.)* 88
sortir (tirer / extraire)	вынуть *(perf.)* 100
sortir (tirer)	доставать *(imperf.)* 93
sortir / partir (en transport) *(v. i.)*	выезжать *(imperf.)* 61
sortir avec peine *(v. i.)*	выбраться *(perf.)* 97
sortir ensemble	встречаться *(imperf.)* 52
soucoupe	блюдце *(n.)* 93
soudain	вдруг 96
soudainement	неожиданно 88
souffler (dire discrètement)	подсказать *(perf.)* 73
souhaiter	желать *(imperf.)* 83 ; пожелать *(perf.)* 100
soupirer	вздыхать *(imperf.)* 99
sous	под 61 ; при 95
souvent	часто 37
spécial	специальный/-ая/-ое 93
sport	спорт *(m.)* 4
sportif	спортсмен *(m.)* 64
stade	стадион *(m.)* 64
station	станция *(f.)* 94

steppe	степь *(f.)* 99
stop	стоп *(m.)* 1
stylo	ручка *(f.)* 50
succès	успех *(m.)* 83
sucre	сахар *(m.)* 4
suffire	хватать *(imperf.)* 74 ; хватить *(perf.)* 75
super	прекрасно 48
superstitieux	суеверный/-ая/-ое 75
supporter	терпеть *(imperf.)* 66
sur	на 4 ; по 61 ; через 90
sur (au son de / au rythme de)	под 61
sûr/-e	уверен/-а/-о 24
sûrement	точно 18 ; наверное, наверняка 73
surprise	сюрприз *(m.)* 85
surveiller	смотреть за *(+ instr.)* 97
suspect	подозрительный/-ая/-ое 65
suspicion	подозрение *(n.)* 65
symétrie	симметрия *(f.)* 26
sympa (dans ce contexte)	добрый/-ая/-ое 16
système	система *(f.)* 37

T

table	стол *(m.)* 15
table (de ~)	столовый/-ая/-ое 93
tablette	полка *(f.)* 17
tact (avec ~)	тактично 90
taïga	тайга *(f.)* 20
tant	так 15
taper (à l'ordinateur)	печатать *(imperf.)* 50
taper (sur qqch. / dans les mains)	хлопать *(imperf.)* 61
taper sur les nerfs	действовать на нервы *(imperf.)* 86
tard	поздно 75
tarif	тариф *(m.)* 68
tarte	пирог *(m.)* 93
tasse	чашка *(f.)* 93
taxi	такси *(inv.) (n.)* 13
tel	такой/-ая/-ое 43
télé (téléviseur)	телевизор *(m.)* 20
télécommande	пульт *(f.)* 64
télégramme	телеграмма *(f.)* 82
télègue (voiture à cheval)	телега *(f.)* 99
téléphone	телефон *(m.)* 19
téléphoner	звонить *(imperf.)* 71
téléphoner / appeler (au téléphone)	позвонить *(perf.)* 34
téléphonique	телефонный/-ая/-ое 19

tellement	столько 64
témoin	свидетель *(m.)* 58
température	температура *(f.)* 92
temps (avoir le ~)	успевать *(imperf.)* 64
temps (il est ~)	пора 66
temps (météo)	погода *(f.)* 5
temps (qui passe)	время *(n.)* 24
tendu	напряжённый/-ая/-ое 41
tenir	держать *(imperf.)* 39
terminer (de faire qqch.)	заканчивать *(imperf.)* 41
terminer (se ~)	закончиться *(perf.)* 53
terrasse	терраса *(f.)* 89
terrible	дикий/-ая/-ое 61
tête	голова *(f.)* 37
thé	чай *(m.)* 4, 92
théâtre	театр *(m.)* 6
théorème	теорема *(f.)* 55
théorie	теория *(f.)* 24
timbre	марка *(f.)* 82
tire-bouchon	штопор *(m.)* 97
tiroir	ящик *(m.)* 93
Tokyo	Токио 17
tomate	помидор *(m.)* 80
tomber	падать *(imperf.)* 61
tomber (en / dans)	впадать *(imperf.)* 37
tomber (faire ~)	уронить *(perf.)* 90
tomber en panne	сломаться *(perf.)* 62 ; ломаться *(imperf.)* 89
ton / ta / le tien / la tienne	твой, твоя, твоё 35
tôt	рано 96
tôt (plus ~)	раньше 33
toujours	всегда 74
tour (succession)	очередь *(f.)* 90
touriste	турист *(m.)* 86
tourmenter	мучить *(imperf.)* 38
tourmenter (se ~)	переживать *(imperf.)* 59
tout *(adj.)*	весь *(f.* вся*)* 54 ; любой/-ая/-ое 93
tout (pron.)	всё 1
tout à coup	вдруг 60
tout de même	как-то 55 ; всё-таки 60
tout de suite	сейчас 35, 85 ; сразу 95
tout le monde	все 12
toux	кашель *(m.)* 92
tracas	морока *(f.)* 95
tracasser (se ~)	беспокоиться *(imperf.)* 96
tracer	чертить *(imperf.)* 72

tradition	традиция *(f.)* 100
traduire	переводить *(imperf.)* 1
train	поезд *(m.)* 17
tranquille	спокойный/-ая/-ое 6
tranquillement	спокойно, тихо 51
transférer	переселить *(perf.)* 71
transport(s)	транспорт *(m.)* 75
transporter	везти *(imperf.)*, довезти *(perf.)*, отвезти *(perf.)* 62
travail	работа *(f.)* 40
travailler	работать *(imperf.)* 40, 94
travers (à ~)	по 79 ; через 88
traverser (à pied)	перейти *(perf.)* 75
tremblant	дрожащий/-ая/-ее 99
très	очень 3, 14
tribunal	суд *(m.)* 58
trimestre	четверть *(f.)* 53
triste	грустный/-ая/-ое 44 ; печальный/-ая/-ое 99
tromper	изменять *(imperf.)* 94
tromper (se ~)	ошибиться *(perf.)* 19
trop	слишком 34 ; слишком много 96
trouver	найти *(perf.)* 29 ; считать *(imperf.)* 30
trouver (inventer)	придумать *(imperf.)* 87
trouver (se ~)	находиться *(imperf.)* 73 ; найтись *(perf.)* 86
tsar	царь *(m.)* 9
tu	ты 5
Tunisie	Тунис *(m.)* 78
type	тип *(m.)* 3

U

un	какой-нибудь/-ая/-ое *(indéfini)* 76
un (certain / quelconque)	какой-то/-ая/-ое *(indéfini)* 74
un / une	один *(m.)* 4 ; одно *(n.)* 69
un et demi	полтора 53
une	одна 59
uniquement	только 42
université	университет *(m.)* 62
urgence (d'~)	срочно 73
urgent	срочный/-ая/-ое 82
utile	нужный/-ая/-ое 40 ; полезен/-на/-но 73 ; полезный/-ая/-ое 74
utiliser	использовать *(imperf.)* 87

V

vacances	каникулы *(pl.)* 67
vache	корова *(f.)* 36
vaincre	победить *(perf.)* 99
vaisselle	посуда *(f.)* 36
valise	чемодан *(m.)* 96
varié	разносторонний/- яя/-ее 43
Vatican	Ватикан 13
vélo	велосипед *(m.)* 67
vendeur/-euse	продавец / продавщица 74
vendre	продавать *(imperf.)* 74
vendredi	пятница *(f.)* 22
venir (à pied)	приходить *(imperf.)* 22
venir (en véhicule)	приехать *(perf.)* 85
vent	ветер *(m.)* 5
ventre	живот *(m.)* 27
vérification	проверка *(f.)* 88
vérifier	проверить *(perf.)* 45, 88
véritable	настоящий/-яя/-ее 64
vérité	правда *(f.)* 15
verre (pour boire)	стакан *(m.)* 18
verre à pied	рюмка *(f.)* 93
verre à pied (petit)	рюмочка *(f.)* 83
verre jetable	одноразовый стаканчик *(m.)* 97
vert	зелёный/-ая/-ое 72
vert clair	светло-зелёный 72
veste	куртка 30 ; пиджак *(m.)* 81
vêtements	одежда (f) *(sing.)* 29
vexer (se ~)	обидеться *(perf.)* 90
viande	мясо *(n.)* 15
vicinal	просёлочный/-ая/-ое 99
vide	пустой/-ая/-ое 75
vie	жизнь *(f.)* 51
vieux	старый/-ая/-ое 29 ; старинный/-ая/-ое 93
village	деревня *(f.)* 99
ville	город *(m.)* 68
vin	вино *(n.)* 97
violet	фиолетовый/-ая/-ое 72
virelangue	скороговорка *(f.)* 72
visa	виза *(f.)* 6
visite (en ~ chez qqn)	в гостях 66
vite	скорее 53, 89 ; поскорее 66 ; быстро *(adv.)* 90
vitre	окно *(n.)* 62 ; стекло *(n.)* 88

vivre	жить *(imperf.)* 33
vodka	водка *(f.)* 15
voici	вот 23
voilà	вот 40
voir	видеть *(imperf.)* 11
voisin/-e	сосед *(m.)*/-ка *(f.)* 33
voiture	машина *(f.)* 61
voix	голос *(m.)* 60
vol (acte frauduleux)	кража *(f.)* 95
vol (en avion)	рейс *(m.)* 96
voler (dans les airs)	вылететь *(perf.)*, полететь *(perf.)* 85 ; летать *(imperf., indét.)* 86
voler (dérober)	украсть *(perf.)* 58 ; красть *(imperf.)* 90
voleur	вор *(m.)* 58
votre	ваш *(m.)* 17
vouloir	хотеть *(imperf.)* 4
vous	вы 7
voyage	путешествие *(n.)* 67
voyager	путешествовать *(imperf.)* 78
voyant (lumineux)	лампочка *(f.)* 94
vraiment	правда *(f.)* 15 ; совсем 55 ; действительно 81
vue (yeux)	зрение *(n.)* 38

W

waouh ! (contentement)	ух ты! 97
week-end	выходные *(m. pl.)* 22

Z

zoo	зоопарк *(m.)* 62

ASSiMiL
Le don des langues

Le russe

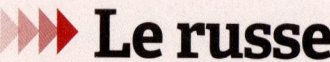

chez Assimil, c'est également :

Prefectionnement Russe*
Guide de conversation Russe
Dictionnaire Russe
Cahier d'exercices Débutants
Cahiers d'exercices Faux-débutants
Cahiers d'exercices Intermédiaire
Cahier d'écriture russe

* existe aussi en version numérique

N° édition 3933 : Le russe
Imprimé en Slovénie - novembre 2019